彭兴华　1976年7月生，湖南人，武汉大学法学院国际法专业学士，国际经济法专业硕士、博士，德国马克斯—普朗克知识产权、竞争法及税法研究所访问学者，现为湖南省高级人民法院研究室干部。主要从事竞争法、反倾销法、世界贸易组织法、外资法等领域的研究，并在《法学家》、《民商法论丛》、《法制日报》等期刊、报纸上发表相关学术论文多篇。

此书献给中国武汉大学
和德国马克斯·普朗克
知识产权、竞争法
及税法研究所

**To Wuhan University（China）and
Max-Planck Institute for Intellecture Property，
Competition and Tax Law（Germany）**

武汉大学国际法博士文库

Series of Doctoral Thesis on
International Law
of Wuhan University

贸易自由化背景下的国际竞争法

International Competition Law
in the Context of Trade Liberalization

彭兴华 / 著

WUHAN UNIVERSITY PRESS
武汉大学出版社

图书在版编目(CIP)数据

贸易自由化背景下的国际竞争法/彭兴华著. —武汉：武汉大学出版社,2008.8
武汉大学国际法博士文库
ISBN 978-7-307-06474-4

Ⅰ.贸… Ⅱ.彭… Ⅲ.反不正当竞争法—研究
Ⅳ.D912.290.4

中国版本图书馆 CIP 数据核字(2008)第 122062 号

责任编辑:田红恩　　　责任校对:黄添生　　　版式设计:支　笛

出版发行:**武汉大学出版社**　　(430072　武昌　珞珈山)
　　　　(电子邮件:wdp4@whu.edu.cn　网址:www.wdp.com.cn)
印刷:湖北省荆州市今印印务有限公司
开本:880×1230　1/32　印张:11.25　字数:321 千字　插页:1
版次:2008 年 8 月第 1 版　　2008 年 8 月第 1 次印刷
ISBN 978-7-307-06474-4/D·820　　定价:18.00 元

总　序

黄　进

　　《武汉大学国际法博士文库》终于面世了！这是令人高兴和值得庆贺的事情。作为推动《文库》编辑出版工作的负责人之一，本人有责任也很乐意将我们做这项工作的缘由和初衷告诉读者。

　　2000 年，经过严格的评审，武汉大学国际法研究所被国家教育部确定为"教育部人文社会科学重点研究基地"。随后经过三年的建设，基地又于 2004 年顺利通过国家教育部组织的合格评估。作为教育部人文社会科学重点研究基地，武汉大学国际法研究所深感任重而道远，自然不须扬鞭自奋蹄，一直在积极探索如何进一步推动我国国际法教学和研究向前发展，勤勉地做了或者正在做一些有益的事情，其中一项举措就是编辑出版《武汉大学国际法博士文库》。

　　改革开放以来，我国自己培养的国际法专业博士逐年增多。仔细看看他们撰写的博士论文，我们不难发现，博士研究生已经成为我国国际法研究的生力军，他们以博士论文表现出来的许多研究成果或者填补了我国国际法研究的空白，或者开拓了我国国际法研究的新领域，有的甚至还在某些方面代表了我国国际法研究的最高水平。因此，我们感到责无旁贷，有必要精选部分优秀国际法博士论文，以文库的形式编辑之，出版之。这就是我们为什么要编辑出版《文库》的缘由。必须说明的是，我们编辑出版《文库》决不是短期行为，更不是当下时常见到的应景之作，我们是要把《文库》当着法律文化工程和长期经营的品牌来建设的。我们相信，随着《文库》收录的一本本博士论文问世，它们一定会对提升我国国际法研究的学术水平，推进我国国际法学界的学术交流，进而推动我国国际法研究的不断发展，发挥积极的作用。

《文库》的生命力关键在质量。为了保证《文库》的质量，按照我们的设想，《文库》首先要坚持开放性。所谓开放性，一是《文库》收录的博士论文不局限于狭义的国际法或者说国际公法的博士论文，凡是研究国际法律问题、跨国法律问题或者涉外法律问题的博士论文，包括但不限于国际公法、国际私法和国际经济法的博士论文，均在收录之列；二是《文库》收录的博士论文不局限在武汉大学求学毕业的博士的论文，非武汉大学出产的优秀国际法博士论文也在收录之列。坚持开放性实际上是对《文库》收录的博士论文的范围或者外延的界定，表明它有海纳百川的胸怀。其次，《文库》要实行精品化。所谓精品化，就是《文库》收录的博士论文应该是精品，必须是精品，一定是精品。出精品是《文库》质的要求和内涵的要求。为了保证质量，我们在选择收录武汉大学的国际法博士论文时，通常是每年在国际公法、国际私法和国际经济法三个领域各选一篇校内外评阅和论文答辩均获得全优，并获得论文答辩委员会成员一致推荐收录的论文。

《文库》得以顺产是同方方面面的关心、支持或资助分不开的。我们要感谢国家教育部及其社政司、国家社会科学基金，我们要感谢武汉大学社会科学部、研究生院、国际交流部和出版社，我们还要感谢校外参与评阅博士论文和参加博士论文答辩的专家。当然，《文库》的顺产也是我们自己努力的结果。法学院特别是武汉大学国际法研究所的同事们精诚团结，齐心协力，自强不息，追求卓越，每个人特别是担任博士研究生培养和指导工作的教师都为《文库》的编辑出版工作付出了许多心血，尽管《文库》收录的只是部分博士研究生的论文，但大家都把《文库》视为己出，更视为共同的国际法事业的组成部分，对《文库》关爱备至。

一本书也好，一套书也好；"丛书"也罢，"文库"也罢，究竟质量如何，最终还得看读者的评判。所以，我们真诚地希望读者在翻阅了《文库》之后给我们提出真诚的意见或建议，以便我们不断地改进编辑出版工作，将渐臻完善的《文库》奉献给读者。

2004 年 10 月 8 日于北京大有庄 100 号

序

    贸易与竞争是两个相对独立的领域，然而随着贸易自由化的推进、关税壁垒的削减、国家间经济与贸易合作的加强，这两个领域之间的交互影响越来越明显。某些贸易问题可能会影响到国际市场的自由与公平竞争，而某些竞争问题也可能对贸易自由化产生影响。WTO 将"贸易与竞争"议题纳入其框架，研究两者之间的相互关系，并探讨对两者进行协调的措施和方向，这是解决相关问题的极好平台。尽管由于各种原因，坎昆会议关于竞争政策的谈判无果而终，但在经济全球化和贸易自由化的背景下，通过多边贸易体制协调国际竞争政策无疑仍然是最佳选择之一。因此，从学术的角度而言，对"贸易与竞争"问题进行全面的研究，分析其发展方向，探讨我国在扩大对外开放，加强国际经济贸易合作的环境下如何应对竞争政策的国际变化与挑战是一项有前瞻性的工作，也具有重要的现实意义。

    呈现在读者面前的《贸易自由化背景下的国际竞争法》一书，是在作者彭兴华同志的博士论文基础上修订而成的。该书以贸易与竞争的相互关系为视角，较为系统和深入地讨论了贸易措施对竞争的影响和竞争政策对贸易的影响以及多边竞争协议对贸易措施和竞争政策的规制。该书有以下几个主要特点：第一，运用法律经济学研究方法来研究贸易与竞争的法律问题。法律的经济分析可以帮助人们确定最有效率的行为方式和制度模式，并进而有助于法律制度的改革。对于在贸易自由化背景下国际竞争法来说，注重对与竞争有关的贸易问题以及与贸易有关的竞争问题的经济分析，无疑有助于我们把握经济与法律之间的内在联系，使国际竞争法的规则和制度设计更趋合理和完善。第二,注意从全球视野对"贸易与竞争"领域的法律问题进行跟踪研究并提出自己的对策与建议。本书比较深入地研究了世界上最为典型的反垄断立法和司法实践,力图把握国际最新发展动态,并在此基础上提出了对多边竞争协议的具体构想,包括对发展中国家应采取的特殊政策,以及我国应采取的对策建议。这些观点和见解颇具学术价值和实用价值。第三,资料新颖翔实。作为一部学术著作,该书采用了大量的第一手最新资料,不仅内容充实和新颖,而且有大量的、规范的引证和注释,力求言之有理,持之有据。

　　作者彭兴华同志自本科至博士研究生一直在武汉大学法学院学习,有着较为厚实的法学理论功底,在校学习期间不仅学习刻苦而且勤于思考,注重认真研究和积极探索法学前沿问题。在博士生一年级时,她赴荷兰海牙国际法学院暑期班研修,查阅了大量资料,确定了以贸易自由化背景下的国际竞争法作为博士论文题目。三年后的答辩会上,她的博士论文以全优通过,获得校内外专家的好评。博士毕业后,她赴德国马克斯·普朗克知识产权、竞争法及税法研究所(慕尼黑)做访问学者,对博士论文又进行了较大幅度的修改和充实,回国后几经雕琢,最终完成此书。应该说,此书是她这些年来辛勤耕耘的果实。作为她攻读博士学位研究生时的导师,我很高兴看到本书的出版,并相信本书对于我国关于国际竞争法的学术研究以及有关实务部门的实际工作均具有参考价值,故很乐意推荐给大家。

余劲松

2007-7-16

Preface

Trade and competition are two relatively separated fields. However, with the improvement of trade liberalization, the reduction of tariff barriers and the reinforcement of economy and trade cooperation among countries, the influence between the two fields has become more and more obvious. Some trade problems possibly influence the free and fair competition of international market, while some competition problems possibly have impact on trade liberalization. By incorporating the topic "trade and competition" into its context, WTO has began to research the interaction of the two fields and discussed the measures and directions of coordination of them. It is believed to be the best forum of dressing relevant problems. Due to different reasons, the negotiation of competition policy of Cancun Conference produced no result. However, in the context of economic globalization and trade liberalization, to harmonize international competition through multilateral trade system is still definitely one of the best choices. So from the perspective of academic research, undertaking thorough research of "trade and competition" problem, analyzing the development trend, discussing how to deal with the international changes and challenges of competition policy in the context of our country's expansion of opening up and reinforcing international economic and trade cooperation is a prospective research, and is of great realistic significance.

Now before the eyes of readers is the book *International Competition Law in the Context of Trade Liberalization*, which is based on the doctor dissertation of Doctor Xinghua Peng. From the perspective of the interaction between trade and competition, this book discusses the impact of the trade measures on competition, the impact of competition policy on trade and the regulation of multilateral competition agreement on trade measures and competition policy systematically and deeply. There are several main features of the book. First, it applies legal economic research methodology to study the legal problems of trade and competition. The economic analysis of law can help people to identify the most efficient mode of action and system, consequently help people to reform the legal system. As for international competition law in the context of trade liberalization, putting emphasis on economic analysis of competition-related trade problems and trade-related competition problems can definitely help us to grasp the interrelationship between economy and law, and make the design of the rules and system of international competition law more reasonable and perfect. Secondly, this book focuses on continual research of the legal problems in the field of "trade and competition" from global perspective, and put forward the authors' own counter-measures and suggestions. This book studies the most typical antitrust legislation and judicial practice deeply, seeks to grasp the latest evolution, and proposes the main elements of the multilateral competition agreement, including the special policies which should be adopted to the developing countries, and the suggestions of counter-measures our country should take. These views and points are of great academic value and practical value. Thirdly, the documents and materials are fresh, full and accurate. As academic works, this book adopts a large number of first-hand and up to date documents and materials. It not only has substantial and fresh contents, but also has large number of normative citing and notes, which make her points make sense and accurate.

Doctor Xinghua Peng, the author, studied in the Law School, Wuhan University, from undergraduate to doctor degree, has profound base knowledge on legal theory. During the period studying in the university, she not only studied very hard, but also revealed great enthusiasm in independent thinking, and took much time on cutting-edge legal problems. During the first grade of doctor candidate, Miss Peng participated in the summer courses of Hague Academy of International Law in Holland with scholarship. After reading a lot of articles and books, she decided to choose international competition legislation in the context of trade liberalization as the topic of her doctor dissertation. On the oral defense meeting three years later, her doctor dissertation was granted an unequivocal A by the supervising committee and received praises from experts in legal field. After achieving Doctor degree, she went to Max-Planck Institute of Intellecture Property , Competition and Tax Law, to go on her research as a visitor scholar, when she revised and enriched the doctor dissertation to large extent. After returning back, she finally completed this book after many times refreshments. It should be said that the book is the harvest of her hard work for the past decade. As the adviser of her doctor degree, I'm very happy to see the publication of this book, and believe it has reference value to the academic research of international competition law of our country, and to the practical work of relevant department. So I'm very glad to recommend the book to all the readers.

Jingsong Yu
July 16 , 2007

引　言

　　我对贸易自由化背景下的国际竞争法的兴趣源于硕士期间的相关研究。硕士期间，为了准备硕士论文，专门研究了反倾销法和竞争法之间的关系，其中发现竞争法是一个非常有意义的领域。作为博士研究生入校后，和导师余劲松老师谈起博士论文选题的问题，余老师建议我以国际竞争法作为研究的重心，这无疑极大地鼓励了我。后来到荷兰海牙国际法学院研修，查阅了大量的资料，回国后余老师又给了我许多具体意见，最后进一步确定了以贸易自由化背景下的国际竞争法作为具体的切入点，加以系统研究。

　　研究贸易自由化背景下的国际竞争法问题不仅具有理论意义，而且具有现实意义。WTO 在 1996 年新加坡会议上成立了"贸易与竞争政策互动关系工作小组"，实际上该小组已成为探讨和研究制定多边竞争协议的组织。2001 年 WTO 多哈部长级会议宣言表明，在多哈会议后两年内即将召开的第五次部长级会议上举行谈判，谈判将根据该会上成员方明确认可的谈判模式进行。2003 年 9 月的坎昆会议虽然失败了，但是只要贸易自由化的趋势不逆转，多边竞争协议的谈判和制定必将拉开序幕。因此，对这一领域进行系统研究从理论上来说具有前瞻性。同时，我国已加入 WTO，这意味着我国融入贸易自由化进程的步伐加快，为了主张发展中国家的利益，我国应该积极参与 WTO 有关议程的探讨和有关规则的制定活动，因此希望该研究有助于对已经出台的《反垄断法》提出完善意见，并希望通过对国际竞争法的研究、分析和预测为我国政府提出有价值的建议。

　　国外关于该课题的讨论已开始，在欧美国家尤为热烈，目前研究主要集中在：（1）贸易与竞争的相互关系。有些学者侧重经济学分析，有些学者侧重法理分析，但从目前情况来看，大家对贸易与竞争的关系基本上已取得了共识，即贸易政策与竞争政策有互补性，也有冲突性。（2）国内竞争法域外适用的理论。许多学者研究了美国反垄断法域外适用的理论（效果原则和合理管辖原则）和欧盟竞争法域外适用的理论（单一经济实体原则、履行地原则、效果原则），大家普遍认为国内竞争法的域外适用在贸易自由化的背景下规制跨国反竞争行为有其必要性，但就目前域外适用所依据的理论是否合理这个方面，存在不同观点，有学者认为域外适用所依据的理论没有缺陷，但在实践中易造成国家管辖权的冲突，也有学者认为域外适用所依据的理论存在种种障碍，无法圆满地解决跨国竞争问题。（3）有关竞争的双边协议和区域协议中的具体法律问题。双边协议方面学者研究得较多的是美国和欧盟的双边协议，其中尤其注重对积极礼让的研究，有学者认为积极礼让意义重大，在实践中可以发挥较大的作用，也有学者认为积极礼让具有较明显的缺陷，实际意义不大。区域协议方面学者研究得较多的是欧盟、北美自由贸易协定中的竞争规则。学者普遍认为欧盟的竞争规则比较先进，其某些制度对构建多边竞争规则具有借鉴意义。（4）不同国家对制定国际竞争法的态度之分析以及对具体的建议、方案的评价。美国、欧盟和其他国家对制定国际竞争法均有各自的立场，同时，不同的建议和方案也被提了出来，其中，欧盟提出的方案最受学者们的关注，因为欧盟有健全的竞争法制度，同时又是多边竞争协议的积极倡导者，其方案相对而言较成熟。（5）国际竞争法对发展中国家特殊利益的考虑问题。尽管 WTO 原有的特殊与差别待遇模式存在种种缺陷，但该制度本身对促进发展中国家的发展仍是必要的。为了在国际竞争法中促进发展目标，需要对原有的特殊与差别待遇模式予以改进，因此不同的方案被提出来。

相比之下，我国国内有关方面的研究较为欠缺，除少数学者有论述外，其余多数学者对此所提甚少，因此对该课题做系统研究是有必要的。

　　本书运用经济分析方法、比较分析方法、案例分析方法等研究
方法对"贸易与竞争"主题下的国际竞争法进行了系统研究，其
内容包括贸易政策与竞争政策的关系、贸易政策对竞争的影响、竞
争政策对贸易的影响、竞争政策和竞争法对跨国竞争问题的规制、
发展中国家的特殊问题、制定国际竞争法的可行性分析、多边竞争
协议主要内容的构想以及中国的对策。本书的主要成果是：（1）
就贸易政策对竞争的影响和竞争政策对贸易的影响作了系统分析，
并阐释了目前 WTO 关于贸易措施的多边纪律的缺陷和各层面的竞
争法规制反竞争行为的不足，并在此基础上提出了制定国际竞争法
的必要性。（2）对多边竞争协议主要内容进行了探讨，并提出了
具体构想（如何构建核心原则、如何规制对贸易产生影响的反竞
争行为、如何规制对竞争产生影响的贸易措施、如何进行自愿合
作、如何适用特殊和差别待遇）。（3）就中国如何应对国际竞争法
提出了建议，这也是全书最终的落脚点。

目　录

第一章 绪 论

第一节 竞争政策和竞争法的一般性问题

一、对竞争政策和竞争法的理解

竞争政策和竞争法是两个紧密相关的术语。竞争政策没有一个严格的定义，它在不同的场合中有不同的含义。有时竞争政策被等同于竞争法，这是对竞争政策非常狭义的理解；如果将竞争政策视为促进资源有效配置的一套公共政策工具，或政府运用的以确立竞争条件的一系列措施和方法，这则是从广泛意义上对它进行界定。这时，竞争政策包括竞争法，但不限于竞争法。实际上，有许多政府政策在传统上不属于竞争法的范畴，但它们对市场运作具有影响，属于广义的竞争政策领域，如放松管制、对国有企业的私有化行动、对特定企业的补贴计划，减少对外国产品或生产者歧视的政策及影响、政府准入计划，等等。竞争政策既涉及企业行为，也涉及政府行为；而竞争法仅涉及企业行为。与竞争法相反，竞争政策的优先目标是为竞争的有效运作创造前提，而不是处罚违反规则的行为。

"竞争法"在不同的国家所指不一。有些国家将反不正当竞争法和反垄断法合称为竞争法，而在西方国家和国际组织中，竞争法（competition law）通常指反垄断法（antitrust law）。[1] 在不同国

---

〔1〕 孔祥俊. 反垄断法原理〔M〕. 北京：中国法制出版社，2001：3.

家的法律部门中，反垄断法的称谓也往往是纷繁多样的，如卡特尔法、反托拉斯法、反限制竞争法、公平交易法，等等。这既与国家的语言习惯背景有关，也与法律术语的翻译相关。

对反垄断法的理解不能脱离其调整的对象，而阐释反垄断法的调整对象必然涉及"垄断"的概念。对于垄断这一概念的理解，在现代经济学上比较通行的观点是将其与市场势力、市场支配力（market power）或垄断力、垄断力量（monopoly power）联系起来。美国经济学家威廉·格·谢佩德将垄断解释为市场势力，他说："市场势力是指市场的一个或一群参与者（自然人、公司、全体合伙人或其他）影响市场上产品的价格、数量和性质的能力……市场势力可以通过许多方式取得，并可以采取不同的形式。"[1]波斯纳在《法律的经济分析》一书中将垄断力或垄断力量与市场支配力基本上等同使用。[2]他指出："垄断力量——即将市场价格提高到高于竞争水平的力量。"[3]"如果市场中只有一个企业，那么它就具有垄断力；如果在市场中有多个企业能通过串通而像一个企业那样行动，那么它们就联合拥有垄断力。"[4]综合这些观点，可以发现垄断在现代经济学中是指垄断力（量）、市场支配力或市场势力，其本质是指控制了某一市场的经济活动（如控制商品的价格、数量等）。垄断表现为三种形态：第一，纯粹的垄断型，市场上只有唯一的企业，它的产品是独一无二的，不存在类似的可替代产品；第二，寡头垄断型，两家或两家以上（但是极少数）的企业（是否联合、共谋均可不予考虑）完全控制了市场，排除了

〔1〕[美]威廉·格·谢佩德.市场势力与经济福利导论[M].易家详,译.上海：商务印书馆，1980：5-6.

〔2〕[美]理查德·A.波斯纳.法律的经济分析[M].蒋兆康,译.北京：中国大百科全书出版社，1997：391，393.

〔3〕[美]理查德·A.波斯纳.法律的经济分析[M].蒋兆康,译.北京：中国大百科全书出版社，1997：359.

〔4〕[美]理查德·A.波斯纳.法律的经济分析[M].蒋兆康,译.北京：中国大百科全书出版社，1997：391.

其他企业的进入；第三，中小企业存在的（寡头）垄断型，市场上存在多家企业，包括少数或多数中小企业，但某一企业单独或通过与其他企业联合、共谋等行为对其他企业形成了控制力量，即在市场上占据支配地位，能够控制产品的价格、数量等。[1]

垄断包括某企业具有市场支配力或垄断力量的垄断状态和垄断行为。垄断行为在法律上可定义为：运用市场势力或垄断力量限制、阻碍甚至窒息竞争的市场行为，或者以限制、阻碍、排除竞争的市场行为达到控制市场的垄断力量。[2] 反垄断法调整的重点在不同国家是不一致的。采用"结构主义"的反垄断立法不仅规范垄断行为，而且规范垄断状态，担负着对阻碍了市场竞争的市场结构予以调整的任务。结构主义以日本为代表。采用"行为主义"的反垄断立法则以规范垄断行为为重点，对垄断状态的违法持慎重态度。行为主义以德国、英国和法国为代表。结构主义和行为主义之分，不仅涉及立法背景、历史文化传统等方面的因素，而且深受经济学相关理论的影响。例如，美国的反垄断法在 20 世纪 70 年代以前主要受哈佛学派的影响，他们认为，市场结构决定市场行为，市场行为产生市场绩效，因此，反垄断法关注的重点不是企业行为，而是市场结构。因此，他们主张当市场出现相对集中的垄断状况时，政府应当采取拆散垄断企业和控制合并措施。20 世纪 70 年代后美国的反垄断法则受芝加哥学派的影响，他们认为，反垄断法的首要目标在于促进经济效益，并应以此评价企业行为。竞争性行为，尤其是提高经济效益的竞争行为，就其本质而言，是会损害竞争对手的。问题的关键不在于某种行为是否损害竞争者或排斥竞争者，而在于它是否促进社会的经济效益。从这一观点出发，芝加哥学派强调，对实施反垄断法的适当标准的分析重点，应从市场份额

〔1〕　盛杰民，袁祝杰．动态竞争观与我国竞争立法的路向［J］．中国法学，2002（2）．

〔2〕　盛杰民，袁祝杰．动态竞争观与我国竞争立法的路向［J］．中国法学，2002（2）．

转向经济效益。目前，行为主义立法模式已成为反垄断立法的主流。[1]

理解反垄断法还必须与反不正当竞争法相区分。反不正当竞争法规范的是不正当竞争行为。不正当竞争行为是在竞争非常充分的情况下，经营者采取不道德的手段进行"过火"的竞争，如仿冒他人商标标识、商业贿赂、侵犯商业秘密。[2]可见，反不正当竞争法规制的是"竞争过度"。而反垄断法是规范垄断和限制竞争行为的法律，其规制的是"竞争不足"。反不正当竞争法的精髓是维护商业道德和公秩良俗，反垄断法的精髓是维护自由竞争。此外，垄断和限制竞争行为对社会经济危害大，少数垄断组织的限制竞争行为可能严重影响社会经济的总体结构和运行，造成宏观性后果，因此国家对反垄断法尤为重视，反垄断法在现代社会有"经济宪法"之称，其重要性当然胜于反不正当竞争法。在采用合并立法模式的国家，竞争法包括了反垄断法和反不正当竞争法；在采用分别立法模式的国家，竞争法往往指反垄断法。在本书中，竞争法也特指反垄断法。

二、经济理论与竞争政策

竞争理论是竞争政策的经济学基础。竞争理论包括如下类型：古典自由竞争理论；新古典竞争理论，如完全竞争理论、垄断竞争理论等；现代竞争理论，如哈佛学派的有效竞争理论、芝加哥学派的竞争理论、可竞争理论等。古典竞争理论是由古典政治经济学的杰出代表亚当·斯密（Adam Smith，1723-1790 年）创立的，他是自由竞争理论的倡导者。其理论中的所谓自由是指私人经济主体在国家干预面前的自由，而不包括其他私人权利的自由。也就是说，要把私人经济主体从国家的限制监督下解放出来，使他们具有自由

〔1〕 漆多俊. 经济法学 [M]. 武汉：武汉大学出版社，1998：129-131.

〔2〕 孔祥俊. 反垄断法原理 [M]. 北京：中国法制出版社，2001：8.

开业、自由就业和自由选择消费的权利，至于私人经济主体之间由于经济权利的形成而导致对他人自由的限制，则不在其理论范围内。古典政治经济学集大成者李嘉图（D. Ricardo，1772-1823 年）继承和发展了亚当·斯密的学说，坚决主张自由放任、自由竞争和自由贸易，其反对国家干预经济的主张更加彻底。[1]

　　古典竞争理论存在于一般市场理论之中，自由竞争是一个导致利益和谐和市场均衡的过程，而新古典竞争理论则认为竞争是一种关于市场过程最终结果的均衡状态。这种理论试图证明，在什么时候、什么条件下竞争会实现局部或一般性均衡以及个人利益与全社会利益的和谐一致，并力图阐明在这种状态下价格是如何决定的。这种达到了经济均衡和利益和谐的市场竞争的最终状态，被称之为完全竞争。与之相对立的则是垄断。所谓完全可竞争市场，是指市场内的企业从该市场退出时完全不用负担不可回收的沉没成本，从而能够完全自由进入和退出的市场。由于企业进入和退出市场是完全自由的，因此相对于现存企业，潜在进入者在生产技术、产品质量、成本等方面并不存在任何劣势。一个完全可竞争市场的重要标志是对快速进入缺乏阻力。完全竞争理论假定：（1）市场由大量厂商构成，且厂商规模小，他们是价格的接受者；（2）产品同质；（3）进入和退出市场完全自由；（4）完全信息。该理论从而证明，在这些特定的假设条件下，市场机制的自发运行能够使一个经济体获得良好的绩效，资源配置达到帕累托最优。但事实上，这些假设条件在现实中几乎难以完全满足。

　　现代竞争理论产生的一个重要标志是抛弃了将完全竞争作为现实和理想的竞争模式的教条，竞争不是一种静止的最终状态，而是一个动态变化的过程。其研究重点不再是既定前提条件下价格如何决定以及如何适应现存结构以实现均衡，而是在现实市场竞争过程中的各种竞争要素的组合形式，以及在什么样的竞争形式下能够实

---

　　[1]　苗杰．竞争理论与竞争情报研究［J］．图书情报工作，2001（11）．

现技术进步和创新。[1]哈佛学派的产业组织理论，以新古典学派的价格理论为基础，以实证研究为主要手段，把产业分解为特定的市场，按结构、行业、绩效三个方面对其进行分析，构造了"市场结构—市场行为—市场绩效"的分析框架。哈佛学派的竞争理论重点体现在市场结构对市场绩效的影响上，如贝恩认为，竞争是结构问题，判断一个行业是否具有竞争性，不能只看市场行为或市场绩效，而应看该行业市场结构是否高度集中，是否在实际上由一个或数个寡头所控制，此外还要看进入该行业的壁垒是否很高，以致遏制新厂商进入该行业。由于该学派强调市场结构对市场绩效的决定性作用，因此又被称为"结构主义学派"。哈佛学派主张，为了保持有效竞争，获得令人满意的市场结果，必须运用竞争政策对市场结构和市场行为进行干预、调节。[2]

芝加哥学派竞争理论的基础是经济自由主义思想和社会达尔文主义。该理论认为：（1）市场竞争过程是一个在没有国家干预条件下市场力量自由发挥作用的过程，在这一过程中"适者生存，不适者死亡"，施蒂格勒把它称之为"生存检验"；（2）从长期看，在没有人为的市场进入限制的条件下，市场竞争过程是有效的，它能在很大程度上带来能够保证消费者福利最大化的生产效率和资源配置效率；（3）因此，国家应该尽量减少对市场竞争过程的干预，把它仅仅限制在确立市场竞争过程中的制度框架条件上。

芝加哥学派特别注重判断集中及定价结果是否提高了效率，而不是像结构主义者那样只看是否损害竞争，他们认为即使市场是垄断，只要市场绩效是良好的，政府就没有必要进行规制。在芝加哥学派看来，高度集中市场长期出现高利润率，只能说明该市场中大企业的高效率经营，因为不是建立在高效率经营基础上的高利润率

---

〔1〕 苗杰. 竞争理论与竞争情报研究 〔J〕. 图书情报工作，2001 (11).

〔2〕 王忠宏. 哈佛学派、芝加哥学派竞争理论比较及其对我国反垄断法的启示 〔J〕. 经济评论，2003 (1).

水平都会导致其他企业的大量进入，而使利润率很快降至平均水平。正是各个企业通过合理的选择采取最优行为，在适者生存的法则下效率高的企业的市场占有率不断扩大，才导致高度集中市场的出现。由于他们强调市场绩效对市场结构的决定性作用，因此，芝加哥学派又被称为"效率主义学派"。[1]

近期的"后芝加哥学派"持加大干预力度的观点。它认为由芝加哥学派引入的某些促进效率的辩护导致显著的福利损失。[2]大体来说，现代经济理论认为在某些时候，完全竞争可能导致低效，而且在某些情况下，市场力量不可避免地存在。因此，竞争政策和竞争法旨在获得现实性的可运作的竞争，并寻找市场力量能够与积极的竞争行为相容的途径。[3]

总之，经济学研究市场竞争问题已有了上百年的历史，但对竞争的认识和理解还远没完善。不同学派的经济理论为促进和保护竞争提供了不同的方法，甚至某些学派的观点还截然相反，这意味着，现实市场的垄断和竞争现象是复杂的。正如WTO于1997年的年度报告中所指出的，经济理论不能对非完全竞争产业的运行提供一个单一的、统一的阐述。特别是，它们没有提出一个单一而明确的竞争政策设计方案。而且，即使它们在分析产业中适用何种适当的模型方面取得一致，专家也往往无法在适用特定的事实方面达成一致。[4]竞争政策和竞争法所面临的挑战是识别竞争在多大程度

〔1〕　王忠宏.哈佛学派、芝加哥学派竞争理论比较及其对我国反垄断法的启示 [J].经济评论，2003（1）.

〔2〕　Carlos M. Correa. Competition Law and Development Policies 〔G〕// Roger Zaech. Towards WTO Competition Rules: Key Issues and Comments on the WTO Report on Trade and Competition, Kluwer Law International, 1999: 364.

〔3〕　UNCTAD. Empirical Evidence of the Benefits from Applying Competition Law and Policy Principles to Economic Development in Order to Attain Greater Efficiency in International Trade and Development: 6.

〔4〕　WTO. Annual Report 1997: 39.

上是必需的,从而促进福利最大化。[1] 据此,不同国家设计与实
施的竞争政策和竞争法是不同的,它们受到不同国家的经济、社会
和文化需要及利益的影响。[2]

三、竞争政策的目标

关于反垄断法立法目的的立法体例有两种,一种是由法律明确
规定立法目的的立法体例,如欧盟、加拿大、澳大利亚、意大利、
日本等国家,还有一种是法律没有规定立法目的的立法体例,如美
国、德国、英国等国家,但无论哪种立法体例,竞争政策的目标都
呈现出多元化的情形。竞争政策的目标可表述为经济目标和非经济
目标,或表述为经济效率目标和公共利益目标。在这些目标中,经
济效率,包括动态和静态经济效率,被视为竞争政策的最重要目
标。另外,竞争政策还服务于诸多价值,如社会愿望、文化和历
史,它们不能被概括为单一的经济目标。

尽管竞争政策的目标是多元化的,但某些主要目标仍占据突出
的地位,并为大多数国家所共有。在基本层次上,竞争政策最共同
的目标是维护竞争过程或实现经济效率最大化。该目标的范围涵盖
选择自由、市场准入、合同自由和个人行为自由。例如在美国,芝
加哥学派认为政府反垄断政策的唯一目标就是追求"卓越的经济
效率",[3] 而芝加哥学派的观点深刻的影响着美国的反垄断法,
谢尔曼法和其他反托拉斯法的立法史表明了一个压倒一切的目标,
即通过提高分配效率增进消费者福利。芝加哥学派的观点也对美国
反垄断法的行政执法产生了深刻影响,里根总统当政期间就一直采

---

〔1〕 UNCTAD. Empirical Evidence of the Benefits from Applying Competition Law and Policy Principles to Economic Development in Order to Attain Greater Efficiency in International Trade and Development:6.

〔2〕 Roland Weinrauch. Competition Law in the WTO:The Rational for a Framework Agreement,BWV. Berliner Wissenschafts Verlag,2004:24.

〔3〕 复彩霞. 新经济时代反垄断政策面临的挑战 [J]. 西北大学学报(哲学社会科学版),2001 (4).

取芝加哥学派的理论，反托拉斯执法机关也是由芝加哥学派的学者所执掌，在这些机构中由里根任命的官员也宣称，经济效率是反托拉斯的唯一目标。[1] 竞争政策的另一个主要目标是促进分配效率和动态效率。加拿大竞争法第一章第一部分规定其立法目的是"维护和鼓励加拿大的竞争，以提高加拿大经济的效率和适应性"。美国最高法院在 20 世纪 70 年代中期以后在处理反垄断案件时也以经济效率作为反垄断法的目标。在随后的 20 年里，获取经济效率被视为将消费者福利最大化的方式之一。美国司法部 1988 年发布的反垄断实施指南声明，反垄断法的目的是保证资源的最佳配置、最低的价格、最高质量的产品和对消费者的最佳服务。加拿大竞争法也将"为消费者提供竞争性的价格和产品选择"作为其立法目的之一。

促进消费者福利也被广泛地视为竞争政策的核心目标之一，并且被许多国家作为适用反垄断法的路标。将促进消费者福利这一政策适用于特定的商业安排，其基本标准是该商业安排对消费者支付的价格和（或）消费者获得的选择是否产生有害影响。即使在竞争政策还须服务于其他经济目标和社会目标的国家，促进消费者福利也被确认为竞争政策的一个重要目标，甚至是核心目标。当消费者福利作为竞争政策的首要目标时，它与纯粹的以效率为基础的方法是有区别的，因为根据消费者福利政策，人们可合理期待，效益将最终流向消费者，而并非保留在生产者手中。[2]

促进经济发展是竞争政策的重要目标，对这一点许多国家已达成共识。竞争政策对经济发展过程的推动作用可通过不同的渠道进行，这包括：促进有效的资源配置；防止或解决过度的集中以及由

---

〔1〕 丁茂中. 反垄断法宗旨研究 [EB/OL]. http：// www. competition-law. cn.

〔2〕 WTO Working Group on the Interaction between Trade and Competition Policy. The Fundamental Principles of Competition Policy [R]. WT/WGTCP/W/127，1999.

此导致的结构僵化;处理对贸易产生影响的企业(包括跨国企业)所采取的反竞争行为,这些行为对发展中国家尤为有害;加强吸引外国投资并将投资利益最大化;强化私有化和管制改革(或放松管制)的益处;建立推动竞争政策改革和培育竞争文化的机制。[1]促进经济发展的目标在联合国的文件中也得到强调,联合国的一个基本目标是"确保限制性商业措施不会阻碍或削减对世界贸易产生影响,特别是对发展中国家贸易与发展产生影响的关税和非关税壁垒自由化所能够实现的利益"。[2]

竞争政策的另一个核心目标是促进贸易和经济联盟或自由贸易区内的一体化。欧盟竞争政策是推进市场一体化的突出例子,这从欧盟条约中允许加强共同体的协议(第81条)、严格禁止分割共同体的垂直性限制协议、对滥用共同体内市场优势地位的谴责(第82条)以及将给予成员国的补贴作为竞争问题而非贸易问题的处理(第87条)上都可以得到鲜明的体现。正如 Gerber 所说:"当不能获得其他工具或其他工具价值不大时,欧盟竞争法常常被作为用以推动一体化的'一体化发动机'。"欧盟一体化的另一个目标是保护中小企业,这在欧盟条约第82条对禁止滥用市场优势地位的解释中已得到承认。保护中小企业是因为随着市场一体化,此前在各国得到关税和配额保护的中小企业可能很难再与来自其他成员国的大企业进行成功的竞争,为减少这种风险,欧盟鼓励中小企业之间的联合,特别是它们在不同成员国从事经营活动的情况下。

竞争政策的目标还包括确保市场交易的公平和平等;促进民主,如经济多元化、分散经济社会力量;促进经济自由化,包括私有化、放松管制、减少外部的贸易壁垒、将对自由市场经济的干预

---

〔1〕 WTO Working Group on the Interaction between Trade and Competition Policy. Synthesis Paper on the Relationship of Trade and Competition Policy to Development and Economic Growth 〔R〕. WT/WGTCP/W/80, 1998.

〔2〕 United Nations (1980). Part A. "Objectives", para. 1.

最小化等。此外，竞争政策还考虑商业措施对技术发展、就业、当地社会和地区发展的影响。尽管有些国家，如美国着重经济效率，其他国家则将经济效率目标与竞争对广泛的公共利益所产生的影响结合起来。但是，平衡不同的利益并不总是那么容易，因此通过单独的政府政策来追求非经济目标更为可取。

　　竞争政策和竞争法没有固定的内容，它取决于一个国家特定的经济、社会和政治目标，而这些都处于不断的变动之中。在拥有先进的竞争法的国家，其立法、司法和实施政策可以在一定程度上反映上述诸多目标。如，美国的竞争政策有很强的消费者福利导向，加拿大竞争政策则采用明确的"总体福利"标准，[1]而欧盟竞争政策则强调欧洲市场一体化和给予中小企业的机会。[2]尽管各国家竞争政策的目标有不同的着重点，但它们基本上都同意竞争政策具有保护竞争的功能。而且，拥有先进的竞争政策和竞争法的国家之间对于经济效率、消费者保护、公平和市场一体化等目标也有了越来越多的趋同。[3]

　　在一国内部，竞争政策的不同目标之间可能存在着紧张关系。比如，保护中小企业机会的目标与生产效率（规模经济）最大化的目标有时是相冲突的。[4]另外，竞争政策往往适用于经济活动的所有部门，因此，竞争政策与其他的公共经济政策之间的关系复杂，如贸易政策（包括关税、配额、补贴、反倾销行为和出口限制）；产业政策；地区发展政策；知识产权政策；科学技术政策；私有化和管制改革；对贸易、职业和投资的许可以及税收政策等。同时，在环境、医疗、电信、文化产业、金融市场和农业等方面也

---

〔1〕　WTO. Annual Report 1997：45.

〔2〕　Barry J. Rodger. Competition Policy, Liberalization and Globalization：A European Perspective ［J］. Columbia. Journal of European Law, 2000（6）：304.

〔3〕　WTO. Annual Report 1997：39.

〔4〕　UNCTAD. World Investment Report1997：Transnational Corporations, Market Structure and Competition Policy ［R］, 1997：229.

有具体的部门政策与竞争政策相关。[1] 这些政策或支持或阻挠竞争政策目标的实现。[2] 因此，促进竞争政策的目标要求政府政策之间的协调。[3]

第二节　贸易自由化背景下贸易政策与竞争政策的关系

一、贸易自由化的演进

贸易政策是一国维持或改变国内市场和国外市场同一产品相对价格的原则和措施。贸易政策中有两个基本的方向，一是自由贸易政策，二是保护贸易政策。从古典的国际贸易理论出发，既然一国可以从国际分工中发挥自己的比较优势，采取自由贸易政策可以实现这种利益，那么在很大程度上，自由贸易政策就应该是一国维持同一产品国内外价格相对一致的政策措施，这种政策符合该国的经济利益。相反，如果一国政府认为，保持同一产品国内和国外市场价格的差异能够给该国带来较大利益，那么，该国就可能采取保护贸易政策。[4] 贸易自由化是一个从保护贸易转向自由贸易的过程。一些专家认为，贸易自由化有两种含义，一是它是一个过程，即从完全封闭向自由贸易转化的全过程都是贸易自由化的过程；另一种含义是，贸易自由化是一个结果，当一国的平均进口关税水平

---

〔1〕　OECD & World Bank. A Framework for the Design and Implementation of Competition Law and Policy [R]. 1998：7-8.

〔2〕　OECD & World Bank. A Framework for the Design and Implementation of Competition Law and Policy [R]. 1998：2.

〔3〕　Andress Freytag. International Operierende Unternehmen und Nationale Wettbewerbspolitik [G] // Juergen B. Dongers & Andress Freytag. Die Rolle des Staates in der Globalisierten Wirtschaft. 1998：282.

〔4〕　佟家栋. 发展中大国的贸易自由化与中国 [M]. 天津：天津教育出版社，2005：1.

在5%以下时，可以说该国实现了贸易自由化。就贸易自由化的内容来看，主要表现为减少政府对对外贸易的干预，或者对进出口采取中性的政策，既不支持出口，也不限制进口。[1]

在多边贸易谈判的前六个回合中，GATT 的参加国主要解决传统贸易措施，如关税和配额。第七个回合或"东京回合"是第一个介入到非关税壁垒领域的。该回合达成了"标准法典"，为采用强制性的技术和公共采购守则制定了标准。在乌拉圭回合中，GATT 的重心已经明显地转移到非关税壁垒，其中 TRIPS 协议涉及了某些政策的统一，成为了对传统的突破。尽管这两个法典的名称可能给人这种印象，即它们仅仅处理与贸易有关的问题，但实际上，它们前进了很大一步，开始处理许多以前被视为纯粹的国内性质的问题。因此 GATT 已经从简单地消除边境措施迈进到制定规则，而这些规则影响到对货物和服务的待遇。

WTO 这种重心的变化与贸易自由化的持续推进密切相关。很显然，只要市场受到高关税和严格限制的出口配额和进口配额的保护，国际贸易地位的重要性就不可能增加，国内规则和程序对产品的影响也是有限的。然而随着关税的降低，配额的减少或完全消失，企图利用新的贸易机会的贸易商又面临着这些国内规则和程序的贸易阻碍效果。于是，国际贸易界开始认识到 GATT 传统的非歧视原则已不足以为进口产品和国内产品创建一个平等的竞技场。即使一国的国内规则没有在进口产品和国内产品之间进行正式的歧视，它们仍然可能造成贸易壁垒。这主要是因为施加于特定产品的生产或销售条件更容易被国内产品（而非进口产品）所满足。通过对非歧视条款进行宽泛解释可以解决这类问题，而这也是欧盟解决成员国之间贸易问题的方法。

但是，即使是对非歧视的宽泛解释也不能消除所有的贸易障碍。这些贸易障碍可能仅仅源于这一事实，即进口国的国内规则和

---

〔1〕 佟家栋. 发展中大国的贸易自由化与中国 [M]. 天津：天津教育出版社，2005：4.

程序与原产地国的国内规则和程序有所不同。这种差异迫使生产商根据进口国的具体标准和要求来调整他们的产品。

因进口国和原产地国国内规则上的差异而导致的贸易障碍还可以通过各国之间相互承认对方的标准和要求，或通过相关规则的融合来避免。相互承认标准和要求似乎是最不侵犯国家主权的，因为这种方式保持了主权国家针对国内生产商进行立法的可能性。但是，从生产商的角度来看，相互承认标准和要求仍然不能为所有的生产商创造一个平等的竞技场，因为来自高技术、良好的环境、高消费者保护或社会标准的国家的生产商与来自低标准国家的生产商相比，仍然处于劣势。

国内规则的融合则避免了这一问题。通过对所有的生产商适用相同的规则，他们就可以在平等的竞技场上进行竞争了。但是，国内规则的融合更可能侵犯国家主权，因而更具有争议性。融合要求所有谈判者之间在保护层次方面达成协议。在此过程中，当事方决定如何获得这种保护往往是必要的，例如，当事方必须决定是否应通过告知使用特定产品的危害或禁止这些产品的使用来保护消费者。该问题的答案往往取决于公众如何看待政府的作用和个人责任。[1]

如果说，削减与取消产品之间和生产者之间的差别待遇这种方式属于一种消极的或浅层次的一体化（negative or shallow integration）——即各方达成协议不做某些事，那么，与此相反的是积极的或深层次的一体化（positive or deep integration），它包括各国实行共同的政策或者政策之间的协调一致。为什么深层次的一体化会被提上多边议事日程呢？区域经济一体化协议表明：一个原因可能是政府完全承诺不再使用贸易政策，也就是说接受自由贸易是一个

[1] Auke Haagsma. An International Competition Policy as A Means to Create An Open Global Marketplace [G] // Chia-Jiu Cheng, Lawrence S. Liu and Chih-Kang Wang. International Harmonization of Competition Laws. Martinus Nijhoff Publishers, 1995: 411-412.

必要的条件；另一个原因是随着生产的国际化，企业只以国内市场
为中心来运转的情况越来越少。实际上，在经济全球化的今天，划
分国内、区域和全球市场的说法已经过时，市场不再以国界来定
义。物质和技术的创新，如及时的库存管理，以及由于运输、通
讯、信息技术费用降低所带来的服务贸易的增加等，使生产的进一
步专业化和地理分散化成为可能，而这又使有关服务业、外国直接
投资、技术转让及无形资产保护的规定对政府和企业而言变得更加
重要，它们因而试图将进入、经营、退出市场的规则限制减少到最
低程度。多边贸易体系的主要目标是向市场竞争的自由化逐步推
进，从而支持国际化的进程，因此，何种形式的合作或协议是加强
市场的可竞争性所必需的，就自然地成为了 WTO 的一个重要问
题。[1]

二、贸易政策与竞争政策的关系

贸易政策和竞争政策的规制重点在不同的领域。传统上，贸易
谈判关注"边界上"（at-the-border）的政府措施的自由化，这些措
施可以或确实扭曲贸易流向。特别是 GATT1947 第 1 条、第 2 条和
第 28 条为政府通过有约束力的互惠减让消除贸易壁垒提供了框架。
另外，诸如数量限制等可能阻碍贸易流动的措施也已受到有关纪律
（如第 6 条）的约束。这些边界上的问题反映了贸易谈判者对市场
准入的传统关注。竞争政策传统上关注"边界后"（behind-the-bor-
der）的竞争状况，竞争当局的管辖权一般限于国内市场具有反竞
争效果的行为。尽管近些年来，为了规制国际卡特尔及反竞争性的
国际兼并，出现了国内竞争法域外适用及国内竞争当局执法合作的
现象，但是，在所有的案件中，竞争当局管辖权的重点必须是边界
后而不是边界上的竞争效果。与边界上/边界后的区别相对应，贸

---

〔1〕 伯纳德·霍克曼，迈克尔·考斯泰基. 世界贸易体制的政治经济
学 [M]. 刘平，洪晓东，许明德等，译. 北京：法律出版社，1999：253-
257.

易政策关注公共行为，即政府措施；竞争政策则关注私人行为。

可见，竞争政策的目的在于规范竞争，但在传统上其被用来规范一个市场内的竞争关系，贸易政策是管制边境上国际贸易的机制，其规范的是不同市场之间的竞争，这两种制度在产生之时，本为处理不同领域的事务，但是，在现实中，两项制度的分界并非如此绝对，特别是随着贸易自由化的推进，国际贸易大量增加，跨国投资迅速增长，跨国企业在国际经济活动中发挥着越来越重要的作用，贸易法与竞争法上互不跨越之界限，早已不复存在。[1] 比如，GATT1947 中，第 3 条包含的国民待遇原则要求政府通过禁止适用诸如国内税和其他的国内法律及规章等歧视性政府措施，维持国内和外国产品之间的竞争状况；[2] 可以影响边界后竞争状况的国内补贴受到 WTO 补贴与反补贴措施协议的约束；WTO 框架下达成的 GATS、TRIMS、TRIPS 协议也有贸易谈判者给予边界后措施以更多关注的迹象。[3] 贸易政策还将其适用范围扩展到与保障措施、服务、知识产权等有关的私人行为；某些私人实施的以低于正常价值的价格出口的有害行为则受到 WTO 反倾销纪律的规制。就竞争政策而言，关税和其他税收等边境措施可能扭曲国内竞争状况的效果已被进一步认识到；近年来有些国家的竞争政策的适用范围还延伸到管制基础设施和专业服务的政府措施。[4] 这样，贸易政策与竞争政策对竞争和经济实效产生了相互交织的影响，而且这种影响是跨境的。

---

〔1〕 罗昌发. 贸易与竞争之法律互动 ［M］. 北京：中国政法大学出版社，2003：6.

〔2〕 OECD. Consistencies and Inconsistencies between Trade and Competition Policies ［R］. COM/TD/DAFFE/CLP (98) 25/FINAL, 1998, para. 7.

〔3〕 OECD. Consistencies and Inconsistencies between Trade and Competition Policies ［R］. COM/TD/DAFFE/CLP (98) 25/FINAL, 1998, para. 7.

〔4〕 OECD. Consistencies and Inconsistencies between Trade and Competition Policies ［R］. COM/TD/DAFFE/CLP (98) 25/FINAL, 1998, para. 9.

（一）贸易政策和竞争政策之间的互补性

贸易政策和竞争政策享有某些共同的目标。至少在部分上，两项政策都基于这种认识：没有扭曲的市场可以将效率和资源配置最优化。[1] 因此，贸易自由化和竞争政策都寻求消除市场壁垒和市场扭曲，使市场更具竞争性，提高效率，增加福利。它们还寻求通过自由贸易和开放竞争来确保消费者利益。贸易政策与竞争政策都会在一定程度上体现出对其他的公共政策目标的平衡。在贸易政策中，经常出现为实施保护人类、动物、植物的生命或健康、保护可耗尽自然资源的必要措施及保护基本的安全利益所必需的措施而允许偏离自由化途径的条款。在竞争政策和竞争法领域经常出现的部门豁免的情况，同样反映了一种公共政策，与贸易政策一样。另外，两者拥有共同的原则，如透明度和非歧视原则。

由于竞争政策和贸易政策享有某些共同的目标，因此在获取共同目标的过程中，它们可说是相互补充，相互强化的，缺乏其中一种政策，另一政策就无法充分实现其目标。例如，竞争政策通过防止私人企业单独地或共同地将价格提高到竞争市场状况下所导致的价格水平之上来保护消费者。当一个企业单独地或与其他企业一起，有能力将价格提高到并维持在竞争水平之上时，它便具有"市场支配力"。如果进入某一特定市场相对容易，企业是难以具有市场支配力的。关税通常被视为进入壁垒，贸易自由化所促成的关税减让无疑可以减少企业将价格提高到并维持在竞争水平之上的可能性，从而有助于竞争政策功能的实现。反过来，实施有效的竞争政策以规制反竞争行为对于贸易自由化的成功也非常关键。比如，即使不存在阻碍市场准入的措施或具有相同效果的限制性管制，但如果国内和国际市场盛行反竞争措施，贸易自由化的益处就无法实现。WTO 争端解决机构 1998 年处理的柯达诉富士案反映了这一点。该案中，美国主张日本政府容忍本国反竞争性的市场结构

---

〔1〕　OECD. Consistencies and Inconsistencies between Trade and Competition Policies［R］. COM/TD/DAFFE/CLP（98）25/FINAL, 1998, para. 11.

的存在，阻止了外国产品的进入。其中的关键点是富士公司与经销商之间的垂直关系使柯达公司无法进入日本的多数市场。此外，国内市场强有力的竞争还有助于贸易自由化协议所引起的结构调整的顺利进行。[1] 在许多方面 GATS 基础电信服务协议是贸易政策和竞争政策的目标相互强化的最好范例，该协议运用贸易政策和竞争政策双方的方法和概念，既涉及政府措施，也涉及私人措施（虽然是以非直接的方式），不仅涉及边界上的措施，而且涉及边界后的措施。[2]

（二）贸易政策与竞争政策之间的冲突性

尽管贸易政策与竞争政策在理论上具有互补性，但两者也可能相互抵触。贸易政策可能对竞争产生反作用，这集中体现在那些有效地保护国内市场而使之隔绝于外国竞争的贸易措施，它们有助于国内市场形成一定程度的集中，可能导致对优势地位的滥用，从而造成对消费者的损害。[3] 如一些贸易大国频频使用反倾销，阻碍物美价廉的外国商品进入国内市场，不仅剥夺了外国生产商的市场准入，而且妨碍了国内市场的竞争；在与技术标准有关的贸易中，过于苛刻的要求会阻碍新的竞争者进入市场，削弱市场的竞争性。竞争政策也可能对贸易产生反作用，比如竞争法的豁免和除外规定往往是便利私人反竞争行为（如滥用支配地位、卡特尔行为、反竞争性的兼并等）的一个因素，从而对国际贸易产生消极影响。有关国家还可以通过不执行竞争法或不充分执行竞争法的方式来便利企业之间从事反竞争行为。贸易政策与竞争政策之所以可能相互冲突，根源于它们毕竟是两项不同的政策，它们在具体的价值取向

---

〔1〕 OECD. Complementarities between Trade and Competition Policies [R]. COM/TD/DAFFE/CLP（98）98/FINAL, 1998.

〔2〕 OECD. Consistencies and Inconsistencies between Trade and Competition Policie [R]. COM/TD/DAFFE/CLP（98）25/FINAL, para. 10.

〔3〕 WTO Working Group on the Interaction between Trade and Competition Policy. Report on the meeting of 27-28 July 1998 [R]. WT/WGTCP/M/5, 1998, para. 63.

上存在着诸多差异：

贸易政策注重生产者利益，而且更多地受到特殊利益集团的影响，竞争政策则集中于企业行为对消费者福利的影响。贸易政策保护竞争者，竞争政策则保护竞争本身。在贸易政策中，国籍是一个关键因素，贸易政策有时承担着强烈的国家特有的关注和目标，如增加财政收入、促进出口、配合外交政策或安全目标等；而在保护竞争时，国籍是（或至少应该是）与竞争政策不相关的因素。另一方面，竞争政策在适用时，更易于给予本国生产者和消费者额外的重视，而忽视其他国家消费者的利益（如许多国家的竞争法对出口卡特尔给予豁免，因为出口卡特尔虽然对海外消费者产生影响，但对本国福利无害）。另外，竞争政策有时包含生产者导向的目标，如保护小企业或追求国家产业政策。〔1〕竞争政策强调个别市场的实际竞争问题，而贸易政策着重保护竞争机会意义上的潜在竞争问题，力图通过保护竞争机会而非某些具体市场的竞争本身来寻求获得更广泛意义的和全球角度的效率，这一差异可能导致在贸易政策术语中市场的定义比竞争政策分析中更广。〔2〕

贸易政策和竞争政策作为两项不同的政策，它们的价值取向有如上诸种区别，如果落实到不同的国家或不同的时期，两项政策所追求的具体目标可能差异更大，因此它们在实践中产生不同的、甚至相冲突的效果是自然的。但是，贸易政策和竞争政策具有互补的理论基础（即消除或减少市场壁垒和市场扭曲），它们共享促进经济效率和福利的基本目标，它们都基于透明度、非歧视等原则，如果得以有效地实施，两项政策是能够相互强化的。缺乏有效的竞争政策，贸易自由化的成果会受到损害；缺乏贸易自由化的持续进

〔1〕 WTO Working Group on the Interaction between Trade and Competition Policy. Report on the meeting of 16 and 17 September 1997 〔R〕. WT/WGTCP/M/2, 1997, para. 11.

〔2〕 OECD. Consistencies and Inconsistencies between Trade and Competition Policies 〔R〕. COM/TD/DAFFE/CLP（98）25/FINAL, 1998, para. 18.

程，竞争政策在促进市场竞争的影响将是有限的。对于贸易政策和竞争政策的相互关系，只看到一方面而忽视另一方面都是不现实的。应在全面了解它们之间关系的基础上，通过最佳的组合与协调，加强它们积极的一面，使它们尽可能地相互一致和相互促进。

第二章 贸易政策对竞争的影响

贸易政策涵盖的领域非常广泛，包括关税与非关税措施。欧盟将贸易措施分为三类：边境措施、国内管制和贸易救济措施，下面就按照这种分类分别阐述贸易措施对竞争的影响，然后分析目前WTO 关于贸易措施的纪律的不足之处。

第一节 边境措施

一、关税

关税即货物在经过一国海关边境时被征收的税。[1] 关税并非国家管制贸易的唯一手段，国家往往还采取多种非关税措施，但关税与非关税措施相比，关税具有较高的透明度，便于其他国家和贸易经营者辨析保护的程度。因此，GATT 允许国家采用关税保护措施，而不提倡各种非关税措施。虽然 GATT 以贸易自由化为目标，但显然这并非一朝一夕所能实现。于是，在肯定关税保护作用的前提下，GATT 不断通过多边谈判，来削减各国关税以促进贸易自由化。

GATT 有两项关于关税的基本规则：第一，关税必须是非歧视性的（第 1 条），但这一最惠国原则有几项主要的例外：区域一体化协定成员之间的优惠、对发展中国家实行的关税优惠、对非成员

---

[1] 伯纳德·霍克曼，迈克尔·考斯泰基. 世界贸易体制的政治经济学 [M]. 刘平，洪晓东，许明德等，译. 北京：法律出版社，1999：83.

的进口。第二，鼓励成员约束其关税。各成员加入时或通过周期性的多边贸易谈判所达成的关税减让采用约束税率的形式来表现，记载于各成员的关税减让表上（第 2 条）。GATT 成员不能对约束了关税的产品征收高于约束税率的关税。一项约束可能涉及现行税率、高于现行税率的所谓"封顶税率"和低于现行税率的谈判税率。最后这种可能性通常是在多边贸易谈判结束后才产生，谈判税率在未来的某个日子开始生效。关税约束为一国承诺的市场准入条件建立了基准点。在 GATT 规则下，一国政府所采取或支持的任何"废弃或损害"其关税约束中减让意义的措施都有理由遭到其贸易伙伴的投诉，而无须表明该措施对贸易的影响效果。由此可见，关税约束不仅可以控制提高关税的可能性，还能限制采用与提高关税具有等同效应的措施。[1]

经过多轮回合谈判，关税减让取得了重大成果，特别是发达国家，关税已减至相当低的程度，这对于促进进口产品与国内产品的竞争显然是有利的。但是不少国家仍然在许多部门维持高水准的关税保护，这对竞争仍有相当程度的影响。以高度竞争之产业为例，倘若进口国国内产品的成本结构与出口国同类产品的成本结构相似，任何程度的关税均可使外国生产者无法在进口国实施有效的竞争。此种情形进口产品对国内产品只能实施非价格方面（如品质提高）的竞争，而减少进口产品的竞争力。[2] 纵使在非高度竞争的产业，倘若关税之额度达到某一水准时，亦能对进口产品之竞争地位减损至相当的程度，甚至达到完全阻止进口竞争之情况。[3] 另外，有些国家对于某些部门没有约束关税，或者仅仅承诺远远高

---

〔1〕 伯纳德·霍克曼，迈克尔·考斯泰基．世界贸易体制的政治经济学 [M]．刘平，洪晓东，许明德等，译．北京：法律出版社，1999：84．

〔2〕 罗昌发．贸易与竞争之法律互动 [M]．北京：中国政法大学出版社，2003：22．

〔3〕 罗昌发．贸易与竞争之法律互动 [M]．北京：中国政法大学出版社，2003：22．

于现行税率的"封顶税率",这意味着关税可能大幅度提高而不受WTO的限制。即使不存在实际的关税提高,对外部保护水准的不确定性也可能限制进口产品促进竞争的效果。[1]

二、数量限制

数量限制亦称配额,指一国政府通过法令规定在特定时期内(通常为一年)对某一类产品只能进口一定的数量或价值。[2] 数量限制的主要特点是:数量限制由行政部门酌情决定,不具有透明性和相对稳定性,其固有的歧视性难以避免。

数量限制对竞争的影响重大。如果一国对出口进行数量限制,被限制的产品无法在国外与外国同类产品在同一条件上竞争。如果一国对进口进行数量限制,可使外国产品在进口国国内市场上的竞争地位受到影响(由于该产品的供应数量被限于一定水准之下,其不会因产品具有竞争力而增加销售机会)。[3] 况且无论是对出口还是对进口进行数量限制,其所导致的价格上涨均会损害用户利益和消费者福利。

将数量限制与关税相比较,有助于我们更清楚地看到数量限制对竞争的不利影响。关税措施会导致外国产品价格增加,影响其与国内产品在价格上的竞争,但外国产品在品质与其他方面的竞争仍可维持。然而在数量限制之下,外国产品不论在价格上或品质上占有如何之竞争优势,均无法在一定数量之外从事竞争(倘若某一产品为"无价格弹性",则关税对此种产品之贸易所可能产生的限

---

〔1〕 WTO Working Group on the Interaction between Trade and Competition Policy. Communication from the European Community and its Member States [R]. WT/WGTCP/W/78,1998.

〔2〕 曾令良. 世界贸易组织法 [M]. 武汉:武汉大学出版社,1996:190.

〔3〕 罗昌发. 贸易与竞争之法律互动 [M]. 北京:中国政法大学出版社,2003:23.

制甚微,但数量限制却能有效阻止该产品在国内的竞争)。[1] 数量限制对市场结构有着重大影响,它可以使得国内被保护的行业由潜在的垄断变为实际的垄断,即隔绝它与国外企业的竞争,使其变为行业垄断者。而关税却不能达到这一目标。实行数量限制时,国内被保护的企业可以任意定价,而不会使其销售量为零;而征收关税时,如果国内被保护的企业将其销售价格定在高于国际价格与关税之和以上,它的销售量将为零。[2] 如果国内市场是集中性的,数量限制比等同的关税更具有限制效果,因为增加的进口不能抑制国内生产商的价格增长。另外,由于外国生产商可能从配额的分配中获益,他们进行共谋的可能性就更高。[3] 最后,关税制度若配合最惠国原则,进口国的贸易方位、进口货物来源以及贸易额大小,均可以在一定条件下按市场机制作出优化调整与配置,而数量限制固有的歧视性很难用最惠国或不歧视原则完全消除,而且限额一旦确定,就把贸易方位、进口来源以及贸易数额人为地封死,而置产品质量、价格与消费需求于不顾。[4] 这显然与促进竞争、增加消费者福利的理念相违背。

　　GATT 鉴于数量限制的诸多弊害,对其进行了规范。直接的明文规则包括五个条款,即第 11 条、第 12 条、第 18 条第 2 款、第 13 条和第 14 条。第 11 条第 1 款规定:"任何缔约国除征收关税和其他税费外,不得设立或维持配额、进出口许可证或其他措施以限制或禁止其他缔约国领土的产品的输入,或向其他缔约国领土输出或销售出口产品。"该条所禁止的数量限制措施对产品进口和出口

---

〔1〕 罗昌发. 贸易与竞争之法律互动 [M]. 北京:中国政法大学出版社,2003:23.

〔2〕 龚关. 国际贸易理论 [M]. 武汉:武汉大学出版社,2000:104.

〔3〕 WTO Working Group on the Interaction between Trade and Competition Policy. Communication from the European Community and its Member States [R]. WT/WGTCP/W/78,1998.

〔4〕 赵维田. 世贸组织的法律制度 [M]. 北京:法律出版社,2000:165.

均适用。此外，GATT 所禁止的数量限制还包括对国营贸易企业（state trading enterprises）所作出的限制。由于经营由国家垄断或专控商品的企业一般为政府所有或由政府委托私有企业代办，它们可以利用其垄断地位只进口一定数量的产品以保护本国产业。因此 GATT 对数量限制的禁止不仅针对政府直接行为，还包括政府的间接限制行为。[1] GATT 对数量限制的普遍禁止是与竞争理念相配合的。但是，第 11 条第 2 款规定了农产品例外，第 12 条和第 18 条第 2 款规定了保障国际收支平衡例外以排除适用第 11 条第 1 款。[2] 这是明文规定的与第 11 条禁止数量限制规则直接有关的例外。此外，第 19 条规定的保障措施条款、第 20 条以及第 21 条规定的一般例外和安全例外等也适用。这些例外显然会大大削弱数量限制禁止的普遍性，而且这些例外适用的许多情形（如保障国际收支平衡、维护公共道德、保护人类、动植物的生命所必需等）与竞争理念所考虑的因素不相关。

　　由于在数量限制之下，竞争者只能采用"配额竞争"而非"价格竞争"的方式，因此，配额的分配对竞争者的竞争有关键作用。于是，第 13 条被制定出来用以规范配额的分配。第 13 条第 1 款规定了数量限制的非歧视原则，即："除非对所有第三国的相同产品的输入或对相同产品向所有第三国的输出同样予以禁止或限制，任何缔约国不得限制或禁止另一缔约国领土的产品的输入，也不得禁止或限制产品向另一缔约国领土输出。"第 2 款规定："缔约各国对任何产品实施进口限制时，应旨在使该产品的贸易分配尽可能与如果没有这种限制时其他缔约各国预期可能得到的份额相接

---

　　[1]　曾令良. 世界贸易组织法 [M]. 武汉：武汉大学出版社，1996：193.

　　[2]　第 12 条和第 18 条第 2 款都是为保障国际收支而设的限制，但第 12 条专门适用于发达国家，第 18 条第 2 款只适用于发展中国家，且第 18 条第 2 款较第 12 条宽松. 赵维田. 世贸组织的法律制度 [M]. 北京：法律出版社，2000：173.

近。"基于此目的，第 2 款对具体实施数量限制的方式作了进一步规定：（1）如有可能，应采用全球配额，不对特定国家分配具体数量；（2）如有可能，避免采用许可证要求；如果采用许可证要求，也不应限定具体的国家或产品来源；（3）如果全球性配额方式不可行且将配额在国家之间进行分配时，应就配额的分配达成协议；如果该办法不可行，应按前一代表性时期该产品进口总额或总值中各缔约国的供货比例，在供应该产品上有重要利益的缔约国之间进行配额分配，并对已影响或正在影响该产品贸易的特殊因素给予应有的考虑。

　　第 13 条第 2 款规定的三种具体实施限制的方式对公平竞争的隐含意义是不同的。第一种即全球配额方式，它表面上虽然未对具体国家分配具体数量，但按"先来先进口"原则，其本身就含有歧视成分，因为与进口国毗邻的供应国具有地理位置上的优势。第二种方式即许可证方式，GATT 要求许可证应是全球性的，其本意在于提供平等的竞争机会，以利于物美价廉的产品进入进口国，体现比较优势，但实际上许可证发放的不透明性最易导致竞争的不公平。第三种方式即按比例分配配额方式。这种方式被认为是最接近于非歧视原则的方式。但是，虽然若干国家在特定时期对某一产品所占份额可作为配额分配的依据，但其弊端是显而易见的，因为它只考虑到特定产品的传统占有国的利益，而忽略了新兴的市场竞争国的利益，违背了国际贸易中"资源最佳配置"的宗旨，[1] 于是，GATT 的起草者们规定在进行配额分配时，还需考虑已影响或正在影响该产品贸易的特殊因素。这实际上是一种软化措施，以便在情况需要时调整配额。"特殊因素"，除其他因素外，包括从代表性时期以来在各外国生产者之间的如下变化：（1）相关的生产效率的变化；（2）出现新增加的出口能力；（3）出口能力降低。这样便将竞争变化的情况纳入了考虑范围，符合竞争理念。

---

　　〔1〕　曾令良. 世界贸易组织法 [M]. 武汉：武汉大学出版社，1996：198-199.

第二节　国内管制措施

一、贸易的技术壁垒

贸易的技术壁垒主要涉及产品标准、技术规章和认证制度。标准和规章都是指一个特定产品或生产程序的技术规格。不同的是,前者是自愿的,通常是由某项产业或某个非政府标准化机构制定的;而后者是强制性的(具有法律拘束力),常常是出于保护公众或动物的健康、或者为了保护环境的目的而订立。认证制度是指生产者在确认其产品或工序是否符合有关标准或规章时所必须遵循的程序。[1]

采用合理的产品标准、技术规章和认证制度有利于提高产业水平、防止欺诈行为、保护消费者的安全与健康,对促进公共利益有重大作用,但它们也可能对竞争产生限制效果。标准可能成为企业集团提高其竞争对手成本的手段。假设企业为符合标准而产生了成本,这种情况就可能减少市场竞争性,因为潜在的市场竞争者会发现竞争或市场的吸引力减弱了。在其他因素不变的情况下,进入的障碍越大,标准的利润加强效果就越明显。因此,企业或企业集团完全可能战略地运用标准化的手段。无论供应的减少何时导致利润的提高,都有可能是采用的标准太具有限制性所造成的,标准就已经产生了租金(超额利润),标准设立的行为也就具有了勾结的特征。[2]因此,涉及设立标准和合格评审程序的私人机构的反竞争行为成为竞争当局特别关注的问题。例如,欧盟及其成员国的许多

---

〔1〕 伯纳德·霍克曼,迈克尔·考斯泰基. 世界贸易体制的政治经济学 [M]. 刘平,洪晓东,许明德等,译. 北京:法律出版社,1999:107-108.

〔2〕 伯纳德·霍克曼,迈克尔·考斯泰基. 世界贸易体制的政治经济学 [M]. 刘平,洪晓东,许明德等,译. 北京:法律出版社,1999:109.

案例表明，竞争当局谴责国内企业通过私人证明机构将外国竞争者排除出国内市场的活动。〔1〕技术规章虽然由政府机构负责制定，但他们可能受到国内有关利益集团的游说，从而产生保护主义的倾向。

用以确认一种产品是否符合强制性标准的程序也是很重要的。达标评估程序（检验和认证）对于企业来说可能会比国家之间标准差异造成的结果更为昂贵，这在很大程度上取决于产品检验的方法或程序以及进口国家是否接受（认可）受委托的外国检验机构所出具的产品证明或检验数据。有时产品进口时可能会被逐个进行繁琐、耗时和昂贵的检验，即使是进行随机抽样检验，也仍然可能构成贸易壁垒，尤其是按照合格的样品对整批货物进行通关的情况下。由检验机构造成的拒绝进口以及拒绝接受外国检验数据的情况引起过许多争议。〔2〕

由于标准会提高生产或运输的单位成本，检验和认证程序也会对企业造成高昂的费用，或延误交易时间，因而它们可能产生抑制国际贸易的后果。为了解决这一问题，东京回合经谈判制定了《贸易的技术壁垒协议》，乌拉圭回合在此基础上制定了新的《贸易的技术壁垒协议》，虽然新协议的内容与体系与旧协议基本类似，但新协议属于一揽子接受的多边协议的范畴，这就保证了世界贸易组织技术壁垒制度效力的真正普遍性。〔3〕新协议旨在保证强制性的技术规章、自愿的技术标准以及产品的检测和证明等均不得造成贸易的不必要障碍。该协议与竞争直接相关的内容是：

1. 成员国采用技术标准、技术规章应遵守的纪律。在技术规

〔1〕 WTO Working Group on the Interaction between Trade and Competition Policy. Communication from the European Community and its Member States ［R］. WT/WGTCP/W/78, 1998.

〔2〕 伯纳德·霍克曼，迈克尔·考斯泰基. 世界贸易体制的政治经济学 ［M］. 刘平，洪晓东，许明德等，译. 北京：法律出版社，1999：110.

〔3〕 曾令良. 世界贸易组织法 ［M］. 武汉：武汉大学出版社，1996：265.

章方面，协议要求各成员国的技术规章的制定和实施必须是非歧视性的，即遵守最惠国待遇和国民待遇。技术规章对贸易的限制不得超过为达到合法目标所必需的程度。合法目标包括国家安全需要、防止欺诈行为、保护人类健康或安全、保护动植物的生命与健康或保护环境，等等。在技术标准方面，协议要求各成员国保证其中央政府标准化机构、地方政府和非政府标准化机构及区域性标准化机构接受和遵守附件三中《标准的拟订、通过和适用的适当行为守则》。该守则的实质性规则是要求标准化机构在标准方面对来源于WTO任何其他成员国的产品给予国民待遇和最惠国待遇；标准化机构应保证拟订、通过和适用的标准以不对国际贸易造成不必要的障碍为目的或对国际贸易不会产生不必要障碍的效果；标准化机构基于产品要求确定标准时应根据产品性能，而非其设计或表面特征。

2. 关于符合评审程序方面的规定。协议要求在类似的情况下，在符合评审程序的拟订、通过和适用方面所给予源于其他成员国相同产品之提供者的待遇不应低于源于本国或任何其他国家相同产品提供者的待遇。在这里，国民待遇和最惠国待遇的受惠对象从"产品"改为"提供者"，这是由于技术标准证书须由产品提供者提供。由国际标准化机构发布的现有指南和推荐建议应得到成员国的采纳，除非这些指南和推荐已不适合有关成员国，但成员国必须作出合理的解释。原则上讲，WTO成员国应加入和采用符合评审的国际标准制度。成员国之间应尽可能接受其他成员国符合评审程序的结果，即使该程序不同于本国。鼓励成员国商讨符合评审程序的相互认可协议。

3. 透明度条款。GATT第10条规定了提供有关产品标准、符合评审程序等资料的规则。此外，WTO秘书处设立了信息系统，要求成员国将本国的标准机构和信息咨询点的有关信息向国际标准化组织中心传送。

上述规则为保证技术标准、技术规章和符合评审程序与非歧视原则、透明度原则相一致设立了纪律，这能够避免对外国产品的生产者和提供者施加不必要的高昂费用,从而可以将技术标准、技术规章和符合评审程序被当作保护主义的工具和用来限制竞争使风险最小化,此举显然具有积极意义。

二、政府补贴

按照 WTO《补贴与反补贴措施协议》,补贴是指"政府或公共机构提供的资助"。补贴政策一般用于保护受到进口冲击的产业或在国际市场上参与竞争的出口产业。补贴对贸易和竞争均会产生影响。从贸易角度来看,如果补贴达到会扭曲贸易的程度(例如使贸易膨胀到高于自由贸易水平或缩小到低于自由贸易水平),那么它就会减损国际贸易谈判中达成的市场开放承诺。[1] 从竞争的角度来看,补贴在提高本国产品竞争力,有利于本国经济发展的同时,往往会损害他国的利益。如果得到补贴的是外国产品,受补贴产品由于有政府支持,在价格上占据优势,很容易吸引消费者,消费者把原来对本国产品的购买需求转向受补贴的外国产品,本国的产品就失去了市场,从而造成本国相关产业利润减少、企业关闭、工人失业等现象,从这种意义上说,补贴的效果类似于倾销。如果得到补贴的是本国产品,本国产品就享有了不公平的价格优势,从而削弱了其他国家向该国出口产品的竞争力。从这种意义上说,对本国产品的补贴会对外国产品起排斥作用,其效果如同关税,只不过关税对进口产品增加一个价值额,而补贴对本国产品降低一个价值额。[2] 正如美国企业家所说的,他们可以同"公平进口"作竞争,但无法同外国政府的国库作竞争,因为补贴都是政府拿国库里的钱补贴给企业的。他们认为,当外国公司以在市场获取最大利润为动机做出口时,世界贸易环境最多增加了一层风险;但如果出口

〔1〕 伯纳德·霍克曼,迈克尔·考斯泰基. 世界贸易体制的政治经济学 [M]. 刘平,洪晓东,许明德等,译. 北京:法律出版社,1999:98.

〔2〕 陈燕. 世贸组织反补贴法律制度研究——兼论中国入世后的应对策略 [D]. 北京:外交学院法学院,1999.

动机是为了执行本国政府的某项政策，那么进口国的企业家就会觉得这不公平。这样常会使进口国的自由市场式经济制度运转失灵。〔1〕

　　WTO《补贴与反补贴措施协议》将补贴分为三类，即不可起诉的补贴、禁止使用的补贴和可起诉的补贴。不可起诉的补贴包括不具有专向性（specificity）的补贴，即那些不是主要使某个企业、某个产业或产业集团受益的补贴。补贴的非专向性要求补贴的分配标准必须是中立的、非歧视的和以整个经济为基础的，不对部门加以区分。〔2〕对于非专向性补贴为不可起诉补贴的合理性，杰克逊教授曾作如下解释："从经济观点上说，补贴若是普遍给予整个社会方方面面的社会各生产部门的，就不具有'扭曲'作用。这个论据当然要用得谨慎些，也可修饰说：在此情况下扭曲作用很小。再者，在这浮动汇率世界里，只要汇率调整期限适度，则普遍受用的补贴在国际上的扭曲作用在正常情况下是很小的。这样就可用这些论据来支持这样一种看法：普遍受用的补贴——即非专向性补贴，不应该是'可起诉的'。"〔3〕出口补贴无论有无特定目标，全部属于专向性补贴。但专向性补贴中有三类列入不可起诉的补贴范围：研究与开发补贴、对落后地区的援助、帮助工厂适应新的环保规则的补贴（以上三项补贴均有条件限制）。

　　形式上或实际上依出口情况而定或是用于使国货压倒进口货的补贴为禁止使用的补贴，包括：出口补贴清单中所列的各项补贴；在法律上或事实上作为独立条件或多种条件之一而向出口活动提供的补贴；作为独立条件或多种条件之一而向使用本国产品以替代进

　　〔1〕　赵维田. 世贸组织的法律制度［M］. 北京：法律出版社，2000：321.

　　〔2〕　伯纳德·霍克曼，迈克尔·考斯泰基. 世界贸易体制的政治经济学［M］. 刘平，洪晓东，许明德等，译. 北京：法律出版社，1999：101.

　　〔3〕　赵维田. 世贸组织的法律制度［M］. 北京：法律出版社，2000：315.

口产品所提供的补贴。当一成员有理由认为另一成员正在实施或维持一项禁止使用的补贴时，该成员可请求与该另一成员进行协商，如果不能达成解决办法，任何一方可将该事项提交争端解决机构。

可起诉的补贴是指允许使用的补贴，但若该补贴对 WTO 成员产生了不利影响，相关成员国则可对其采取磋商手段，动用争端解决程序或采取反补贴措施。这里的不利影响包括对国内产业的损害、废止或损害关税减让以及对国家利益的严重侵害或侵害威胁。可起诉的补贴主要是针对某些补贴，虽然它们从各国所推行的国内政策意义上说，具有合理合法性，但一旦在出口时损害了外国的利益时，就发生了两种对立政策目的的冲突，为了平衡与协调相冲突的国家利益，可起诉的补贴应运而生。[1]

三、国营贸易企业

许多国家，特别是发展中国家都设有国营贸易企业（state trading enterprises）。国营贸易企业不同于我们平常所提的社会主义国家的国营企业。国营企业指的是具有公有制性质的企业，而不论其经营活动；国营贸易企业的标志不在于企业的所有权（它们可能是国有的，也可能完全是私有的），而在于其拥有的专有权，它们经营国家垄断或专控的商品。因此，如果国营企业经营的不是国家垄断或专控的商品，它就不是国营贸易企业。国营贸易企业为服务公共利益（如保证维持价格水准向公众统一提供服务、发展国内企业的竞争力、提高就业等）发挥了重要作用，但是，它们对贸易和竞争的危害也是长期受到广泛关注的。从贸易方面说，它可能成为国家间接影响国际贸易的工具。例如，政府可以设立一种企业并授权它在特定产品上享有垄断经营的地位，在这种情况下，由于其他企业被禁止购买有关产品，拥有垄断地位的企业就可能随意作出决定，完全控制有关产品的进口，从而取得替代政府关税和配

---

〔1〕 赵维田. 世贸组织的法律制度 [M]. 北京：法律出版社，2000：317.

额的保护效果。[1]

国营贸易企业对竞争的影响也是显而易见的，它们很可能利用其拥有的垄断地位，或利用其享有的专有权或特殊权利而形成的优势，从事限制竞争的活动，产生扭曲竞争的效果。例如，进口独占企业可能基于政府制定的或容忍的标准或政府指令，而非基于商业考虑来减少或限制进口产品的市场准入，阻碍进口产品与国内产品的竞争。由于不存在其他竞争者的竞争，进口独占企业可能不考虑当前的市场状况和国内需求情况而对整个国家的进口数量、质量和时间作出最终决定。进口独占企业对进口数量和国内销售的控制还使其能够通过进口加价来影响国内定价，从而将进口产品价格提高到竞争水平之上。额外的进口加价可能减少对进口产品的国内需求。另外，这种进口加价还可能使政府寻租以用于某些用途，包括补贴国内生产者或交叉补贴出口，从而造成进一步的市场扭曲。通过对国内营销和销售体系的控制，进口独占企业可以影响最终用户的购买决定。由于出口商与最终用户之间无法进行直接交易，进口独占企业可以限制最终用户对出口商产品的了解，而这反过来又抑制了最终用户的选择。[2]这些均与促进竞争、保护消费者的竞争理念背道而驰。

鉴于国营贸易企业可能对贸易造成负面影响，GATT 制定了详细规则对其进行规范，直接有关的条文是第 17 条。第 17 条第 1 款（a）项规定："各缔约国保证，如果它设立或维持一个国营企业（无论设在何处），或对任何企业授予正式的或具有实际效果的排他性或特别的特权，该企业在其涉及进口或出口的购买或销售时，应以本协定对影响私人贸易者进口或出口的政府措施所规定的非歧视的一般原则行事。"从文字上看，第 17 条第 1 款（a）项所指的

---

[1] 曾令良. 世界贸易组织法 [M]. 武汉：武汉大学出版社，1996：202.

[2] WTO Working Group on the Interaction between Trade and Competition Policy. Communication from the United States [R]. WT/WGTCP/W/83, 1998.

国营贸易企业包括两类：一是国营企业；二是被授予排他性特权或特别特权的企业，而无论其所有权性质。何谓第一类的"国营企业"，GATT 未作界定，哈瓦那会议报告则指出，"一般应把'国营企业'理解为：除其他外，包括从事购买或销售活动的任何政府机构在内"。[1] 根据总协定附件九对 17 条第 1 款的注释的补充规定："缔约国设立的从事购买或销售活动的销售局，其经营活动应遵守第 1 款（a）（b）两项中的规定……不从事购买或销售活动但对私人贸易制定规则法令的销售局，其活动则应受本协定有关条款的约束。"可见，国营贸易企业不仅包括国有企业和私人企业，还包括政府机构。乌拉圭回合达成的《对 1994 关贸总协定第 17 条解释的谅解》对国营贸易企业作了如下定义：包括销售局在内的政府和非政府企业，这类企业享有包括法令或宪法权利在内的专有的或特殊的权利或特权，在业务运营中通过其购买或销售活动影响进出口的水平或方向。因此，将这些有关规定结合起来，我们可以对 GATT 第 17 条所指的对象形成完整的理解，即"国营贸易企业"可以是国有的，也可以是私有的；可以是企业体，也可以是非企业体的政府组织或机构，但它们均必须直接从事购买或销售活动，且这种活动影响进口或出口的水平或方向。

在实体规则方面，第 17 条第 1 款（a）项规定了非歧视义务。在非歧视义务是否包括最惠国待遇和国民待遇方面，一直存在争议。如果从条文内容及立法背景来看，似乎应只包括最惠国待遇，而不包括国民待遇。考察条文内容，该项处理的是涉及进口或出口的购买或销售，而国民待遇义务限定在缔约国国内购买和销售方面的国内税收和国内规章方面，因此该项针对的应是对不同的外国之间歧视待遇的禁止。况且，从第 17 条的起草过程来看，无论是最初的美国提案，还是后来一系列筹备会议的记载，均无明示或默示

---

〔1〕 赵维田. 世贸组织的法律制度 ［M］. 北京：法律出版社，2000：198.

的意向将国营贸易企业的非歧视待遇义务延伸到国民待遇的标准。[1] 从实务上也可说明该项并不包括国民待遇的理由。在不能深入国营贸易企业内部营运的情况下，很难认定特定措施具有保护的动机而违反国民待遇原则，但却较易证明对不同国家的歧视（即违反最惠国待遇原则）。[2] 第 17 条第 1 款 (b) 项进一步规定，"本款 (a) 项应被理解为要求此等企业，除尊重本协定其他规定外，应在进行任何此等购买或销售之时，完全依照商业考虑，包括价格、质量、货源、营销、运输以及其他购买或销售条件，并应依照商业习惯，给予其他缔约国的企业适当的竞争机会以参与此种购买或销售"。鉴于国营贸易企业的贸易活动常常带有数量限制因素，由此决定了它具有天然歧视性，也更容易受到非经济和非商业考虑的左右。因此，在实体法规则中特别强调"商业考虑"和非歧视性，都有利于将这些企业的贸易购销置于与之相竞争的私人企业相平等的地位上，使市场机制发挥调剂作用。[3] 第 17 条第 1 款 (c) 项规定，缔约国不得妨碍其管辖的任何单位（不论是否属于本款 (a) 项所指企业）按本款 (a) (b) 两项行事。

　　国营贸易企业的活动可能会减损关税减让的效果。例如，一国授予某一企业对某一产品的进口垄断权，由于不存在其他企业的进口竞争，则该企业可任意提高该产品的转售价格，而提高转售价格将阻碍该产品在该国销售，从而使针对该产品的关税减让间接丧失其作用。因此 GATT 规定了相关条款进行规范。第 2 条第 4 款规定："任何缔约方正式或实际效果上设置、维持或授权对某一产品的进口垄断，而该产品在本协定所附减让表之内，除该减让表另有

〔1〕　曾令良. 世界贸易组织法 [M]. 武汉：武汉大学出版社，1996：207-208.

〔2〕　罗昌发. 贸易与竞争之法律互动 [M]. 北京：中国政法大学出版社，2003：235.

〔3〕　赵维田. 世贸组织的法律制度 [M]. 北京：法律出版社，2000：202.

规定或原谈判减让各方另有协议外，此种垄断所产生的保护水平，不应超过该减让表内平均的保护程度。"第 17 条第 4 款（b）项规定："如果缔约国对本协定第 2 条减让范围以外的某一产品设置、维持或授权进行进口垄断，经对这一产品有大量贸易之另一缔约国提出请求后，它应将最有代表性时期内该产品的进口加价，或在不可能的情况下，将该产品的转售价格通知缔约国全体。"附件九对该款（b）项的注释中就"进口加价"作了界定，即进口垄断对进口产品所定的价格（不包括第 3 条范围的国内税、运输、分配以及其他有关购买、销售或进一步加工的费用和合理的利润）与进口产品的到岸价格之间的差额。[1] 这里虽然未明文规定对进口加价作减让谈判，但第 17 条第 3 款规定，"缔约各方承认，本条第 1 款（a）项所指的那些企业，可被用作对贸易设置严重障碍，因而在对等互利的基础上进行旨在限制或消除这类障碍的谈判，对扩展贸易是重要的"。该措辞似乎暗示有对进口加价作减让谈判的意思。[2] 此外，第 37 条第 3 款（a）项规定，发达的缔约国"在由政府直接或间接决定产品的转售价格的情况下，对完全或主要来自发展中国家缔约方境内的产品，应尽力将贸易差价维持在公平水平上"。这里的贸易差价与进口加价是同义词。[3] 对进口垄断企业的保护水平的控制，显然有利于促进进口产品与国内产品的竞争。

　　GATT 对国营贸易企业还规定透明度义务。第 17 条第 4 款（a）项要求缔约国就第 17 条第 1 款（a）项所称之国营贸易企业通知"缔约国全体"；第 17 条第 4 款（c）项规定，当一缔约国有

---

　　〔1〕　曾令良. 世界贸易组织法［M］. 武汉：武汉大学出版社，1996：212.

　　〔2〕　赵维田. 世贸组织的法律制度［M］. 北京：法律出版社，2000：202-203.

　　〔3〕　赵维田. 世贸组织的法律制度［M］. 北京：法律出版社，2000：203.

理由认为其因 GATT 享受的利益由于上述企业的活动正在受到损害，可以向缔约国全体提出请求，缔约国全体可以据此要求设置、维持或授权建立这种企业的缔约国，就其执行总协定的情况提供资料；第 17 条第 4 款（d）项规定，不要求缔约国公布妨碍法令执行或在其他方面有损于公共利益或对特定企业合法商业利益会造成损害的秘密资料。乌拉圭回合达成的《对 1994 关贸总协定第 17 条解释的谅解》还确立了审查机制以加强对国营贸易企业的 GATT 纪律与监督。

四、政府采购

近年来，几乎在所有国家，政府活动出现的一个重要特点就是政府采购的显著增加。政府为购置所需物品，向国内或国外进行的购买行为为政府采购。政府对供应市场的竞争行为会产生影响，这种影响有时候对竞争有利，如一个政府部门或代理商可以运用其购买力来抵消供应商的市场力量。[1] 有时候，这种影响对竞争不利，因为政府采购常常体现在公共采购合同投标方面国内企业对国外企业的优先权。政府较常采用的有关政策包括彻底禁止国外供给、对允许进入的国外供给规定正式标准以及偏向从国内企业采购的非正式程序。[2] 这种差别对待的做法无疑会对竞争产生极大的限制。如果在从私人部门的购买中，产品的采购价高于国内市场价格，政府采购政策就应为这种高成本负责。采购价与市场价格的差价代表一种补贴，这种补贴可以被用于扩大其他的销售（如航空器的军事采购可以补贴民用航空器的销售）或维持国内那些低效的生产商和供应商。

政府及其代理商可以运用其巨大的力量，通过采购决定来鼓励或限制国际贸易。因为他们不仅是国防、卫生和其他项目的大购买

---

〔1〕　OECD. Competition and Trade Policies〔R〕. Their Interaction, 1984.

〔2〕　伯纳德·霍克曼，迈克尔·考斯泰基. 世界贸易体制的政治经济学〔M〕. 刘平，洪晓东，许明德等，译. 北京：法律出版社，1999：118.

商，而且他们不需要选择从最便宜的渠道去购买，因而对国内供应商是有利的。另外，在他们的采购政策中，政府可以设置广泛的技术标准、投标要求、财政条件，这些条件即使没有直接将外国供应商排除在外，也可以使外国供应商处于不利的竞争地位，从而成为一种隐蔽的贸易壁垒。[1]

GATT 本身并未对政府采购施加确定的义务。就 GATT 第 1 条规定的最惠国待遇义务而言，缔约国负担的该项义务只涉及如下几个范围：对进出口或有关进出口而征收的、或为进出口产品的国际支付转移而征收的关税或其他税费；征收上述关税或税费的方法；有关进出口的规则和手续；与进口产品有关的国内税及国内规章。政府采购显然不在该义务范围。就 GATT 第 3 条规定的国民待遇义务而言，其第 8 款第（a）指出："本条的规定不适用于政府机构为政府目的，且非为商业转售或为使用于为商业转售而生产的货物而采购产品的法律、规则和要求。"这样政府采购也被排除于国民待遇义务的范围。第 17 条第 2 款的规定将政府采购排除在不歧视义务和商业考虑义务之外，但却要求缔约国在政府采购的进口方面，给予其他缔约国公平及合理待遇。公平及合理待遇实际上属于较宽松的最惠国待遇，但由于其用语不如最惠国待遇那么精确，因此难以据此要求缔约国就政府采购事项承担具体明确的法律义务。[2] 由于政府采购既不受最惠国待遇义务的约束，也不受国民待遇义务的约束，各国可以任意在外国产品之间、本国产品与外国产品之间进行歧视，除这种局面对竞争的结构性影响之外，具体的投标程序中也可能会产生反竞争行为，例如串通投标等。此外，拥有垄断地位或市场力量的实体的采购政策也是竞争当局关注的一个

---

〔1〕　OECD. Competition and Trade Policies〔R〕. Their Interaction, 1984.

〔2〕　罗昌发. 贸易与竞争之法律互动〔M〕. 北京：中国政法大学出版社，2003：243.

问题。[1]

由于政府采购完全游离于 GATT 的法律框架之外，不利于公平自由的国际贸易秩序的维持和发展，为改变这一局面，东京回合达成了《政府采购协议》，乌拉圭回合对其进行了强化和改进。其主要内容是：

1. 适用范围：第 1 条规定，该协议适用于附录 1 中所列各实体对采购产品的任何法律、规章、程序和做法。"实体"包括三类，即中央政府实体（如各部）、地方政府实体（如省政府）、其他所有必须遵从政府采购协议的实体（实际上为公共机构）。协议对不同的实体进行的采购适用不同的门槛金额（分别为 130000SDR、200000SDR、400000SDR）。此外，协议将约束的范围从过去的货物产品扩大到服务合同。对服务产品种类的采购也只有列出的实体才受协议的管辖，且只有每个成员各自在协议附件中列明的那些服务才受管辖。一般来说，只有超过 500 万 SDR 的建筑合同才属于协议的管辖范围。

2. 最惠国待遇和国民待遇：第 3 条规定，对于协议所包括的有关政府采购的一切法律、规章、程序和做法，各缔约方应立即地和无条件地给予其他缔约方的产品、服务和提供者以国民待遇和最惠国待遇。

3. 所列实体必须遵守的投标程序规则：协议规定政府采购可采用三种投标程序，即公开投标、选择投标和单一投标。协议与原协议相比，缩小了选择投标和单一投标的范围，减少了企业直接中标的机会。投标对所有公司或所有预审合格的公司开放。针对将资格作为投标前提条件的情况，协议建立了有关程序和方式的规则，以允许外国企业通过资格审查，并保证审查程序不会成为抵挡外国竞争的工具。对于招标中的采用的技术规格、公开要求、时间限制

---

[1] WTO Working Group on the Interaction between Trade and Competition Policy. Communication from the European Community and its Member States [R]. WT/WGTCP/W/78，1998.

以及向潜在供应商提供的标书内容，协议中均有具体规定。[1]

《政府采购协议》关于扩大适用范围、最惠国待遇与国民待遇原则以及投标程序规则等内容均有利于维护政府采购市场的公平竞争，完全符合竞争法鼓励和促进竞争的宗旨。由于政府采购是一个巨大的市场，因此《政府采购协议》具有深远的影响。但是该协议目前还只是一个多边协议，成员国十分有限，约束的范围较小，这意味着还有一个非常大的市场尚未受到进口产品有效竞争的影响。若要将该协议潜在的作用充分发挥出来，则必须使其多边化，这将是 WTO 未来几年内的一个主要挑战。

第三节　贸易救济措施

一、保障措施

GATT 第 19 条规定了保障措施，它允许成员国政府在特定的紧急情况下为保护本国的经济利益而解除一定的 GATT 义务。保障措施起的是"安全阀"的作用，以平衡贸易自由化与成员国暂时利益之间的矛盾与冲突。采取保障措施的前提是：（1）进口产品大量增加。这里的"增加"包括绝对增加和相对增加。（2）进口大量增加是由不可预见的情况造成的。至于什么是"不可预见的情况"，最早引用第 19 条的 1950 年"皮帽案"（捷克诉美国）中，工作组解释说：不可预见的情况指关税减让谈判时"不能合理指望"该谈判国会预见到的情况。[2]（3）进口增加是多边贸易谈判贸易自由化产生的后果。（4）对进口国相同产品或直接竞争产品

---

〔1〕　伯纳德·霍克曼，迈克尔·考斯泰基. 世界贸易体制的政治经济学 [M]. 刘平，洪晓东，许明德等，译. 北京：法律出版社，1999：118-119.

〔2〕　赵维田. 世贸组织的法律制度 [M]. 北京：法律出版社，2000：210.

的国内生产者造成了严重损害或严重损害的威胁。具备上述条件后，进口国即可对该产品全部或部分地暂停实施其所承担的义务，或者撤销或修改减让。从 GATT 的实践来看，进口国一般采取的补救措施基本是两种，一是修改减让，提高关税，二是实行数量限制或规定配额。原则上保障措施应是临时性的，应"在制止或补救这种损害所必需的程度和时间内"。此外，保障措施应是非歧视性的。利益受影响的出口国可要求补偿，如果有关补偿的磋商不能达成协议，出口国可被授权对进口国进行报复。

值得指出的是，保障措施与反倾销有所区别。反倾销针对的是以低于"正常价值"的价格在出口市场上销售某产品的倾销行为，而许多人认为倾销是"不公平"的（至于倾销是否为不公平行为，后文有详细论述），但是保障措施针对的是"正常"的贸易、"公平"的贸易，因此，如果说反倾销的限制竞争性还有所争议的话，保障措施的限制竞争性则是毋庸置疑的，其意在作为一种临时性的限制措施以阻止进口产品对进口国造成的损害或对损害予以补救，并进行有关调整，以改善进口国有关行业的状况，扭转其在竞争中的不利地位。后来经乌拉圭回合谈判达成的《保障措施协议》，其序言明确承认在国际市场提高竞争而非限制竞争的需要，这恐怕也是协议对采取保障措施进行严格控制的原因。

由于第 19 条对采取保障措施规定了严格的条件，成员国对第19 条的使用频率相对较小，而趋向于采取灰色区域措施以逃脱GATT 的义务。灰色区域措施一般是指进出口国之间，在 GATT 之外，对某项产品达成双边或多边的"自愿出口限制"、"自愿限制协议"或"有秩序的销售安排"，其主要内容是出口国主动限制产品出口到进口国的数量。这种协议一般是政府部门之间达成的，也有私人企业之间在政府支持下达成的。它们缺乏透明度，且法律地位不甚明确，因此被称为灰色区域措施。从进口国方面说，采用灰色区域措施程序上简单易行，而且具有选择性，可以避免补偿或受到报复。从出口国方面说，受影响的出口商也有一定的自愿性。因为与提高关税或反倾销反补贴等相比，出口商所受的损害相对较小。在采取灰色区域措施的情况下，出口商自愿削减其对市场的供应，供应减少会提高价格（假如其他出口商没有乘虚而入的话），由此出口商销售每单位产品可得到比在相当关税下更多的收入。[1] 如果进口国采取提高关税或征收反倾销税等措施，这笔收入则会被进口国政府获取。

灰色区域措施对竞争的负面影响是不可忽视的。首先，这些措施在经济上保护进口国无竞争力的生产商，抑制出口国有竞争力的生产商；对不同出口者进行歧视，而且通常以牺牲最有效率的生产商为代价。其次，这些措施可能鼓励出口卡特尔化（国内生产商和外国生产商有进行卡特尔类型安排的动机），这对出口国和进口国均会产生限制竞争的效果。最后，通过限制数量，这些措施可能导致进口产品价格的提高，进口国的消费者或使用者的利益将为此而受到损害。因此从竞争法角度来说，灰色区域措施是特别受关注的问题。

从理论上说，灰色区域措施应受禁止卡特尔和其他形式的企业共谋行为的竞争法条款的规制，但实际上竞争法是否适用于灰色区域措施取决于协议的条件、结构、政府介入的程度和许可进行这种限制的谈判和执行的国内法的存在与否等因素。因此，作为正式的、双边的、政府间谈判结果的有秩序的销售安排和某些国家根据国内法在一定条件下许可的有秩序的销售安排之间是有区别的，由出口国单方决定的自愿出口限制和主要或完全由私人达成的自愿出口限制之间也是有区别的。尽管它们对贸易和竞争产生相似的效果，这些区别决定了进口国或出口国的竞争法是否对它们适用。有秩序的销售安排适用竞争法的可能性要小一些，因为它们是政府间正式的、双边的协议，其谈判和执行都可能经国内法特定条款的许可。对于政府性质或私人性质的自愿出口限制而言，问题更复杂。如果自愿出口限制是由政府谈判或决定的，许多国家都有这种政

---

[1] 伯纳德·霍克曼，迈克尔·考斯泰基. 世界贸易体制的政治经济学 [M]. 刘平，洪晓东，许明德等，译. 北京：法律出版社，1999：167.

策，即既然自愿出口限制是被相互的贸易利益所驱动，那么私人企业为执行政府决定而实施的自愿出口限制就不应受任一国家的竞争法的质疑。如果自愿出口限制基本上属私人性质，则类似于国际卡特尔，一般应受禁止卡特尔和其他形式的企业共谋的反竞争行为的竞争法条款的规制。但是，对这些自愿出口限制适用竞争法要受到管辖原则以及其符合有关国家贸易利益的程度的限制。[1]

　　自愿出口限制是否适用竞争法很大程度上取决于出口企业的行为是否符合法定要求，而这要根据自愿出口限制的结构和限制在企业之间进行分配的方式来判断。如果出口国的政府在企业之间分配出口配额，企业之间就不存在共谋，也就不违反竞争法。因此，在美国与日本之间的汽车自愿出口限制中，日本政府在企业之间分配了出口配给，避免了企业之间合作的需要。相反，私人之间达成的自愿出口限制更容易受到竞争法的质疑，尽管共谋很难被觉察。另外，如果自愿出口限制起因于国内市场的公司施加于外国企业的压力，这种私人的安排则类似于国际卡特尔。[2]

　　为了制止有关国家对保障措施的滥用，防止灰色区域措施的蔓延，乌拉圭回合经谈判制定了《保障措施协议》。该协议分别就保障措施的条件、严重损害和严重损害的威胁的确定、保障措施的实施和临时适用、保障措施的期限与审查、保障措施的通知与协商、保障措施的监督与争端解决等作了较系统的规定，对 GATT 第 19 条进行了全面增补，强化了保障措施的纪律。该协议的另一项主要成就是禁止灰色区域措施。协议第 11 条第 1 款明确指出成员国不得采取或寻求 GATT 第 19 条中规定的对特定产品进口的任何紧急行动，除非此等行动符合依照本协议适用的该条之各项规定，这就从立法层面上和国际范围内否定了灰色区域措施的合法性。第 11 条第 3 款要求成员国不得鼓励或支持由公共企业或私人企业采用或维持相当于第 1 款所指措施的非政府措施。这是考虑到许多灰色措

〔1〕　OECD. Competition and Trade Policies, Their Interaction［R］. 1984.
〔2〕　OECD. Competition and Trade Policies, Their Interaction［R］. 1984.

施虽然是企业之间私下约定的，但一般事先都为政府所"诱使、容忍、支持或决定的"，[1] 因此这一规定意义重大。但是，公共企业或私人企业在没有政府干预的情况下所从事的限制进口或出口的安排却未被《保障措施协议》的范围所涵盖。

二、反倾销措施

何谓"倾销"？从经济学角度来说，它指的是一种价格歧视或差价销售（price discrimination），即在两个市场上，同一种货物以两种不同的价格出售。关贸总协定第 6 条给倾销下的定义是：以低于"正常价值"的价格在出口市场上销售某产品。正常价值是指企业在其国内市场"通常贸易过程中确定的价格"。如果长期（通常为一年）以低于平均总成本（总成本即固定成本与可变成本加上销售、一般开支及管理成本的总和）的价格销售大量产品，则不视为通常贸易。如果国内市场的销售太小以致于不能进行价格比较，第三国市场的最高可比价格或结构价值（出口商预计的成本加上合理的利润额、管理、销售及其他费用）可用来确定正常价值。WTO《反倾销守则》继续沿用了关贸总协定中有关倾销的定义。

国际贸易中倾销现象的存在必须依赖于一定的条件。首先，国家市场之间相互独立，相互分隔，由于存在着关税壁垒和非关税壁垒等障碍，进口国的企业难以将倾销的进口产品再运往出口国销售，从而使得倾销商在不同国家的市场上实行价格歧视成为可能，否则，除去运输及交易成本，市场间的价格差异可能会通过套利而消除。[2] 其次，出口国市场与进口国市场对某一商品需求的弹性系数不同，具体来说，当进口国市场的需求弹性比出口国市场的需

---

〔1〕　赵维田. 世贸组织的法律制度［M］. 北京：法律出版社，2000：229.

〔2〕　伯纳德·霍克曼，迈克尔·考斯泰基. 世界贸易体制的政治经济学［M］. 刘平，洪晓东，许明德等，译. 北京：法律出版社，1999：175.

求弹性大时（即随着价格的变化，外国消费者对需求的变化比国内消费者要大），出口商可能会基于适应竞争和战略考虑而实行价格歧视。再次，出口商在出口国市场占有垄断地位，这样它可以在国内市场维持垄断高价，并以获取的垄断利润来弥补在进口国倾销而造成的损失。

　　不少人认为倾销是一种"不公平贸易行为"、"不正当贸易行为"，反倾销法具有合理性，其主要理由是：第一，倾销反映的是一种虚假的竞争优势，价格低不是倾销商生产效率高、成本低廉的结果。[1] 换句话说，在正常的经济情况下，一件产品的价格应该反映其价值，而倾销是一产品以一市场的高价来维持另一市场的低价，从根本上歪曲了真正的竞争优势，因此，反倾销"规范和中和"着这种在"虚假价格信号"基础上的人为竞争优势，它起的是纠正的作用。[2] 第二，采取反倾销措施有助于降低出口国的贸易壁垒，因为正是由于贸易壁垒维持了倾销商在出口国市场的垄断地位，使得它能够在不同国家的市场上实行不同的价格。进口国采取反倾销措施，可以对出口国施加压力，削减其贸易壁垒，从而使外国企业能够进入出口国市场与倾销商进行有效的竞争。[3]

　　实际上在现实生活中，差价销售的例子随处可见，引发倾销的原因也多种多样，比如，对某一新产品缺乏定价经验就可能引发单个倾销；倾销也可能是因某些企业所不能控制的因素而引起，比如市场结构的差异、汇率的变动、消费者的偏好等。而且，倾销也是企业最常用的商业策略之一，例如在商业周期疲软时商家作的可收回"边际成本"的低价销售，是为了稳住生产度过难关（即周期

---

　　〔1〕　彭文革，徐文芳. 倾销与反倾销法论［M］. 武汉：武汉大学出版社，1997：25.

　　〔2〕　张晓东. 中国反倾销立法的比较研究［M］. 北京：法律出版社，2000：41.

　　〔3〕　John H. Jackson. Dumping in International Trade：Its Meaning and Context［M］. Jackson&Vermust, p. 13.

性倾销）；又如为探索规模生产的经济适度最佳值，以低价达到满负荷运转并尽快降低学习曲线（即随着产量增加，生产工人们不断提高效率从而使单位生产成本逐渐下降）；尤其是企业在海外市场面临激烈的竞争时，或许它首先想到的竞争手段就是在价格上取得竞争优势。因此，倾销行为在大多数情况下恰恰反映的就是这种激烈的但又属正常的国际竞争现状。1986 年美国最高法院审理的"United States v. Matsushita"（美国诉三菱电视公司）案，就涉及日本公司以比本国价格低许多的价格在美国销售其产品这种"倾销"的典型情况。美国最高法院裁决说，尽管这种低价进口产品在美国已出现多年了，但美国同行业仍然生存下来，因此"国际差价销售本身，只不过是一种可接受的商业战略而已"。[1]

在倾销中唯一有害的是掠夺性倾销。掠夺性倾销的特点是先以低价在进口国出售商品，并在出口国维持高价，待将其他竞争对手排除出去从而占领进口国市场后再提高产品价格，挽回先前的损失，并享受垄断利润。但需要注意的是，垄断者不仅必须消除国内竞争，而且必须能够阻止新竞争者的进入。为使这成为可能，它要么必须具有全球性垄断，要么必须说服其东道国政府实施或容忍对进入市场的限制。[2]而这几乎是不可能的，在实践中关于掠夺性倾销的成功案例也是少之又少。退一步说，既使掠夺性倾销这种现象确实存在，那么，相比起出口商在进口国的低价行为，其在出口国的高价行为更应受到制裁。因为按照上述分析，出口商必须在本国市场占据垄断地位维持产品高价才能够为其在进口国低价销售提供支持，所以出口国市场的非竞争状况才是实现掠夺性倾销的前提，要想消灭掠夺性倾销，首先应做的是制裁出口商在出口国市场的高价行为，改变该市场的垄断状况，恢复竞争。因此，相比起进

〔1〕 赵维田. 世贸组织的法律制度 [M]. 长春：吉林人民出版社，2000：274.

〔2〕 伯纳德·霍克曼，迈克尔·考斯泰基. 世界贸易体制的政治经济学 [M]. 刘平，洪晓东，许明德等，译. 北京：法律出版社，1999：177.

口国政府而言，出口国政府更应该采取措施。

至于认为反倾销可用以抵消出口企业所在国现行的形成这些企业倾销能力的市场准入限制的观点也不具有充分的说服力。反倾销是解决外国市场封闭问题的下策，因为它没有解决问题的根源，即政府的政策会人为地分割市场，或允许这种情况的发生。征收反倾销税可能会向受影响的公司施加压力，以使其向政府游说取消这类政策（或者废除限制进入市场的私营部门的商业惯例），但这只能以非常间接的方式进行。一旦发生反倾销调查，任何政策或做法上的变化都不会对调查结果产生影响。在许多情况下，出口国并没有重大的市场准入限制，所以出口商在改善其国内市场准入状况方面不会有多大作为。而且在现行的程序中，实际上并没有考虑价格歧视或低于成本的销售是否由市场准入限制造成的。[1]此外，促使出口国开放市场显然不是进口国工业提起反倾销诉讼所希望达到的目的，他们之所以寻求反倾销法的保护，其意图在于提高倾销产品在进口国市场的售价，如果反倾销诉讼的结果只是促进进口国市场开放，他们将会感到非常失望。[2]最重要的是，反倾销往往引起市场扭曲，反倾销法的存在使得进口国工业热衷于寻求保护而不是努力提高效益，出口商也可能迫于反倾销的压力从而转产甚至退出进口国市场，结果导致竞争的削弱和整个社会福利的减少。

从上可见，将倾销现象一律斥之为"不正当贸易行为"、"不公平贸易行为"是不正确的，绝大多数倾销仍符合"比较优势"原则，完全属于正当竞争的范围。物美价廉的外国产品进入进口国市场参与竞争，必然会对进口国工业形成冲击，造成进口国工业销售量下降，经营战略受挫等损害，甚至从市场上消失，这也是优胜

---

〔1〕 伯纳德·霍克曼，迈克尔·考斯泰基. 世界贸易体制的政治经济学〔M〕. 刘平，洪晓东，许明德等，译. 北京：法律出版社，1999：178-179.

〔2〕 彭文革，徐文芳. 倾销与反倾销法论〔M〕. 武汉：武汉大学出版社，1997：32.

劣汰的自然体现。如果仅以进口价格低于其国内价格并对本国工业造成损害作为制裁某一经济行为的标准，那么就会在事实上形成一具保护伞，将本国效率低下的工业与国际竞争隔离开来，因此，反倾销法的本质是保护主义，它保护的是进口国相关产业的竞争者，而非竞争本身。这与竞争法的价值取向完全背道而驰。在目前国际保护主义泛滥的大气候下，反倾销法还极易被执法机关用来偏袒国内工业，使原本就已显现的保护效果变本加厉。比如说，调查机关在确定倾销是否发生以及倾销幅度大小时，可通过提高正常价值、降低平均出口价格的方法来计算从而增加倾销幅度。在这方面，最典型的莫过于西方国家所采用的"替代国"方法了。

反倾销法这种限制竞争的本质和实施上的漏洞，是以损害国民经济总体利益和消费者利益为代价的。1995 年美国国际贸易委员会在有关其反倾销法实施的报告中，运用成本效益分析法（cost-benefit analysis）就反倾销措施所产生的经济效果进行分析，测算出如果取消 1991 年的反倾销与反补贴，在当年将会产生 1.59 亿美元的福利，从而得出结论：反倾销给美国经济（包括消费者）造成的损失远远大于其国内生产商从反倾销措施中获得的利益。[1]

在乌拉圭回合之前，GATT 反倾销守则的许多规则和措施备受批评，因为它们存在明显的漏洞，极易导致反竞争的效果。经乌拉圭回合达成的新的反倾销守则（即 WTO 反倾销守则）与以往的守则相比，发生了不少重大的变化，其意图或至少部分意图是为了使反倾销法更能够与竞争原则一致以促进竞争。这些变化主要表现在如下几个方面：

1. 限制有关国家主管当局的酌情裁量权，增加在执法各环节上的透明度，以防止因滥用酌情裁量权而产生的偏袒一方的执法不公。乌拉圭回合谈判之前，国际贸易界对东京回合的批评主要集中

〔1〕 Marco C. E. J. Bronckers. Rehabilitating Antidumping and other Trade Remedies through Cost-Benefit Analyses ［J］. Journal of World Trade, 1996, 30 (2): 18.

在各国主管当局滥用其酌情裁量权上。程序规则上的缺陷往往使得无充分理由的反倾销申请得到确认和执行，而这些申请的真实目的是迫使出口商提高价格，削弱进口国的市场竞争。因此，为加强反倾销诉讼提起标准，保证理由充分的反倾销申请得到调查并使调查能够客观而公正地进行，WTO 新守则制定了大量的新的程序性规则，具体包括：申请调查的人员资质、现有最佳资料原则、微量原则、公共利益条款、时间限制与日落条款等。

2. 收紧结构价值的计算规则。反倾销法规定，在计算正常价值时，如果不能采用出口国市场价格和第三国可比价格，则采用按原产地国的生产成本加上一定数额的管理费用、销售费用和其他费用及合理数额的利润得出的结构价值。过去一直有人批评西方国家在适用其国内反倾销法时采用偏高的成本、费用和利润额，人为地抬高比较"基线"，以便更容易证明倾销的存在，得出更大的倾销幅度。WTO 新守则制定了相关条款以"管住"结构价值的计算。

3. 价格比较问题。在反倾销实践中，某些国家坚持采用将每笔交易的出口价格与加权平均正常价值相比较的方法，许多人批评这种比较方法不公平地夸大了倾销，进而夸大了倾销幅度，多征了反倾销税。而 1979 年守则只规定了出口价格与正常价值之间应进行公平比较，没有规定具体的比较方法，也就无法限制某些国家适用其有扩大倾销幅度倾向的计算方法。因此 WTO 新守则在这方面做了重要的改进，它在第 2 条中规定在出口价格与正常价值之间应采用"加权平均值对加权平均值"或"单个对单个"的比较方法，即在加权平均正常价值与全部可比的出口交易的加权平均价格之间进行比较或每笔交易的出口价格与每笔交易的正常价值之间进行比较，由此来确定倾销幅度。

4. 因果关系问题。在反倾销理论中，只有证明倾销与损害之间存在因果关系才能对倾销产品征收反倾销税，但是在某些复杂的情况下，很难区分哪些损害是由倾销造成的，哪些不是，这就要求法律明确规定出如何认定两者之间有因果关系。1979 年守则只规定必须证明倾销的进口产品正在造成本协议范围内的损害。与此同时，可能还有其他因素也在对该工业造成损害，但这些因素造成的损害不应归咎于倾销的进口产品。这种模糊的条款很难限制各国反倾销主管当局扩大因果关系的做法。因此 WTO 新守则对此规定了具体的认定方法，它要求主管当局调查所有的除进口产品之外的有可能造成进口国工业损害或损害威胁的可知因素；特别是，新守则要求主管当局考虑外国与进口国国内的竞争情况及贸易限制措施，这显然是将竞争因素纳入了因果关系条款，有利于全面而公正地考虑倾销与损害的关系。

三、反补贴措施

《补贴与反补贴协议》规定，如果禁止使用的可起诉的补贴对进口国国内工业造成损害，该进口国可采取反补贴措施。对不可起诉的补贴，则不应援引协议的反补贴规定。反补贴措施的形式可以是反补贴税，也可以是经争端解决机构授权的报复措施。征收反补贴税的前提条件是：补贴的存在；生产相同产品的国内产业已受到实质损害；补贴与实质损害之间存在因果关系。

反补贴措施可能会成为限制竞争的手段。虽然反补贴措施可起到抵制"不公平贸易"的作用，但由于其重心为国内产业之救济（因为征收反补贴税以国内产业受到损害为要件之一），与竞争法以保护竞争为目标不同，这导致两者有本质上的区别。[1] 特别是在国内市场已经存在高度集中的情况下，反补贴措施可以通过对外国企业的封锁来达到减少国内市场竞争的目的。

在反补贴程序中，有些国家已经表明，有必要评估补贴对竞争的影响，并确定补贴是导致产业损害的原因。在对来自巴基斯坦的棉纺织品的反补贴调查中，美国司法部认为，既然进口产品价格低于国内产品价格的幅度远远大于商业部所发现的补贴，那么对这些进口产品的补贴就不可能是导致国内产业损害的原因之一。在对来

---

〔1〕 罗昌发. 贸易与竞争之法律互动 [M]. 北京：中国政法大学出版社，2003：48.

自加拿大的软木材产品的反补贴调查中，美国联邦贸易委员会认为对加拿大木材产品征收反补贴税是不正当的，这将提高美国木材消费者的费用，并消极地影响其他的经济部门。在对来自比利时、巴西、德国、法国、意大利、卢森堡、荷兰和英国的碳钢铁产品进行反补贴调查时，美国联邦贸易委员会评估了征收反补贴税对国内钢铁产业的集中度的影响。首先，它评估了征收反补贴税导致对进口的排斥，其他的外国供应商不能再进入国内市场的情况将对国内产业的集中度产生的影响；然后，为了更清楚地解释集中度增加的意义，美国联邦贸易委员会将这种情况与企业之间的兼并进行了类比说明，并运用了兼并指南；在此基础上，联邦贸易委员会得出结论，征收反补贴税会消除进口，导致集中度的增加，而如果这种集中度的增加是因兼并而起，则足以引起人们的关注。[1]

　　有项相当严谨的调查表明，凡属补贴不论是出口补贴还是国内补贴，作补贴的国家在国民的纯经济福利上都是有所失的，世界各进口国则有所得，进口国的消费者由此的得益足以抵消该补贴对本国生产人所受的伤害，而且纯出口国与世界其他国家的消费者的所得，却不足以抵消他们本国生产人的所失。据此，许多经济学家敦促废止反补贴制度。[2] 另有些人认为，补贴是扭曲竞争和贸易自由化的措施，因此反补贴制度是必要的。应该说，补贴与反补贴十分复杂，有时补贴可被用作限制国外生产商竞争的工具以实现抵制或禁止进口的目的，也可被用来赞助本国生产商以增加出口，如果对这些补贴予以容忍，显然会对竞争不利。但是，如果允许对补贴做出反应，尤其政府单方面地以征收反补贴税的方式做出反应，则很容易形成贸易限制，反补贴税就成了变相关税，[3] 这同样会对

　　〔1〕　OECD. Competition and Trade Policies, Their Interaction [R]. 1984.

　　〔2〕　赵维田. 世贸组织的法律制度 [M]. 长春：吉林人民出版社，2000：320.

　　〔3〕　赵维田. 世贸组织的法律制度 [M]. 长春：吉林人民出版社，2000：322.

竞争产生负面影响。因此，对反补贴制度的某些环节加以改进可以起到控制反竞争倾向的作用。

第四节　关于规制贸易措施的 WTO 多边纪律之不足

贸易措施与其他的政府行为一样，不受国内竞争法的约束。但是，从前面的分析我们可以发现，贸易措施可能对市场竞争产生影响。这些贸易措施涉及面相当广泛，包括高关税、数量限制、有利于国内产品的管制、国营贸易企业对市场准入的限制、公共采购的歧视以及贸易救济措施等。从实际效果上来看，这些贸易措施可以为国内企业提供高度的保护，有效地将国内市场隔绝于外部竞争，从而有利于国内市场形成高度集中，并便于国内企业达成卡特尔安排或者滥用市场优势地位。如反倾销程序可能沿生产流程促进事实上的卡特尔。[1]某些类型的贸易政策干预（特别是当外国出口商从配额寻租中获利时）还可以强化国内企业与外国企业之间的共谋。

WTO 为了促进贸易自由化，通过多轮谈判回合削减贸易壁垒，并对不同类型的贸易措施制定了清晰的、可执行的纪律，而且随着形势的发展不断地对这些纪律加以改进和完善。这些纪律有利于确保市场的竞争性，促进竞争。因此，WTO 成员必须首先保证严格遵守 WTO 纪律，进一步开放贸易领域，努力避免或减少对竞争的负面影响。

但是，这些 WTO 纪律还不能充分规制竞争问题。比如，为了避免进口国对出口国实施保障措施，企业之间就某项产品达成"自愿出口限制"、"自愿限制协议"或"有秩序的销售安排"，这些协议往往涉及数额限制和价格承诺，显然违反竞争法。由于 WTO 协定原则上只规范政府行为，对私人行为不能直接禁止，因

---

〔1〕　伯纳德·霍克曼，迈克尔·考斯泰基. 世界贸易体制的政治经济学 [M]. 刘平，洪晓东，许明德等，译. 北京：法律出版社，1999：180.

此,《保障措施协议》要求成员国不得鼓励或支持由公共企业或私人企业采用或维持相当于灰色区域措施的非政府措施,但何谓"不得鼓励或支持",在解释上是有空间的,例如,一国的竞争法明确规定取缔私人的自愿出口限制,当然属于"不鼓励或支持",然而如果一国没有对厂商之间订立的自愿出口限制予以取缔是否也可被视为"不鼓励或支持",则是有疑问的。[1]况且,《保障措施协议》没有明确禁止公共企业或私人企业在没有政府干预的情况下所从事的限制进口或出口的安排。《保障措施协议》清楚地说明了现行 WTO 关于贸易措施的规定无法充分规制贸易措施领域的反竞争问题,而需要以竞争法纪律相补充。如果 WTO 成员承诺将"核心卡特尔"作为对竞争法的一种严重违反行为予以处理,将显著地强化对"灰色区域措施"的禁止,并有助于堵塞现行保障措施纪律的潜在漏洞。

贸易措施也可能成为企业从事私人反竞争行为的借口。在 Aluminium 案中,欧盟委员会谴责了由主要的西方铝生产商达成的一项协议,这些铝生产商同意从东欧国家的外国贸易组织购买一定数量的铝,条件是外国贸易组织承诺不向西欧市场的其他潜在购买商销售产品。该反竞争协议的当事方提出的一项抗辩是,既然外国贸易组织的铝销售价格是倾销价格,因此该协议合法。欧盟委员会拒绝了该抗辩,并在其判决中声明道:"这种辩解是假定私人当事方可以冒用公共职能。它混淆了由公共当局对贸易的管制与卡特尔的管制之间的界限。除公共利益外,公共当局还必须考虑第三方的权利和利益。卡特尔一般是为当事方利益的目的而运作,没有考虑第三方的权利和利益以及公共利益。"[2]

───────────

[1] 罗昌发. 贸易与竞争之法律互动 [M]. 北京:中国政法大学出版社, 2003:61.

[2] WTO Working Group on the Interaction between Trade and Competition Policy. Communication from the European Community and its Member States [R]. WT/WGTCP/W/78, 1998.

　　有时，出于反竞争目的（如迫使外国出口商提高产品的出口价格），国内的厂商可能滥用反倾销程序或反补贴程序。在 Outboard Marine Corp. v. Pezetel 一案中，美国的高尔夫车制造商对波兰电动高尔夫车提出三倍损害赔偿诉讼；外国被告在反诉中主张原告的诉讼属于掩护性诉讼，因为原告滥用政府程序以及在倾销案件中提供明知为错误的资料等行为，违反《谢尔曼法》。法院承认掩护性诉讼的存在，只是认为提供错误资料是否构成对被告具体的反托拉斯法损害，难以证明。不过，何种情形属于以贸易救济程序掩护其反竞争目的，是不容易判断的。最明显的证据是贸易救济的申请者明知是错误资料而将其提供给主管机关；或申请者应当知悉其主张或其证据为错误，或并无实际根据而仍提出申请的情形；或尽管申请人所主张的事实有合理根据，但其明知或应知自己无申请资格或明知主管机关无管辖权。〔1〕此外，国内产业在准备提起贸易救济时，各厂商往往相互提供关于价格、生产、销售、库存、雇佣、成本、利润及投资等信息，以证明产业受到损害，从而主张贸易救济。而厂商有可能借提供信息进行共谋和联合行为，如为了实施提高价格或限制产量等反竞争协议而交换信息。〔2〕这显然是以贸易救济作为反竞争的共谋行为的伪装。

　　可见，为了替代贸易措施或避免贸易措施的适用，当事人之间可能订立反竞争协议；当事人还可以把贸易措施作为其进行反竞争行为的掩护或工具；或利用实施贸易措施进行反竞争行为。这时，依靠 WTO 关于贸易措施的多边纪律是无法处理这些问题的，而必须适用竞争法纪律。

---

　　〔1〕　罗昌发. 贸易与竞争之法律互动［M］. 北京：中国政法大学出版社，2003：62-63.
　　〔2〕　罗昌发. 贸易与竞争之法律互动［M］. 北京：中国政法大学出版社，2003：64-65.

第三章 竞争政策对贸易的影响

第一节 竞争政策对贸易的整体影响

GATT/WTO 规则的主要作用是保护缔约国在产品与服务之间的竞争关系，因此 GATT/WTO 制定了严格的纪律以保证对贸易产生影响的政府措施不会扰乱竞争机会的平等性，并保证缔约国仅仅依照多边规则来实施这些措施。但是，在某些情况下，商业中的反竞争行为会对市场准入产生封锁效果或增加障碍，从而以与政府措施相似的方式扰乱竞争机会的平等性。这些反竞争行为会减损贸易条件的安全性和可预见性，而这些贸易条件对于企业通过贸易与外国投资的途径进入某个市场是必要的。因此，探寻对贸易产生重要影响的反竞争行为的纪律如何有效地补充 WTO 关于政府措施的现行纪律，是非常有意义的。

在 WTO 贸易与竞争政策互动关系工作小组的相关会议上，成员国和政府间组织提出了大量的影响国际贸易的反竞争行为的具体例子，这些反竞争行为一般可分为以下三类：（1）影响进口产品市场准入的反竞争行为；（2）影响国际市场的反竞争行为（主要以相同的方式影响不同的国家）；（3）对不同国家的国内市场产生不同影响的反竞争行为。[1]

---

〔1〕 WTO Working Group on the Interaction between Trade and Competition Policy. Report (1998) of the Working Group on the Interaction between Trade and Competition Policy to the General Council, Geneva 〔R〕. WT/WGTCP/2, 1998, para. 83.

第一类型的反竞争行为，即影响进口产品市场准入的反竞争行为，包括国内进口卡特尔、在参与企业之间划分国内市场的国际卡特尔、对平行进口的不合理阻碍、对进口实施的控制、对支配地位的排他性滥用、对竞争者封锁市场的垂直市场限制、私人的设立标准活动、诸如独家交易和独家销售权等仿造纵向一体化的合同安排、涉及当地生产者的卡特尔，等等。[1] 这一类型的反竞争措施可以产生减损或消除贸易自由化潜在成果的效果。例如，按照一般的推断，如果一国已经实施了较深程度的贸易自由化，该国国内价格应倾向于进口水平，然而在传统的外在贸易壁垒已被消除的阿根廷，竞争当局发现由于企业反竞争措施的存在，这种预期结果并没有产生，而便利或导致这些反竞争措施的因素包括高市场集中度、无弹性需求（反映无替代性）、以前存在过卡特尔、占支配地位的企业对稀缺进口设施的控制（而这些进口设施对进口是必要的），等等。另一个突出的案件是美国烟草案，美国和英国企业相互之间划分市场，对贸易和竞争都产生了明显的、直接的限制效果。[2] 产业协会的反竞争措施也可能是阻碍市场准入的一个因素。韩国就注意到了产业协会行使政府授予其管制权力的危险以及政府与产业的密切联系可能阻碍外国企业进入本国市场的情况，并采取了措施抵制产业协会的反竞争措施。[3]

这些反竞争措施的效果及其对国际贸易的意义取决于这些措施

[1]   WTO Working Group on the Interaction between Trade and Competition Policy. Report (1998) of the Working Group on the Interaction between Trade and Competition Policy to the General Council, Geneva [R]. WT/WGTCP/2, 1998, para. 84.

[2]   WTO Working Group on the Interaction between Trade and Competition Policy. Report on the meeting of 11-13 March 1998 [R]. WT/WGTCP/M/4, 1998, para. 23.

[3]   WTO Working Group on the Interaction between Trade and Competition Policy. Report on the meeting of 11-13 March 1998 [R]. WT/WGTCP/M/4, 1998, para. 23.

的具体形式、有关企业的市场力量和其他情况。例如，尽管垂直市场限制可用于市场封锁目的，但在许多情形下，它们也可提高效率和竞争。因此，垂直市场限制的效果应在个案基础上进行评估。

第二种类型的反竞争行为，即影响国际市场的反竞争行为（主要以相同的方式影响不同的国家），最重要的例子是影响多个国家市场的价格和产量的国际卡特尔。如重电气设备案（the Heavy Electrical Equipment Cartel）中，重电气设备卡特尔在许多国家的国内市场上将价格确定在竞争水平之上，且时间长达几十年。这个例子表明卡特尔安排不仅对国际贸易有影响，而且对经济发展有影响，因为重电气设备是能源产品的重要输入设施。在柠檬酸共谋案（the Citric Acid Conspiracy）中，不同国家的企业之间达成的关于固定价格的共谋使消费者的成本增加，且时间从 1991 年持续到 1995 年。在该案中美国对这些企业判处的罚款就高达 14 亿美元。这仅仅只是美国反垄断当局近来所发现的在美国及其他地方提高中间产品和其他产品的国际卡特尔的大量案件中的一个。[1] 在诸如国际海运或金融服务等某些服务部门运作的卡特尔对贸易特别有害，因为它们不仅限制了相关的服务贸易，而且提高了该服务出口的价格，导致了另一层次的扭曲。[2] 在某些场合下，涉及国际运营企业的兼并和滥用支配地位也可能具有相似的效果。

第三种类型的反竞争行为，即对不同国家的国内市场产生不同影响的反竞争行为，最典型的例子就是出口卡特尔。这种卡特尔对国际贸易和发展的危害效果可能比公众所了解的更为严重，因为大多数国家不坚持对这种卡特尔进行登记，而是睁一只眼闭一只眼。

---

〔1〕 WTO Working Group on the Interaction between Trade and Competition Policy. Report on the meeting of 11-13 March 1998 〔R〕. WT/WGTCP/M/4, 1998, para. 29.

〔2〕 WTO Working Group on the Interaction between Trade and Competition Policy. Report on the meeting of 11-13 March 1998 〔R〕. WT/WGTCP/M/4, 1998, para. 30.

出口卡特尔的受害者往往包括进口机器设备和消费产品的发展中国家。[1]

既然私人的反竞争行为对国际贸易可能产生重大障碍，它们相当于国际贸易的非关税壁垒，因而竞争政策和竞争法的存在对贸易自由化的实现显然是有必要的。竞争政策和竞争法的主要功能就是规制私人的各种反竞争行为以维护和促进竞争，这一点已为许多国家和国际组织所认识到。欧盟是当今世界上区域性经济组织和政治组织的典范，它已完全实现了区域内部货物、服务、劳工和资本的自由流动，为了确保其一体化成果，欧盟制定了共同的竞争法，其中的一个主要内容就是规范私人的反竞争行为，这主要反映在欧盟条约第 81 条和第 82 条（即罗马条约的第 85 条和第 86 条）。第 81 条禁止凡是可能影响成员国之间的贸易及旨在阻止、限制或扭曲共同市场内部竞争活动或产生此类结果的所有企业间的协议、企业协会的决定和联合行动；第 82 条则禁止一个或几个企业滥用其在共同市场或在共同市场的一个重要部分的优势地位，并可能影响成员国间贸易的行为。第 82 条还对"滥用"做了说明式列举，包括不公平贸易、价格歧视、搭售、限制产量或市场进入等。可见，成员国一切具有反竞争性质且可能对另一成员国产生不利影响的行为都将受到管制。

仅仅制定竞争法并不足够，还需关注竞争法的设置是否适当及其执行是否有效。竞争法一般均设有豁免制度。豁免是指排除适用竞争法的情形。竞争法以促进竞争、打击限制竞争为目的，而竞争法的豁免制度却促进垄断，容忍对竞争的限制，因此，从性质上说，豁免制度是对竞争法基本制度的修正，也是对竞争法基本目的的反动。[2]从当今各国规定的竞争法的豁免制度来看，豁免的对

〔1〕 WTO Working Group on the Interaction between Trade and Competition Policy. Report on the meeting of 11-13 March 1998 ［R］. WT/WGTCP/M/4, 1998, para. 31.

〔2〕 曹士兵. 反垄断法研究 ［M］. 北京：法律出版社，1996：77.

象大致有以下四类：（1）特定行业：保险业、银行业、体育业、公用事业（含电力、煤气、铁路等）、农业等；（2）特定组织和人员：工会、劳工、自由业者（含医生、律师、会计师等）、特定企业组合等；（3）特定行为：卡特尔的某些类型、转售价格维持的特定情形、小企业的特定行为等；（4）知识产权的行使行为：如行使版权、专利权、特许权等知识产权法所承认的行为。[1] 竞争法设置豁免，有其理论上的原因。例如，对特定行业予以豁免，一方面是因为特定行业投资巨大，过度竞争会造成资源浪费，另一方面是为了维持国家秩序和稳定。对知识产权的行使行为予以豁免是出于知识产权本身所具有的独占性、排他性等特性。知识产权是法律赋予知识产权所有者的无形财产权，所有者行使这一权利，不受竞争法的谴责，除非行使权利的行为超出了权利允许的范围，构成了知识产权的滥用。但是，在现实中，竞争法的豁免具有保存反竞争结构和反竞争行为的效果，可以对国内竞争者和外国竞争者构成进入壁垒，减少相关市场的竞争力量，导致价格提高、质量降低和全球福利的下降。例如，许多国家对出口卡特尔予以豁免，从而使国内生产商获得了较大的自由，因此它成为助长出口商从事反竞争行为的直接因素。

　　竞争法的执行是否有效也可能影响到国家的贸易利益。竞争法的不执行或执行不力使国内生产者具有较大空间来运作反竞争策略，阻碍外国产品的市场准入，妨碍市场竞争。最著名之例子为美国主张日本并未适当执行其竞争法而造成日本之竞争厂商可以在日本市场以人为的方式，共同订定偏高之价格；美国认为此种情形可以产生"求过于供的市场利益"（oligopolistic profit）的效果，导致日本厂商可以将此利润用来资助其产品以低价之方式倾销到外国市场。基于此种理念，美国对日本发动"结构调整方案"（Structured Impediments Initiative，简称 SII），并针对日本的产销结构中之系列（即厂商之间长久以来所建立之垂直紧密关系，导致外国货物无法

---

〔1〕　曹士兵. 反垄断法研究 [M]. 北京：法律出版社，1996：78.

进入其交易管道者），要求日本调整其执法之态度。日本亦因而回应以较严格执行其反独占法之态度。[1] 竞争法执行不力有时是出于政府的故意。各国政府普遍存在民族保护倾向，它们都希望扶持本国企业发展，但是随着 WTO 制度的健全，各种各样的贸易壁垒都在透明化，依靠政府制定相关措施以保护本国企业来应对国际竞争，变得越来越困难，潜在的可能性是利用竞争政策来达到保护目的。竞争法执行不力也可能出于其他原因，例如竞争法执法当局资金不足、专业人员不够或欠缺政治上的独立性等。

　　既然适当的竞争法及有效的执法政策有助于消除和阻止竞争的私人壁垒，如果贸易自由化没有竞争法的配套实施，进口产品就无法突破私人壁垒以进入到进口国与国内产品进行公平竞争；而外国竞争者也可能从事限制性商业行为，损害国内的消费者。后者对于发展中国家尤其明显。发展中国家民族产业不发达，整体竞争力不足，外国的跨国公司极易利用其强大的经济实力从事反竞争行为，如果发展中国家没有制定适当的竞争法或竞争法执行不力，那无疑是雪上加霜。为了保证贸易自由化的成果，政府应制定适当的竞争法并对其加以有效执行以消除反竞争措施，从而维护和促进竞争。

　　由于竞争政策和竞争法对贸易的影响最终体现在具体的反竞争行为对贸易所产生的效果之上，因此下面各节将选择一些主要的反竞争行为进行分析。另外，由于本章不可能对各国的竞争法理论和实践逐一涉及，考虑到美国和欧盟在竞争制度上的先进性和国际影响力，所以本章将主要以美国和欧盟为例阐述竞争法对反竞争行为的规制。在下面的分析中，我们将发现竞争政策中的"进入壁垒"和贸易政策中的"市场准入"有密切的联系。冯·魏茨泽克（Von Weizsacker）将进入壁垒定义为"试图进入产业的厂商所必须承担的生产成本（在某个或每一个产出率上），而产业中的在位厂商则无须承担这些成本。从社会的观点来看，它包含了对经济资源使用

---

[1]　罗昌发. 贸易与竞争之法律互动［M］. 北京：中国政法大学出版社，2003：14-15.

的扭曲"。〔1〕进入壁垒可以私人的形式，也可以管制的形式出现；它们既可以是法律性质的，也可以是经济性质的。进入壁垒会对竞争和市场准入产生影响。尽管竞争法主要适用于商业中的反竞争行为，在界定市场时也需要考虑政府的进入壁垒。只有消除或减少贸易的关税壁垒和非关税壁垒，以保证国内的政府措施不对竞争机会的平等造成扭曲以及市场不被反竞争行为所封锁，才能获得有效的市场准入。有效的市场准入是保护市场竞争的重要因素。进入壁垒被用于界定相关的地理市场和产品市场，在查明反竞争措施时，进入壁垒的影响是很重要的。贸易壁垒可能构成进入壁垒，如果事实上它们确实产生这种效果，那么在进行竞争状况分析时则需要对这些贸易壁垒予以充分考虑。例如，尽管就特定国家的消费者而言，某一产品的地理市场是全球性的，但是，由于存在贸易壁垒，可以想象在另一个国家该产品的市场可能仅限于该国家地域内。因此，很明显，在这些情况下，市场力量在后者的国内市场更容易建立。同样地，如果一国的产品销售必须遵守一项国内规范，该规范就可以影响相关市场，特别是产品市场的界定。市场力量的滥用（据此企业可以收取不正常的高价）通常与额外的进入壁垒相联系，而这些进入壁垒可以隔离市场。否则，这些措施通常可以吸引准入。此外，某些反竞争行为可以产生进入壁垒。它们包括某些横向性限制（抵制、进口卡特尔等），还包括某些纵向性限制（如排他性交易协议等）或对优势地位的某些滥用行为（掠夺性定价、拒绝进入关键设施等）。

第二节　横向限制协议

横向限制协议和纵向限制协议是竞争法对联合行为的最基本分

---

〔1〕　保罗·杰罗斯基，理查得·J. 吉尔伯特，亚历克西斯·杰克明. 进入壁垒和策略性竞争 [M]. 崔小刚，译. 北京：北京大学出版社，2004：15.

类。横向限制协议又称水平限制协议，是在生产或销售过程中处于同一阶段的行为人之间的协议，或者说是指处于生产或者销售链条中同一环节的经营者之间的限制竞争协议。[1] 纵向限制协议又称垂直限制协议，是指处于不同的生产经营阶段或者链条的行为人之间的限制竞争协议。处于前一阶段的行为人可以称为上游企业，处于后一阶段的行为人可以称为下游企业。[2] 横向限制协议和纵向限制协议是由两个或两个以上企业通过共谋来实施的，这是两者区别于垄断和其他限制竞争行为的地方，也是两者的共同特征。[3]

　　横向限制协议和纵向限制协议有些被视为本身违法，被列于法律禁止之列，有些只是在不合理地限制竞争情况下，才被法律所禁止。也就是说，横向限制协议和纵向限制协议的各种具体类型中，有的构成要件只要求"限制竞争的事实"，有的则要求"限制竞争的事实确属不合理"。[4] 这就涉及竞争法中的两个重要的法则，即本身违法法则和合理法则。本身违法法则和合理法则首创于美国的判例法。美国的谢尔曼法第 1 条对限制竞争协议一概予以禁止，未设例外规定，该条体现的就是本身违法法则。但是，绝对禁止一切限制竞争的企业之间的协议或共谋显然是不现实的，因为事实上任何涉及贸易的协议或策划，其精髓都是一种约束，一种限制，那么，如果它们毫无例外都被禁止，自由贸易也就无法进行。[5] 于是，美国法院又在司法实践中发展出了合理法则，规定在原则上只有"不合理"地限制竞争行为方属于谢尔曼法第 1 条的禁止范围。这意味着限制竞争并不必然违法，限制竞争有"合理的"和"不合理的"重大区分。在确认合理法则的同时，美国法院又限制了

　　〔1〕　孔祥俊. 反垄断法原理 [M]. 北京：中国法制出版社，2001：315.

　　〔2〕　孔祥俊. 反垄断法原理 [M]. 北京：中国法制出版社，2001：315.

　　〔3〕　曹士兵. 反垄断法研究 [M]. 北京：法律出版社，1996：198.

　　〔4〕　曹士兵. 反垄断法研究 [M]. 北京：法律出版社，1996：200.

　　〔5〕　曹士兵. 反垄断法研究 [M]. 北京：法律出版社，1996：202.

其适用范围，主张那些被认为特别有害于竞争的限制行为必须适用于本身违法法则，直接推定为违反了谢尔曼法第 1 条。[1]

由于横向限制协议是具有竞争关系的行为人之间的限制竞争协议，其对竞争的危害既直接又严重，因而是传统的反垄断法所规制的重点，或者说反垄断法和竞争政策在传统上都将限制竞争的横向协议作为重心。

一、固定价格、限制产量（销量）、划分市场

固定价格是具有竞争关系的行为人通过协议、决议或者协同行为，确定、维持或者改变价格的行为。[2] 固定价格协议也称价格卡特尔。在市场经济体制下，价格是生产者之间与消费者之间互通信息的工具，是调节社会生产和需求的最重要机制。美国经济学家曼昆曾说过，"在任何一种经济制度中，资源都要配置到竞争性用途中。市场经济利用供给和需求的力量来实现这个目标。供给与需求共同决定了经济中许多不同物品与劳务的价格；价格又是指导资源配置的信号"。[3] 一旦产品的价格被固定下来，价格的传递供求信息的功能和调节生产的功能就丧失殆尽。不仅如此，由于被固定的价格一般都大大超过有效竞争条件下的价格水平，从而也严重损害了消费者的利益。[4] 因此，消除或者限制价格竞争的联合行为被视为最严重的反竞争行为。

许多国家都对固定价格适用本身违法法则，予以惩处。在美国，固定价格和有关行为被视为本身违法，这意味着无论参与者什么样的市场力量、动机或所声称的商业抗辩，它们都是违法的。在

---

〔1〕 曹士兵．反垄断法研究［M］．北京：法律出版社，1996：202．

〔2〕 孔祥俊．反垄断法原理［M］．北京：中国法制出版社，2001：404．

〔3〕 孔祥俊．反垄断法原理［M］．北京：中国法制出版社，2001：405．

〔4〕 王晓晔．论限制性竞争协议［G］∥季晓南．中国反垄断法研究．北京：人民法院出版社，2001：194．

United States v. Socony-Vacuum Oil Co. 案中，法院明确指出，"任何干预价格结构的联合行为都是从事非法活动。即使价格固定集团的成员没有控制市场的地位，在其提高、降低或稳定价格的程度内，他们直接干预了市场力量的自由作用。该法案认为所有的这些行为都超出了界限，并且保护我们经济中至关重要的部分不受任何程度的干预。国会没有给予我们权力以决定特定的价格规定计划是明智的还是不明智的，健康的还是破坏性的……根据谢尔曼法，以提高、压低、固定、约束或稳定州际之间或者与外国商业之间的价格的目的或者具有此类效果的联合行为，都是本身违法的"。[1] 欧盟在罗马条约第85条第1款所列举的禁止行为中，（a）项为"直接或者间接地规定购买或者销售价格或者其他交易条件"。按照 Italy v. Council and Commission 案的判决，该规定同时适用于水平协议和垂直协议。该规定主要适用于具有竞争关系的竞争者之间对所收取的价格、对市场的划分或者所适用的销售条件的协议或者共同行为。它也适用于竞争的制造商之间在特定的部门实施维持转售价格的协议，以及制造商与批发商或者零售商达成的要求后者接受维持转售价格的协议。[2] Dyestuff（染料）案是欧盟有关价格卡特尔的著名案件。在这个案件中，几乎所有的在意大利、荷兰、比利时和卢森堡的苯胺生产商同时并且以相同的幅度提高了各自产品的销售价格。欧盟委员会查处了这个案件并对有关企业予以罚款，欧洲法院支持了欧盟委员会的结论。

限制产量、销售的协议又称数量卡特尔。这种协议一般是与固定价格协议连在一起的。如果一个卡特尔仅仅限制价格而不限制生产数量，卡特尔成员为增加利润而竞相扩大生产或销售规模，那么，随着产量或者销售数量的增加，卡特尔的垄断高价便难以维

---

〔1〕 ［美］E. 吉尔霍恩，W.E. 科瓦西克. 反垄断法律与经济 ［M］. 北京：中国人民大学出版社，2001：182-184.

〔2〕 孔祥俊. 反垄断法原理 ［M］. 北京：中国法制出版社，2001：424-425.

持，最后会降低到正常的价格水平。所以，一个稳定的价格卡特尔必须同时限制卡特尔成员的生产或者销售数量。由于数量卡特尔人为地减少对市场的供给，能够扭曲竞争，因而被视为严重损害竞争的协议，并适用本身违法法则。[1] 例如，在欧盟的"锌生产者集团"案中，一个锌制造商的企业集团的成员约定按照集团确定的生产配额进行生产，不经集团同意，决不增加新锌生产能力。欧盟委员会查处了这一案件，并对涉案企业分别处以罚款。[2] 在委员会的裁决中，不仅限制产量、销量的卡特尔为违法行为，甚至一个协议中只要存在着数量限制的机制，欧盟委员会就会认定这种协议的违法性。欧盟委员会1992年关于英国拖拉机生产商一案的裁决就是这一方面的重要案例。[3]

划分市场是在竞争者之间分割地区、客户或者产品市场。划分市场协议也称地域卡特尔。划分地区即在卖主之间根据地区所进行的市场划分；划分客户即卖主根据个别客户或客户的类型或集中营业的份额所进行的市场划分；划分产品即厂商通过生产同类但不替代的产品来划分市场。划分市场可以成为间接控制价格的一种方式，即不仅通过直接的固定价格协议控制价格，而且通过企业之间的相互不竞争而间接控制价格。在某些方面，市场划分协议比固定价格更能影响竞争。通过消除竞争者，剩下的唯一市场占有者（虽然是在有限的地域内）具有独占地位，其不仅在价格方面，而且在服务、质量和创新方面均不受竞争影响。另外，市场划分可以避免成本不同的生产者的内部分裂，而这经常会导致价格协议的破裂。另一方面，破坏价格固定协议的许多压力也困扰着市场划分。

---

〔1〕 王晓晔. 欧共体竞争法 ［M］. 北京：中国法制出版社，2001：121.

〔2〕 阮方民. 欧盟竞争法 ［M］. 北京：中国政法大学出版社，1998：367.

〔3〕 王晓晔. 欧共体竞争法 ［M］. 北京：中国法制出版社，2001：121.

如果剩下的企业将其价格确定在边际成本之上，新的进入者就会出现；如果进入者立即被吸收为成员，同样的既得利益就必须进一步分配，从而使该安排的吸引力减少。〔1〕

一般而言，美国法院对市场划分协议按照适用于固定价格的本身违法法则论处，或者说按照《谢尔曼法》第 1 条以本身违法论处，甚至可以进行刑事追诉。当然，以本身违法论处的划分市场行为通常是赤裸裸的限制贸易行为，不管该行为是单独的划分协议，还是与固定价格结合在一起或者包含在固定价格协议之中。如果划分市场行为附属于合法的商业行为或者商业目的，则往往按照合理法则认定其是否合法。在 United States v. Topco Associates, Inc. (1972) 一案中，法院明确裁决市场划分本身违法，不管是否其附属于固定价格还是其他市场联合，从而消除了对水平地域限制方面的所有疑虑。罗马条约第 85 条第 (1) 款 (b) 项明确规定了"限定或者控制……市场"的协议是具有限制竞争性质的协议；同款 (c) 项也明确规定了"分享市场或者供应货源"的协议也具有限制竞争的性质。从欧盟委员会所处理的案件看，比较常见的有：竞争者各自不进入对方地域范围；竞争者相互划定销售市场和竞争者相互划分顾客等。

价格卡特尔、数量卡特尔、地域卡特尔是"核心卡特尔"〔2〕的主要组成部分，它们对国际贸易可以产生重大的消极影响。例如，划分国内市场的国内卡特尔会阻碍外国产品的市场准入，而影响多国市场的国际卡特尔对国际贸易的影响更加明显。国际卡特尔，系指两个或两个以上企业，以世界各地不同市场为范围而约定

〔1〕 ［美］E. 吉尔霍恩，W. E. 科瓦西克. 反垄断法律与经济 ［M］. 北京：中国人民大学出版社，2001：197.

〔2〕 1998 年 OECD《关于对核心卡特尔采取有效措施的理事会建议》将"核心卡特尔"定义为竞争者之间固定价格、串通投标、建立产量限制或配额，或通过分配顾客、供应商、地域或设置商业壁垒来分享或划分市场的反竞争的协议、反竞争的协同行为或反竞争的安排。

划分市场（以国别划分或以贸易地域划分）、分配顾客、限制生产、固定价格或维持价格等而言。[1] 国际卡特尔人为地提高价格、降低产量、妨碍贸易的自由流动，直接抑制了贸易自由化益处的实现。然而，国际卡特尔广泛存在于国际货物市场和国际服务市场，而且只要没有被有效的竞争法所阻止，它们就会增生扩散。在20世纪的前50年，世界经济以广泛的国际卡特尔行为为特征。莱顿大学的一个资料库列举了卡特尔在20世纪30年代运作的20多个部门，其中仅仅在化学和制药领域就存在60个卡特尔协议。这些卡特尔的共同特征是它们在缺乏法律和政策以抵制它们的国家存续了几十年或上百年。这方面的一个典型例子是重电力设备领域的卡特尔，其开始于1907年，一直持续到该世纪的后半叶。[2]

　　尽管对国际卡特尔的关注在20世纪70年代和80年代有所消退，但在90年代所发现的大量证据表明这些卡特尔安排仍然存在，而且在全球化的经济环境下活跃着。卡特尔给世界经济带来的损失每年达几十亿美元。Levenstein 和 Suslow 报告了许多总部设在发达国家并且对发展中国家有大量出口的卡特尔。在观察16种卡特尔化的产品时，他们指出：检查这16种产品（它们在20世纪90年代已卡特尔化，而且我们能够获得可信的贸易资料），这些输入到发展中国家的受到卡特尔影响的进口产品总值为811亿美元，这相当于发展中国家的所有进口的6.7%，相当于它们联合 GDP 的1.2%。供应这些产品的卡特尔的价格影响平均在20%-40%的幅度内，表明仅仅在这些场合下发展中国家就要为它们的进口多付160

---

　　〔1〕　罗昌发. 贸易与竞争之法律互动［M］. 北京：中国政法大学出版社，2003：167.

　　〔2〕　Robert D. Anderson and Peter Holmes. Competition Policy and the Future of the Multilateral Trading System ［J］. Journal of International Economic Law，2002，5（2）.

亿-320 亿美元。[1] 在许多案件中，卡特尔的直接影响是针对将产品作为工业输入品使用的企业，而不是针对最终的消费者，这就加强了卡特尔对贫穷国家发展的损害。[2]

二、联合抵制

联合抵制又称集体拒绝交易或联合拒绝交易，是指竞争者之间以协议方式拒绝与特定第三人进行交易。[3]

联合抵制的目的多种多样。例如，联合抵制的一个明显目的（但可能不是经常的目的）是消除或惩罚竞争对手。联合抵制也可能是维护某一价格固定协议。更通常地，它们是为了惩罚自行其是的降价者或不遵守行业习惯的其他人。但是，有些联合抵制是为了促进经济效率或提高集团共同的经济利益，而非寻求减损其他集团的利润。甚至有些联合抵制主要是为了促进与集团的商业或经济利益无关的社会和道德目标。[4] 因此，联合抵制有可能促进竞争，也有可能反竞争，所以有必要区分这两种联合抵制，并加以区别对待。在一般情况下，如果通过直接拒绝与竞争对手进行交易，或者迫使供应商或者客户中断与这些竞争对手进行交易，从而将竞争对手置于不利的地位，那么这种联合抵制就被认为是反竞争的。这种联合抵制通常是拒绝他人获取某种必须的资源（产品、设施或者市场）。通常情况下联合抵制企业拥有支配市场的地位。此外，这

〔1〕 Simon J. Evenett. Hard Core Cartels and Developing Economies, presetation to a WTO Symposium on Trade and Competition Policy: Looking Ahead After Doha, 22 April 2002.

〔2〕 Robert D, Anderson and Peter Holmes. Competition Policy and the Future of the Multilateral Trading System [J]. Journal of International Economic Law, 2002, 5 (2).

〔3〕 文学国. 滥用与规制——反垄断法对企业滥用市场优势地位行为之规制 [M]. 北京：法律出版社，2003：437.

〔4〕 [美] E. 吉尔霍恩，W. E. 科瓦西克. 反垄断法律与经济 [M]. 北京：中国人民大学出版社，2001：204-205.

种联合抵制没有效率可言。或者说，其反竞争的可能性是显而易见的，促进竞争的效果并不清楚。[1] 而在这种情况下，联合抵制可以对国际贸易产生消极影响，因为它对竞争对手有明显的排挤作用，从而封锁市场，阻碍外国竞争者的市场准入。

在美国，联合抵制的法律标准是非常不清楚的，尽管人们通常认为此类安排根据本身违法法则判断。更准确的评判是，当联合抵制者拥有市场力量或对关键的竞争要素可以排他性地使用以及联合抵制直接指向限制或排斥竞争者时，应适用本身违法法则，否则就应适用合理法则。许多协同的拒绝交易反映了复杂的动机，竞争者之间具有合法目的的协议根据合理法则加以分析，其目的和对竞争的实际效果依此受到严格审查。[2] 例如，在 Northwest Wholesale Stationers，Inc. v. Pacific Stationery & Printing Co. 案中，法院认为共同行动并未寻求对竞争对手造成不利，因而不可能具有显著的反竞争后果。在该案中，Northwest Wholesale 是一家办公用品的销售商，在其将业务范围从零售扩展到批发以后，就被一家购买合作社排挤了出去。排挤的原因是有争议的，地区法院依据合理法则对被告作出了初审判决，理由是没有反竞争后果的证据。最高法院根据所谓的本身违法标准一致支持了该判决。但是，在判决过程中，最高法院实质上对联合抵制变通了本身违法法则，即"除非合作社拥有市场力量或者对竞争要素的排他性方法，排斥总可能具有反竞争后果的结论是站不住脚的"。法院还强调了合作社通过购买和仓储供应方面实现规模经济以及确保在通知成员购买上的简便易行，从而提高了效率。这些特征"能够使较小的零售商降低价格和保持仓储，以便更有效率地与大型零售商竞争"。该案实际上对最高法院早期就联合抵制的判决及其关于谢尔曼法第 1 条禁止所有的水

〔1〕　孔祥俊．反垄断法原理［M］．北京：中国法制出版社，2001：406-437.

〔2〕　［美］E. 吉尔霍恩，W. E. 科瓦西克．反垄断法律与经济［M］．北京：中国人民大学出版社，2001：206.

平联合拒绝交易的建议进行了改进。[1]

三、出口卡特尔

出口卡特尔是指出口企业之间对某个国家的出口商定出口产品价格、数量、质量或划分销售市场等。这里需注意的是,并非出口企业所有的合作性安排都属于出口卡特尔,只有那些试图通过类似卡特尔的行为来限制竞争的合作性安排才是出口卡特尔。因此,判断一项安排是否出口卡特尔需要考虑其结构、目的和该安排所产生的效果。[2]竞争企业之间的出口卡特尔对国家的出口有益。例如,由于高额的交易成本和专门技术的欠缺,个别企业不能向外国市场扩展其业务。竞争企业之间的出口安排可以为中小企业提供规模经济、向外国市场渗透的专门技术、促销协助和销售渠道。许多政府将它们的出口安排视为促进出口的有力工具,因为它们为国内企业提供了促进和扩展贸易机会的手段,特别是在国内企业面临其他国家的进口限制措施时。因此,除某些限制之外,竞争企业之间的出口贸易安排一般为政府所批准。另外,政府批准某些出口卡特尔还可能是为了回应进口国限制其出口的要求,在这种情况下,出口卡特尔类似于自愿出口限制或有秩序的销售安排。比如,日本就将批准某些出口卡特尔作为限制出口的手段,从而达到管制贸易的目的。

出口卡特尔是贸易政策和竞争政策中最有争议性的问题之一。从贸易角度而言,出口卡特尔往往是一国促进其对外贸易的有效手段,但出口卡特尔通过划分市场、固定价格、限制产量等行为,也可能产生扭曲国际贸易的效果。从竞争角度而言,出口卡特尔在一定程度上可以促进外国市场的竞争。合作性安排提供了效率,使国内企业能够进入新的出口市场。如果卡特尔只占据产量的一小部

〔1〕 〔美〕E. 吉尔霍恩, W.E. 科瓦西克. 反垄断法律与经济 [M].
北京:中国人民大学出版社, 2001:212-213.

〔2〕 OECD. Competition and Trade Policies, Their Interaction [R]. 1984.

分，其提高出口价格的能力将被抵消，因为它要承受其他非卡特尔成员的竞争压力。这时出口卡特尔对外国市场上的竞争是有利的。但一旦出口卡特尔占据了生产者和生产的一个显著比例，它就可能对外国市场产生反竞争效果。

一般认为，进口卡特尔的反竞争效果产生在反竞争行为发生的市场上，而出口卡特尔往往只在外国市场上产生反竞争效果，没有对出口国消费者福利产生直接的损害，因此，出口卡特尔往往被许多国家明示或默示地豁免适用竞争法。整体而言，各国的豁免没有在以便利贸易为目的的联合出口安排和在外国市场上产生卡特尔类似效果的联合出口安排之间进行区分，但是，豁免的性质却是显著不同的。在有些国家（如澳大利亚、德国、日本和美国），当出口卡特尔满足一定的条件时，就可以适用特定的法定豁免，否则对出口卡特尔的许可必须根据一般的竞争法标准进行评估。这些条件是：（1）在出口协议生效之前，向国内竞争当局正式通报或登记。（2）满足不同的实体标准。而在以控制行为滥用的立法为基础的其他国家，往往在竞争法中制定有特殊的规定，对出口协议进行豁免。在澳大利亚、加拿大、德国、挪威、瑞典和美国，如果出口协议对国内市场产生限制竞争的效果，该出口协议就不能被豁免。[1]

在美国，有三种方式可以使出口卡特尔逃避竞争法的管辖。根据 1918 年韦布—波密伦出口贸易法，在联邦贸易委员会注册的出口贸易协会，如果其成立仅仅是出于从事出口贸易的目的，而且事实上确实仅仅从事出口贸易，在满足以下两个条件的情况下，自动豁免适用谢尔曼法和克莱顿法：（1）出口贸易协会不得限制美国境内的贸易或限制该协会的任何国内竞争者的出口贸易；（2）出口贸易协会不得订立任何提高或压制出口产品在美国境内的价格的协议。韦布—波密伦出口贸易法禁止出口贸易协会使用联邦贸易委员会法中的"不公平竞争手段"，即使这些行为发生在美国境外。

---

〔1〕　OECD. Competition and Trade Policies, Their Interaction〔R〕. 1984.

这些出口贸易协会也不得与外国企业订立关于固定价格和划分市场的协议。[1]因此,从理论上说,出口贸易协会的成员仅就出口产品或服务订立价格固定协议并逃避反垄断法的管制是可能的。还有一个鼓励使用出口卡特尔的美国法律是 1982 年的出口贸易公司法,根据该法,如果企业证明其活动没有在美国产生危害它就可以申请并领取审查证明。尽管该证明不能给予企业彻底的豁免,但可以使该企业不被处以三倍赔偿金和承担刑事责任。另外,1982 年外国贸易反垄断促进法修改了谢尔曼法,将企业的出口活动豁免竞争法的适用,除非这些活动对国内商业、进口商业或美国个人的出口商业产生"直接的、实质性的、可合理预见的"效果。

在欧盟,仅仅从事自欧盟到非成员国之出口活动的出口卡特尔,本身不可能限制或扭曲共同体市场的竞争,因而不违反罗马条约第 85 条。[2]

在日本,出口卡特尔原则上要受到反垄断法的规制。但是,根据出口和进口贸易法以及有关促进鱼类产品出口的法律,如经主管部长授权或当事方报告备案,出口卡特尔可以豁免适用反垄断法。在授予豁免时,部长们应与公平贸易委员会磋商或向其通报。如果公平贸易委员会认为该出口协议符合一定的标准(如对消费者利益没有产生不正当的损害),则要求部长们做出必要的安排。[3]

实际上,出口卡特尔也可能对国内市场的竞争产生负面影响。竞争当局关注的是国内出口卡特尔在国内市场上可能产生的溢出效果。单从结构主义的观点来看,国内企业通过参与卡特尔而在对外贸易中进行合作的能力有利于它们在国内市场上从事共谋行为。例如,当企业交换价格和产品成本的信息时,共谋就可能发生。另外,在许多情况下,导致一个卡特尔成功的因素也会提高溢出效果

---

〔1〕   United States v. U. S. Alkali Export Ass'n, 325 U. S. 196 (1945).

〔2〕   Bulk Oil v. Sun International, [1986] E. C. R. 559, 589; [1986] 2 C. M. L. R. 732.

〔3〕   OECD. Competition and Trade Policies, Their Interaction [R]. 1984.

的可能性。如果一个出口卡特尔占据了国内产业产量的很大份额，从而增加了其在外国市场上运用市场力量的可能性时，该卡特尔就有可能将产品销往高价格的出口市场，并在国内市场上进行共谋定价。因此，成功的出口卡特尔对国内市场也可能产生消极影响。[1]

ABA 关于国际垄断的特别委员会曾对出口卡特尔提出批评："即使个别国家从出口卡特尔中获益，但这些益处可能被该国消费者因其贸易伙伴国直接针对该国的出口卡特尔而导致的福利损失所抵消，或被因短期的高价格、掠夺行为（掠夺行为通过将来收取超竞争价格而损害或消灭当地工业）而导致的福利损失所抵消。尽管受到损害的国家理论上可以依据竞争法处罚出口卡特尔，但实际上这种诉讼会存在巨大的程序障碍和管辖障碍……因此，在贸易体制下相互消除对出口卡特尔的豁免，会给有关国家带来净福利收益。"[2] 随着人们对出口卡特尔危害的认识加深，各国有必要对出口卡特尔豁免适用竞争法的做法进行反省和处理。政府至少应对成立出口卡特尔持中立的态度，而不应积极地去鼓励。同时，政府还应设置出口卡特尔通报的要求并切实地予以执行，以便对出口卡特尔的性质和程度获得更多的了解，加强对出口卡特尔的监管。如果其他国家发起了对出口卡特尔反竞争效果的调查，考虑到可能出现的管辖障碍，出口卡特尔所处的国家应在法律允许的范围内给予积极合作。

四、进口卡特尔

进口卡特尔是指一国企业之间达成的协调该国货物或服务进口的协议。[3] 因此，这种协议与购买货物或服务有关。在许多市场

---

〔1〕　OECD. Competition and Trade Policies, Their Interaction ［R］. 1984.

〔2〕　ABA Section of Antitrust Law. Report of the Special Committee on International Antitrust 8 ［R］. 1991.

〔3〕　OECD. Competition and Trade Policies, Their Interaction ［R］. 1984.

上购买者之间的合作经常发生。从竞争角度而言，进口卡特尔在一定程度上是无害的。它们使小企业分担交易费用、保险费和仓储费或管理费，并在大批量采购时取得折扣，从而获得资金上的规模经济，也就是说，这种协调提高了参与方的效率。只要进口卡特尔所涉及的企业只占据市场的一小部分，而且参与者对销售市场没有进行卡特尔化，这种协议对竞争就不会产生消极影响。但是，如果进口卡特尔以并购或运用市场力量为目的对进口的价格、数量或其他的购买条件进行了协调，进口卡特尔就可能限制竞争。企业有可能为销售产品而在国内市场上运用市场力量，也可能为购买产品而在相关市场上运用市场力量。

如果一个进口卡特尔控制了该国的进口产品，并使得非卡特尔成员无法获得供应，或只能以不利的条件获得供应，该卡特尔的成员就会运用卡特尔来限制国内市场的供应，并进而提高国内市场的价格。如果进口者没有垄断力量，从而不能通过他们的协调购买来降低进口产品的价格，他们对进口控制的效果就类似于国内市场上任何国内生产者之间签订的限制供应以提高价格的协议。消费者将支付比竞争性市场存在的情况下更高的价格，而且国内产业的效率将因卡特尔成员所施加的竞争压力而降低。

这种类型的卡特尔只有在下列情况才可能存在或维持，即非卡特尔成员被排除在卡特尔的购买市场之外，同时外国供应商除了通过卡特尔之外，也无法进入国内市场。卡特尔成员可能与外国供应商签订了排他性的购买协议，或者控制了该产品进入国内市场的分销渠道，或者进口国可能存在阻止与卡特尔进行竞争的政府限制性措施。对于国际贸易性质的货物和服务而言，这种对竞争的排除是不容易进行的。但一旦卡特尔成功地做到了这一点，那它不仅对国内消费者有害，而且对被阻止进入国内市场的外国供应商也是有害的。因此，进口卡特尔对贸易和竞争都可能产生限制性作用。[1]

当进口卡特尔有力量影响产品进口价格时，进口卡特尔对贸易

〔 1 〕　OECD. Competition and Trade Policies, Their Interaction ［R］. 1984.

将具有重要意义。当卡特尔成员拥有足够的垄断力使进口产品价格低于其在市场具有竞争性的情形下的价格时，这类似于卖方卡特尔所运用的市场力量。这时出口国会受到损害，因为与买方独立购买的情形相比，卡特尔既限制了产品的购买，又获得了较低的价格。而买方市场力量的利益将增加，但是进口国消费者的获益并不会或不必然会增加。对于拥有垄断力的进口卡特尔，卡特尔成员还必须在进口产品的相关国外市场、甚至是世界市场拥有市场力量。很少有产品，其主要的购买者是一国的产业，但有些国家是另一国产品的重要客户，这样卡特尔至少可以于短期内在该市场一定程度地运用其垄断力。与加工产品相比，初级产品更有可能发生这种情况。有些国家，如澳大利亚，已开始注意进口商协调购买安排对原材料生产国贸易所具有的潜在消极意义。[1]

　　拥有垄断力的进口卡特尔可能产生国内市场上任何其他卡特尔所产生的损害，如导致比竞争条件下更高的价格，降低产业效率，损害消费者利益，并导致进口国的整体经济福利的丧失，等等。当进口卡特尔与某种原材料的进口相关，而该原材料属于国内制造业的投入时，进口者之间的协议则可能从对原材料购买的协调扩展至对国内市场上成品价格的协调，从而对消费者、产业效率和整体经济福利再度造成损害。[2]

　　进口卡特尔也有可能被用来抵消外国供应商的市场力量。这种市场力量可能是占优势地位的外国供应商的市场力量，也可能是出口卡特尔的市场力量。这种抵消情形的效果不易被觉察，因为它取决于双方市场上当事人讨价还价的实力以及他们的市场力量。如果双方市场都完全被垄断，相比较仅仅是出口一方市场被垄断的情况而言，进口产品的价格可能会低一些，数量会多一些。与出口方的市场力量没有被抵消的情形相比，进口卡特尔对贸易是有益的，国内消费者也可以从中获益，当然这种获益比不上双方市场都具有竞

---

〔1〕　OECD. Competition and Trade Policies, Their Interaction ［R］. 1984.
〔2〕　OECD. Competition and Trade Policies, Their Interaction ［R］. 1984.

争性的情形下消费者的获益。[1]

在许多国家,以提高价格为目的或具有提高价格效果的进口卡特尔与其他限制供应和固定价格的协议一样,要受到竞争法的规制,因为在这些情况下,进口卡特尔与其他的国内卡特尔没有很大区别。

在美国,谢尔曼法的第1条是关于卡特尔的基本法,并适用于限制美国各州之间或美国与外国之间的贸易或商业的任何协议。同时,威尔逊关税法也与进口卡特尔相关,对谢尔曼法起补充作用。根据威尔逊关税法第23条,"两人或多人之间达成的联合、共谋、信托、协议或合同,只要任何一方从事于将产品从外国进口至美国,并旨在限制贸易或提高进口产品在美国任何领域的市场价格或厂商进入或试图进入市场上的价格,都是违法的"。根据谢尔曼法和威尔逊关税法,美国出现了大量的涉及进口卡特尔的案件。在20世纪20年代后期,一些美国公司和一家墨西哥公司实施了一个计划以垄断西沙尔麻(制造麻线的一种纤维)的国外供应、国内供应和价格。法院指出"该计划的主要目的是控制西沙尔麻的进口和销售",后来关于该案的判决被最高法院明确批准。[2]

其他国家也有涉及进口卡特尔的案件。在英国,组成黄麻贸易联邦委员会的不同协会的成员是许多协议的当事方,这些协议实际上要求进口产品的价格与英国国内生产的产品的价格一致。限制性措施法院判决反对了这些协议。日本公平贸易委员会要求四个苏打灰的日本生产商(也是美国苏打灰的唯一进口商)终止他们之间的卡特尔协议,因为该协议设置了进口的总数和这四个生产商的进口份额,并对最后的存储设施施加了限制以防止新的进入者绕开该卡特尔。[3]

对于为抵消卖方的市场力量所必需的进口卡特尔,有些国家的

　[1]　OECD. Competition and Trade Policies, Their Interaction [R]. 1984.

　[2]　OECD. Competition and Trade Policies, Their Interaction [R]. 1984.

　[3]　OECD. Competition and Trade Policies, Their Interaction [R]. 1984.

法律明确地给予豁免或批准。这些国家包括英国、德国和西班牙。美国司法部于 20 世纪 70 年代早期曾指出，不必对联合抵抗 OPEC 石油生产卡特尔的美国石油公司采取反垄断措施。但是在 1974 年，司法部指出，由于石油市场情况的变化以及对美国石油产业竞争行为的关注，美国石油公司针对石油产品的联合安排不能再豁免适用反垄断法。这说明尽管法律中还缺少明确的规定，但竞争当局对进口卡特尔已开始采取灵活的态度。[1]

第三节 纵向限制协议

纵向限制协议（vertical restraint agreements）是上游企业与下游企业之间限制其经营活动的协议。例如，生产商与零售商之间、生产商与批发商、批发商与零售商之间的协议。纵向限制协议与纵向一体化（vertical integration）是不同的。纵向一体化是指企业从事两个或更多的内部生产或销售阶段的活动，它意味着消除合同交换或市场交换，并代之以企业内部的交换。纵向一体化通过减少交易成本或使企业克服与另一企业签约的困难来提高其运作效率，从这一方面说，纵向一体化是促进竞争的。纵向限制协议则是两个独立企业之间的协议。

纵向限制协议对社会的影响比较复杂，它可能具有积极作用，也可能产生消极影响。横向限制协议往往是反竞争的，特别是当两个企业均拥有市场力量时，更是如此。但纵向限制协议就不一定是反竞争性的，即使具有纵向关系的两个企业均拥有市场力量，它们之间的协议也可能具有经济效率基础。这是因为具有纵向关系的两个企业生产的是互补的产品，而具有横向关系的两个企业生产的是替代产品。生产替代产品的企业都希望另一企业提高其产品价格以弱化竞争，而生产互补产品的企业都希望另一企业降低其产品价格。当替代产品的价格降低时，产品需求将下降，但互补产品的价

---

[1] OECD. Competition and Trade Policies, Their Interaction [R]. 1984.

格降低时，产品需求将上升。因此在纵向关系的场合下往往是这种情况，即两个企业都希望对方降价。这样就会产生降低消费者的购买价格，提高消费者福利的效果。[1]

　　纵向限制协议还可以用于抵制搭便车行为。搭便车是与销售某种消费产品，如汽车、香水、玩具、石油和电子产品等产品有关的非常普遍的现象，其中涉及的问题是进行投资以促销某种产品的贸易商是否从投资中获益或其他的贸易商是否从投资中获益。例如，一知名企业允许多家销售商经营其产品，而其中一家销售商在产品广告和售前服务方面进行了大量的投资，如果该知名企业没有在一定地域内给予该销售商独家销售其产品的权利，那么其他的销售商就可以从该销售商的促销措施中获益，从而成为搭便车者。而进行大量投资的销售商却无法在竞争中占据优势，其投资也得不到实现，或只能得到部分实现。这样一来，销售商便不会再愿意对该知名企业的产品进行投资，开展促销活动了。抵制此类搭便车行为的机制就是授予个别销售商在特定区域内的独家销售权。被授予了独家销售权的企业得到了地域保护，成为这个地域内独家销售这种产品的企业，它不仅会努力推销这种商品，而且也会尽量减少商品的运输成本和交易成本，其结果就不仅有利于扩大商品的销售，而且也有利于扩大产品的生产，还有利于消费者。

　　当在不同的国家存在不同的促销策略时，采用纵向限制协议也是合理的。例如，生产商在其国内进行了促销方面的投资，促销费用可能成为卖给国内零售商的销售价格的一部分。如果这些分销商要承担他们自己在当地促销活动的费用，供应商将产品卖给国外分销商的价格可能会低很多。因此供应商需要抵制国外市场上的分销商的搭便车行为。生产商有权抵制国外分销商对国内市场的平行进口。

　　纵向限制协议可能对国际贸易产生影响，这表现在它既可以促

　　[1]　Kevin C. Kennedy. Competition Law and the World Trade Organization: The Limits of Multilateralism [M]. Sweet & Maxwell, 2001: 88.

进市场准入，也可以被企业用来封锁市场。比如说，如果一外国生产商意图进入当地市场，但又面临种种困难和风险，那么，该生产商就可以与当地的销售商签订独家销售协议，在一定的地域内给予该销售商独家销售产品的权利。由于销售商的经济收益与产品的销售有直接的关系，销售商不仅会努力推销产品，而且会尽量减少产品的运输费用和交易费用，其结果是推动了生产商进入当地市场，促进了市场准入。

在很多情况下，企业利用纵向限制协议封锁市场是因为企业希望避免因新的进入者而加剧品牌之间的竞争（interbrand competition）。原有的生产商可能通过与所有的零售商签订独家交易协议来阻止新的生产商进入市场，特别是当新的生产商比原有的生产商更有效率时。当进入零售渠道存在障碍时，原有的生产商或许就可以确保新的生产商无法销售其产品。同样地，零售商也可以通过与所有的生产商签订独家销售合同来阻止新的零售商进入市场。

总之，纵向限制产生复杂的促进竞争和反竞争的效果，它们还可以促进或阻碍外国竞争者的市场准入。纵向限制对贸易和竞争的影响取决于许多因素，这些因素包括纵向限制的类型、实施纵向限制的企业的市场份额、市场的性质、纵向限制的持续时间等。

一、转售价格维持

转售价格维持即生产者限制批发商或零售商的转售价格。转售价格维持可能以下列方式中的一种出现：固定转售的最低价格、固定转售价格、固定转售的最高价格和转售时的价格推荐。[1] 整体而言，转售价格维持会严重影响市场竞争，因为价格竞争是主要的竞争方式之一，对于销售商来说，他们往往有着不同的销售方式或者不同的售后服务，生产者剥夺销售商对商品的定价权就是剥夺了他们在销售这种商品时公平竞争的机会。此外，转售价格维持也会

---

〔1〕 Paul M. Taylor. Vertical Agreements：The New Regulation in Context [M]. Monitor Press Ltd. , 2000：47.

损害消费者利益，因为这是让消费者以相同的价格享受质量不同的服务，特别是当限制价格的目的是维护商品的高价以使生产商及销售商获得暴利时，其对消费者利益的损害是显而易见的。[1] 具体而言，转售价格维持的四种方式中，固定转售的最高价格和转售时的价格推荐的危害性比固定转售的最低价格和固定转售价格的危害性要小，但如果存在坚持固定转售的最高价格和转售时的价格推荐的刺激时，它们仍然产生类似于固定转售价格的效果。供应商向分销商施加的固定转售的最低价格和固定转售价格的主要后果是它们阻止了同一品牌的分销商以低于协商的转售价格进行竞争，从而消除了品牌内的竞争（intrabrand competition）。其次，它们增加了价格的透明性（通过分销商的统一性），这反过来促使生产商之间或分销商之间更有可能进行共谋。如果市场整体上支持高价格，品牌内竞争的减少还可能间接地导致不同品牌之间竞争的减少。[2]

从贸易的角度而言，转售价格维持可能有利于竞争者进入市场和进行渗透。例如，生产商通过固定最低价格来吸引好的零售商（通过高利润的前景）经营其产品，使他们愿意大力投资于当地广告、服务设施和其他昂贵的零售活动，并做好售后服务。这显然能够推动生产商进入市场，扩大市场份额。对转售价格维持的立法有适用本身违法法则和合理法则的两种不同态度，但大多数国家坚持本身违法法则。

美国的反垄断法一直是反对转售价格维持的。对于固定最低转售价格，美国是按照本身违法法则来处理的。早在 Dr. Miles Midical v. John D. Park & Sons（1911）一案（简称 Dr. Miles 案）中，法院认为药品制造商对其批发商固定转售价格的行为，违反谢尔曼法第 1 条。法院指出，此类行为没有可以接受的商业合理性，应当

---

〔1〕 王晓晔．论限制性竞争协议〔G〕//季晓南．中国反垄断法研究．北京：人民法院出版社，2001：197-198.

〔2〕 Paul M. Taylor. Vertical Agreements：The New Regulation in Context [M]. Monitor Press Ltd. , 2000：48.

按照所谓的本身违法处理。经营者选择购买商的特权并不意味着享有对其选择的购买者强加转售价格限制的权利。法院宣布，对水平价格固定协议的禁止包括对垂直固定价格的禁止，因为后者像前者一样可以产生同样的价格统一。Dr. Miles 案开创了先例，固定转售价格总是根据谢尔曼法第 1 条按照本身违法论处，即使转售的商品是涉及版权、专利权或者商标权的商品。[1]

对于固定最高转售价格，美国也按照本身违法法则来处理。在 Albrecht v. The Herald（1968）案中，制造商（一家报纸出版商）确定了发送人（指定线路发送人）转售其报纸的最高价格。由于指定线路发送人在其所在的线路上具有销售报纸的独占权，有人认为固定最高转售价格协议仅仅是为了保护购买者免受榨取，应当按照合理法则分析。但是，法院最终认为，所有固定最高转售价格也必须按照本身违法论处。[2]然而，固定最高转售价格构成"本身违法"的先例，在州石油公司诉克昂案中被推翻。被上诉人以按上诉人规定的价格从上诉人处购买汽油为条件，租赁经营上诉人的一个加油站。在被上诉人因拖欠租金而被终止租赁协议后，被上诉人起诉上诉人固定最高转售价格的行为违反了谢尔曼法，请求三倍损害赔偿。审理此案的法官认为，并非所有的纵向最高价格限制都构成本身违法，相反，像大多数受反托拉斯法规制的商业协议一样，纵向转售价格固定应该根据合理法则来进行评价。[3]

但是，对于代理关系中的确定价格限制，即如果垂直交易不是（为转售目的的）销售，而是商品由委托人（本人）向代理人的转让（为了安排向第三人销售商品），本人确定其代理人转售商品的

〔1〕　孔祥俊. 反垄断法原理 [M]. 北京：中国法制出版社，2001：468-469.

〔2〕　孔祥俊. 反垄断法原理 [M]. 北京：中国法制出版社，2001：469.

〔3〕　State Oil Co. v. Khan，522U. S. 3（1997）. 转引自郑鹏程. 论"本身违法"与"合理法则"——缘起、适用范围、发展趋势与性质探究 [G] // 王艳林. 竞争法评论：第 1 卷. 北京：中国政法大学出版社，2005：68.

价格的协议，不按本身违法对待。此种代理关系通常发生在寄售交易中，受托人即代理人并不取得商品的产权，在将商品出售给第三人之前也不承担商品的付款义务，而此时第三人直接从本人那里获得了产权。在此种代理关系中，（1）如果涉及专利商品，根据 US v. General Electric（1926）案，此种确定价格协议合法；（2）如果涉及非专利商品，确定价格协议按照合理法则处理。[1]

欧盟委员会反对转售价格维持。罗马条约第 85 条特别禁止"直接或者间接固定……销售价格"的协议。在 Deutsche Philips（1973）案中，欧盟委员会制裁了一起个人维持转售价格协议（individual resale price maintenance agreement），即禁止德国的零售商在其他成员国以低于在德国固定的价格销售商品。集体维持转售价格协议（collective resale price maintenance agreement）在其影响成员国之间的贸易时，也属于被禁止之列。在 VBBB/VBVB 一案（1982）的决定中，两个不同成员国的协会达成了一项协议，约定在一个成员国售书的价格不得低于另一个成员国的售书价格，该协议具有禁止价格竞争的后果，因而限制了图书销售商增加其在相关市场的份额的能力。因此，根据罗马条约第 85 条，该协议被禁止。在复审此案时，欧洲法院拒绝了以"亏本招徕顾客"（"loss-leader"）作为违反罗马条约第 85 条的根据的抗辩。[2]

对于固定最高转售价格，欧盟委员会 2000 年发布的《纵向协议集体豁免条例适用指南》第 4 条（a）明确指出，禁止纵向价格约束的规定不适用于卖方对买方作最高销售限价的行为。这即是说，纵向的最高价格约束不属于本身违法的行为，应当适用合理法则。

在 OECD 的大多数国家，转售价格维持协议是非法的，尽管某

---

〔1〕　孔祥俊. 反垄断法原理〔M〕. 北京：中国法制出版社，2001：469-470.

〔2〕　孔祥俊. 反垄断法原理〔M〕. 北京：中国法制出版社，2001：471-472.

些国家对其予以批准，如果有证据证明有益的效果超过有害的效果。[1] 在加拿大，根据其竞争法，固定最低转售价格和固定最高转售价格是刑事犯罪。[2]

二、独家交易

独家交易是指生产商或供应商在协议中对销售商规定强制性义务，要求销售商只能与其进行交易而不能与其他的竞争对手进行交易。

独家交易既可能对贸易产生积极影响，也可能产生消极影响。从积极的方面来看，独家交易限制销售商从其他生产商处购买产品，这就可以使生产商获得长期的、稳定的销售渠道；此外，生产商和销售商可以利用他们的合作关系，改善产品质量，改善销售服务或售后服务，有利于产品的生产和销售。特别是对于寻求市场的中小企业而言，订立独家交易协议，由协议销售商推销自己的产品，提供售后服务，这常常是它们进入市场的一个有效甚至是唯一可行的方式。[3] 但是，独家交易也可能对贸易产生消极作用。从表面上看，独家交易是处于不同经济阶段的企业之间发生的关系，但实质上它的矛头是针对生产商的同业竞争对手。一旦形成独家交易协议，生产商的同业竞争者就少了一条经销渠道，在竞争中处于不利地位。因此，生产商可以运用独家交易这种策略封锁潜在的竞争者进入市场。封锁的可能性取决于买方的市场力量、排他性安排的程度和持续期间以及其他的条件。对中间产品而言，封锁的可能性小一些，但成品具有品牌特定性，不太容易被替代，因而封锁的

---

[1]　OECD. Resale Price Maintenance [R]. CDE/GD (97) 229, 1997.

[2]　Competition Act, s. 61 (1) (a), Canada.

[3]　王晓晔. 欧共体竞争法 [M]. 北京：中国法制出版社，2001：155.

可能性大一些。〔1〕还有,独家交易持续期间越长,封锁的可能性越大。参与企业的市场份额越大,封锁的可能性也越大。另外,如果经济地进入销售领域不太困难,独家交易安排就不会成为显著的进入壁垒。〔2〕而影响潜在的竞争者经济地进入销售领域的因素是多种多样的,例如,当地的法律和规章或其他的政府措施可能增加外国企业获取销售渠道的困难。柯达—富士案中,美国就曾指控日本限制大型零售商店的相关法律限制了进口胶卷商建立自己的分销渠道。

在美国,销售商同意不销售竞争产品的独家交易协议,将会落入克莱顿法的规制之列。1949 年的 Standard Oil and Standard 案是一个比较有影响的案例。法院认为,只有在证明竞争活动减少或者可能减少的情况下,此类协议才是违法的。就独家交易协议而言,正确的标准被认为是该协议是否覆盖相关市场的重要部分(a substantial portion)。1984 年的 Jefferson Parish 案对独家交易协议的竞争损害标准持相同标准,并进行了细化分析。法院认为,只有在很大部分的购买者或者销售者(a significant fraction)被逐出市场,独家交易协议才是不合理的。〔3〕

欧共体法院在独家交易方面有许多重要判决,如 1989 年关于 Delimitis 一案的判决。这个判决是德国联邦法院根据条约第 234 条的规定,请求欧共体法院作出的一个临时判决。案件涉及的是一个独家供应啤酒的协议。在这个判决中,欧共体法院虽然肯定了独家购买协议对协议双方都具有经济上的利益,即一方面啤酒生产商得到了稳定的销售渠道,另一方面啤酒馆从啤酒生产商手中得到了资

---

〔1〕 Paul M. Taylor. Vertical Agreements: The New Regulation in Context [M]. Monitor Press Ltd., 2000: 60.

〔2〕 OECD. Competition and Trade Effects of Abuse of Dominance [R]. COM/DAFFE/CLP/TD (2000) 21/FINAL, 2000.

〔3〕 孔祥俊. 反垄断法原理 [M]. 北京: 中国法制出版社, 2001: 475.

金和其他方面的帮助。但是，法院指出，一个供货商如果独家向啤酒馆供应的啤酒量过大，以致其他啤酒生产商不能进入市场，或者它们虽然可以进入市场，但必须投入巨大的成本，这就出现了封锁市场的情况。这种独家销售协议就是一种违法的协议。[1]

第四节　滥用支配地位

　　滥用支配地位是指支配企业利用其市场支配地位实施的反竞争行为。[2] 市场支配地位，又称市场优势地位，是指企业在相关市场中具有不考虑其他因素而独立行动的能力，这种能力足以影响市场的有效竞争状态。可见，支配地位的概念与企业所享有的经济力量有关，这种经济力量通过赋予其独立于竞争者、供应者、客户和消费者而行动的能力来阻止相关市场上的有效竞争。

　　判断一个或数个企业是否处于市场支配地位必须首先界定相关市场。相关市场包括产品市场、地理市场和时间市场。产品市场由消费者认为因特征、价格和预定用途而可互换的或可替代的所有产品和（服务）组成。地理市场由涉及产品的供应和需求的相关企业的地区组成，而在该地区内，竞争条件必须充分同质以至于它们能够与毗邻地区相区分，因为在不同的地区竞争状况是不同的。时间市场是指某些产品因有季节性、时尚性或过多为技术发展所左右，其相关市场只是暂时存在，或者长期连续供应的产品在消费者选用前，其与其他类产品的交叉弹性很高，消费者一旦选用后，其与其他类产品的交叉弹性因安装费用而大大降低。

　　竞争当局必须依据一定的标准来确定支配地位的存在。在竞争法理论中，人们讨论过三种标准，即市场绩效标准、市场行为标准

〔1〕　王晓晔．欧共体竞争法［M］．北京：中国法制出版社，2001：157.

〔2〕　孔祥俊．反垄断法原理［M］．北京：中国法制出版社，2001：537.

和市场结构标准。市场绩效标准是指根据一个企业在市场上的盈利程度判断该企业是否拥有市场支配地位。如果一个企业的盈利大幅度超过了它在竞争性市场条件下应当得到的盈利，那就可以认定，该企业拥有市场支配地位。该标准的理论基础是，在竞争性的市场条件下，企业的销售价格应当与其生产成本相符合。[1] 市场绩效标准不能作为司法判决的标准，这是由于生产成本在实践中往往难以精确地加以测定，从而不能完全肯定地证明企业的大幅度盈利是否基于其市场支配地位。市场行为标准是指根据企业的市场行为认定企业是否拥有市场支配地位。这个标准的出发点是，如果一个企业在制定产品价格或者其他方面的经营决策的时候，可以不受竞争者的产品价格以及其他方面经营决策的影响，这个企业就是一个占市场支配地位的企业。[2] 但是，市场行为标准的不可操作性在于，人们难以取得与评价相关的经济数据。市场结构标准是指在认定一个企业是否具有市场支配地位的时候，企业的市场份额被视为最重要的标准。根据这个标准，如果企业在相关市场上长期占据较高的市场份额，这个事实本身可以作为市场支配地位的证据。[3]

从各国反垄断法的规定以及执法实践来看，大多采用的是市场结构标准，但不同国家所采用的具体量化标准不同。德国《反对限制竞争法》第 19 条第 3 款规定，"一个企业至少占有 1/3 的市场份额的，推定其具有市场优势地位。由多个企业组成的整体视为具有市场优势地位，条件是：（1）该整体由 3 个或 3 个以下的企业组成，它们共同占有 50% 的市场份额，或者（2）该整体由 5 个或 5 个以下的企业组成，它们共同占有 2/3 的市场份额，但这些企业

---

〔1〕 王晓晔. 欧共体竞争法 [M]. 北京：中国法制出版社，2001：230.

〔2〕 王晓晔. 欧共体竞争法 [M]. 北京：中国法制出版社，2001：231.

〔3〕 王晓晔. 欧共体竞争法 [M]. 北京：中国法制出版社，2001：231-232.

在总体上相对于其他竞争者不具有突出的市场地位的，不在此限"。[1] 欧盟认为，如果企业占有 40%-45% 的市场份额，一般就会存在优势地位。[2] 而在美国，最高法院认为，如果企业占据 80% 的市场份额，就可以认定其拥有垄断力量。[3] 如果企业占据的市场份额不到 70%，则不足以确立优势地位，如果企业占据的市场份额不到 40%，则可以完全排除对垄断的认定。[4]

虽然在确定企业的市场支配地位过程中，市场份额标准被优先使用，但它有时会使企业的市场势力与其真实情况相比变大或者变小，因此它只能作为一个暂时的依据。除此之外，还应当考虑其他一些能进一步说明企业竞争地位的因素。这些因素包括：1. 对新的竞争者进入市场的障碍（进入市场的障碍越高，企业相对于新的竞争者受到保护的程度就越强）；2. 企业的财力（企业的财力资源越大，竞争者在竞争中受到的恐吓就越大）；3. 企业垂直联合的程度（企业与其前一个或者后一个经济阶段的企业的联合越强，该企业在其原材料采购或者销售市场上的地位就越强）；4. 企业转向其他产品生产的可能性（企业转产的灵活性越大，该企业对其客户的依赖性就越小）；5. 交易对象转向其他企业的可能性（交易对象的选择性越小，该企业对市场的影响就越大）；6. 市场行为（企业的某些交易行为与竞争条件下可能实施的行为相差越大，该企业不受竞争制约的能力就越强）。[5]

---

〔1〕 文学国. 滥用与规制——反垄断法对企业滥用市场优势地位行为之规制〔M〕. 北京：法律出版社，2003：130-131.

〔2〕 Kevin C. Kennedy. Competition Law and the World Trade Organization：The Limits of Multilateralism〔M〕. Sweet & Maxwell, 2001：229.

〔3〕 Eastman Kodak Co. v. Image Technical Servs. ，504 U. S. 451 (1992).

〔4〕 Sally Van Siclen. Background Note：Abuse of Dominance and Monopolization〔J〕. OECD J. Competition Law & Policy, 1999 (1)：170.

〔5〕 马思涛. 反垄断法如何控制市场支配地位的滥用〔G〕// 季晓南主编. 中国反垄断法研究. 北京：人民法院出版社，2001：249.

　　总之，企业的市场支配地位建立在对企业和对整个市场众多相关因素进行综合评价的基础上。然而，这并不影响企业的市场份额在评价企业市场地位时所具有的决定性作用。正如德国汉堡大学教授 P. 贝伦斯指出的那样："一个市场份额达到了 50% 的企业，仅当根据其他因素可以明确地作结论说，市场上仍然存在着强度足够大的残余竞争，方可不被视为占市场支配地位的企业。在另一方面，一个市场份额占 25% 的企业，仅当其他因素明确地说明，该企业的竞争者及其交易对手仅占有一个相对弱的市场地位的时候，方可被视为占市场支配地位。"[1]

　　仅仅是支配地位的存在并不为竞争法所谴责，只有对这种地位的滥用才是违法的，然而各国的反垄断立法都没有关于"滥用"的一般性定义，只是根据本国情况列举出滥用优势地位的若干典型表现。德国法学家霍夫曼曾作了有关解释，"'滥用'本身并无道德上或刑事上的因素，一种行为若是由其他企业实施则可能是正常的竞争，但若由拥有市场支配地位的企业实施就构成'滥用'并受到禁止，因为在第二种情况下该行为对市场结构将产生充分的影响并将威胁到有效竞争"。[2]因此，"滥用"是指市场优势地位企业所实施的，能够影响市场结构，破坏市场的竞争秩序的行为和措施。

一、拒绝交易

　　拒绝交易是市场优势地位企业妨碍下一阶段企业市场竞争的重要方式。拒绝交易包括非常宽泛的行为范围，如拒绝供应产品或服务、拒绝提供信息、拒绝许可知识产权、拒绝授权进入关键设备或

　　[1]　P. 贝伦斯. 对于占市场支配地位企业的滥用监督 [G] // 王晓晔. 反垄断法与市场经济. 北京：法律出版社，1998：205.

　　[2]　王先林. 对滥用市场支配地位的法律规制——关于中国反垄断立法中相关问题的思考 [G] // 季晓南. 中国反垄断法研究. 北京：人民法院出版社，2001：293.

者拒绝成为网络的一部分等。[1]其中最典型的就是拒绝供货。

合同自由是法律的一项基本原则，其主要内容之一就是订立合同的自由以及与谁订立合同的自由，当事人可以根据自己的意志自主决定是否订立合同，选择与谁订立合同。因此，一般的企业都有拒绝与其他企业交易的权利。但是，对于具有市场优势地位的企业而言，却有向其产品的购买者供货的义务。因为优势地位企业占据了大部分的市场份额，它甚至是市场上唯一的产品供应者，若允许其拒绝供货，则购买者的交易自由将受到极大的限制，甚至导致其无法生存。因此，拒绝交易作为优势地位企业滥用优势地位的一种方式，应受到法律禁止。

拒绝交易对贸易的影响十分明显。拒绝交易可以对下游市场构成进入障碍。比如说，一个占据市场优势地位的上游企业意图进入下游市场而拒绝向下游企业提供其生产所必需的原材料，从而将该下游企业排挤出下游市场，并阻碍潜在的生产商进入下游市场，这样，优势地位企业不仅在上游市场占据较大的市场份额，而且可以在下游市场获取较大的市场份额。占据市场优势地位的上游企业可以通过拒绝交易的方式，强迫批发商或零售商按照其规定的价格销售其产品，从而限制批发商或零售商在这种产品上的价格竞争，影响消费者利益。OECD 曾在 1969 年就拒绝供货行为提出了一个报告，该报告指出，"经验表明，拒绝供货是卖方在不遵守转售价格的情况下所使用的最有力武器。这说明，卖方可以通过对那些以低于其规定的价格转售其货物的销售商撤销供货的方式，规避禁止维持转售价格的法律规定。如果他有理由认为，某个销售商将会以低价销售其商品，他就可能拒绝与该销售商保持交易关系。在转售价格被禁止的情况下，一个供货商可以发布一个推荐价格……然而，发布推荐价格的供应商不能指望这个价格得到遵守。所以，为了保

---

〔1〕　文学国.滥用与规制——反垄断法对企业滥用市场优势地位行为之规制 [M].北京：法律出版社，2003：428.

证这个价格得到实施,他将向不愿遵守其推荐价格的销售商施加压力"。[1] 拒绝交易还可以限制消费者的购买渠道。拒绝交易只是拒绝与个别企业或某些企业进行交易,即对不同的企业实施不同的待遇,在具体情况下,占据市场优势地位的企业可能拒绝以较低价格销售给众多零售商,而选择以较高价格销售给个别零售商,从而使消费者为同样的消费品多付价款。

再以拒绝进入关键设施为例,某些设施对于进入一个特定市场进行经营是关键性的,而由于存在物质上的、地域上的或法律上的限制,重建这些设施是不可能或极端困难的,如果占优势地位的企业拒绝其他企业进入这些设施,其他企业则难以进入相关市场,显然将起到阻碍市场准入的作用。交通基础设施、电信设施、能源设施、金融领域的支付系统等都有可能被占据优势地位的企业用于封锁市场。

美国对拒绝交易的规定主要是谢尔曼法第 2 条。在 1927 年的"柯达公司案"中,最高法院首次谴责了拒绝交易行为。该案中,柯达公司试图统一其照相用品的销售,拒绝向其没有收购的一家零售商批发该用品。最高法院认定其构成非法的垄断化,因为柯达公司为追求垄断化目的而拒绝交易。法院强调了主观标准,即审查拒绝交易是否产生于"创造或维持垄断化的目的"。对于拒绝进入关键设施的案件,美国则发展了"关键设施原则"。在美国,第一个明确援引关键设施原则并以该原则为依据而判决的案例是 1983 年由第七巡回法院判决的 MCI Communications v. AT & T 案。在该案中,MCI 对 AT & T 提起了反垄断诉讼,并认为 AT & T 有四条独立的罪状,即谢尔曼法第二部分中的垄断化、试图垄断化和共谋垄断化以及谢尔曼法第一部分中的共谋限制贸易。AT & T 被指控的行为包括掠夺性定价、拒绝相互结合和非法搭售。该案判决中的关键设施问题涉及 AT & T 拒绝 MCI 与由 MCI 控制的贝尔运营商的当地

---

〔1〕　王晓晔. 欧共体竞争法 [M]. 北京:中国法制出版社,2001:253.

分销设施相结合。第七巡回法院认为该行为属于关键设施原则的范围，而该原则是被用以阻止一垄断者通过对关键设施的控制，将其垄断力从一个市场延伸到另一个市场。法院指出，在具体案件中援引关键设施原则，必须满足四个要素：（1）垄断者控制了一个关键设施；（2）竞争者没有实际能力或不能合理地重建这个关键设施；（3）拒绝竞争者使用这个关键设施；（4）提供关键设施具有可行性。[1] 在 Aspen 案中，关键设施检验标准在这四个要素基础上增加了第五个要素，即被告是否对拒绝原告的进入，或者提出的进入条件超出了原告的负担能力提出了合理的商业上的原因。[2] 但是，为了避免关键设施原则被个别竞争者用作逃避市场竞争和对其他竞争者的成果进行搭便车行为的保护伞，有必要狭义地界定"关键设施"，以防止运用该原则所带来的低效率和抑制性因素。[3]

　　在欧盟，罗马条约第86条禁止那些正常的竞争情形下所允许，但对负有"特殊义务"的占市场优势地位的企业不允许的行为，因为这些行为可以构成对竞争的歧视和对竞争者、供应商、客户以及消费者的歧视。占市场优势地位的企业可以自由决定其销售政策，选择其客户，但必须考虑由于客户的可选择供应商很少而造成的客户对企业的依赖程度。尽管占市场优势地位的企业有权审查其整个分销系统，并将某些客户逐步淘汰出去，但如果该企业突然撤销其供应或没有给予通知，则违反了罗马条约第86条。在 Polaroid/SSI Europe 案中，一占市场优势地位的企业拒绝向一小客户供

　　〔1〕　Eileen Sheehan. Unilateral Refusals to Deal and the Role of the Essential Facility Doctrine: A US/EC Comparative Analysis ［J］. World Competition, 1999, 22（4）: 67-89.

　　〔2〕　文学国. 滥用与规制——反垄断法对企业滥用市场优势地位行为之规制 ［M］. 北京：法律出版社，2003：449-450.

　　〔3〕　Eileen Sheehan. Unilateral Refusals to Deal and the Role of the Essential Facility Doctrine: A US/EC Comparative Analysis ［J］. World Competition, 1999, 22（4）: 67-89.

应一大额定单,其理由是定单的数量超过了该客户自己的需要。欧盟委员会声明道:"作为一个普遍原则,占市场优势地位的企业没有客观原因而拒绝供应构成对第 86 条的违反,占市场优势地位的企业以其对生产或销售的控制为条件而供应产品,也被视为对第86 条的违反。"[1] 该声明反映了法院的判决,即占市场优势地位的企业需要证明其向一现存客户的拒绝供应必须具有"客观原因"。这一点还适用于基于不合理条件的拒绝供应。即使拒绝供应影响的是独立于或从属于供应商占优势地位的市场的另一市场的竞争,"客观原因"原则也同样适用。怎样才构成"客观原因"是不明确的,但希望代替客户进入新的市场或不相称地报复客户的贸易政策不足以构成"客观原因"。这方面比较著名的案例是"商业溶剂案"。

美国商业溶剂公司在化学药品 Nitropan 和 Aminobutamol 市场具有优势,这两种化学药品是生产和制造一种治疗结核病的药品 Etambutot 不可缺少的原料。在欧共体市场上,由一家意大利公司 Zoja 生产 Etambutot,生产原料由美国商业溶剂公司在意大利的子公司 ICI 供应。ICI 曾经想兼并 Zoja,但遭到拒绝。于是,ICI 提高了向 Zoja 的售价,Zoja 从商业溶剂公司的其他客户中找到了可选择的供应渠道,但该供应渠道也不可行,因为商业溶剂公司指示购买其原料的公司不得将原料出售给诸如 Zoja 这样的公司。商业溶剂公司声称不再出售原料,其将垂直性地结合下游市场,因此将为自己的成品生产使用原料。当 Zoja 试图向商业溶剂公司重新购买产品时,遭到了拒绝。Zoja 便向欧共体委员会提出控告,委员会的裁决指出:商业溶剂公司利用其在原料市场上的优势地位,封锁 Zoja 获得原料的渠道,其目的是为了排除药品市场的竞争,构成滥用行为。委员会的裁决得到了法院的支持,法院认为:"在产品原料方面占市场优势地位的企业,如果能够控制对衍生产品生产商的供

---

〔1〕 Polaroid/SSI Europe. XIIIth Report on Competition Policy〔R〕. 1984, point 157.

应，不能仅仅因为其决定生产这些衍生产品（与以前的客户相竞争）而消除竞争，因为该行为意味着消除了共同市场上 Etambutot 的一个主要生产商。既然这种行为与罗马条约第 3 条（f）项所表述的目标以及第 85 条和第 86 条更详细的目标相违背，那么可以推定在原料市场上占据优势地位的企业，如果它为生产衍生产品而保留原料，并拒绝向本身就是衍生产品生产商的客户供应原料，以消除来自该客户的所有竞争时，则构成第 86 条意义上的滥用市场优势地位。"[1]

商业溶剂案是关于滥用行为的经典案例，它同时也反映了占市场优势地位的企业为了进入产成品市场而拒绝供应的情形。如果一个理性的企业相信它能够比在位企业更有效地生产成品，它就会力求进入下游市场。如果这种决策是正确的，消费者将因产品价格下降而受益；如果这种决策是错误的，消费者将相应地受损。这种类型的案例反映了一种紧张关系，即罗马条约第 86 条是否试图在竞争性的市场结构内保护消费者或竞争者。换句话说，也许存在这种情形，即占市场优势地位的企业的行为对消费者有利，但对竞争者有害。商业溶剂案表明了法院的意图，即如果法院必须在消费者和竞争者之间作出选择，它将选择保护后者。[2]

二、搭售

搭售是指卖方和买方在签订合同时，强迫买方购买从性质上或者交易习惯上均与合同无关的产品或服务的行为。[3] 买方所需要的产品称为"结卖品"，被搭售的产品称为"搭卖品"。

---

〔1〕 Cases 6 and 7/73, ICI& CSC v. Commission（Commercial Solvents），6. 3. 1974，（1974）ECR 223，para. 25.

〔2〕 Doris Hildebrand. The Role of Economic Analysis in the EC Competition Rules, Kluwer Law International ［M］. 1998：73-74.

〔3〕 文学国. 滥用与规制——反垄断法对企业滥用市场优势地位行为之规制 ［M］. 北京：法律出版社，2003：361.

卖方之所以可以搭售成功，是因为卖方在结卖品市场上具有优势地位，这种优势地位使得买方在交易时的交易自由受到限制，它不得不与出卖方进行交易。出卖方利用其在结卖品市场里的优势地位，通过搭售行为，将其在结卖品市场中的优势地位延伸到搭卖品市场，从而限制搭卖品市场的自由竞争。若搭卖品与结卖品均是出卖方的产品，出卖方通过搭售，可以达到既扩大其市场优势地位又排挤竞争对手一箭双雕的效果；如果搭卖品并不是出卖方生产的产品，但出卖方可以借助其结卖品市场的优势地位来扩大搭卖品的市场销售，尤其是当出卖方利用搭售时的价格优势，将搭卖品的价格降低，使搭卖品销售者的获利降低，使搭卖品市场不能进行正常的竞争。同时，出卖方利用其在搭卖品市场上的优势地位进行搭售行为，使购买方的交易自由受到严重损害。〔1〕可见，搭售可以对贸易产生不利影响，因为它既可以将生产搭卖品的其他生产商排挤出市场，也可以提高潜在的竞争者进入市场的障碍，在一定程度上起到市场封锁的作用，从而影响市场准入。

美国法院审理搭售案件主要依据谢尔曼法第 1 条和克莱顿法第 3 条，但法院对两法的适用，在适用范围与适用条件上予以区别。谢尔曼法第 1 条的适用范围为，适用于劳务、不动产、广告或其他无形财产的搭售。克莱顿法第 3 条一般不适用以上范围，而是适用于存在买卖商品或货物的事实或合同，且买受人或承租人必须接受排他性交易的搭售。谢尔曼法第 1 条的适用条件是，要有充分的证据证明搭售者在结卖品市场中有足够的市场优势可以限制结卖品市场的竞争。在 Loew's 案中，美国联邦最高法院认为，在下列三种情况下，企业被推定具有市场力量：（1）具有市场优势地位者可被认为具有市场经济力量；（2）由消费者对产品的偏好程度或产品的特有性质推定其具有关键的市场力量；（3）当结卖品为专利或著作权产品时，可推定其具有必需的经济力量。克莱顿法第 3 条

---

〔1〕 文学国. 滥用与规制——反垄断法对企业滥用市场优势地位行为之规制 [M]. 北京：法律出版社，2003：363-364.

的适用条件是，必须有两种产品，这两种产品可以分别单独销售，只要搭售者具有足够的经济力量或搭售行为已经产生了反竞争的效果。法院在考虑搭售企业的经济力量时，采纳适用谢尔曼法第 1 条时的标准，同时还考虑企业经济力量存在的特殊情况：（1）结卖品的特殊性。当结卖品是著作权产品或专利产品时，其特殊性显而易见。当出售者以购买搭卖品作为出售结卖品为条件时，结卖品的市场经济力量即成立（如 Loew's 和 International Salt 案即属此例）。（2）使用商标的商品也可能被认为具有搭售的经济力量（如 Siegel 和 Susser 案即属此例）。关于反竞争效果的标准方面，美国法院早期采用量化的标准来判断企业的行为后果，即通过受损企业遭受的损失来进行判断。如 Standard Oil 案和 Intenational Salt 案。后来，除采用量化标准外，法院还开始考虑质的标准，在 Tampa Electric 案中，联邦最高法院指出应考虑下列质的因素：（1）企业搭售合同对于相关区域中有效竞争的可能影响；（2）对买卖双方的相关市场力量进行考虑；（3）在相关市场中受搭售合同影响的企业在整个同类企业中所占的比例；（4）企业搭售行为对当下及未来的有效竞争可能产生的影响。反竞争的效果从量的方面计算本身就具有一定的难度，从质的角度把握就更难，这就为法院的自由裁量提供了较大的空间。[1]

　　美国另一个比较著名的搭售案件是最高法院的柯达案。在该案中，柯达被指控因运作涉及销售和修理照相复制机的非法搭售协议违反了联邦反垄断法。柯达通过拒绝向独立服务商出售安装复制机所需要的零部件，试图将他们排除出市场。柯达的政策是仅仅向其复制机的拥有者出售零部件，这些复制机的拥有者必须使用柯达的服务，或者自己修理复制机。柯达认为这不是反竞争性的，因为其仅仅控制了复制机销售市场的三分之一。最高法院对柯达辩护的否决得到了商业界的赞赏，因为这保证了各种产品，如汽车、计算机

---

　　〔1〕　文学国. 滥用与规制——反垄断法对企业滥用市场优势地位行为之规制［M］. 北京：法律出版社，2003：264-267.

和电子产品的独立服务产业的生存。[1]

罗马条约第86条特别禁止"在订立合同时要求对方接受附带义务，而根据其性质和商业惯例，该附带义务与主合同并无联系"的情形。滥用市场优势的搭售属于其中的具体情形。不具有市场优势地位的企业之间的搭售则属于罗马条约第85条禁止的范围。欧盟委员会和法院在禁止搭售方面有许多重要的裁决和判决。在Vassen/Moris案中，专利许可人要求被许可人在购买专利的同时，购买其专利设备的包装。欧盟委员会认为其将专利设备的市场力量扩展到包装市场，裁决予以禁止。

在Tetra Pak II案中，Tetra Pak是瑞士一家为包装牛奶等液体饮料而供应机器和纸板盒的厂家，它要求购买该机器的购买者必须同时购买其纸板盒。Tetra Pak认为，之所以订立搭售条款，是因为这可以解决将体系内任何瑕疵的责任分配给机器的供应商和包装材料的供应商的难题，而且这也是为了防止在周边温度下存储牛奶所具有的潜在危险，是保护公共健康所必须的。欧盟委员会拒绝接受其辩护，认为如果产品并不是必不可少的，"比例"规则就排除了限制性措施的使用。比较有趣的是，在该案中滥用发生在Tetra Pak并不占据市场优势地位的市场上，因为该市场"临近"Tetra Pak已占据优势地位的市场。欧盟委员会发现为防腐包装液体食物而供应机器和纸板盒的市场与为非防腐包装液体食物而供应机器和纸板盒的市场是独立的相关产品市场，Tetra Pak在防腐包装市场上占据市场优势地位，而在非防腐市场上不占市场优势地位（尽管其具有领先地位）。但欧盟委员会发现市场之间存在紧密联系，而且许多Tetra Pak客户购买这两种产品，因此，非防腐产品的掠夺定价以及对非防腐产品的客户所施加的某些合同条款，包括搭售条款违反了罗马条约第86条。从属于产品购买的服务搭售条款也可能违反罗马条约第86条。在Tetra Pak II案中，欧盟委员会认

〔1〕   Doris Hildebrand. The Role of Economic Analysis in the EC Competition Rules ［M］. Kluwer Law International，1998：71.

为，要求客户在 Tetra Pak 进行维修的条款属于滥用性质。由于该条款没有限于保修期，而是适用于机器的终生使用期，所以不能以 Tetra Pak 的保修合同义务来进行辩护。[1]

三、掠夺定价

掠夺定价一般是指企业将产品以低于成本的价格销售，在排挤出竞争者或吓退欲进入的潜在竞争者后，将产品价格提高到边际成本之上的垄断价格。[2] 掠夺定价不能与正常的价格竞争相混淆，后者只是竞争过程的一个自然的特征。价格削减，无论是占市场优势地位的企业发起的，还是其他企业发起的，无论是存在于广泛的合同，还是存在于特定的合同，都可能是竞争发挥作用的证据（即使是在占优势地位的市场上），因而不能仅仅因为竞争者受到损害而对价格削减予以禁止。所以，区分合法的竞争性反应和"掠夺性的"或"滥用性的"行为有一定的难度。掠夺定价一般涉及但不必然涉及：（1）选择性的价格削减；（2）无利润的或利润很少的价格水准；（3）"瞄准"某一特定竞争者的定价。[3] 掠夺定价有两个阶段。在第一个阶段，掠夺者进行临时性的低价销售以驱逐原有的竞争者，吓退潜在的竞争者。第二阶段，掠夺者在没有竞争者的市场上提高产品价格以弥补利润损失。美国法官将掠夺定价形容为"对未来垄断的投资，为明天的利润而作的今天的牺牲"。[4] 因此，掠夺定价对国际贸易的影响在于，优势企业可以通过反竞争的掠夺行为来排除新的竞争者进入市场，影响市场

---

〔1〕　Doris Hildebrand. The Role of Economic Analysis in the EC Competition Rules［M］. Kluwer Law International, 1998：70-71.

〔2〕　文学国. 滥用与规制——反垄断法对企业滥用市场优势地位行为之规制［M］. 北京：法律出版社, 2003：271.

〔3〕　Doris Hildebrand. The Role of Economic Analysis in the EC Competition Rules［M］. Kluwer Law International, 1998：78.

〔4〕　AA Poultry Farms, Inc. v. Rose Acre Farms, Inc., 881 F. 2d, p. 1396, p. 1401 (7th Cir. 1989).

准人。

　　美国、加拿大和欧盟的学者均认为，在第一阶段，掠夺者已经是一个优势地位企业，它能够自我消化所遭受的损失。但是，对于垄断意图问题，存在不同的意见。有些人认为，必须有证据证明掠夺者存在破坏的特定意图，其他人则反对这种观点，认为不应证明掠夺意图，而应审查行为对竞争的实际效果。[1] 根据美国反垄断法律，低于成本的定价可以被视为试图垄断市场的行为，违反谢尔曼法第 2 条，而被提起反垄断诉讼。美国法院认为，试图确立因竞争对手的低价而遭受损害的原告必须证明，被指控的价格低于竞争对手成本的适当标准（由于当事方同意将平均可变成本作为成本的适当标准，法院避开了下级法院就成本的适当标准所发生的冲突[2]），原告还必须证明其竞争对手有重获补偿的可能性。

　　在欧盟，罗马条约第 86 条规定了实行不公平的购买或者销售价格的行为，掠夺定价属于其中的具体形式。欧盟关于掠夺定价的典型案件是 AKZO 案。AKZO 集团是在生产有机过氧化物的共同体市场上占有 46% 至 50% 份额的领先生产商，其在英国的子公司生产一种有机过氧化物，即苯酰过氧化物，它既可以漂白面粉，也是生产塑料的催化剂，该公司在面粉生产市场上占有 52% 的份额。ECS 是为面粉生产供应苯酰过氧化物的企业，它在英国市场上占有35% 的份额，并开始扩展到英国和联邦德国的塑料市场。欧盟AKZO 试图通过将产品以低于成本的价格出售给面粉厂的方式威胁ECS 退出塑料市场。委员会认为支配企业以消除小的竞争对手为目的而进行的掠夺定价构成了对罗马条约第 86 条的违反。欧洲法院运用了基于成本的测试，采用了滥用是一个客观概念的原则。欧洲法院认为，当支配企业试图消除竞争者，并将价格确定在平均可变

　　[1]　AA Poultry Farms, Inc. v. Rose Acre Farms, Inc., 881 F. 2d, pp. 1401-1402 (7th Cir. 1989).

　　[2]　Brooke Group, Ltd. v. Brown Williamson Tobacco Corp., 509 U. S., p. 223 (1993).

成本之下，则构成了对支配地位的滥用。这是由于根据这种价格进行的每项销售都会导致损失，而确定这种价格的唯一合理理由是长远地消除竞争者，因此它必须被认定为滥用行为。如果定价高于平均可变成本，而低于平均总成本，当此种定价成为排斥竞争对手的计划的一部分时，仍然被认为属于滥用行为，但这构成了客观概念中的一个主观因素。〔1〕

在 Tetra Pak II 案中，欧盟委员会发现 Tetra Pak 对其在意大利的非防腐纸板盒进行掠夺定价。这些纸板盒在 7 年内都以低于平均总成本的价格销售。Tetra Pak 公司在防腐纸板盒的市场上占据优势地位，委员会认为 Tetra Pak 利用从防腐纸板盒市场上获得的利润补贴非防腐纸板盒市场上的销售，非防腐纸板盒在七个成员国是以低于平均可变成本出售的，造成了损失。欧盟委员会审查了意大利的市场，认为定价政策的目的是消除竞争，因而属于滥用行为。〔2〕但在现实中，有关掠夺定价成功的案例是非常少的，因为掠夺者不仅必须消除国内竞争，而且必须能够阻止新竞争者的进入。为使这成为可能，它要么必须具有全球性垄断，要么必须说服其东道国政府实施或容忍对进入市场的限制。〔3〕而这些都是极端困难的。

第五节　企业合并

反垄断法的合并与民法、公司法（或商法）上的合并具有不完全相同的含义。在民法上，法人合并是指两个以上的法人合并为

---

〔1〕　Doris Hildebrand. The Role of Economic Analysis in the EC Competition Rules〔M〕. Kluwer Law International, 1998：79.

〔2〕　Doris Hildebrand. The Role of Economic Analysis in the EC Competition Rules〔M〕. Kluwer Law International, 1998：79.

〔3〕　伯纳德·霍克曼，迈克尔·考斯泰基. 世界贸易体制的政治经济学〔M〕. 刘平，洪晓东，许明德等，译. 北京：法律出版社，1999：177.

一个法人，包括新设合并与吸收合并。前者指两个以上的法人合并为一个新法人，原来的法人消灭，新的法人产生；后者是指一个或多个法人并入到另一个现存的法人中去，被合并的法人丧失法人资格，存续法人的主体资格仍然存在。在民法的合并中，都涉及现有法人主体资格的变化，即被合并的法人不复存在，甚至合并各方都不复存在而共同组成一个新的法人。公司法上的合并与此道理相同。

　　反垄断法合并控制制度中的合并有三种情况：一是狭义的合并，即上述民法或公司法意义上的合并。英语中的"merger"通常指这种含义。二是通过收购股份获取对其他企业的控制，即收购企业与被收购企业在不改变各自的法律主体资格的前提下，通过改变股权的方式取得对被收购企业的实际控制，成为事实上（而不是法律上）的同一主体。英语中的"aquisition"即这种情况。三是两个或两个以上的企业在保留各自独立法律人格的前提下，通过协议、联营等方式形成控制与被控制的关系。由于合并具有的含义比较宽，许多竞争法开始使用"集中"（concentration）或"集中控制"（control of concentration）取代"合并"和"合并控制"。[1]

　　企业合并既可以促进市场准入，也可以阻碍市场准入。一企业往往发现合并是该企业在新的市场或外国市场扩大其市场份额的最快、成本最低、风险最小的方式。如果企业通过出口的方式进入市场，可能会因为关税壁垒和非关税壁垒而遭受挫折；如果采用建立新企业的方式，则会面临不熟悉的政治、经济、法律环境，风险很大，运作周期也很长。然而如果采用企业合并的方式，则有利于企业迅速地进入东道国市场。因为外国企业通过合并东道国企业，可以利用东道国企业的现有设备、基础设施和有关人员，迅速投产，并可以利用东道国企业原有的销售渠道将产品直接打入东道国市场。因此，采用合并方式，比建立新企业投入少而见效快。但是，

　　〔1〕　孔祥俊．反垄断法原理［M］．北京：中国法制出版社，2001：592-593.

企业合并也可能对市场准入产生消极影响。按照合并当事人是否处于相同的或不同的生产经营阶段，可以将合并分为三类，即水平合并、垂直合并和混合合并，下面分别予以分析：

一、水平合并

水平合并又称横向合并，它是指处于相同的市场层次或具有竞争关系的企业之间的合并，是销售相同或具有密切替代关系的产品的实际的或潜在的竞争者之间的合并。

水平合并是最重要的合并方式。水平合并的最大益处是有利于实现规模经济，从而降低单位产品的成本。但在另一方面，水平合并将对竞争产生消极作用。水平合并的结果是直接减少甚至完全消灭市场上的竞争者，因此，在其他市场条件不变的情况下，企业合并可以提高市场的集中度，使市场上具有独立地位的企业数目越来越少。从贸易的角度来说，随着企业数目的减少，企业之间竞争的加剧，为了避免在竞争中两败俱伤，这些大企业可能会相互协调或者进行联合，建立卡特尔，就产品的价格、产量、销量、销售地域等进行限制，从而影响贸易的正常流动。如果企业合并导致市场支配地位的产生，企业可能会滥用市场支配地位，从而封锁市场，阻碍市场准入。

在今天，几乎所有的市场经济国家，无论立法者推崇什么经济学派，也不管他们信奉什么竞争理论，但是它们的反垄断法都规定必须对企业的横向合并实施严格的控制。

二、垂直合并

垂直合并也称为纵向合并，它是指处于不同市场层次的企业间的合并。这种合并的益处是，一方面它可以使供应方稳定销售渠道，另一方面使购买方稳定原材料、半成品或者产品的来源，从而可以节约交易费用，提高企业的生产效率。然而，垂直合并可能对贸易产生不利的影响，这主要表现在以下方面：

第一，垂直合并发生后，不管合并企业是否对未参与联合的企业有意识地施加限制竞争性的影响，合并都可能将这些企业置于不利的竞争地位。因为这种合并可以使没有参与合并的企业减少参与交易的机会，使它们再也不能进入这部分通过垂直合并从而关闭了的市场。[1]

第二，垂直合并可以提高进入市场的障碍。因为在垂直合并发生后，潜在进入市场的企业不仅需要考虑其竞争者的经济实力，而且还必须考虑与此竞争者联手的处于另一个生产阶段上企业的经济实力，这就扩大了进入市场所必要的投资。比如，一个潜在的竞争者想要进入汽车市场，如果生产汽车所需特种钢材的钢铁厂已经和汽车市场上的某些生产厂家实现了联合，造成汽车生产市场上的其他生产厂家再也不可能获得这种特种钢材，那么，不仅汽车生产市场上现有的某些竞争者可能会被逐出市场，而且，这个潜在的竞争者在进入市场时也将遇到极大的困难。如果它不能像市场上现有的生产企业一样找到稳定的特种钢材的供应者，它就不能进入这个市场。[2]

第三，垂直合并还必然会导致价格歧视。垂直合并发生后，即使对于未参与合并的企业没有完全关闭市场，但是，合并企业间的原材料购买价格或者产品销售价格与这些未参与合并的企业间交易价格也是绝不相同的，这在事实上就产生了歧视性的价格条件。歧视性价格同样可以将竞争者排挤出市场。[3]

垂直合并虽然对市场竞争有着一定的影响，但由于它们不像水平合并那样会立即消灭竞争者，所以，各国对这些合并的管制并不很严格。在美国，随着芝加哥学派对美国竞争理论产生越来越大的

---

〔1〕　王晓晔．企业合并中的反垄断问题［M］．北京：法律出版社，1996：14.

〔2〕　王晓晔．企业合并中的反垄断问题［M］．北京：法律出版社，1996：14-15.

〔3〕　王晓晔．企业合并中的反垄断问题［M］．北京：法律出版社，1996：15.

影响，垂直合并和混合合并一般被视为对经济和竞争并无极大不利影响的合并，从而很少受到国家反垄断机构的干预。在德国，一个垂直合并是否会遭到反垄断法主管机构的干预，决定性的因素是参与合并的企业在其相关市场上的地位。如果参与合并的一方或者双方已经在市场上取得了市场支配地位，合并将受到制止。否则，特别是在中小企业进行垂直合并的情况下，合并将被视为是改善了市场的竞争条件。[1]

三、混合合并

混合合并是指处于不同市场上的企业之间的合并。换言之，它是处于互不关联的市场上的企业之间的合并。[2]人们一般把混合合并分为产品扩大型的混合合并、市场扩大型的混合合并和纯混合合并。产品扩大型的混合合并是指在生产相似产品的企业间进行合并。在德国法中，这种合并被视为横向合并；在美国法中，则被视为混合合并。市场扩大型的混合合并则类似于垂直合并，它是指合并企业可以加工生产被合并企业的产品，通过这种合并扩大了合并企业的生产项目，也即扩大了它的市场范围。纯混合合并则是在合并企业之间没有任何生产或者经营上的联系。由于混合合并一般不会显著改变市场结构，所以，这种合并对市场竞争的影响不大。同垂直合并一样，这种合并仅当产生或者加强市场支配地位的时候，才会出现反垄断法上的问题。[3]

混合合并，特别是有大企业参与的混合合并，可能会对市场准入产生消极影响。因为通过这种合并，企业扩大了它们的影响和势

〔 1 〕　王晓晔. 企业合并中的反垄断问题 ［M］. 北京：法律出版社，1996：15.

〔 2 〕　孔祥俊. 反垄断法原理 ［M］. 北京：中国法制出版社，2001：607.

〔 3 〕　王晓晔. 企业合并中的反垄断问题 ［M］. 北京：法律出版社，1996：15-16.

力范围，而且可以通过大企业实施低价倾销等市场战略，把竞争对手逐出市场。尤其是一个在某个市场或者几个市场上占有市场支配地位的企业合并了另一个在某个市场或者几个市场上占有市场支配地位的企业，这两个企业的混合合并就可以进一步加强它们在这些市场的支配地位，并实施滥用市场支配地位的行为，阻碍其他竞争者的市场准入。

由于合并可能导致市场结构的集中，对市场竞争产生不利影响，各国都将合并控制制度作为国内竞争法的一个重要内容，纷纷制定合并的申报和审查制度。

美国 1976 年的《哈特—斯科特—罗迪诺反垄断修订法》规定了应事先申报的合并的标准。[1] 在合并控制标准上，美国采用"实质性减少竞争"标准，即反垄断法只规制具有实质性减少竞争的目的或后果的合并，这反映在克莱顿法第 7 条中。

根据美国 1992 年的《横向合并指南》，在合并控制的分析步骤上，首先应界定相关市场。相关市场是指一种产品或者可相互替代的一组产品（此即产品市场）和生产或者销售这个或者这组产品的一个地域（此即地域市场）。一旦界定了相关市场，就必须确定市场上的参与者和市场的集中度。相关市场的参与者不仅包括当前在这个相关地域市场内生产或者销售相关产品的所有企业，而且还包括对这个"数目不大但很有意义且为期不短的"涨价作出供给反应（supply responses）的其他生产企业或者销售企业，也即潜在的市场进入者。在测定市场的集中度方面，美国使用的标准是赫尔芬达尔指数。赫尔芬达尔指数不足 1000 是一个安全港，即标志着一个没有集中的市场；赫尔芬达尔指数 1000 至 1800 标志着一个

---

〔1〕　如果合并满足以下所有标准，应进行申报：（1）占有人或被占有人从事商业或从事影响商业的活动；（2）占有人或被占有人拥有年净销售额或总资产 1 亿美元以上，对方拥有年净销售额或总资产 1 千万美元以上；（3）由于合并，占有人将拥有（a）被占有人的 15% 的投票权证券或资产，或（b）被占有人累积的投票权证券或资产总额超过 1.5 千万美元。

中度集中了的市场；赫尔芬达尔指数 1800 以上则标志一个高度集中了的市场。在其他条件不变的情况下，市场集中度可以说明合并后的企业或者少数企业能否有效地行使市场势力。[1]

　　为了防止夸大市场份额和市场集中度的数据或者无法充分说明合并对市场的影响，当局还将考虑其他可能影响竞争的因素，包括市场的进入、效率和破产企业。当局在判断市场进入能否抵御或抵消合并的反竞争效果时，应审查市场进入的及时性（即市场进入能否在一个适当的时期内对市场发生重大影响）、可能性（即进入市场的企业按照合并前的价格水平销售产品时可否获得利润）和充分性（即及时的和可能的进入能否使市场价格回落到合并前的水平。因为有些进入即使是及时和可能的，但因合并企业有着强大的市场势力，如果进入企业的有形或者无形资产不足，达不到为遏制合并企业的市场势力而必要的销售规模时，市场进入就是不充分的）。当局对合并企业效率的考虑，是出于反垄断法只是干预一些具有严重的反竞争效果的合并，而不妨碍大多数的企业合并，因为合并可以提高企业的效率，而效率则可以提高企业的竞争力。不仅如此，对一些本来应当被干预的合并，如果能合理预见合并将产生具有重大意义的效率，当局对之也不进行追究。当局还应考虑，合并中是否有一方面临破产的威胁。如果破产将会导致该企业的资产从相关市场上流失，合并便不可能产生或者扩大市场势力，也不可能推动市场势力的行使。通过这几个方面的分析，当局就可作出结论，合并是否导致产生或者加强市场势力，并决定是否干预。[2]

　　欧盟的《合并控制条例》规定，只有具有"欧盟意义"的合

---

　　[1]　王晓晔. 企业合并中的反垄断问题 [M]. 北京：法律出版社，1996：65-66.

　　[2]　王晓晔. 企业合并中的反垄断问题 [M]. 北京：法律出版社，1996：67-69.

并，才需要向欧盟申报和核准。[1] 这样，就对涉及多国的合并设立了"一站审查"的程序制度（one-stop-shop），使具有欧盟意义的合并只需受欧盟委员会这一个管制机关的管制。这种规定显然是为了避免涉及多国的合并接受多个国家有关当局的审查和批准而导致的潜在冲突，不仅可以减少参与合并企业因申请多国批准而引起的高额费用，而且可以减少因申请多国批准而带来的法律不确定性。在合并控制标准上，欧盟采用"市场支配地位"标准，这反映在《合并控制条例》第 2 条第 3 款，即如果一个合并可能产生或者加强市场优势地位，从而使共同体或其一个重大部分的有效竞争严重受到阻碍，该合并被视为与共同市场不相容。《合并控制条例》与罗马条约第 86 条的区别在于：罗马条约第 86 条是调整企业行为的，它禁止企业滥用优势地位，但并不禁止企业取得或保持优势地位；而《合并控制条例》旨在调整市场结构，它禁止企业通

---

〔1〕　具有"欧盟意义"的判断标准如下：（1）世界范围内的年度销售额标准，即合并当事人在世界范围内的年度销售额总和在 50 亿欧元以上；（2）欧盟范围内的年度销售额标准，即至少有关当事人中的两个在欧盟范围内的年度销售额达到 2.5 亿欧元以上，除非每一有关企业，其在欧盟范围内的年度销售额的三分之二以上均来自同一成员国。因此，认定具有欧盟意义的合并的主要门槛标准完全基于企业的销售额。在此阶段并没有定性分析。这种方法具有确定性的优点，只要能得到在世界范围内、欧盟范围内和成员国范围内的数据，就可以确定。对于获取数据和如何计算销售额，合并条例和欧盟委员都确定了详细的指导方法。合并条例的 1997 年修正案确定了合并具有欧盟意义的第二种方法。符合下列要求的集中也具有欧盟意义：（1）所有企业在世界范围内的年度销售额总和在 25 亿欧元以上；（2）至少在三个成员国中的各个国家，所有企业的年度销售额总和在 10 亿欧元以上；（3）至少在三个成员国中的各个国家，包括第（2）种情形，至少当事企业中的两个的年度销售额总和在 2.5 亿欧元以上；（4）当事企业中至少两个企业各自在欧盟范围内的年度销售额在 10 亿欧洲元以上。此外，还有一个但书，即"除非每一有关企业，其在欧盟范围内的年度销售额的三分之二以上均来自同一成员国"。该但书是很重要的，因为即使符合了其他标准，如果不符合但书的要求，也不具有欧盟意义。

过合并或获得控制的手段来取得或加强优势地位，并从而可能阻碍有效竞争。[1]

在合并控制的分析步骤上，欧盟委员会首先要界定相关市场，然后判断合并后企业的市场地位。《企业合并控制条例》没有相关市场的概念，但欧盟委员会在其发布的 1994 年第 3394 号条例之附录即《依理事会第 4064/89 号条例合并申报之格式（Formblatt CO）》第 6 节，对市场作了详细规定。根据该规定，合并后企业的市场势力应当从相关产品市场和相关地域市场两个方面来确定。在分析合并后的企业是否能够在市场上产生或者加强市场支配地位时，欧盟委员会考虑的最重要因素是参与企业在相关市场上的市场份额。在欧盟委员会的实践中，绝大多数的市场支配地位产生于合并后企业的市场份额达到 40% -75% 之间，如果超过 70% -75% ，虽然不是绝对的推断，但这些企业一般都会被视为占市场支配地位的企业。在 Aerospatiale-Alenia（ATR）/de Havilland 合并案中，因合并后企业在相关市场上的份额将达到 75% ，欧盟委员会便认定这个合并能够产生市场支配地位，从而禁止了合并。[2]

参与企业的市场份额虽然是合并后企业市场地位的一个基本测度标准，但不是绝对和唯一的标准。在欧盟委员会和欧洲法院的司法实践中，其他的因素包括合并后企业能否将多数竞争者排挤出市场，能否具有涨价能力，能否构成市场进入障碍等也要一并考虑。在 1991 年的 Alcatel/Telettra 的合并案中，虽然合并后的企业的市场份额可以达到 83% ，但因为参与合并的企业在市场上只有一个客户，而且这个客户还可能从其他的供应方满足自己的需求，欧盟委员会便认定该合并不会产生市场支配地位，从而也不会影响市场

〔1〕 邵景春. 欧洲联盟的法律与制度 ［M］. 北京：人民法院出版社，1999：475.

〔2〕 王晓晔. 欧共体竞争法 ［M］. 北京：中国法制出版社，2001：324-325.

竞争。[1]

国家关于合并的申报与审查制度可能对市场准入产生影响。随着经济全球化的发展，跨国合并数量日益增长。据统计，跨国合并从 1987 年的 1000 亿美元增长到 1999 年的 7200 亿美元，年增长率为 42%。[2] 跨国合并意味着有关企业要向多个国家申报，并接受它们的审查。从一国单方来看，如果该国出于政治、经济、外交政策等方面的考虑，对有外国企业参与的合并实施歧视性原则，显然会阻碍外国企业的市场准入。从多国角度来看，不同国家在合并的申报和审查方面存在程序和实体规则的差异，这些差异与合并控制制度的域外适用一起，将对涉及合并的私人实体和公共实体构成极大的挑战和不确定性，显然也会影响到市场准入。因此，通过多边途径探讨如何确保竞争当局依据非歧视原则审查合并以及消除或减少因合并审查所导致的冲突，对于促进市场准入是有必要的。

第六节 国内竞争法规制反竞争行为之不足

前面我们分析了横向限制协议、纵向限制协议、滥用市场优势地位和企业合并对贸易的影响。通过这些分析，我们发现，在贸易自由化的背景下，这些反竞争行为既可能对贸易有积极作用，也可能有消极作用。我们这里主要关注的是反竞争行为对贸易产生的消极作用，并探讨国内竞争法在规制与贸易有关的反竞争行为方面的不足之处。

横向限制协议中的"核心卡特尔"以及纵向限制协议中的维持转售价格对贸易的不利影响是十分明显的。由于各国竞争法对它们一般适用本身违法法则予以禁止，因此，只要各国确实严格执行

---

〔1〕 王晓晔. 欧共体竞争法 [M]. 北京：中国法制出版社，2001：326.

〔2〕 Kevin C. Kennedy. Competition Law and the World Trade Organization: The Limits of Multilateralism [M]. Sweet & Maxwell, 2001：240.

了国内竞争法，就可以解决这个问题。出口卡特尔对国际贸易的影响也是很明显的，它严重损害进口国的利益。但是，由于出口卡特尔有利于出口国推动其出口，许多国家的国内竞争法对出口卡特尔予以豁免，不予追究。从贸易角度而言，这是国内竞争法的一个明显不足之处。要求各国竞争法在本国禁止出口卡特尔，而不要求其他国家对等地进行，即完全采用单边的方法显然是不现实的。因此，多边途径可能是唯一可行的解决方式。

对于其他的限制竞争协议，各国竞争法一般采用合理法则，对各种因素进行综合考虑以判断协议的总体竞争后果。但是，国内竞争当局运用合理法则时，往往没有考虑这些协议阻碍外国生产商市场准入的负面效果。WTO 的前任总干事 Renato Ruggiero 曾提出疑问："（各国）现在越来越依赖合理法则。按照合理法则，竞争当局必须对某一行为促进竞争和反竞争的效果进行评价，然而国内法却不要求竞争当局考虑该行为对其他贸易伙伴所产生的影响。那么，对于这种情况应如何处理呢？"[1] Renato Ruggiero 的代表 Anwarul Hoda 补充道："在国际层面上适用合理法则可能涉及与国内层面发生的问题（如标准、实施和救济）有所不同的考虑。因此，如果决定在任何多边竞争规则中适用合理法则，可能需要做大量的工作以使该法则适应这种特定的场合。"[2] 1997 年底，WTO 秘书处发布了关于贸易与竞争政策的特别报告，对这个问题进行了详细的阐述。[3] WTO 秘书处同意 Renato Ruggiero 的观点，并指出："竞争当局在运用合理法则的案件中所普遍采用的标准可能会使涉及封锁外国供应商市场准入的情况更难以获得救济……这是因

〔1〕 Renato Ruggiero. Closing Address of the Conference on Antitrust: Rules [J]. Institutions and International Relations, 1995 (21): 9.

〔2〕 Anwarul Hoda. Trade, Competition Policy and the World Trade Organization [J]. Comments on Global Forum on Competition and Trade Policy Conference, 1997 (3) 17-19: 8.

〔3〕 WTO Secretariat. WTO Annual Report 1997, Specail Topic: Trade and Competition Policy (Dec. 1997) [R]. Vol. 1, pp. 30-91.

为，在根据合理法则权衡纵向限制的成本和收益时，与纵向限制有关的执法行动可能没有考虑这些限制对外国生产商的负面效果。"[1]秘书处发现竞争当局只考虑商业行为对国内"消费者福利"的影响，而几乎没有注意该行为对外国生产商的影响。[2]如果竞争当局采用"总体国内福利（total national welfare）"测试标准，情况会更糟，因为根据这种标准，那些损害国内消费者利益的行为，只要对国内生产商有利，都会被视为合法，[3]外国生产商因被排除出市场而受到的损害根本不会被竞争当局所考虑。可见，有必要通过多边途径来对国内竞争当局在相关案件中适用合理法则施加约束，使他们适当考虑反竞争协议对外国生产商市场准入的负面效果。

　　企业合并也可能影响市场准入。如果一国对有外国企业参与的合并实施歧视性原则，显然会阻碍外国企业的市场准入。另外，不同国家在合并的申报和审查方面存在程序和实体规则的差异，这些差异与合并控制制度的域外适用一起，将对涉及合并的当事方构成极大的挑战和不确定性，显然也会对市场准入产生不利影响。因此，有必要通过多边途径探讨如何确保竞争当局依据非歧视原则审查合并以及消除或减少因合并审查所导致的冲突。

　　可以想见，如果各国是完全封闭的，国内竞争法应足以规制其管辖范围内的反竞争行为，然而在当今世界，各国经济往来越来越频繁，贸易自由化的影响对那些仅仅针对国内市场状况的传统分析工具和政策工具的作用是否充分的问题提出了质疑。我们发现，完全依赖国内竞争法来规制与贸易有关的反竞争行为是不够的，有必

〔1〕 WTO Secretariat. WTO Annual Report 1997, Specail Topic：Trade and Competition Policy（Dec. 1997）［R］. Vol. 1, p. 56.

〔2〕 WTO Secretariat. WTO Annual Report 1997, Specail Topic：Trade and Competition Policy（Dec. 1997）［R］. Vol. 1, p. 75.

〔3〕 WTO Secretariat. WTO Annual Report 1997, Specail Topic：Trade and Competition Policy（Dec. 1997）［R］. Vol. 1, p. 56.

要通过多边途径以弥补国内竞争法的缺陷，确保多边贸易体制在促进市场在全球范围内的可竞争性方面的继续有效性，从而更好地促进国际贸易和国际经济的发展。

第四章 竞争政策和竞争法对跨国反竞争行为的规制

第一节 国内竞争法的域外适用

传统上的竞争法是一国的国内制度，仅规范国内的反竞争行为。然而随着贸易自由化的推进，许多竞争问题早已不再局限于一国国内，而是涉及多个国家。在处理跨国竞争案件时，某些国家超越了竞争法的严格属地性而对其进行域外适用。在这方面主要以美国和欧盟为代表。本章对它们分别进行分析，以探寻国内竞争法域外适用在规制跨国反竞争行为方面所具有的效果及存在的问题。

一、美国反垄断法及其域外适用

美国是具有悠久的反垄断法传统的国家，其反垄断法具有巨大的辐射力，对其他国家的竞争法均有不同程度的影响。南北战争前后，美国发生了产业革命，资本主义生产力迅速发展，大型的托拉斯企业泛滥，巨大财富日益集中到少数企业和个人手中，严重损害了广大公众的利益。为了保障自由竞争和消费者福利，巩固美国民主政治的社会经济基础，谢尔曼法出台。它是美国乃至世界的第一部现代反垄断法。由于谢尔曼法过于抽象和原则，美国又相继制定了克莱顿法、联邦贸易委员会法、鲁宾逊—帕特曼法、米勒—泰丁法、惠特—李法、塞勒—凯浮尔法等加以限定和补充。另外，为了弥补成文法不确定之缺陷，美国还通过判例来对成文法进行有效解释。这样，经过一百多年的发展，美国已形成高度发达和完善的反垄断法。因此，美国反垄断法的框架是由 1890 年的谢尔曼法、1914 年的克莱顿法和联邦贸易委员会法以及与这些法律相配套和相关联的特别法律以及大量的反托拉斯判例构成的。[1]

　　由于反垄断法的主要目的是通过防止、限制、禁止垄断和其他限制竞争行为来确保市场竞争体系的正常运转和实现经济效率，因此反垄断法具有公法性质。按照一般的法律理论，公法的适用具有严格的地域性，即仅限于本国。美国在反垄断法管辖权问题上早期采用的也是传统的地域主义。最能反映美国反垄断法严格属地原则的是 1909 年美国香蕉公司诉联合果品公司案。该案中，一名叫麦克纳尔的人在当时属于哥伦比亚共和国一部分的巴拿马领土上建立了一座香蕉种植园，被告联合果品公司通知麦克纳尔必须与果品公司合并或是放弃种植园，麦克纳尔拒绝了被告的要求。1903 年，巴拿马反叛，脱离哥伦比亚，成为一个独立的国家。1904 年 6 月，原告香蕉公司买下麦克纳尔的所有产权并继续进行种植园经营。7 月，在被告的煽动下，哥斯达黎加的官兵进犯了种植园位于的巴拿马共和国领土，没收了原告的种植园，8 月，被告从哥斯达黎加政府手中买下种植园并经营至审判开始。原告依据谢尔曼法提起诉讼，指控联合果品公司违反了谢尔曼法第 1 条和第 2 条。该案一直上诉到最高法院，最终被驳回。最高法院提出的主要理由是：第一，严格的地域原则。对发生在美国领土之外的行为美国法院没有管辖权，不管当事人的国籍、行为对美国内外贸易带来的结果如何。第二，主权行为原则。由于哥斯达黎加军队没收种植园的行为是哥斯达黎加主权政府的命令，原告所受的损害又是这些行为的直接后果，因此，美国法院对这种主权行为无能为力。[2]

---

　　〔1〕　孔祥俊. 反垄断法原理 [M]. 北京：中国法制出版社，2001：54.

　　〔2〕　高菲. 美国反托拉斯法及其域外适用问题研究 [D]. 武汉：武汉大学法学院，1993.

　　自 1945 年 Alcoa 案起美国逐渐偏离了严格的地域原则,开始了反垄断法的域外适用。在该案中,Alcoa 公司的加拿大子公司参与了一个主要由瑞士生产商组成的卡特尔,该卡特尔限制对美国出口铝锭的数量。美国第二巡回法院认为虽然他们之间的协议在美国境外签订,但协议的效果影响了美国国内市场上铝产品的竞争,因而违反了谢尔曼法。Hand 法官进一步指出:这是确定的法律,任何国家有责任,即使是对未在管辖范围内的人在领域外的行为,在领域内发生后果而进行管辖,其他国家一般应予以承认。这样,"效果原则"便成了美国反垄断法域外适用的依据。根据这一原则,任何发生在美国境外而与美国反垄断法精神相抵触的行为,不管行为者的国籍如何,只要该行为对美国的市场竞争产生影响,美国法院对之就有管辖权。[1] 由于当时其他国家忙于处理许多更为紧迫的问题,因此 Hand 法官所持观点的潜在意义并未立即体现出来。然而随着 20 世纪 50 年代美国司法部依据效果原则提起一系列反垄断案件,其他国家发现这种"长臂管辖"已远远超出了它们可以接受的范围,从而掀起了抵制浪潮。例如,英国于 1980 年颁布了《保护贸易利益法》以取代《船运契约与商业文件法》,其突出的进展是规定了英国国务大臣有权禁止遵守外国采取的用以规定或控制国际贸易的措施,也有权禁止应外国法院要求提供商业文件和信息的行为。此外,英国法院不执行外国法院作出的以三倍金额向私人赔偿损失的判决,英国被告如在外国被判决支付多倍赔偿,他可在英国法院起诉,追回大于实际赔偿的数额。澳大利亚、加拿大、法国、南非、新西兰也颁布了相似的立法。直到今天,美国反

---

〔1〕　王晓晔. 竞争法研究[M].北京:中国法制出版社,1999:442-443.

垄断法的宽泛适用仍然受到其他国家的强烈批评。[1]

　　美国反垄断法域外适用所依据的效果原则之所以引起如此强烈的国际抵制，主要的原因是它违反了国际法有关国家管辖权的一般原则。在国际法上，国家管辖权包括属地管辖、属人管辖、保护性管辖和普遍性管辖。属地管辖是指国家对其领土范围内的一切人、物和事享有完全的排他的管辖权。属地性是国家管辖权的首要根据，因为领土是国家赖以存在的基础，是国家主权活动的空间，所以属地管辖是最主要的，它优先于其他类型的管辖。如果将基本的属地管辖加以延伸，则有主观适用和客观适用之分，前者允许对在国家内开始而不在那里完成的罪行有管辖权，后者允许对在国家内完成而即使不在那里开始的罪行有管辖权。[2]属人管辖是指国家对一切在国内和国外的本国人有权行使管辖，但国家只能在其境内，而不能到其境外行使该权利。保护性管辖是指国家对外国人在该国领域外侵害该国国家和公民的重大利益的犯罪行为有权行使管辖，保护性管辖也不能在他国领域内进行，必须在罪犯进入本国领域后才可以采取追诉措施。普遍性管辖是指根据国际法，国家有权对普遍地危害国际和平与安全及人类共同利益的某些特定的国际犯罪行为（如战争罪、海盗罪、空中劫持罪、贩卖毒品罪）进行管辖，而不管罪犯的国籍和犯罪行为的发生地。

　　效果原则将管辖权扩展到外国人在外国的行为，显然超出了属

---

　　〔1〕　如美国在 Empagran S. A. et al. v. F. Hoffmann-La Roche Ltd. et al.案中的裁决受到德国的强烈批评。F. A. Immenga. Extraterritoriale Rechtsanwendung im "American-Style": Internationalen Kartellen drohen weitere Schadensersatzklagen [J]. Recht der Internationales Wirtschaft [RIW], 2003 (5): 1. P. Hay and T. Kraetzschmar. Neue Unsicherheiten um die extraterritoriale Anwendung US-amerikanischen Antitrust-Rechts [J]. Recht der Internationales Wirtschaft [RIW], 2003: 809.

　　〔2〕　[英] 詹宁斯，瓦茨修订. 奥本海国际法：第 1 卷，第 1 分册[M]. 王铁崖，陈公绰，汤宗舜，周仁，译. 北京：中国大百科全书出版社，1995：329.

地管辖和属人管辖的范围。在《美国对外关系法（第二次）重述》中，美国以"客观地域管辖"为效果原则辩护，但不具有足够的说服力。客观地域管辖是建立在这样的基础上：即只要犯罪行为的任一组成部分发生在一国境内，则该国就有管辖权。但是，如果所依据的效果不是有关罪行的组成部分，而仅仅是所作行为的后果或反响，那么，管辖权的属地原则的正当界限就被超越了，特别是如果效果只是偶然的和不重要的，这就有不正当地采取"效果"原则为管辖权根据的危险和该项原则是否符合国际法的可疑之处。[1]况且，"客观地域管辖"概念是在刑法的传统领域发展起来的，它不必定对"经济效果"适用，而经济效果恰恰是反垄断法的中心问题。效果原则也不能被纳入到保护性管辖的范畴来证明其合法性。尽管保护性原则传统上包含种类不同的犯罪，如间谍行为、伪造政府文件等，其理论基础是国家要求对那些无论在何处实施都威胁到其根本利益，且不可能为实施地国所禁止的行为行使管辖权。但是该原则被视为国家管辖权的例外依据，它仅限于直接针对国家完整统一及政府功能运作的行为，如果将它延伸于涵盖国家更为广泛的经济利益（无论这些经济利益多么重要），这将是保护性原则的戏剧性转变。[2]至于效果原则的域外适用是否属于普遍性管辖的范畴则更是不言而喻的了。总之，以效果原则为依据域外适用反垄断法缺乏明确的国际法基础，没有严密的理论支持。从实践上看，如何认定对本国产生影响的"效果"，法官有相当大的自由裁量权，由此而来的直接后果是美国可对外国人在其领域外的行为行使极其宽泛的管辖权（正如 Alcoa 案中的 Hand 法官所承认的那样，在一国实施的任何行为都有可能在另一国产生商业或经济后

〔1〕［英］詹宁斯，瓦茨修订. 奥本海国际法：第1卷，第1分册［M］. 王铁崖，陈公绰，汤宗舜，周仁，译. 北京：中国大百科全书出版社，1995：336.

〔2〕P. M. ROTH. Reasonable Extraterritoriality：Correcting the "Balance of Interest"［J］. International and Comparative Law Quarterly ,1992,41(2):284.

果），这就极易导致激烈的管辖权冲突。例如，对于某一跨国限制竞争行为，美国根据效果原则主张管辖权，另一国则根据属地原则主张管辖权。一旦发生管辖权冲突，要进行协调将是非常困难的，因为作为国家市场经济法律体系之中心的反垄断法，反映或蕴涵着该国的核心价值观与利益追求，与其经济福利和发展密切相关，国家在这个领域行使管辖权所体现的实际利益可能比其他领域更为突出和重要。

但是，从另一个角度来观察，在经济一体化的大趋势下，一定程度的反垄断法域外适用又是有必要的。比如说，甲国境内的卡特尔行为只在或主要在乙国境内产生限制竞争的效果，但根据甲国法律，该行为在甲国是合法的，甲国显然没有动力仅仅为保护乙国的利益而去制裁该行为，如果乙国不能将其反垄断法域外适用于该行为，那它就可以轻而易举地逃脱管制，从某种意义上说，这无疑会刺激卡特尔的组织者寻找规避反垄断法的天堂。可见，企图通过效力被严格限制在域内的反垄断法来规制跨国限制竞争行为，显然是捉襟见肘。德国反垄断法权威梅斯特梅克就曾指出："正是坚持市场开放，防止跨国限制竞争的反限制竞争法规才会出现域外适用的效力。这种效力不取决于立法者对之期望或不期望，规定或不规定。因此，也谈不上放弃卡特尔的域外适用。放弃域外适用，国家就不能对企业行为制定一个有效的规则。"[1] 正因为如此，美国自提出效果原则后，虽然遭到许多国家的批评，但也成为不少国家纷纷效仿的对象。如英国、德国、法国、以色列、意大利等国家，它们都在国内立法中采用效果原则，以便为其行使域外管辖权提供法律依据。

这样，两难的局面出现了。一方面，随着经济全球化的推进和跨国限制竞争行为的增多，国家以效果原则来确立管辖权的可能性将不断增加；另一方面，这种有争议的管辖权很可能与其他国家的管辖权相抵触，甚至被视为对他国主权的侵犯与干涉。但是，目前

---

〔1〕　王晓晔．竞争法研究［M］，北京：中国法制出版社，1999：443.

国际法尚不能提出解决这一难题的答案，因为国际法虽然早已存在确立管辖权的几大原则，但一直未发展出解决国家管辖权冲突的理论。为了维持良好的国际关系及稳定的国际法律秩序，从一国本身来说，它在对待域外适用反垄断法的问题上应尽量采取克制的态度，不仅考虑本国的利益，而且应适当考虑其他的相关因素，过度扩张本国管辖权只会起反作用。美国早期适用简单的、无任何限制的效果原则所招致的抗议使之终于认识到有必要进行限制。自20世纪60年代起，美国开始强调只有当一项被指控的行为对美国的商业利益造成实质性影响时，才主张反垄断法的域外适用。20世纪70年代出现了两个具有里程碑意义的案例，即Timberlane案和Mannington案。

在Timberlane案中，美国公司Timberlane Lumber在洪都拉斯设立有子公司，Timberlane认为美国企业Bank of America的子公司Bank of America N. F. & S. A.行贿洪都拉斯军队，得到军队的帮助，妨碍Timberlane在洪都拉斯的子公司的经营，因此以违反谢尔曼法为由起诉Bank of America等公司。Choy法官指出，由于国际事件的特殊性，应将美国的利益与其他国家的利益加以比较，以考察某一事件对美国利益或与美国的关联是否如此重要，以至美国有理由主张其域外管辖权。[1]Choy法官提出了三条检验标准：（1）被指控的行为是否对美国的对外贸易产生了某种后果；（2）限制美国对外贸易的种类和重要性是否属于反垄断法的管辖范围；（3）美国的利益是否强大到足以公正地行使域外管辖权。为了回答这些问题，法院不仅要适用效果原则，而且要从国际礼让和公平性来平衡下列因素：（1）与外国法律或政策发生冲突的程度；（2）当事人的国籍或效忠情况及企业或公司的地理位置或主要经营地；（3）双方国家的执行可望取得妥协的程度；（4）较之对他国影响而言，美国所受影响的相对重要程度；（5）明确损害或影响美国商业的

〔1〕 车丕照.政府控制所引致的国际经济冲突及其解决途径［J］，中国社会科学，1998（4）.

程度；（6）上述效果的可预见性；（7）在美国境内被指控的违法行为与在外国发生的违反行为相比之重要性。Choy 法官认为，由于主要被告是外国人，案件发生于国外且直接影响到外国政府的重大利益，法院根据国际礼让原则，放弃了对该案的管辖权。[1]

在 Mannington 案中，Mannington Mills 公司和 Congleum 公司均是美国公司，Mannington Mills 公司认为 Congleum 公司使用欺骗手段取得国外专利，并利用专利垄断权阻止原告进入出口国市场。该案中，法官也持与 Choy 法官相似的观点，并指出了国际礼让和国际关系的重要性。法院认为，美国公民在国外的活动对美国国际贸易产生重大影响时，应受谢尔曼法的管辖，美国法院对该案有管辖权。但由于该案涉及外国政府的利益，法院认为在行使管辖权之前必须充分考虑两国之间的相互利益和国际礼让原则。最后法院由于充分考虑到国际礼让原则而放弃了管辖权。[2] 这种基于利益的平衡导致了"利益平衡标准"（balance of interest）的分析方法的产生，从此，美国便开始在具体案件中运用该方法来判断是否域外适用反垄断法。这样，管辖上的"简单效果原则"（simple effect doctrine）转变成了"合理原则"（reasonable doctrine）。这一转变过程至少是对效果原则的一种修正和改进，它表明在主权国家林立的国际社会，兼顾本国和他国的利益，节制本国反垄断法的域外适用是一种客观需要。

但是，美国的合理管辖原则是有缺陷的。首先，有人质疑美国法院是否有权作这种利益平衡。[3] 其次，利益平衡方法的主导思想是国际礼让原则。然而，美国法院是根据政治概念，而不是根据

---

〔1〕 高菲. 美国反托拉斯法及其域外适用问题研究 [D]. 武汉：武汉大学法学院，1993.

〔2〕 高菲. 美国反托拉斯法及其域外适用问题研究 [D]. 武汉：武汉大学法学院，1993.

〔3〕 于鹏. 反垄断法的域外适用及其国际协调与合作 [D]. 北京：对外经济贸易大学法学院，2002.

法律分析来考虑礼让原则和对等原则的。这种做法源于最高法院在 1895 年 Hilton V. Guyot 一案中的观点。该案中，最高法院拒绝执行一法国判决，因为法国要第二次重新审查美国判决。在该案中对等原则的适用仅是用来对付外国政府特定行为的政治决定。正是因为国际礼让原则在美国法院的适用不是作为一种法律概念而是政治概念来使用的，因此它具有极大的不稳定性和反复性。一方面，法院承认礼让原则在跨国经济活动中有考虑的必要；另一方面，由于国际礼让原则不是一项国际法原则，因此当外国行为与法院地国的公共政策相背离，法院在平衡利益的过程中认为美国的利益大于外国利益时，美国法院就会抛弃国际礼让原则，适用美国法，行使其管辖权。[1] 最后，实事求是地说，法院在平衡本国利益与外国利益孰轻孰重时，恐怕也很难做到客观公正。正如法官 Wilkey 在 Laker Airways v. Sabena 案中所指出："国内法院是由宪法和法律创设的，主要用于执行国内法。许多发达国家的法院仅在国内法不使国际法无效的情况下才遵循国际法。因此，法院实质上很难中立地平衡相关国家的利益。毫无疑问，国内利益都将较外国利益优先。这可部分地解释为什么法院很少有机会认为外国利益要优先的现象。"[2] 可见，合理管辖原则并不意味着美国的反垄断法域外适用的脱胎换骨，它的适用会引起诸多争议，显然无法圆满地解决对跨国竞争案件的规制问题。

二、欧盟竞争法及其域外适用

欧洲共同体是根据《欧洲经济共同体条约》（即《罗马条约》）于 1958 年成立的。1993 年 11 月 1 日生效的《马斯特里赫特

---

〔1〕　高菲 . 美国反托拉斯法及其域外适用问题研究 [D]. 武汉：武汉大学法学院，1993.

〔2〕　Maier. Interest Balancing and Extraterritoriale Jurisdiction [J]. American Journal of Company Law，1983（31）. 转引自李金泽 . 公司法律冲突研究 [M]. 北京：法律出版社，2001：335.

条约》(即欧盟条约) 对《罗马条约》进行了补充,并创设了欧洲联盟。欧共体从一开始就以消除区域限制为目标,并推动以下三个领域的法律与政策的统一:自由贸易法、竞争法、产业政策法。在统一的过程中,欧共体面临两种不同的限制竞争行为,即成员国政府设置的贸易壁垒和私人限制竞争行为。这两者在实践中是密切相联的,而且私人垄断同样具有分割市场和重建贸易壁垒的作用,如果单纯地控制国家行为,而不给予私人的反竞争行为以足够的重视,市场的统一是很难实现的。因此,欧共体的目的就是要消除成员国之间的贸易壁垒,并确保无论是成员国政府还是私人企业均不能恢复边境限制、歧视措施或产生相同消极后果的其他措施。

　　罗马条约充分体现了上述思想。罗马条约第 2、3、5 条规定了商品、服务、劳动力和资本的自由流动,从整体上消除政府壁垒。第 85 条禁止凡是能影响成员国之间的贸易以及旨在阻止、限制或扭曲共同市场内部竞争活动为目的或产生此类效果的所有企业间协议、企业协会的决定和联合行为。第 86 条禁止一个或几个企业滥用其在共同市场或在共同市场的一个重要部分的优势地位,并可能影响成员国间贸易的行为。第 37 条要求消除具有商业性质的国家垄断的排他进口权。第 90 条是确保竞争规则同样适用于成员国的公共企业和成员国给予特权或专有权的企业。第 91 条规定成员国之间取消适用反倾销行动,反倾销行动仅适用于成员国与非成员国之间的贸易。第 92 条规定成员国给予或利用国家财政而给予的援助,不论其方式如何,凡优待某些企业或某些产品以至破坏竞争或威胁到竞争,对各成员国之间的贸易产生不良影响时,均应被视为与共同市场相抵触。由于罗马条约没有关于合并控制的专门规定,欧洲议会于 1989 年制定了合并条例,该条例于 1990 年生效,称为 1990 年合并条例。欧盟条约订立后,其第 81 条和第 82 条取代了罗马条约的第 85 条和第 86 条,成为了欧盟竞争法的核心,欧盟条约的第 87~89 条则是有关国家补贴的规则。因此,欧盟竞争法主要由欧盟条约的相关条款和 1990 年合并条例构成。

　　可见,欧盟竞争法已经超越了传统的国内竞争法的范畴,而将调整对象扩展到原本属于贸易法的事项，如反倾销的适用、对国营企业和政府援助的管制等，这无疑是对贸易与竞争之间互动关系的认识的体现。无论是单纯地控制政府壁垒还是单纯地控制私人反竞争行为，均不足以确保市场的可竞争性和贸易的自由流动，只有将两者纳入到统一法中进行共同规制，才可以完整地实现市场的可竞争性和贸易自由化。

　　值得一提的是，欧盟竞争法的存在并不妨碍成员国保留国内竞争法和竞争当局。就欧盟竞争法和成员国竞争法的关系而言，两者有各自的适用范围，欧盟竞争法适用的对象是共同市场大范围内扭曲竞争，影响成员国间贸易，破坏共同体利益的行为，单纯发生在一国范围内而未涉及成员国整体利益的行为，由成员国国内竞争法规范，欧盟竞争法对此不予干涉。如果两者在适用上发生重叠和交叉，可平行适用，但适用国内法不得损害共同体法的统一适用和为实施共同体法所采取措施的完整效力。在欧盟竞争法与成员国竞争法相互冲突的情况下，欧盟竞争法优先适用。[1]

　　整体而言，欧盟在界定其竞争法的适用范围方面比美国表现出更多的谨慎。效果原则的存在不如美国法院的管辖权所反映的那么明确。欧共体委员会委员 Karel Van Miert 曾指出，共同体"需要保证：(1) 欧共体境外的反竞争措施不得破坏欧共体内的公司和竞争性或剥削欧共体的消费者；(2) 第三国市场的反竞争措施不得阻止欧共体的公司进入这些市场……当为保存欧共体境内不受扭曲的竞争和境外的市场准入而必要时，委员会将毫不犹豫地运用其职权"。[2] 因此，欧共体委员会一直立场鲜明地支持和赞成效果原

---

　　〔1〕　程宗璋. 欧盟竞争法与成员国竞争法的关系 [J]. 黑龙江对外经贸，2001 (1).

　　〔2〕　Karel Van Miert. Analysis and Guidelines on Competition Policy [J]. Address at Royal Institute of Int'l Affairs, London (May 11, 1993), cited in Joseph P. Griffin, EC and U. S. Extraterritoriality: Activism and Co-operation, Fordham 1993.

则。欧洲法院从未明示地支持效果原则，但也没有同该解释相抵触。在 Dyestuffs 案中，欧洲法院第一次采取了域外适用竞争法的立场。该案中，三个非欧共体的企业通过它们位于欧共体境内的子公司参与了在欧共体内进行的非法的价格固定活动。总法务官 Mayras 要求欧洲法院在非法行为的效果是直接的、立即的、可合理预见的和实质性的情况下，适用效果原则。但是，法院是基于"单一经济实体说"（economic-entity doctrine）作出判决的。欧洲法院认为，三个外国公司在欧共体境内的子公司是价格卡特尔的主体，但是，它们实际上是按照欧共体境外的母公司的指令行事的，母公司应当与其子公司一起被视为一个经济实体。这样，"单一经济实体说"作为指导欧盟竞争法域外适用的一个原则得以确立。"单一经济实体说"允许将欧共体内的子公司的行为归咎于欧共体外的母公司，其中的决定性因素是母公司是否控制子公司以至这些公司可被视为单一经济实体。

　　Continental Can 合并案中也运用了"单一经济实体说"。Continental Can Co.（CCC）是一家美国公司，它是一个巨型轻金属制造商。1970 年 2 月，CCC 成立了一家合资的特拉法州公司——Europemballange，CCC 把它在一家公司（SLW）的持股转让给Europemballange。后来，Europemballange 购买 Thomassen（一家荷兰金属容器制造商）的股票，最后获得了 91% 的股票。欧共体委员会认为对 Thomassen 股票的收购是滥用支配地位，因为它消除了欧共体内金属容器市场的竞争。CCC 抗辩道：委员会缺乏对它的管辖权，因为被控告的是 Europemballange 的行为，而不是 CCC 的行为。委员会驳斥了该主张："CCC 作为 Europemballange 的第一控股人，拥有 SLW 股票资本的 5%，它控制了这两个企业，它们的行为应归责于它。"欧洲法院认为，虽然 Europemballange 是 Continental 的一家子公司，子公司具有独立人格，但这并不排除其行为可能归因于母公司。在该案中，子公司的确在许多情形下无法自主地决定自己的市场行为，而实质上遵循着母公司的指示。Continental 引发 Europemballange 向居住于荷兰的 TDV 股东发出收购要价，并提供了必要的措施以保证收购成功。1970 年 4 月 8 日 Europemballange 接收了 TDV 的股票和债权。因此，该项交易不仅可归因于 Europemballange，而且更首先应归咎于 Continental。欧共体法应该适用于这类影响了共同体市场的收购行为。尽管 Continental 在共同体成员国内并无注册办公室，但这并不排除欧共体法的适用。鉴于此，欧洲法院支持欧共体委员会的决定。[1]

　　单一经济实体原则源于民商法中的公司法人人格否认法理。公司法人人格否认（disregard of corporate personality），又称"刺破公司面纱"（piercing the corporation'veil）或"揭开公司面纱"（lifting the veil of the corporation），指为阻止公司独立人格的滥用和保护公司债权人利益及社会公共利益，就具体法律关系中的特定事实，否认公司与其背后的股东各自独立的人格及股东的有限责任，责令公司的股东（包括自然人股东和法人股东）对公司债权人或公共利益直接负责，以实现公平、正义目标之要求而设置的一种法律措施。[2]公司法人人格制度赋予公司独立的法人身份，并给予股东享受有限责任的权利，其目的是鼓励社会公众踊跃投资，并充分利用和发挥公司组织形式的优势。但是，公司法中关于股东选择管理者的权利、重大决策的权利、请求分配股息的权利、股份自由转让的权利等，都使股东尤其是大股东拥有了对公司的实际控制的能力，股东可能利用其优势地位，谋求自身利益最大化，损害公司债权人的利益和公共利益，而公司独立人格和股东有限责任原则的屏障又导致受害人得不到充分补偿。这样，公司的独立人格就异化为逃避法律监督的工具，或异化为一种法律都难以追究其责任的障碍。为了实现法律所追求的公平与正义，西方国家创制了公司法人人格否认法理，它在承认公司具有法人人格的前提下，对特定法律

---

　　[1]　李金泽. 公司法律冲突研究 [M]. 北京：法律出版社，2001：315-317.

　　[2]　朱慈蕴. 公司法人格否认法理研究 [M]. 北京：法律出版社，1998：75.

关系中的公司人格及股东有限责任加以否认，直接追索公司背后股东的责任，以规制权利之滥用行为。[1]

公司法人人格否认法理并不是对公司法人人格的全面、彻底地否认，而是在公司独立人格和股东有限责任被用于不法目的时否认公司法人人格，以恢复失衡的利益关系，因此，它是对公司独立人格制度的一种例外和有益补充。有人这样形容道：公司人格独立及股东有限责任制度的确立与公司法人人格否认法理的产生，共同构成现代公司法人制度中相互倚靠的两极，其中的任何一极坍塌，都会影响另一极功能的有效发挥，都会影响法律制度公平、正义的终极价值目标的实现。[2]特别是在经济全球化的今天，跨国公司得到了迅速发展，而母公司对子公司的控制关系使母公司极易利用子公司来追逐自身利益的最大化，损害子公司的局部利益，甚至损害到东道国的公共利益。如果严守母公司与子公司在法律人格上相互独立的原则，就无法追究子公司背后的母公司的责任，被侵害的公共利益也难以得到充分弥补。例如，在印度博帕尔毒气泄漏案中，由美国联合碳化公司的印度子公司（即联合碳化印度有限公司）所拥有的位于博帕尔市的一家化工厂，发生了毒气泄漏事故，直接导致当地人员死亡和环境污染，造成巨大损失。印度政府和受害者对美国联合碳化公司提起诉讼，他们认为美国联合碳化公司拥有子公司 50.9% 的股份，同时它还通过报告制度、委派子公司董事会中的代表等方式，对子公司行使控制，决定子公司的重大问题，美国联合碳化公司了解博帕尔厂生产程序的危险，但没有对该厂设计安全装置，因此要求追究美国联合碳化公司的法律责任。该案的赔偿问题虽然不是通过法院判决而是通过协议解决的，但美国联合碳化公司同意支付 4.7 亿美元作为赔偿的事实表明，它还是为子公司

---

〔1〕　朱慈蕴．公司法人格否认法理研究［M］．北京：法律出版社，1998：73-75.

〔2〕　朱慈蕴．公司法人格否认法理研究［M］．北京：法律出版社，1998：119.

造成的损害承担了赔偿责任。[1]

　　尽管在一定场合下突破公司的独立人格，让公司背后的股东站出来直接对公共利益负责，对于规范跨国公司的行为，防止其规避法律具有积极意义，但是，欧盟将公司法人人格否认法理运用于竞争法的域外适用并不是没有任何困难的。首先，欧盟以单一经济实体原则来主张竞争法的域外适用能否得到其他国家的承认取决于这些国家在公司法人人格否认法理问题上的态度与实践。接受公司法人人格否认法理的主要是西方国家，如果其他国家不接受公司法人人格否认法理，那么欧盟依据单一经济实体原则主张竞争法的域外适用，很可能遭到这些国家的反对和抵制，引发国际争端，造成国际关系的不稳定性。其次，运用单一经济实体原则的关键在于认定母公司与子公司之间的控制与被控制关系，跨国公司内部的关系比较复杂，母子公司之间的股权控制关系也许相对容易认定一些，但非股权形式的控制关系的认定则有很大的不确定性，法官的主观因素将起着重要作用，从而导致当事人对法律后果的难以预见性。因此，以单一经济实体原则主张竞争法的域外适用是有疑义的。

　　欧盟法领域中关于域外适用的另一个突出案件是 Woodpulp 案。在该案中，非欧共体的纸浆生产商从事旨在对销售给欧洲共同市场购买者的纸浆固定价格的协同行为。欧盟委员会明确地依赖效果原则，并指出当发生在共同体境内的协议或协同行为的效果是有意的、直接的和实质性的时，罗马条约第 85 条应适用。总法务官Darmon 支持委员会的观点。然而，欧洲法院并没有承认效果原则的存在，而是采用了另一种途径。法院认为违反罗马条约第 85 条的行为包括两个因素：协议的成立及其实施。判断是否适用罗马条约第 85 条时，决定性的因素不是协议成立的地点，而是实施的地点。纸浆的定价协议成立于共同市场之外，但是不同制造商的报价和接下来的销售和购买都发生在共同市场之内，销售是直接通过分

　　[1]　姚梅镇，余劲松．国际经济法成案研究 [M]．武汉：武汉大学出版社，1995：37．

支机构还是通过子公司或代理商进行并不重要。〔1〕法院还指出，如果竞争法规范的适用是以上述协议或决定的成立地点为前提的话，其结果将明显为有关企业逃脱竞争法的禁止性规范提供方便，因此，决定性的因素应是实际履行的地点。〔2〕也就是说，法院是根据履行地原则来确立管辖权的。只要限制性协议在欧共体内履行，而且限制性协议的目标或直接效果是阻碍共同体市场的竞争，罗马条约不阻止法院向共同体外的企业适用共同体竞争规则。但是，欧洲法院没有进一步分析"履行"的概念。

　　履行地原则的效力范围显然要小于效果原则。根据履行地原则，如果限制竞争协议的订立地和履行地都在欧共体外，即使该协议在欧共体境内产生了严重的限制竞争效果，欧共体也没有管辖权。但如果根据效果原则，则欧共体有管辖权。同效果原则相比，履行原则因为接近传统的地域原则而较不容易引起外国政府的反对，并且也更容易从传统的法律理论找到依据。反竞争行为多以协议的方式出现，从国际私法的角度出发，一般认为支配合同关系的法律为合同订立地或履行地法律，同时，从反竞争行为对市场的影响来看，协议的履行地往往比协议的订立地更能体现出行为的效果。〔3〕但是，对于一个复杂的反竞争行为，其履行地可能不止一处，如果几个竞争当局依据履行地原则行使管辖权，这无疑会增加管辖权冲突的可能性。另外，假设出现了欧洲法院既不能适用单一经济实体原则，又不能适用履行地原则的情况（例如，反竞争行为不在欧共体境内履行，同时有关公司在欧共体境内又没有子公司或分支机构），为了不自缚手脚，欧洲法院最后还是要回到效果原

　　〔1〕　邵景春．欧洲联盟的法律与制度〔M〕．北京：人民法院出版社，1999：411.

　　〔2〕　黄勇．国际竞争法研究——竞争法实施中的国际冲突与国际协调〔D〕．北京：中国对外经济贸易大学法学院，2003.

　　〔3〕　于鹏．反垄断法的域外适用及其国际协调与合作〔D〕．北京：对外经济贸易大学法学院，2002.

则上来。实际上，欧洲法院在不少案件中，确实也支持了委员会的效果原则。例如，欧洲法院对于"伯格林案"（Beguelin Import Co. v. GL Import Export 1971），曾附带地发表过这样的讲话：协议当事人之一的企业居于第三国的事实不能阻止罗马条约第 85 条的适用，既然协议是在共同体市场内实施的（产生效果的）。可见，法院在适当的场合适用效果原则似乎是不言而喻的。[1] 只是从整体上说，欧洲法院对适用效果原则的态度比美国要谨慎。因此，目前在欧盟竞争法的域外适用方面，效果原则、单一经济实体原则和履行地原则共存。

三、小结

前面我们分析了几种具有代表性的竞争法域外适用理论。美国是最早开始进行反垄断法域外适用的国家，它首创了效果原则，由于效果原则不符合国际法上关于国家管辖权的理论，难以得到普遍承认，在实践中也容易导致国家管辖权的过度扩张，从而引起其他国家的不满和抵制，因此美国又创设了利益平衡方法，形成了管辖上的合理原则，以对纯效果原则进行修正和限制。但是利益平衡方法是与国际礼让直接相联系的，由于国际礼让原则并不是一项国际法原则，利益平衡方法只是美国法院根据具体案件酌情处理的工具，具有浓厚的政治色彩，而不是严格的法律分析方法。因此合理管辖原则不是效果原则根本性的转变。欧盟在竞争法的域外适用方面比美国谨慎。虽然欧盟委员会一直支持效果理论，但欧洲法院则尽量避免采用效果理论，而是发展了"单一经济实体说"和"履行地说"来作为竞争法域外适用的依据。"单一经济实体说"实际上源于民商法中的公司法人人格否认法理。当母公司与子公司之间有实质性的控制和被控制关系时，应"揭开公司面纱"，将子公司

---

〔1〕 高菲. 美国反托拉斯法及其域外适用问题研究［D］. 武汉：武汉大学法学院，1993.

的行为归咎于母公司，从而得以追究母公司的责任。由于公司法人人格否认法理尚未得到世界各国的普遍接受，以单一经济实体原则域外适用竞争法可能会遭到其他国家的抵触，也可能引发管辖权冲突；况且，判断母、子公司之间实质性控制关系的存在也具有很大的不确定性，极易增加法律后果的难以预见性，因此，依据单一经济实体原则域外适用竞争法从法理上说是有价值的，但在实践上会遇到障碍。"履行地说"则主张不论企业在共同体市场内是否设有子公司、分公司、分支机构，只要其履行了在境外达成的限制竞争协议，就可以对其适用欧盟竞争法。"履行地说"最大的缺陷在于当一个复杂的反竞争行为的履行地不止一处时，如果几个竞争当局依据履行地原则行使管辖权，这无疑会增加管辖权冲突的可能性。最后，如果出现既不能采用"单一经济实体说"，又不能采用"履行地说"的情况时，欧洲法院仍可能依据效果原则域外适用其竞争法。可见，欧盟在域外适用的理论方面也是不圆满的，这不仅是因为"单一经济实体说"和"履行地说"本身存在不足，还因为欧盟对效果原则的避免是不彻底的，在某些场合下，其仍可能回到效果原则的老路上来。而我们前面已分析过，效果原则由于本质上的缺陷，极易造成国家之间关系的紧张。

随着贸易自由化和经济一体化的深入，跨国限制竞争行为日益增多，不仅严重阻碍了不同国家的竞争者在全球市场上的公平竞争，而且也不利于国际贸易的正常进行，严格的地域原则或许可以将国家管辖权的冲突最小化，但无法对国家规制反竞争行为的现实需要作出充分的回应。因此，在一定情况下域外适用国内竞争法是有必要的，否则从事限制竞争行为的企业极易规避竞争法的管制。但是，到目前为止，国际法就国家对于外国人在其领域外的反竞争行为应根据什么标准，在多大程度上行使管辖权这一问题，还不能提供满意的答案，不同的国家均依据自己的理论和原则来域外适用其竞争法，但是域外适用国内竞争法，究其本质，是以国内法来规范国际经济行为，而国内法有其自身的价值取向和正义标准，因此竞争法的域外适用在缺乏国际法规制的调整时与国际法的价值取向和正义标准存在潜在的冲突；〔1〕此外，有关域外适用的不同理论和原则还会导致多重管辖的出现，也不能保证利益平衡的客观性，从而增加国家之间的冲突和国际经济关系的不稳定性。总之，域外适用目前是，而且将继续是一个争议性问题，在跨国贸易复杂性不断增加的过程中，这些争议不会消失，相反，经济上的相互联系使域外适用更不足以成为保护竞争环境的工具。因此，国家单方面的行动不能完全解决跨国竞争问题，还需要国际层面的规制。

第二节　竞争政策和竞争法的双边层面、区域层面和多边层面

一、双边协议

上一节已提到，国内竞争法的域外适用容易导致国家管辖权的冲突，产生众多国际贸易纠纷，为了避免这些不利后果，国家之间需要进行合作与协调。在双边层面上就竞争法进行合作是国家处理跨国竞争问题时经常采用，也比较有效的途径。经济合作与发展组织（OECD）1967 年提出的《成员国间就影响国际贸易的限制性商业行为进行合作的推荐意见》很大程度上推动了西方国家在竞争法领域的双边合作。最简单的双边合作是友好磋商和公共信息共享，这不需要两国签订正式的协议，只需要两国竞争当局习惯性地相互磋商并就不同的行政性、程序性和政策性问题交换公共信息。更复杂的形式是签订正式的双边合作协议，这种协议具有双重功

---

〔1〕　沈敏荣. 法律的不确定性——反垄断法规则分析 [M]. 北京：法律出版社，2001：219-220.

能，即提升合作本身的层次以及避免冲突。[1] 美国与澳大利亚、巴西、加拿大、欧盟、德国、以色列、日本、墨西哥分别签订了双边协议；欧盟虽然只与加拿大及美国签订了双边协议，但它在自由贸易、关税同盟或共同市场协议的框架下承诺与某些国家进行竞争法实施方面的合作；加拿大与智利及墨西哥签订了双边协议。它们一般包括下列几类共同的条款：（1）通告条款。即如果缔约一方提起的反垄断诉讼可能损害另一方的重大利益时，它有义务将该诉讼向另一方通告。（2）竞争当局的信息共享条款。（3）调查协调条款。即双方应在法律允许的范围和在不严重损害本国利益的条件下，向对方提供竞争法诉讼的援助。（4）消极礼让条款。为了避免法律冲突，缔约方应在考虑本国重大利益时，在竞争法诉讼的各个阶段同时也考虑缔约另一方的重大利益，即传统的国际礼让原则，其目的是限制缔约方随意对本国的竞争法进行域外适用。（5）积极礼让条款以及就其他多方面问题进行磋商的条款。积极礼让涉及这样的情形：A 国的竞争当局得出结论，有合理的根据相信某些对 A 国造成损害的反竞争措施，也构成对 B 国竞争法的违反，在这种情形下，A 国的竞争当局可以要求 B 国的竞争当局对这些措施进行调查和采取任何适当的行动。积极礼让与消极礼让不同。根据消极礼让原则，一国在执行其管辖权时应考虑其他国家的重要利益，而积极礼让是将主动权转移给利益受到影响的国家，该国可以要求另一国发起适当的实施程序。是否发起程序的最终决定权保留给被请求国，但被请求国有义务考虑请求国的法律和利益。积极礼让体现了一定程度的国家合作精神，有助于减少国家管辖权的冲突，有利于跨国竞争案件的解决。

　　目前在国际层面上，国家之间最常采用的竞争法领域的合作形

───────────

〔1〕　WTO Working Group on the Interaction between Trade and Competition Policy. Report (1999) of the Working Group on the Interaction between Trade and Competition Policy to the General Council, Geneva ［R］. WT/WGTCP/3, 1999, paragraphs 40-41.

式就是双边协议。双边协议的订立只在两个国家之间进行，比较简便，同时，双方可根据两国的实际情况进行具体谈判，因而也比较灵活、比较有针对性。双边协议所包含的通报条款、信息交换条款、调查协助条款、消极礼让条款和积极礼让条款等均有利于国家之间更好地进行合作，交流观点和信息，促进相互理解和信任，避免冲突，与域外适用相比，它更便利竞争法的适用。双边协议所取得的成果是有目共睹的。例如，美国和加拿大自签订双边合作协议后，两国政府就反垄断法事务每年至少进行两次磋商，相互通报的机制也得到了良好的运转，两国还首次成功地进行了联合反托拉斯犯罪调查，最终对热敏传真纸工业中的一家日本公司及其在美国的子公司做出了有罪裁决和实质性罚款。又比如，美国与欧盟之间的双边合作协议也具有不可忽视的意义。由于欧盟法（包括欧盟与第三国之间所缔结的国际条约）优先原则，欧盟任何成员国的国内法都不能与欧盟和美国之间的双边协议相抵触，包括成员国针对美国反托拉斯法域外适用而制定的"阻却立法"，这对于竞争法的实施合作显然是非常有利的。欧盟和美国的竞争法双边合作在1994年的微软案中首次发挥作用，美国司法部和欧盟委员会在对微软的调查中，特别是在取证过程中积极协作，并最终达成了解决办法。这些均表明了双边合作协议的作用。

但是，双边合作协议也存在局限性。第一，双边协议毕竟是有限的，不可能所有国家之间都签订双边协议。如 French Westafrican Shipowners 案中，由于许多证据散布在西非国家，而欧共体与这些国家没有正式的合作协议，因此欧共体委员会在收集证据方面遇到了巨大困难。[1] 第二，订立合作协议是自愿的，而且倾向于在经济上相互依存且在竞争法实施方面具有相似程度的经验的国家之间进行，或在竞争法领域有相同观念的国家之间进行，这导致绝大部分双边协议是在发达国家之间签订的，许多发展中国家则被排除在

---

〔1〕　Ignacio Garcia Bercero and Stefan D. Amarasinha. Moving the Trade and Competition Debate Forward[J]. Journal of International Economic Law, 2001, 4(3).

外，但实际上发展中国家由于执行能力有限，或根本没有执行能
力，难以发现和惩处反竞争行为，因而往往最易因反竞争行为而受
损。第三，双边合作协议以个案为基础，特定案件的合作是自愿
的，而且这种合作只能在符合协议双方当事方的相互利益时进行。
因此双方当事方的利益相似时，此类协议非常有用；当被审查措施
的竞争效果不对称（如该措施影响一国而不影响另一国）或产生
贸易问题时，使用双边合作协议就困难得多。第四，双边合作协议
的特征是它们仅处理程序性合作，而不涉及竞争法实体规则的协
调，因此，通过双边合作可以使冲突尽可能地减少，但不能阻止冲
突的发生，这意味着问题的根源没有被触及。第五，双边合作协议
的效力受到许多因素的限制，包括实体法的差异、竞争当局的独立
性程度、竞争当局是否有足够的资源以及规制保密信息交换的国内
法的差异等。[1]

　　总之，双边协议是避免竞争法冲突和促进竞争法合作的一种有
效途径，但它不能解决所有问题。全面规制跨国反竞争行为还需要
竞争法更深层次的合作与协调。

二、区域协议

　　"二战"以来，区域一体化一直与多边贸易自由化并行发展，
其已成为一种重要的国际经济、法律合作形式。区域一体化协定
（RTAS）根据一体化程度分为几种形式：自由贸易区、关税同盟、
共同市场、货币同盟和经济同盟。在自由贸易区中，成员国之间消
除了贸易限制，但各国均对区域外国家保持各自的关税结构；关税
同盟是具有共同对外贸易政策的自由贸易区；共同市场是一种允许
生产要素自由流动的关税同盟；经济同盟则是一种成员国在一定程

　　[1]　WTO Working Group on the Interaction between Trade and Competition
Policy. Report (1999) of the Working Group on the Interaction between Trade and
Competition Policy to the General Council, Geneva [R]. WT/WGTCP/3, 1999,
para. 44.

度上统一了经济政策的共同市场；而货币同盟则是采用统一货币的共同市场或经济同盟。[1] 许多 RTAS 都制定了与竞争有关的条款，其目的是防止区域一体化的成果因反竞争行为而受到损害。不同的 RTAS 的竞争规则差别很大，下面以欧盟、澳大利亚—新西兰更紧密经济贸易协定、北美自由贸易协定为例说明区域一体化协议中竞争规则的情况。

欧盟是目前区域一体化程度最高的区域性组织，它在成员国竞争标准与规则方面进行了广泛的协调。欧盟竞争法的适用主要由欧盟委员会负责，超国家机构的执行可以保证实施共同竞争法的效率。

澳大利亚—新西兰更紧密经济贸易协定与欧盟模式不同，它没有制定一部适用于两国的统一的竞争法，也没有设置一个超国家的主管机关来负责执行，而是对各自的竞争法进行修改，增加了有关跨境滥用市场力量的条款及大量的跨境调查和实施竞争法的规则，这样，就可以对在一国或联合区域市场占据优势地位的企业在另一国实施的反竞争行为加以规制了。这个新的法律框架还规定两国在竞争法的执行方面予以合作，相互给予承认和便利：澳大利亚的企业可以向澳大利亚的法院起诉在新西兰占有优势地位的企业，反之亦然；一国的执法机关具有在对方边境内一定的调查权；一国的法院可以设在对方边境内；由一国法院做出的判决和命令在对方国法院是可执行的。[2] 可见，这种合作比一般的竞争法实施合作更进了一步。无疑，澳大利亚和新西兰之间的特殊关系为这种模式奠定了基础；此外，两国竞争法的接近和司法系统的相似也为这种模式的建立发挥了重要作用。

北美自由贸易协定（NAFTA）的竞争体制是以美国、加拿大

---

〔1〕 伯纳德·霍克曼，迈克尔·考斯泰基. 世界贸易体制的政治经济学 [M]. 刘平，洪晓东，许明德等，译. 北京：法律出版社，1999：217.

〔2〕 Gunnar Niels and Adriaan ten Kate. Trusting Antitrust to Dump Anti-dumping [J]. Journal of World Trade，1997，31 (6).

和墨西哥竞争法相似的原则和一致的范围为基础而建立起来的。但是，这些成员国体系上存在很大差异，因此，它们对竞争法的协调只是原则性的。NAFTA 没有设立竞争法的共同标准，仅要求参加国采取或维持措施以禁止反竞争的商业行为。[1]对于国有企业，NAFTA 要求它们必须以符合 NAFTA 关于投资和金融服务的义务相一致的方式行为，而且它们对 NAFTA 投资者或投资进行销售时必须维持非歧视待遇。[2]另外，NAFTA 对垄断企业从事歧视性行为或掠夺性行为的能力进行了限制。NAFTA 没有试图协调程序规则，但协议包含关于诸如相互法律援助、通知、磋商和信息交换等实施合作的条款。NAFTA 还包含争端解决程序，但某些竞争问题被排除于程序适用范围之外，因而减少了该争端解决的真正意义。[3]

　　由上可见，RTAS 根据一体化程度和所创设机构享有的超国家权力的范围，涉及以下规定：对竞争政策的采用、维持及有效实施；适用于成员国之间贸易的竞争规则，包括对取消反倾销措施等贸易救济的承诺；竞争法的实体性协调；对国营企业、独占及具有特权和专有权的企业的控制；超国家机构对共同规则的实施；成员国的国内机构之间在实施方面的磋商与协调，以及国内机构和超国家机构在实施方面的磋商与协调，等等。与有关竞争政策的双边协议相比，两者存在根本差别。双边协议往往规定的是程序性合作，如通报、信息交换、磋商、消极礼让、积极礼让等，在成员国国内

---

〔1〕　WTO Working Group on the Interaction between Trade and Competition Policy. Report（1999）of the Working Group on the Interaction between Trade and Competition Policy to the General Council, Geneva ［R］. WT/WGTCP/3, 1999, para. 46.

〔2〕　OECD. The Relationship between Regional Trade Agreements and the Multilateral Trading System: Competition ［R］. TD/TC/WP（2002）19/FINAL, 2002, para. 33.

〔3〕　Cunningham and La Rocca. Harmonization of Competition Policies in a Regional Economic Integration ［J］. Law and Policy in International Business, 1996, 27（4）.

竞争法仍然存在的情况下，程序性合作只能减少国家在处理跨国竞争问题时所引起的冲突，而不能阻止冲突的发生，更何况这些程序性合作规则大多属于自愿性规定，没有明显的拘束力。RTAS 则包括了实体性的竞争规则，反映了对成员国国内竞争法一定程度的协调，这意味着冲突的根源已被触及。这种差别无疑源于 RTAS 的市场一体化目标。[1] RTAS 寻求对成员国之间边境措施的消除，实现贸易、服务、投资和劳工的自由化，为了达到这一目标，并确保其成果，RTAS 制定实体性的竞争规则以有效规制共同市场，保护公平自由的竞争环境是应然之举；另外，不少 RTAS 的成员国有相似的法律制度和共同的文化传统，这也为 RTAS 对成员国的竞争法进行实体性协调提供了便利条件。而这些往往是双边协议所不具备的。

尽管 RTAS 竞争规则的意义不可忽略，但通常而言，RTAS 都发生于具有共同的利益、相似的法律文化及政治倾向的国家之间。基于这些相似性，区域合作才可能成功。尤其是像欧盟这样制定统一的竞争政策，并建立超国家的竞争机构来加以执行，如果没有高度的一体化，那是根本无法实现的。然而对于其他地区的国家来说，如果欠缺必要的条件，要建立有实际意义的区域性竞争体制恐怕困难重重。因此区域性竞争政策的适用范围非常有限，仅仅依靠区域性竞争政策也不足以解决所有的跨国竞争问题。

三、竞争政策和竞争法的多边层面

目前国际上还不存在一套有约束力的多边竞争协议，多边层面的竞争问题的合作经常是以政策建议、技术援助和专门研究的形式出现。在这个领域，联合国贸发会议（UNCTAD）、世界银行、经济合作与发展组织（OECD）、亚太经合组织、国际竞争网络非常

---

〔1〕 UNCTAD. Experiences Gained So Far on International Cooperation on Competition Policy Issues and the Mechanism Used（TD/B/COM. 2/CLP/21/Rev. 1）.

活跃。

UNCTAD 是 1964 年在联合国设立的处理国际贸易中发达国家与发展中国家之间问题的机构。UNCTAD 开展的关于竞争合作的活动除组织有关会议、进行专题研究、帮助许多国家进行竞争立法等活动外，还包括起草和发布相关指南、文件和建议，如《示范竞争法》、《竞争法手册》、《关于规制限制性商业行为的多边协议的公平原则和规则》等。《关于规制限制性商业行为的多边协议的公平原则和规则》明确规定是为了"消除国家商贸之间，特别是消除对发展中国家的国际商贸及经济发展带来不良影响的限制性商业行为，从而实现确立国际经济新秩序的目的"与"必须保证减轻关税与非关税壁垒所应获得的利益，不允许有妨碍和否定实现这一利益的行为"而制定的。对于所有企业适用的规制行为对象是"限制性协定"与"市场垄断行为"（即滥用市场支配地位行为）两大类。《关于规制限制性商业行为的多边协议的公平原则和规则》属于自愿性的指导原则，没有法律拘束力，但各国被建议应照此办理。UNCTAD 起草的《国际技术转让行为守则》（草案）也涉及与竞争有关的内容，其第四章列举了技术贸易领域的 20 项限制竞争行为，规定不得将它们订入技术协议中。

世界银行在有关国家结构调整计划中就竞争政策的执行提供了建议。许多政府在经济危机时期处理竞争问题方面得到了世界银行的援助，以强化竞争政策在国内经济复苏方面的作用。此外，世界银行还通过组织会议、研讨会等形式提供技术援助。世界银行还准备了大量的出版物以推行竞争领域的最佳措施，如 1999 年的《竞争政策的设计与执行框架》针对发展中国家和经济转型国家适用竞争法的问题提出了综合性的看法，并提供了反映不同国家情况的选择方案。

OECD 是 1961 年由 24 个发达国家建立的，它以促进经济增长、提高生活水平、援助不发达国家以及扩大多边的自由贸易为目的。它虽然没有法律拘束力，但它自主地开展了许多活动。OECD 下设"竞争法及竞争政策委员会"，该委员会的活动是编制和研究各参加国竞争政策有关问题，必要时还可提出理事会的建议案和在参加国之间执行竞争法的合作等。OECD 发布了许多有关的建议和指南，如《对跨国企业在国际贸易中的限制性商业行为所产生的不良影响的措施的理事会建议》、《关于各成员就竞争政策和贸易政策的潜在冲突进行合作的理事会建议》、《关于各成员就影响国际贸易的反竞争行为进行合作的理事会建议》、《竞争政策与政府管制》、《关于对核心卡特尔采取有效措施的理事会建议》、《OECD 跨国企业指南》等。

亚太经济合作论坛也对竞争政策国际合作进行了有益的推动工作。1994 年 APEC 部长会议同意其贸易与投资委员会就竞争问题展开深入的研究，尤其是关于区域内各经济体的竞争法和竞争政策对区域内贸易与投资流动的影响。1996 年，在 APEC 的"大阪行动议程"中，设立了"竞争政策和放松管制"的共同工作项目。1999 年在奥克兰，APEC 部长们签署了《亚太经合组织关于促进竞争及管制改革的各项原则》，该文件主要确认了"非歧视"和"广泛性"两大原则。此后，APEC "竞争政策与放松管制工作组"进行了大量的信息收集和分析工作，并于 2002 年建立了覆盖区域内各经济体竞争事项的数据库，其中包括了关于所有 APEC 成员竞争法的常用信息，供各种私人团体、学术组织、企业查阅。

国际竞争网络是近年来在反垄断法国际合作方面比较引人注目的国际组织，于 2001 年成立，简称 ICN。ICN 致力于为竞争当局提供一个保持日常联络和解决实践中竞争问题的专业而非正式的场所，也是唯一一个专门致力于竞争法实施的国际机构。ICN 没有制定任何规则的职能。提议以项目为导向，当 ICN 就项目提出的建议或最佳实践达成一致时，由各自的竞争主管机关决定是否和如何通过单边、双边或多边安排实施这些建议。ICN 讨论的主要问题是：第一，深化和扩大适用积极礼让原则；第二，交流控制跨国合并的经验以及进行这方面的国际协调；第三，审查各国竞争法适用除外的领域；第四，交流禁止国际卡特尔的经验；第五，分析国际卡特尔以及其他作为市场进入障碍的私人限制竞争和国际限制竞争；第六，对发展中国家的反垄断立法和执法给予技术和能力援助。ICN 的第一个年会于 2002 年召开，与会者讨论了两个项目的进展：一是多边背景下的合并审查程序，二是对竞争机关的活动和作用的推动作用（特别是对新建立竞争法律制度的国家）。同时决定启动第三个项目，即能力建设与竞争政策实施。2002 年 9 月 ICN 发布了《合并申报程序的推荐意见》，是 ICN 迄今最重要的成就。该推荐意见的目的是减少世界各国在企业并购申报方面的管辖权冲突和法律冲突。

早在 1948 年的哈瓦那会议上，23 个创始缔约国拟订的《哈瓦那宪章》包含了整整一章，即第五章是关于限制性商业行为的。第 46 条第 1 款规定，各成员国应采取适当的措施，并与国际贸易组织合作以阻止私人或公共商业企业的影响国际贸易的商业行为，如果这些商业行为限制竞争或市场准入，或加强垄断控制。第五章还规定了成员国利益受垄断活动影响时可采取的申诉程序。由于国际贸易组织的夭折，《哈瓦那宪章》的规定也最终未能实施。

WTO 的条款中包含了有关竞争的规定。WTO 的两条基本原则——最惠国待遇原则和国民待遇原则便体现了公平竞争的要求。前者保证各成员国之间享有平等的竞争机会，后者保证进口国与出口国的产品享有平等的竞争机会。GATS、TRIMS、TRIPS 等协议包含与竞争有关的条款。GATS 协议第 8 条规定，成员国有义务保证在其境内的任何垄断服务提供者在相关市场提供垄断服务时，不能违反最惠国待遇及成员国所作具体承诺的义务；当一成员的垄断服务提供者直接或经由其子公司提供其垄断权范围之外的服务，而从事属于该成员国特定承诺范围内的竞争时，该成员应保证其服务提供者在境内不滥用其垄断地位，不进行与其承担义务不相一致的行动。第 9 条认识到服务提供者的某些商业行为可能限制了竞争，因而限制了服务贸易，在一成员国的要求下，每一成员国应就取消这些行为与其进行磋商。GATS 的许多其他条款也涉及解决竞争政策领域的问题，如透明度、政府采购、服务的分销与营销、补贴等。1997 年订立的《基础电信协议参考文件》关于竞争方面的规定是非常突出的，它要求缔约国在国内建立竞争制度，以推动本国电信领域以及无线电通讯领域的市场竞争。该文件第 1 节为"竞争保障"。第 1 款要求成员采取适当措施，防止"主要提供者"独自或集体从事或继续从事限制竞争的做法。第 2 款指出，这些限制竞争做法应该特别包括：（a）进行限制竞争性的交叉补贴；（b）利用从竞争对手那里获得的具有限制竞争效果的信息；以及（c）未及时向有关服务提供者提供有关关键设施的技术信息及为提供服务所必需的有关商业信息。

TRIPS 协议第 8 条原则规定：（1）在制定缔约方国内有关法律和规定时，缔约方可以采取适当措施来维护该国的公共保健和营养，以促进对其社会经济和技术发展至关重要部门的公共利益，只要该措施符合本协议的规定；（2）各缔约方可以采取符合本协议规定的适当措施来防止知识产权所有人对知识产权的滥用，或实施手段来阻止不正当的限制性贸易和不正当影响成员间技术转让的实践做法。第 40 条就在契约性许可中对反竞争行为的控制进行了规定：（1）缔约方一致认为一些限制竞争的有关知识产权的许可合同或条件对贸易起阻碍作用，且妨碍技术的转让和传播；（2）协议允许缔约方在立法实践中详细规定构成滥用知识产权对有关市场的竞争产生负效应的许可合同或条件。一缔约方可按本协议的其他规定、根据国内的有关法律采取适当的措施来防止或控制该合同，该措施可能包括如独占回授条件、影响效力的条件和强制性一揽子许可。

TRIMS 协议第 2 条规定成员不得采取与国民待遇原则和数量限制原则相违背的投资措施，第 9 条规定在协议生效后五年内，货物贸易理事会在审查协议运作过程中应考虑是否应补充投资政策与竞争政策的条文。《保障措施协议》第 11 条第 3 款规定成员不得鼓励或支持相当于自愿出口限制、有秩序的销售安排或第 11 条第 1 款禁止的其他政府安排的非政府措施的采用。竞争政策的痕迹还出现在《技术性贸易壁垒协议》、《实施卫生和植物卫生措施协议》、《装运前检验协议》以及《政府采购协议》、《民用航空器协议》

等协议中。另外，在《贸易政策审议机制》中，有关贸易政策和行为对一成员货物和服务进出口的影响方面也涉及竞争问题。

可见，WTO 虽然含有不少涉及竞争的条款，但总体上是零散的，未形成完整体系，尚处于萌芽阶段。

WTO 的争端解决机制中的非违反之诉可以处理与竞争有关的案件。非违反之诉主要规定在 GATT 第 23 条第 1 款（b）项，它与违反之诉是相对的。违反之诉是指成员方违反其在 GATT/WTO 下明确承担的条约义务，并使任何成员方依据 GATT/WTO 所直接或间接享有的利益丧失或减损，成员方就此依据 GATT/WTO 中有关争端解决的程序向争端解决机构提起的申诉。如果成员方所采取的某些措施并不与其在 GATT/WTO 下明确承担的条约义务相违反，但是却使得任何成员方依据 GATT/WTO 所直接或间接享有的利益丧失或减损，成员方就此依据 GATT/WTO 中有关争端解决的程序向争端解决机构提起申诉，由此产生的申诉则是非违反之诉。非违反之诉所保护的是基于关税减让的达成或有关协议的签订而在进口产品与国内产品之间确立的一种改善了的市场竞争关系，确保其不受到与 WTO 有关协议不相违背的成员方的措施的影响，从而维持成员方因关税减让的达成或有关协议的签订而产生的利益平衡。[1] 在竞争政策领域，随着贸易自由化的推进和关税减让的达成，边境上的贸易壁垒被极大地削减，国家也越来越难以运用关税措施对国内企业实施保护，然而私人企业的商业行为、国内市场结构的封闭、竞争法实施的不力等都可能使国内企业获得相对于外国竞争者的不公平的竞争优势，而这些显然不构成对 WTO 协议的直接违反，非违反之诉针对的恰恰是那些表面上未违反 WTO 协议但

---

〔1〕　Adrian T. L. Chua. Precedent and Principles of WTO Panel Jurisprudence〔J〕. Berkeley Journal of International Law, 1998（16）; Joel P. Trachtman. The Domain of WTO Dispute Resolution〔J〕. Harvard International Law Journal, 1999, 40（2）: 373. 转引自蔡俊锋. 试析 WTO 争端解决机制中的非违反之诉〔G〕// 陈安. 国际经济法论丛：第 7 卷. 北京：法律出版社，2003：614.

却实际上剥夺或损害了其他成员方依据 WTO 协议可得利益的行为，因此，非违反之诉为处理竞争问题提供了可能。由于柯达—富士案是 WTO 争端解决机制处理的第一个明显涉及跨国竞争问题的案例，因此其对阐明在 WTO 框架下解决竞争问题的可能性和可行性具有重要的意义。

在柯达—富士案中，美国诉称，日本政府在几十年中所采取的一系列保护措施，实际上抵消了它在多轮 GATT 回合中所作出的关税减让承诺。美国的申诉指向日本采取的三类措施，包括：分销措施，即鼓励和便利设立一种胶卷和相纸的市场结构，使得进口产品被排除在传统的分销渠道之外；限制措施，即限制设立大型零售商场，从而限制了可供进口产品选择的分销渠道；促销措施，即通过限制促销手段使进口产品处于不利地位。美国将这三类措施统称为"自由化对策"，认为它们违反了 GATT 第 3 条、第 10 条和第 23 条第 1 款（b）项。因此，美国的申诉包括了违反之诉和非违反之诉。

专家组确立了在非违反之诉情况下申诉方必须证明的三个要素：（1）成员方采取了某项措施。专家组对"措施"采用广义的理解，不仅包括政府颁布的法律或规章，其他不具有法律强制力的政府行为，如果具有"类似拘束力的效果"，也属于"措施"之列。如果政府和私人商业之间存在着高度合作或者连接关系，这种关系即便没有法律上的拘束力或者较不正式，但是对私人而言也可能产生类似法律规范的作用，例如政府政策宣示中的劝告性用语。[1] 私营部门的行为，如果存在足够的政府干预，也不排除被视为政府措施的可能性。[2] 例如私人企业的行为，如果不是从追求最大利润出发采取的合理行为，而是迫于政府的压力，则即使没

---

〔1〕 黄勇. 国际竞争法研究——竞争法实施中的国际冲突与国际协调[D]. 北京：中国对外经济贸易大学法学院，2003.

〔2〕 蔡俊锋. 试析 WTO 争端解决机制中的非违反之诉 [G] // 陈安. 国际经济法论丛：第 7 卷. 北京：法律出版社，2003：611.

有法律或指导性文件，该企业行为也有可能被确认为政府措施。[1]最后，成员方指控的必须是正在实施的措施，专家组一般不考虑已经终止、废除或撤销的措施。[2]但是，专家组也不排除那些旧的被宣称已停止使用的措施实际上仍在发挥效力的可能性。[3]（2）另一成员方根据有关协议应得到某项利益。从GATT的实践来看，应得的利益是指对来自有关关税减让而改善了的市场准入机会的合法预期。是否有合法预期，必须考虑减让方的所有措施在作出减让时能否为其他成员所合理预见。确定某项措施是否被合理预见到的明显出发点，是考虑该措施是在相关的关税减让谈判结束之前还是结束之后采取的。如果减让达成时或协议签订时，被诉措施已经存在或者根据当时的情况可以合理预见到，则不存在合法预期的利益。[4]（3）该成员方可享受之利益因某个成员方采取的措施而被抵销或减损。在因果关系的程度方面，专家组认为，只需考虑措施是抵销或减损的一个原因即可。另外，表面上"中性"的措施在事实上也有可能构成歧视，在这种情况下，申诉方应证明这些措施是如何对进口产品造成影响的。[5]政府采取措施的动机并非判断因果关系是否存在的决定因素，但也并非毫无关系，如果政府采取表面上"中性"的措施的动机在于限制进口，专家组更倾向于裁定存在因果关系。专家组还认为对多个措施的影响的综合

〔1〕　李彬．从柯达—富士案析"不违法之诉"［G］//梁慧星．民商法论丛：第22卷．香港：金桥文化出版（香港）有限公司，2002：545.

〔2〕　蔡俊锋．试析WTO争端解决机制中的非违反之诉［G］//陈安．国际经济法论丛：第7卷．北京：法律出版社，2003：611.

〔3〕　王中美．WTO争端解决机制与国际竞争政策［J］．商业研究，260.

〔4〕　蔡俊锋．试析WTO争端解决机制中的非违反之诉［G］//陈安．国际经济法论丛：第7卷．北京：法律出版社，2003：611-615.

〔5〕　蔡俊锋．试析WTO争端解决机制中的非违反之诉［G］//陈安．国际经济法论丛：第7卷．北京：法律出版社，2003：613.

评估应谨慎进行，必要时应予以限制。[1]

专家组对上述三要素逐一进行了分析。对于美国指控的三类措施，专家组只认定其中几项属于政府措施，这些措施主要以政府部门的名义发布，被认为具有拘束力。对于美国声称受损的可得利益，专家组认为关税谈判的目的是要通过降低关税来促进贸易，不是保证任何一方的贸易量，在谈判时，任何一方都无法预见具体的国际贸易量，因此美国不能仅以在日本的市场份额和进口量没有明显的增长就证实了其"可得利益"——市场准入机会受到了剥夺或损害。另外，日本被指控的很多措施在乌拉圭回合谈判之前就已存在，美国在预见其可得利益时应当已考虑到这些措施的影响。对于因果关系，专家组认为美国没有证明任一项措施损害了进口产品和本国产品的竞争关系，专家组还对三类措施进行了综合分析，仍然认为美国没有提供充分的证明。[2]最后，专家组裁定：美国没有证明日本采取的措施使第 23 条第 1 款（b）项意义上的美国利益抵销或减损；美国没有证明日本采取的措施对进口产品的待遇比对本国产品的待遇低，违反了 GATT 第 3 条第 4 款；美国没有证明日本不公布行政决定违反了 GATT 第 10 条第 1 款。

在柯达—富士案中，争议的焦点是日本在本国境内采取的政府措施阻碍了竞争，美国的申诉所指向的这些措施涉及属于规范商业运作的国内法领域。这表明，在 WTO 尚未对竞争政策形成明确的系统的规制之际，运用非违反之诉来解决跨国竞争问题是很有可能的。特别是目前许多发展中国家竞争政策不规范或实施不力，甚至没有制定国内竞争政策，则很可能被发达国家视为存在"贸易壁垒"，从而被提起非违反之诉。另外，鉴于跨国公司往往利用其雄厚实力在东道国从事反竞争行为，因此，非违反之诉也为发展中国

〔1〕 李彬.从柯达—富士案析"不违法之诉"〔G〕//梁慧星.民商法论丛：第 22 卷.香港：金桥文化出版（香港）有限公司，2002：547.

〔2〕 王中美.WTO 争端解决机制与国际竞争政策〔J〕.商业研究，260.

家抵制这些行为提供了一种可能的对抗手段。

但是，运用非违反之诉处理竞争问题将面临一些难题。由于目前竞争政策仍属于各国的国内政策，WTO 争端解决机构如果受理有关的非违反之诉并进行审查，将不可避免地构成对成员国内部事务的干涉，而竞争政策又属于成员国异常敏感和重要的领域，这恐怕难免会招致成员国的不满和反对。另外，非违反之诉本身固有的模糊性和弹性以及竞争政策所涉及的复杂情形可能使案件判决的难度相当大，这必然给争端解决带来极大的不确定性。在 WTO 体制中，前案专家组报告对以后案件专家小组没有法定的约束力，英美法中的"遵循先例"的原则不能照搬于 WTO 的专家小组报告（因为不同案件的具体情况不同，这样是为了保证个案判决的独立公正），但事实表明，前案裁决对后案裁决具有"说服力"，后案专家小组通常会考虑前案专家小组的报告。因此，如果专家组对案件判决不够客观和公正，这些"错案"很可能会被迅速扩展，从而损害 WTO 贸易体制。此外，在非违反之诉中，申诉方承担着严格的举证责任。在违反之诉的情况下，只要申诉方证明了被诉方的行为或措施违反了 WTO 有关协议，即可推定申诉方的利益被抵销或减损，而被诉方需要就此提供充分的证据加以反驳，否则，违反之诉即告成立。而在非违反之诉的情况下，申诉方必须证明申诉方在谈判关税减让时不可能合理预见通过关税减让而可以合法期待的改善了的竞争机会被被诉方将来采取的不违反 WTO 有关协议的措施所阻碍，然后由专家组推定申诉方的利益受到抵销或减损，如果被诉方无充分证据来反驳该推定，非违反之诉才告成立。从技术的层面来看，这对申诉方的要求显然是很高的。柯达—富士案中美国就因无法证明日本采取的措施使第 23 条第 1 款（b）项意义上的美国利益抵销或减损而最终败诉。最后，WTO 争端解决机构不将成员国政府单纯的不作为（即对反竞争行为的容忍）纳入政府措施，而事实上，对于私人企业的反竞争行为，如果国内竞争法实施不力，是极可能造成竞争扭曲的。因此非违反之诉对成员国政府单纯的不作为是无能为力的。总之，非违反之诉的初衷是着眼于维护最初关税减让谈判中达成的利益平衡，以确保 GATT 的一般义务得以切实履行，它在一定程度上填补了因 GATT 的一般义务规定的过于原则性而产生的法律漏洞，如果将其恰当地运用在竞争政策领域中，可以灵活地维护多边贸易体制的统一，促进自由贸易和公平竞争。但是，非违反之诉制度本身也有不足，而竞争政策又属于WTO 成员国尚未达成共识的领域，如果运用不当，将会给 WTO 多边贸易体制带来极大的风险。

第三节　竞争政策和竞争法规制跨国反竞争行为之不足

前面我们论述了各个层面的竞争政策和竞争法对跨国反竞争行为的规制问题。传统的竞争法仅规范国内的竞争问题，但是随着贸易自由化的推进，国际竞争加剧，跨国反竞争行为日益增多，如果严守国内竞争法的属地性，则很可能无法对反竞争行为进行充分的规制，如果将国内竞争法加以域外适用，则易遭到有关国家的反对，因此，在贸易自由化的背景下，国内竞争法面临两难的境地。双边协议是国家之间在竞争领域进行合作的有效形式，其具有灵活性和有针对性的优点，有利于国家之间避免冲突，便利竞争法的适用。但是，双边协议的效力受到许多因素的限制，同时，其不涉及竞争法实体规则协调的特征也使其无法解决国家在竞争问题上相冲突的根源。区域贸易协议根据区域一体化的程度，可能包括实体性的竞争规则，反映了对成员国国内竞争法一定程度的协调，这与双边协议相比，无疑是一个实质性进步。但是区域性协议往往在具备相应条件的国家之间形成，因此区域性竞争政策和竞争法的适用范围非常有限。联合国和经合组织等国际组织起草和发布了相关指南、文件和建议，但它们均不具有法律拘束力，因此，它们仅能起到倡导的作用，而不能在竞争领域进行有效地规范。在 WTO 框架下，GATS、TRIMS、TRIPS 等协议包含与竞争有关的条款，实质上体现了 WTO 追求自由贸易和公平竞争的目标，但这些条款总体上未形成完整体系，尚处于萌芽阶段。WTO 争端解决机制中的非违反之诉虽然为处理跨国竞争问题提供了可能，但也存在着种种局限性。可见，目前各层面的竞争政策和竞争法都无法完满地规制跨国反竞争行为，不足以保护贸易自由化所要求的自由竞争，因此，制定一套统一的有约束力的多边竞争规则的呼声越来越高。

　　如果能达成有约束力的、全面的多边竞争规则，其作用十分明显。多边竞争规则可以抵制国家政策制定的保护主义本质，并使私人限制性行为如政府限制性措施一样受到平等约束。作为国际协调的结果，多边竞争规则还有利于增加法律的确定性，减少私人交易成本和程序性负担，提高透明度。另外，共同的规则和协调的实施措施可以减少因国内竞争法的域外适用而引起的冲突。而且从长远来看，随着全球经济的发展，随着各国国内竞争法的趋同，多边竞争规则的形成也是必然的和自然的。法律根源于经济，是对经济的反映，尽管各国市场经济具有其自身的特色，但从整体上说，市场经济是由竞争来指挥、监督微观经济发展过程的体制，具有共性，以维护和促进竞争为主旨的竞争法必然要反映市场经济的内在要求。因此，各国竞争法的趋同将随着市场经济的发展而发展，当各国竞争法的趋同达到一定的程度，有约束力的、全面的国际竞争法典的建立就将成为可能。

第五章　发展中国家的问题

第一节　发展中国家构建竞争法的必要性

一、发展中国家制定竞争法的必要性

根据联合国贸发会议 1997 年的统计，世界上已制定了竞争法的国家超过 70 个，其中半数以上是发展中国家。自 1990 年以来，采用竞争法的发展中国家数量显著增加。不少拉美国家（如巴西、哥伦比亚、秘鲁、墨西哥、巴拿马等）在这段时期引入或修订了竞争法。但是在亚洲，许多国家尚未制定竞争法。发展中国家整体对竞争法采用力度不够，可能很大程度上是因为发展中国家就竞争法和竞争政策对其经济发展的作用认识不足。在 WTO 框架下，成员对于这一问题进行了热烈的探讨。总的说来，竞争法和竞争政策对经济发展的作用体现在如下几个方面：

（一）促进资源的有效配置

竞争法从静态意义和动态意义上服务于效率提高的目标。静态效率是指以可能最低的成本对社会现有资源加以最优利用以满足消费者的需要；动态效率是指随着时间的推移，最优地引入新产品、更高效的生产过程和先进的组织结构。市场竞争通过下列方式来促进经济效率：（1）促使价格向边际成本靠拢；（2）保证企业以最低的可得成本进行生产；（3）刺激企业从事研究发展工作，并刺激它们迅速地向市场引入新产品和新的生产方法。某些类型的市场结构和商业措施会人为地削弱市场上企业之间的竞争，从而导致对

资源的低效配置，竞争法通过阻止这些类型的市场结构和商业措施或提供相应的补救措施来强化上述过程。

（二）保护消费者福利

消费者通过选择质高价低的商品，对生产该种产品的企业施加影响。通过供给和需求连接而成的企业和消费者的关系，被称为"市场机制"（也称为价格机制，因为价格起着决定性的作用）。企业之间如果不存在竞争，消费者就不能得到最好的商品。为充分发挥市场机制的作用，必须使消费者的利益有效地与企业的利益联系起来。竞争法禁止妨害消费者的反竞争行为，通过确保自由和公平的竞争来保护消费者的利益。

（三）防止或解决市场过度集中及其引起的结构僵化问题

竞争法通过控制企业合并等方式可以防止市场过度集中及其引起的不良后果，如结构僵化、无法适应外在的打击等。国家如果在其经济发展的适当阶段没有引入竞争法，日后很可能将付出极大的代价进行产业调整。韩国政府就曾指出："如果早一些引入竞争法，韩国将可能以更平衡和更合理的方式获得经济发展。在经济发展的早期阶段，市场集中及市场结构扭曲的消极作用被忽视了，结果是，韩国现在面临着产业调整的巨大困难。假如在市场结构扭曲之前引入竞争法，就可以避免这些困难。"[1]

（四）增强吸引外资的能力，并将外资的效益最大化

竞争法所强化的市场竞争，可以鼓励外资企业建设完备的生产设备，引入先进的生产技术，开展适当的培训计划，从而有助于将进入东道国的投资的效益最大化。[2]

联合国贸发会议 1997 年的世界投资报告强调了外国直接投资

〔1〕　WTO Working Group on the Interaction between Trade and Competition Policy. Submission from Korea ［R］. WT/WGTCP/W/56, 1997, para. 13.

〔2〕　WTO Working Group on the Interaction between Trade and Competition Policy. Report on the Meeting of 27 and 28 November 1997 ［R］. WT/WGTCP/M/3, 1998, para. 22.

自由化与竞争法之间日益明显的关系。该报告指出，尽管外国直接投资有助于提高市场的竞争性，为获得更大的效率提供重要的刺激，但是外国直接投资并不是获得这一结果的充分条件。相反，在外国直接投资为企业创造更大的自由以追逐他们的市场利益的程度内，有效的竞争法、竞争政策和实施机制对于保证以前存在的对竞争的法定障碍不被企业的反竞争行为所替代是有必要的，而且自由化越普及、涉及的领域越多，这种必要性越突出。因此，该报告认为，正在开展的外国直接投资自由化政策需要国内引入竞争法和竞争政策来加以补充。竞争法和竞争政策为政府提供可行的工具以处理反竞争的市场结构和商业措施，从而促进自由化将最终有利于实现自由化国家人民最大利益的信心。但是，该报告也指出，特别是对于在竞争法和竞争政策领域经验有限的国家，向更开放的以竞争为导向的体系的转变不是一夜之间能够完成的，这将涉及艰难的政策选择、利益平衡和对重大的实际问题的解决。

（五）强化私有化和管制改革的效益

20世纪以来，许多国家为了促进竞争、提高经济效率都进行了深刻的以市场经济为导向的改革，改革最重要的结果之一就是国家对经济的干预和影响大大减少了，随之而来的是大规模的私有化和放松管制。竞争法和竞争政策可以强化私有化和放松管制计划的效益，甚至对于实现其效益是必不可少的。私有化仅仅是以私人垄断替代公共垄断，除非国家能够采取适当的措施以确保企业之间的竞争，防止垄断的市场结构的持续或重建，否则单纯的私有化不能导致市场上的有序和公平竞争。相似地，如果被放松管制的企业没有受到竞争纪律的约束，滥用优势地位和其他的反竞争行为仍有可能继续，从而影响到市场竞争和经济发展。

二、反对发展中国家制定竞争法的几种观点的评析

当然，国际上也有人反对发展中国家采用国内竞争法和竞争政策，他们提出了如下几种观点：

第一种观点是，在小的国家，放松管制和开放贸易（其本身

就是广义的竞争政策的一部分）足以实现国内市场的竞争。

对于这一观点，应指出，在发展中国家和发达国家，竞争法是放松管制和开放贸易政策的必要补充或至少是有益的补充，因为就提高效益、寻求公平和促进民主进程而言，放松管制和开放贸易政策本身不足以导致预期的效益。在非贸易性的货物和服务（代表家用消费的很大一部分）领域，国际竞争往往无法进入，私有化和放松管制可能会导致过度集中和缺乏竞争。在可贸易货物产业领域，国内企业的反竞争行为则可能会破坏与贸易自由化有关的市场开放措施。因此，即使一个国家实行放松管制和开放贸易政策，也需要竞争法予以补充。

第二种观点是，国内竞争法在解决跨国反竞争措施方面存在局限性，即使发展中国家制定了竞争法，也无法规制跨国公司破坏发展中国家的民族经济的反竞争行为。

本书前面已经提到，国内竞争法域外适用所依据的理论存在种种缺陷，难以为所有国家所接受，而且国内竞争法的域外适用会导致多重管辖的出现，也不能保证客观的利益平衡，从而增加国家之间的冲突和国际经济关系的不稳定性。但是，对于希望与开始于地域之外但在其国内市场产生影响的国际反竞争措施作斗争的国家而言，采用国内竞争法是有用的和必要的第一步。即使采用国内竞争法本身不足以解决国际反竞争措施的所有案件，但是它可以对从事国际反竞争行为的人或企业产生巨大的威慑力，并且为与其他国家开展竞争法实施合作提供一个对等的平台。

第三种观点是竞争法源于发达国家，发展中国家制定竞争法，必然要借鉴，甚至移植发达国家的竞争法制度，而发达国家的竞争法对发展中国家可能不合适。

这种观点不是反对采用竞争法，而是提出了竞争法应适合制定竞争法的国家特定的经济和法律环境的问题。各国国内竞争法一般通过促进竞争性的市场机制来追求提高经济效益的最终目标，除此之外，不同的国内竞争法还追求不同的"中间"目标。例如，欧盟竞争法的（中间）目标之一是统一欧洲市场，而其他的竞争法往往不追求这种目标。加拿大的竞争法则对中小型企业持特殊的鼓励态度，以确保它们有平等的机会参与加拿大经济发展。东欧、俄罗斯等经济转轨国家的反垄断法的制定与实施则要考虑与改革政策的协调。在日本，反垄断法深受产业政策的影响。"二战"后为了促使本国企业在国际市场上具有竞争力，日本积极推行产业政策，推动重点产业的发展。日本的产业政策是鼓励而不是抑制企业间的联合，因为联合可以扩大企业规模，增强国际竞争力，而反垄断法的核心理念是限制过度集中。在日本政府眼里，日本的反垄断法应该服务于产业政策，因此产业政策的趋向必然影响反垄断法的实施。〔1〕因此，发展中国家并不需要照搬发达国家的竞争法，而应根据自身的实际情况和发展目标来设计和制定竞争法。

第四种观点是发展中国家的竞争法可能会被误用，并导致对市场机制的不适当的控制和干涉。

这种观点认为，竞争法可能会被误用而导致不适当干预，进而损害市场机制发挥作用，破坏刚刚被经济自由政策释放出来的市场竞争。这种担心是对竞争法了解不全面造成的。虽说竞争法是政府干预市场之法，但干预的目的是维护市场的自由公平竞争。西方国家的竞争法在理论和实践方面已积累了丰富的经验，发展中国家可在立法中充分吸收它们成功的经验，避免竞争法负面后果的产生。如在执法方面，执法部门的执法行为要受司法审查的约束，被告如对执法有异议，则可提起诉讼；法院在审理竞争案件时多采用合理法则，对有助效率的反竞争行为进行全面评估，给被告以充分的抗辩权利等。〔2〕另外，发展中国家在适当地实施竞争法方面的确存在诸多障碍。例如，具备专业知识的人员不足、财力有限、竞争当局的独立性不够、欠缺良好的竞争文化，等等。在这种环境下，即

〔1〕 王传辉. 对我国反垄断立法的法律经济学分析 [G] //漆多俊. 经济法论丛：第7卷. 北京：中国方正出版社，2003：218.

〔2〕 王长秋. 竞争法与发展中国家经济发展 [J]. 河南社会科学，2006 (1).

使发展中国家制定了竞争法，也可能难以得到充分和恰当地实施，甚至被某些人操纵以谋取私利。然而，任何一个国家的法制建设都是一个渐进的过程，不能因为开端的艰难而止步不前。发展中国家应积极主动地改进和完善竞争法的实施环节，同时还可争取发达国家对其提供技术援助，帮助其进行能力建设。

可见，发展中国家制定国内竞争法是必要的。竞争法促进效率和生产力的提高，从而促进经济发展。特别是，有效的竞争法与其他有关的微观结构改革在推动国内经济的大幅增长方面具有工具性作用。[1] 发展中国家可以借鉴发达国家在竞争法制度方面的经验，有效地确定建立和完善本国竞争法的正确路径，少走弯路，以实现快速发展，这就是发展中国家的"后起之益"。发展中国家在制定竞争法时应特别注意以下几个方面：第一，要确立合适的竞争法目标。竞争法的目标决定竞争法的内容、宽严程度、规制重点和灵活性等，而竞争法的目标又取决于一国的经济发展水平、对外开放程度、政府经济管制宽松程度等因素。不同时期各国的竞争法目标都包含一个或一个以上目标，特别是发展中国家实行对外开放和市场取向改革，会面临许多困难，其竞争法应兼顾多重目标，如维护市场竞争机制、促进消费者福利、增进效率等；同时，发展中国家还要注意协调好各目标之间的关系，使其竞争法真正起到推动市场竞争机制的建立和完善，促进其经济改革与发展的作用。[2] 第二，应充分考虑发展中国家的经济现状和经济发展程度，例如在设计竞争法的豁免时要符合其具体的经济情况。第三，在制定竞争法时要考虑其国内的文化环境，因为引入竞争法可能导致深远的社会

---

〔1〕　WTO Working Group on the Interaction between Trade and Competition Policy. Report (2001) of the Working Group on the Interaction between Trade and Competition Policy to the General Council, Geneva [R]. WT/WGTCP/5, 2001, para. 97.

〔2〕　王长秋. 竞争法与发展中国家经济发展 [J]. 河南社会科学, 2006 (1).

和经济变革。第四，与发达国家相比，发展中国家的人力资源和物质资源相对欠缺，在制度设计时应充分考虑到这一点。第五，考虑到发展中国家在竞争法制度建设上处于起步阶段，因此，其制定竞争法应采取循序渐进的方式，比如说，可先制定覆盖面不太广的立法，待时机成熟后，再制定全面的综合性的竞争法典。[1]

然而，发展中国家制定了国内竞争法，并不意味着其可以解决所有的竞争问题，发展中国家还应积极关注并参与国际竞争法的谈判和制定，因为国际竞争法对发展中国家具有重大意义。首先，国际竞争法有利于发展中国家抵制跨国反竞争行为。由于国内竞争法的局限性，发展中国家不能仅仅依靠国内竞争法来打击跨国反竞争行为，只有建立国际竞争法，通过多边的合作和协调，才能够保证发展中国家有效地处理跨国竞争问题。其次，作为一种外部压力，国际竞争法可以帮助发展中国家抵制国内反对竞争政策实施的力量。[2] 因此，发展中国家应积极关注并参与国际竞争法的谈判和制定，争取国际竞争法尽可能地体现发展中国家的利益，使国际竞争法在促进发展中国家经济发展方面发挥实质性作用。

第二节　对发展中国家利益的关注：特殊和差别待遇

特殊和差别待遇是 GATT/WTO 解决成员国之间财富不公平分配问题的传统途径。有些人认为发展中国家处于不平等地位很大程度上是由于殖民统治的压迫。在国际层面上，特殊和差别待遇是这一观念的反映，即不平等者应通过再分配机制来从差别待遇中获益。国际贸易的平等主义概念假设，没有足够的资源，不太发达的

---

〔1〕　Kevin C. Kennedy. Competition Law and the World Trade Organization：The Limits of Multilateralism ［M］. Sweet & Maxwell，2001：266.

〔2〕　Bernard Hoekman and Petros C. Mavroidis. Economic Development，Competition Policy and the World Trade Organization ［J］. Journal of World Trade，2003，37（1）.

国家就无法充分利用自由贸易而产生的机会。为了满足其发展需要，获得某些资源对这些国家而言是关键性的。因此，平等主义概念支持根据发展程度对 GATT 成员加以不平等待遇或差别待遇。依据平等主义观，富有的成员国应向欠发达国家的进口产品开放市场，欠发达国家有权利推迟采用和履行据国际贸易规则而施加的广泛的纪律。GATT/WTO 体制已并入了再分配概念和政策。在现行 GATT/WTO 体制中，估计有 100 多个适用不同程度的特殊和差别待遇的条款。

一、GATT/WTO 体制中关于特殊和差别待遇的规定

GATT 关于发展中国家特殊和差别待遇的法律规定主要为第 18 条、第 4 部分（第 36 条-第 38 条）以及 1979 年东京回合的《关于差别和更优惠待遇、互惠及发展中国家的更全面参与的决定》。第 18 条是关于发展中国家发展问题的重要条款，它包括 A、B、C、D 四节。其中 A、C、D 节是幼稚产业保护条款。该条款规定，发展中国家为执行其国民经济和社会发展计划和政策，可经一定的程序，对其幼稚产业进行保护，包括撤回关税减让和实施进口限制。第 18 条 B 节规定，发展中国家为保护其对外金融地位和保证实施其经济发展计划的适当外汇储备水平，可通过限制允许进口的商品数量和价值，控制其进口的总体水平。应发展中国家要求，在1954—1955 年的缔约方全体评议会议上，第 18 条关于幼稚产业保护的内容被重新改写。对第 18 条的引言部分作了修订和补充，并对该条所授权的保护措施给予了更为积极的评价。新的引言声明：经济的发展促进 GATT 的目标。这清楚地表明，第 18 条所授权的贸易障碍不是 GATT 政策的减损，而是与 GATT 政策完全协调的合法措施。其他的修订包括：在采取关税措施方面某些受影响国家的绝对否决权被删除了；以幼稚产业保护为由实施数量限制的标准放松了，变得比较容易达到。但是，获得事先同意的要求被保留下来。此后，第 18 条再没有变化，1994 年 4 月 15 日乌拉圭回合结束时 GATT1947 第 18 条变为 GATT1994 第 18 条，其内容也没有变化。

1979 年 11 月 28 日在东京回合中通过的《为发展目的采取保障行动的决定》，放宽了 GATT1947 第 18 条下政府对经济发展援助的适用条件。准许发展中国家在必要时采取紧急行动，为发展计划和政策需要而临时改变减让表，或采取其他措施来保护国内特定产业。

除了这些幼稚产业保护措施外，发展中国家还努力争取其产品获得对发达国家市场的优惠准入。这方面的成果主要是 GATT 第 4 部分"贸易和发展"及"授权条款"的达成。

GATT 第 4 部分包括三个条款：第 36 条、第 37 条和第 38 条。第 36 条规定"贸易与发展的原则与目标"。第 36 条第 8 款规定，在削减或取消针对欠发达缔约方贸易的关税和其他壁垒的谈判中，发达缔约方不应期望因其作出的承诺而获得互惠。该条款首次正式肯定了在发展中国家和发达国家贸易关系中的非互惠原则，这是对关贸总协定无差别的最惠国待遇原则的重大突破和修改。[1] 第 38 条要求缔约方联合行动以促进第 36 条所规定的目标的实现，这导致了 GATT 贸易和发展委员会的设立。第 37 条承诺规定，发达缔约方应尽最大可能对削减和取消欠发达缔约方目前或潜在具有特殊出口利益产品的壁垒给予最优先考虑，对欠发达缔约方目前或潜在具有特殊出口利益的产品避免采用关税或非关税进口措施，避免实施会阻碍消费欠发达国家产品的财政措施。由于上述三个条款仅使用了"给予积极考虑"、"尽可能"等模糊用语来要求发达国家，一般认为，这些条款并不包含确定的法律义务。但这些条款仍具有重要的法律意义，在以后 GATT 实践中，发展中国家经常援引这些条款主张优惠待遇。

在第 4 部分生效后的几年内（1966—1971），总协定缔约国全体通过了三项关于免除最惠国待遇义务的决定，以增加发展中国家的机会：第一次是授权澳大利亚向发展中国家的特定产品提供关税方面的优惠，另一次是根据《发展中国家之间贸易谈判议定书》

---

〔1〕 黄志雄. WTO"多哈发展议程"与国际发展法的新趋向［G］// 珞珈法学论坛：第 3 卷. 武汉：武汉大学出版社，2003：285.

允许 16 个发展中国家在相互之间提供贸易减让，而更为重要、也是影响最大的一次，则是 1971 年以临时豁免义务的形式授权发达缔约国可在 10 年之内背离总协定非歧视原则，对发展中国家的出口实行"普遍优惠制"（GSP）。

进入 20 世纪 70 年代后，发展中国家争取建立国际经济新秩序的斗争取得了重大成果，联合国大会于 1974 年通过了《建立国际经济新秩序宣言》以及《国家经济权利与义务宪章》，发展中国家要求扩大优惠待遇的呼声更趋高涨，在这种背景下达成了东京回合各协议。东京回合达成的《国际贸易行为框架协议》由四个协议组成，其中与发展中国家待遇密切相关的三个协议是：《关于差别和更优惠待遇、互惠及发展中国家更全面参与的决定》、《关于为国际收支目的而采取贸易措施的宣言》和《为发展目的采取保障措施的决定》。其中《关于差别和更优惠待遇、互惠及发展中国家更全面参与的决定》（以下简称《决定》）尤为重要。《决定》共九段，其中一至四段是授权条款。第一段明确规定，缔约方可以不考虑 GATT 第 1 条诸项规定，给予发展中国家差别和更为优惠的待遇，而不将这种待遇给予其他缔约方。第二段规定了第一段的适用范围：（1）发达国家根据普惠制给予来自发展中国家产品的优惠关税待遇；（2）由 GATT 主持谈判所签订的多边协议中关于非关税措施方面的差别和更优惠待遇；（3）发展中国家之间为相互取消贸易壁垒而达成的与 GATT 相符合的区域性或全球性安排；（4）对最不发达国家的特殊待遇。第三段规定，差别和更优惠待遇的实施，应出于方便和促进发展中国家贸易的目的；并不应导致对任何其他缔约国贸易壁垒的提高或造成不应有的困难；不应对基于最惠国待遇削减或取缔关税及其他贸易壁垒造成障碍。第四段则对通知和协商作出规定。"授权条款"的通过意味着贸易优惠理念的永久合法化，[1]因为以此为标志，发展中国家在多边贸易体制内享受

〔1〕　左海聪. 国际经济法的理论与实践［M］. 武汉：武汉大学出版社，2003：76.

特殊和差别待遇的地位在法律上得以完全确立，它使发展中国家在多边贸易体制中的各项优惠待遇有了新的法律基础，不必再以例外豁免的方式出现。[1] 此外，《决定》第五段重申了 GATT 第 36 条中的规定：发达国家对于它们在贸易谈判中所作出的削减或取消关税及其他限制的承诺，不应期待获得互惠的减让。

《决定》关于发展中国家更全面参与方面的规定主要是第六段。该段规定，发展中国家希望，随着它们经济的不断发展和贸易形势的不断改善，它们在 GATT 中作出贡献或谈判减让的能力会有所提高，并且还因此希望更全面地参加到 GATT 的权利和义务框架中去。这一规定表明，如果某些发展中国家已经获得经济和贸易上的竞争力，或在某些行业已具备竞争能力，就会被期望乃至被要求恢复履行最惠国待遇、互惠等 GATT 的要求，发达国家也会取消对它们的优惠。

随着乌拉圭回合协议的通过，特殊和差别待遇的概念得到了进一步发展，并且实际上在所有的 WTO 协议中以这样或那样的形式得到了采用。乌拉圭谈判的一个主要创新是不论成员的发展水平，均适用统一的承诺，但是给予发展中国家以更长的履行期。[2] 由于乌拉圭回合是一揽子达成的，范围也有了更大的扩展，发展中国家缺乏立即履行谈判成果的能力。对于发展中国家适用和履行新规则而言，能力建设和技术援助是必要的，因此乌拉圭回合增加了第三个概念——延期履行。对发展中国家延期适用 WTO 纪律的例子有《补贴与反补贴措施协定》的第 27 条，它允许附件 7 中没有列出的发展中国家自 1995 年 1 月起，在 8 年内逐步取消所有的出口补贴；还比如，《海关估价守则》规定发展中国家可以自世界贸易

〔1〕　黄志雄. WTO "多哈发展议程" 与国际发展法的新趋向 [G] // 珞珈法学论坛：第 3 卷. 武汉：武汉大学出版社，2003：286.

〔2〕　James L. Kenworthy. US Trade Policy and the World Trade Organization：The Unraveling of the Seattle Conference and the Future of the WTO [J]. GEO. PUB. POL'Y REV. , 2000 (5)：105.

组织协定生效之日起不超过 5 年的期限内推迟适用该守则。可见，特殊和差别待遇包括三方面，即市场准入、市场保护和延期履行。

二、现行特殊和差别待遇的缺陷

有人批评特殊和差别待遇没有执行性，不能为发展中国家获得具体的、有实质意义的结果：

1. 从市场准入这方面看，许多与此相关的条款是劝告性的，对发达成员国不产生拘束力。这些条款的语言并不指引任何行为，而仅仅是鼓励或促进工业化国家积极参与发展中国家的发展，是"软法"，WTO 争端解决机制不能审查对这些条款的违反。[1] 市场准入条款主要是通过普惠制来运作的。但是，从概念角度而言，普惠制应确保发展中国家通过出口份额的增长来充分参与世界贸易，而普惠制计划在执行上存在缺陷。首先，由于普惠制计划主要是由给惠国管理的，因此，它特别容易受到给惠国国内产业的操纵。[2] 例如，依据美国法，普惠制的特征包括单边性、条件性及对"进口敏感"的商品的排除。普惠制计划的单边性使之受到年度审查，不仅不稳定，而且更依赖于给惠国的国内考虑。将普惠制授予某一发展中国家的条件包括对该受惠国知识产权保护程度的评价、对美国产品和投资的市场开放的公平性、受惠国不从事不合理的出口措施的保证，等等。如果美国撤销普惠制，受惠国的出口商可能丧失他们的投资，从这一点而言，条件性会对这些出口商产生不利影响。另外，对进口敏感产品的排除与发展中国家在给惠国保护竞争力不足的产业有特别的利害关系，它将使普惠制对发展中国家的吸引力减少，同时对给惠国的消费者施加更高的价格。其次，

---

〔1〕　Gustavo Olivares. The Case for Giving Effectiveness to GATT/WTO Rules on Developing Countries and LDCs [J]. Journal of World Trade , 2001, 35 (3)：545，547-548.

〔2〕　Frank J. Garcia. Trade and Inequality：Economic Justice and the Developing World [J]. MICH. J. INT'L L. , 2000 (21)：1030.

由于持续的谈判回合导致大幅度的关税减让，因更优惠的市场准入而产生的经济利益正在消退，普惠制变得不那么吸引人了。这将发展中国家置于抵抗全球贸易自由化的尴尬位置，因为全球贸易自由化削弱了现存的优惠待遇的价值。再次，"授权条款"被"毕业条款"所平衡。毕业条款即如果某个发展中国家经济发展水平提高和贸易地位改善，或达到了一定的发达程度，则不能再享受普惠制和其他贸易优惠待遇；这些国家和给予优惠的发达国家之间的贸易，应该通过协商，提供对等和互惠的关税减让。〔1〕基于上述原因，在乌拉圭谈判过程中，大的发展中国家倾向于放弃普惠制方法，普惠制没有为它们提供对发达国家有意义的市场准入。

2. 在市场保护措施方面，发展中国家过去经常使用 GATT 第12 条和第 18 条偏离 GATT 纪律以及限制他们关税减让的范围和幅度。有人批评关税减让的非互惠性和给予发展中国家偏离 GATT 纪律的灵活性，主要是出于两点：首先，发展中国家不能从发达国家处获得对它们有利益的产品的重大减让，因为它们不能参与贸易壁垒的互惠减让的交换。〔2〕比如说，工业化国家挑选出纺织品和农业（这对于发展中国家而言是重要的产品）并对它们施加很高的进口限制。同时，发展中国家不得不接受发达国家将知识产权、服务和投资等领域纳入到乌拉圭回合谈判中的动议。其次，市场保护使发展中国家扭曲国内资源配置，鼓励寻租及浪费，对生产力的增长和持续发展产生消极影响。〔3〕不仅这些市场保护措施从经济发展角度而言是不效率的，而且为支付平衡目的而施加的贸易限制也不如汇率调整等微观经济政策那样有功效。

〔1〕 张克文．关税与贸易总协定及其最惠国待遇制度 ［M］．武汉：武汉大学出版社，1992：261.

〔2〕 Constantine Michalopoulous. Developing Country Strategies for the Millennium Round ［J］. Journal of World Trade, 1999, 33 (5)：25.

〔3〕 Constantine Michalopoulous. Developing Country Strategies for the Millennium Round ［J］. Journal of World Trade, 1999, 33 (5)：25.

对市场保护措施持批评态度的人认为积极参与关税减让谈判可以将发展中国家置于更好的位置，它们能够从发达国家处获得重要领域的主要减让。换句话说，如果发展中国家通过解放经济和开放市场来提高其谈判地位，它们的长远利益会得到更好的维护，发展中国家可以更有效地讨价还价以获得对其经济有利益的产品的市场准入。[1]

3. 在履行方面，乌拉圭回合中所达成的过渡期具有一定的吸引力，因为所有的成员国都承担了相同的承诺，同时对发展中国家在实现承诺的过程中将面临的技术性的履行困难给予宽容。但是，发展中国家现在认为过渡期是不现实的，与为履行协议的能力建设需要不相称。发展中国家已经注意到特殊和差别待遇"在乌拉圭回合协议中经历了巨大转变"。因此，发展中国家认为乌拉圭回合协议中为发展中国家规定的不同的逐步采用期限没有认识到它们特定的发展需要。[2] 如今，某些履行期限已经届满，少有发展中国家有能力充分整合乌拉圭回合的结果。[3] 尽管发展中国家认为乌拉圭回合的技术援助条款至关重要，它们仍然将这些条款视为形同虚设的规定。例如，在贸易的技术壁垒领域，基本上没有作出多少努力来履行帮助发展中国家处理他们在设置和适用标准中所面临的特殊困难的承诺。尽管这些技术援助可能不是"特殊和差别待遇"，但如果发展中国家要承担 WTO 成员的完整义务，技术援助是非常必要的。缺乏履行现行承诺的能力经常被引证为发展中国家不愿意承担新承诺的原因之一。另外，乌拉圭回合协议没有为发展

〔 1 〕　David A. Gantz. Failed Efforts to Initiate The "Millennium Round" in Seattle: Lessons for Future Globle Trade Negotiations ［ J ］. ARIZ. J. INT ' L& COMP. L. , 2000, 17: 349, 351-352.

〔 2 〕　WTO General Council. Proposal for a Framework Agreement on Special and Differential Treatment ［ R ］. WT/GC/W/442, 2002.

〔 3 〕　David A. Gantz. Failed Efforts to Initiate The "Millennium Round" in Seattle: Lessons for Future Globle Trade Negotiations ［ J ］. ARIZ. J. INT ' L& COMP. L. , 2000, 17: 363.

中国家产品获得有意义的近期的市场准入，除了因为发展中国家不愿意在对发达国家有利益的某些领域作出有力的承诺之外，还部分地由于发展中国家对 WTO 承诺采取延长的过渡期。乌拉圭回合没有达成一项发展中国家认为显著地削减进入发达国家市场的贸易壁垒的协议。纺织品协议规定 10 年期限在美国、欧盟、加拿大和挪威逐步取消关于纺织品的现存的配额和关税配额，尽管发展中国家批评对该协议执行不够，但在很大程度上问题出在该协议没有规定确定的近期市场准入。在农业领域（也是发展中国家另一个重要的产品领域），乌拉圭回合的农业协议对发达国家的出口补贴几乎没有制定纪律。总之，乌拉圭回合与传统的 GATT "特殊待遇" 途径一样，在促进发展中国家利益方面是不成功的。在其存在的 30 年中，从经济发展和市场准入的角度而言，特殊和差别待遇并没有为发展中国家争取到很多利益。[1]

上述对特殊和差别待遇的批评观点有合理的一面，但也有不客观的一面。GATT/WTO 关于特殊和差别待遇的大量条款的确包含着许多属于 "劝诫性" 或 "宣示性" 的措辞，其突出的特点是非常含混、模糊，缺乏法律术语应有的准确性和可预见性，因此，尽管这些条款确立了一系列有利于发展中国家的原则和宗旨以及权利和义务，但由于其表述的不精确性和宽泛性，使之难以得到有效的执行。在 "规则取向" 不断加强、整体趋向 "硬化" 的 WTO 法律体系中，意在为发展中国家提供公平机会的条款却继续处于 "软法" 状况，显然是极不和谐的缺憾。它使发展中国家难以实现预期利益，并妨碍了它们在其权利被侵犯时求助于 WTO 争端解决机制。其结果是，原来的弱小国家如今处于更加脆弱的地位，早已存

---

〔1〕 Peter Lichtenbaum. "Special Treatment" VS. "Equal Participation": Striking A Balance in the Doha Negotiations 〔J〕. AM. U. INTL'L. REV. , 2002, 17 (5)：1019-1021.

在实质上不平等的主体之间又增加了法律上的不平等。[1] 此外，关于普惠制和过渡期的批评也是有道理的。

但是，以互惠是获得有实质意义和有法律保证的市场准入的必要条件为理由要求取消特殊和差别待遇却失之偏颇。不可否认，互惠是多边贸易体制的重要基础。对于所有国家而言，它们都有一些贸易保护的理由，如果让每个国家单独决策的话，各国根据这样或那样的理由都会倾向于采取贸易保护的政策。对于独立决策的国家而言，这种贸易保护都是理性的、有利于提高本国福利水平的。然而，如果所有国家都实行贸易保护政策，那么任何一个国家单方面实行关税减让或者自由贸易政策，这个国家的福利水平就会下降。因此，如果没有互惠原则，各国都不愿意单方面削减贸易壁垒。[2] 然而，由于历史和现实的原因，发展中国家在全球竞争中处于实质性的不利地位，要求保护幼稚产业的灵活性，争取优惠待遇的法律行为符合其客观条件，特殊和差别待遇有利于促进发展中国家的经济发展。尽管随着发展中国家在世界贸易中影响的扩大，随着关税水平的降低及普惠制的作用日益变小，发展中国家需要部分地回归到互惠原则的轨道上，但"不平等者间的平等就是不平等"仍不失其真理性，发展中国家需要差别和优惠的待遇以保障其利益，它们只需要作出与自己的经济发展水平相适应的减让。

坚持特殊和差别待遇的基点是为发展中国家提供更多的时间与空间来提高其参与国际竞争的能力，从而使发展中国家具备更适宜的条件参与贸易自由化，如果特殊和差别待遇被用于封闭市场，避免市场准入，则是歪曲了其真意。因此，强化特殊和差别待遇应从开放市场而非封闭市场的角度进行。从长远来看，特殊和差别待遇如果是通过发展中国家增加关税而进行，则不如通过促进对发达国

---

〔1〕　黄志雄．WTO "多哈发展议程"与国际发展法的新趋向 〔G〕∥珞珈法学论坛：第3卷．武汉：武汉大学出版社，2003：291．

〔2〕　李荣林，朱彤，郑昭阳．WTO的理论基础与中国的市场建设 [M]．天津：天津出版社，2003：194．

家的市场准入的方式有利于持续发展。目前，贸易自由化安排出现了不平衡的趋势，体现发达国家利益的议题被越来越多地纳入多边贸易谈判，而反映发展中国家比较优势的议题却得不到强调。发达国家和发展中国家必须一道努力，对贸易自由化加以平衡，充分体现对发展中国家的关注，制定可行的方案以促进发展中国家有特殊利益的部门的市场准入。

三、国际竞争法中对特殊和差别待遇的采用

前面我们已分析过，坚持特殊和差别待遇的基点是为发展中国家提供更多的时间与空间来进行发展，提高自身的竞争力。那么，在可能的多边竞争协议中采用特殊和差别待遇，其真正目的也应是通过它来促进发展目标。联合国贸发会议提倡采用某种形式的特殊和差别待遇，并认为特殊和差别待遇的概念应确保发展中国家，特别是最不发达国家能够在与其发展目标相一致的竞争体制中维持必要的灵活性。特殊和差别待遇的概念已经纳入了《关于规制限制性商业行为的多边协议的公平原则和规则》。

发展中国家公开响应联合国贸发会议将特殊和差别待遇纳入多边竞争协议的观点。正如某个发展中国家所指出的，关于贸易和竞争的任何协议应在其所有的组成部分中体现发展维度，应以更有效和更一致的方式纳入特殊和差别待遇。其他发展中国家也支持在贸易与竞争问题上创新性地运用特殊和差别待遇，但是，应避免特殊和差别待遇被用以推迟或豁免竞争纪律的引入，因为竞争纪律对发展中国家是有益的。另外，WTO贸易与竞争工作小组的参加者已经指出，将来关于竞争的任何计划都应充分注意到成员的经济形势、竞争体制、法律传统以及文化环境的多样性和不对称性，因此该领域的任何规则制定都应具有足够的灵活性和渐进性来包容成员的政策、制度和经济环境的多样性。在多哈会议上，这种观点明确为工作小组所要求，即应充分考虑到发展中国家和最不发达国家的需要，并提供适当的灵活性以解决它们的需要。关键的问题是如何将这种灵活性最好地纳入到规则制定之中。目前以下几种选择方案

已被提出：

1. GATS 的模式

服务贸易总协定形成了与 WTO 其他协议不同的自由化途径。该协议的结构，即渐进的自由化方式为其贯穿始终地并入发展目标提供了空间和灵活性。例如，市场准入和国民待遇是由成员国基于部门具体承担的，这实际上是允许贸易自由化的渐进进行，并为国家不具备能力或不愿意实行自由化的部门提供政策上的灵活性。也就是说，成员可以选择实行自由化的部门（积极清单），并且可以对自由化设置条件和限制，只要这些限制是有时间表的（消极清单）。某些发展中国家指出 GATS 的结构是有利于发展的。

在具体的特殊和差别待遇方面，根据第 XIX.2 条（具体承诺的谈判），发展中国家被明确地准许灵活地开放更少的部门，根据其发展形势渐进地扩展市场准入。另外，当外国服务供应商可以进入发展中国家市场时，发展中国家有权对准入附加旨在获得第四条（发展中国家的逐步参与）所提及的目标的特定条件。这一点表明发展中国家在服务部门的自由化是逐步的，应根据每一成员的发展要求进行。

GATS 提供了一个有用的模式，但是它的一个缺点是缺少具体的机制来运作第四条。

2. 允许豁免和除外规定

另一个获得灵活性和渐进性的方案是协议要求成员承诺制定竞争法，并允许规定豁免和除外制度。很显然，该方案为成员应对发展与挑战提供了灵活性和渐进性，因为该方案不主张实体竞争法的协调，而将主动权留给国内政府。这些例外和豁免可以是部门性的，也可以是非部门性的。部门性的例外和豁免可以完全或部分地将部门排除在竞争法的适用之外，而非部门性的例外和豁免则更具有横向性，主要针对特定种类的行为、措施和商业安排。从政策表述上看，这两种类型的例外和豁免差异显著，尽管它们并不必然相互排斥。

许多发达国家和发展中国家的竞争体制已经存在部门性和非部

门性的例外及豁免规定。例如，一份审查 10 个 OECD 国家和欧共体竞争法除外规定的研究表明，在许多 OECD 国家的竞争法中已经制定了部门性的豁免。[1] 以该研究为基础的一份 WTO 秘书处记录表明，除了部门性豁免，在 WTO 更多成员的竞争法中还存在大量的非部门性例外和豁免规定。[2] 从现有的立法情况看，适用除外的对象主要是那些对维护本国整体经济利益和社会公共利益有重大意义的行业或领域以及那些对市场竞争影响不大，但对整体利益有益的限制竞争行为。因此，发展中国家可以根据其市场结构、发展程度、具体特征等确定竞争法的除外对象，以实现其优先政策目标，促进本国经济发展。欧盟委员会承认通过除外和豁免规定，"政府可以保证竞争法不会消极地影响与发展有关的目标"。[3] 加拿大也持相似的观点，为政府制定具体的除外和豁免制度保留了可能性，并认为关于竞争政策的多边协议不会引起与经济发展相关的国内政策的冲突。[4] 联合国贸发会议的秘书处也提倡道，"从发展角度来看，豁免对于发展中国家是重要的……在豁免和除外方面应给予最不发达国家更大的灵活性"。[5]

但是，竞争法的除外和豁免规定究竟能在多大的程度上真正支持发展是有争议的。在 WTO 贸易与竞争政策互动工作小组讨论例

[1] OECD. Antitrust and Market Access: The Scope and Coverage of Competition Laws and Implications for Trade [R]. Paris, 1996.

[2] WTO Working Group on the Interaction between Trade and Competition Policy. Communication from Uruguay [R]. WT/WGTCP/W/109, 2001.

[3] WTO Working Group on the Interaction between Trade and Competition Policy. Report of the Meeting of 5-6 July 2001 [R]. WT/WGTCP/M/15, 2001, para. 9.

[4] WTO Working Group on the Interaction between Trade and Competition Policy. Communication from Canada [R]. WT/WGTCP/W/174, 2001.

[5] WTO Working Group on the Interaction between Trade and Competition Policy. Report of the Meeting of 22-23 March 2001 [R]. WT/WGTCP/M/14, 2001, para. 19.

外与豁免问题时，一成员提出，不能忽略这一点，即竞争法和竞争政策对合理的经济发展非常重要，因此，保证促进有效的竞争法和竞争政策的根本目标是最应优先考虑的事。[1] 日本的一项研究总结了其竞争政策和豁免制度对其战后经济发展的影响，该研究强调日本战后的经济活力根植于激烈的竞争，而非产业政策，竞争使许多有前景的新兴产业（如汽车、半导体等产业）磨砺出了竞争优势。该研究虽然没有排斥豁免制度本身，但它指出，日本的经验表明，国际竞争力的进一步增强是通过国内企业之间增长的竞争实现的，而非通过豁免所进行的对竞争的规制。[2] OECD 的一项研究分析认为，豁免通过允许反竞争行为（如滥用优势地位、卡特尔行为和反竞争性的兼并等）降低了经济效益，因此一项基本的改革是取消这些豁免，尽可能广泛地适用竞争法。[3] 尽管这些研究只与工业化国家相关，而没有专门涉及发展中国家的独特情况，但至少表明，在除外和豁免对经济发展的作用方面尚未有定论，还需作进一步的探讨。

　　笔者认为，发展中国家在竞争法中规定除外与豁免具有一定的合理性，但应对其进行严格控制。许多经济学家认为，尽管贸易自由化是当前经济全球化的一个必然现象，但采取完全的贸易自由化政策绝非是政府的一个明智选择。因为国际贸易虽然促进了国内市场上的企业在产品价格、质量和技术改革方面的竞争，鼓励企业发展新产品，但对于发展中国家而言，参与经济全球化的基础和贸易条件还有所欠缺，完全的贸易自由化对其经济的冲击大于其在贸易

　　〔1〕　WTO Working Group on the Interaction between Trade and Competition Policy. Report of the Meeting of 5-6 July 2001 〔R〕. WT/WGTCP/M/15, 2001, para. 30.

　　〔2〕　WTO Working Group on the Interaction between Trade and Competition Policy. Communication from Japan,"Competition Policies and Exemption System" 〔R〕. WT/WGTCP/W/177.

　　〔3〕　OECD. The OECD Report on Regulatory Reform: Synthesis 〔R〕, 1997.

中的收获。从实践上看，在联邦德国和韩国的经济发展过程中，对于一些竞争力不强但又不可缺少的基础产业或幼稚产业，在国内市场狭小且需求不旺盛时，两国通过促成国内企业之间的适当联合，允许适当的垄断和独家生产，促进和扶持了这些产业在短期内的迅速发展。竞争法的适当豁免是联邦德国和韩国经济上获得成功的重要因素。而发展中国家与发达国家相比，经济比较落后，为迅速提高某一产业或某一地区的发展水平，或保护某一幼稚产业，国家对它们"网开一面"，给它们提供更多的时间和空间来提高其竞争力，显然是有必要的。

但是，竞争法的豁免作为私人经济领域内的市场壁垒，可能产生扭曲贸易的后果，因此，应对豁免进行严格控制，尽可能减少其扭曲性效果。首先，豁免的设置必须具有合理性。豁免必须是有必要的，也就是说，只有当不给予豁免，企业就无法顺利地筹集到发展所需要的各种要素时，才应给予其豁免。豁免还应具有选择性，即豁免的对象应具备一定的条件，尽量避免采取普遍分配的形式，使豁免与特定的标准相联系，这样可以激励国内企业达到获取特定支持的标准，即获得"成长"的激励，从而达到提高竞争力的目的。其次，豁免的程序和标准必须是透明的，以防止政府及企业对豁免的滥用。再次，应对豁免设立定期审查机制。产业经过一定时期的发展，竞争力有所提高，可能不必再对其进行特殊保护；或者情况反馈表明，豁免无法在一个合理的时期内使相关产业、企业提升竞争力，在这些情况下，就应适时地对豁免进行调整和修订。总之，运用豁免要找好平衡点，使豁免成为发展中国家进行能力建设的工具，但应尽可能地避免豁免对经济产生消极影响。

3. 技术援助和能力建设

适用特殊和差别待遇的第三种方案是在协议中规定技术援助和能力建设。目前，WTO 成员之间已达成共识，即技术援助和能力建设对于帮助执行有效的竞争法和竞争政策是有必要的。多哈宣言强调提高技术援助和能力建设对发展中国家和最不发达国家的必要性，这主要反映在第 24 节："我们承认发展中国家和最不发达国家在该领域对技术援助和加强执法能力建设方面的需求，其中包括政策分析和经济发展，这样可以使这些国家更好地评价加强多边合作对其发展政策和发展目标以及人力资源和制度建设的发展的重要意义。因此，我们将努力与其他相关政府间组织展开活动，包括UNCTAD；同时，通过合理的区域性和双边渠道加强资源和技术的支持，以便对该种需要做出反应。"其他组织也要求在谈判之前进行技术援助以弥补发展中国家在竞争政策问题上知识和资源的欠缺，从而使发展中国家能够成为全面的参与者和规则制定者。[1]

当考虑在多边竞争协议的框架下适用技术援助机制时，应注意现行 WTO 协议中技术援助条款的有效性已经在接受审查。越来越明显的是，许多发展中国家在实施必要的行政、制度和法律机制以履行其义务时都面临巨大的困难，因此，履行承诺已成为 2000 年以来 WTO 工作计划的一个关键部分。人们普遍发现，旨在解决发展中国家制度限制的技术援助和能力建设承诺没有充分地认识到在准备、制定和实施新的立法方面的真正代价，也没有提供适应各国特有的情况和能力的灵活性。因此，除了增加技术援助之外，WTO 成员开始强调技术援助应更密切地符合不同国家具体需要的重要性。[2]如果 WTO 多边竞争协议旨在促进发展目标，就应对这些问题予以解决。

4. 过渡期

适用特殊和差别待遇的第四种方案是在协议中规定过渡期。出于担忧增长的国际竞争所可能导致的失业和国内企业的经营失败而引起的混乱，某些发展中国家要求过渡期，然而这种观点在很大程度上不为世界银行及 OECD 竞争政策专家们所接受，他们指出允许国内企业创建卡特尔和滥用垄断地位并不是阻止这些混乱产生的有

〔1〕 OECD. Trade and Competition Policies, Exploring Ways Forward 〔R〕. 1999.

〔2〕 WTO. Developing Countries and the Multilateral Trading System : Past and Present 〔R〕. Background Note by the Secretariat, 1999.

效方式。[1] 韩国的历史经验看起来似乎支持这一理论。韩国在发展过程的早期阶段没有实施竞争政策，导致了后来进行代价很大的产业调整。因此韩国得出结论，如果更早引入竞争政策，其将以更平衡和更合理的方式获得经济发展。[2] 另一方面，在发展中国家中，确实存在巨大的障碍来形成体制上的能力以执行和实施竞争法与竞争政策。这种事实使得过渡期具有正当性的程度取决于特殊与差别待遇所适用的义务的性质。例如，发展中国家可能需要一段很长的时间来执行可与 OECD 国家的竞争法相比拟的综合性的竞争法体制，但是可能只需要一段短得多的时间来制定及执行它们自己的法律。但是，我们要从 WTO 其他协议给予发展中国家过渡期，以使其建立履行义务所需要的制度能力的做法中吸取教训。在某些情况下，过渡期届满，但发展中国家在履行义务方面仍无法取得显著进展。因此，这种时间框架是武断的，有人提出应将过渡期与各国的具体能力及需要相联系，以更系统的方式确定过渡期。[3] 不过，国际社会已经达成了广泛的共识，即过渡期不能被用于推迟履行惩处诸如核心卡特尔等关键反竞争行为的承诺。

　　总之，在 WTO 多边竞争协议中考虑适用特殊与差别待遇时，我们需要注意一些基本的问题，特别是，应注意避免特殊与差别待遇被用于推迟或豁免竞争纪律的引入，而竞争纪律对发展中国家是有益的。关于特殊与差别待遇具体模式的实际效果也是有争议的问题。但是，越来越多的人已形成一致意见，即为了在未来的贸易与

---

〔1〕　T. Winslow. OECD Competition Law Recommendations, Developing Countries, and Possible WTO Competition Rules [J]. OECD Journal of Competition Law and Policy, 2001, 3 (1).

〔2〕　WTO Working Group on the Interaction between Trade and Competition Policy. Submission from the Republic of Korea [R]. WT/WGTCP/W/56, 1997, para. 13.

〔3〕　C. Michalopoulos. The Role of Special and Differential Treatment for Developing Countries in the GATT and the World Trade Organization [J]. Policy Research Working Paper No. 2388, World Bank, 2000.

竞争规则制定的动议中促进发展目标，灵活性和渐进性是必需的。特殊和差别待遇为达到这些目标及解决发展中国家所面临的特殊挑战提供了一种机制。然而，仅仅简单照搬先前的特殊与差别待遇模式或许无法做到这一点，因而需要加以改进和发展。

第六章　国际竞争立法

第一节　主要国家对制定国际竞争法的态度

由于目前各国实力不同，竞争法的发育程度和执行能力不同，背后的利益也不同，因此在进行国际竞争立法的立场和观点上，各国差别很大。由于欧盟和美国是世界上竞争法发育最成熟的国家，其对全球其他国家的竞争法均有不同程度的影响，因此本节以这两个国家为主，分析和说明国家在主张解决国际竞争问题的途径上的差异以及在制定国际竞争法的立场上的不同。

一、欧盟的立场

总体而言，欧盟认为，私人的反竞争行为引起了重大的市场准入问题，市场准入问题因当地政府无力或不愿采取行动来阻止这些反竞争行为而被加剧。欧盟支持通过竞争法的融合（即建立超国家的法律或多边法律）来消除这些竞争问题。由于认识到国内法域外适用和双边协议的局限性，欧盟强调合作与协调是获得竞争法趋同（各国法律的逐渐接近）[1]与融合的中间步骤。欧盟认为

---

[1] 法律趋同化乃指不同国家的法律，随着社会需要的发展，在国际交往日益发达的基础上，逐渐相互吸收，相互渗透，从而趋于接近甚至趋于一致的现象。其表现是在国内法律的创制和运作过程中，越来越多地涵纳国际社会的普遍实践与国际惯例，并积极参与国际法律统一的活动，等等。李双元．从中国"入世"再谈法律的趋同问题［G］//李双元．法律趋同化问题的哲学考察及其他．长沙：湖南人民出版社，2006：357-358.

WTO 适宜作为竞争法融合的场所。[1]

　　首先，欧盟承认国内法的域外适用仅仅是经济强国的选择，因为它们有能力通过经济制裁强迫有关国家服从；另外，竞争法的域外适用将引发合法性和公正性的问题；域外适用可能导致冲突增加，破坏国际贸易秩序；域外适用违反消极礼让原则，而根据这一原则，一国应尊重另一国的重要利益，因此域外适用可能威胁行为发生地国的经济利益和主权利益，导致国家之间关系的紧张。尽管欧盟指出了域外适用具有消极影响，但它对竞争法也进行了域外适用。

　　其次，对于双边协议，欧盟认为它们不足以解决全球化所引起的竞争问题，而且，由于双边协议的当事方保留独立的决定权，欧盟认为它们也不足以避免相冲突的观点。双边协议的一个缺陷是它们仅提供非机密信息的交换，因此，它们不能解决有关分享机密信息的问题。即使存在双边协议，竞争当局也需要当事方放弃信息的机密性以便共享。另外，在双边协议中纳入积极礼让不必然导致合作和协调。例如，欧盟无权协助美国调查在欧盟境内未产生效果的行为，即使这些行为的部分或全部是在欧盟境内实行的。程序规则上的差异也使得合作难以进行。因此，双边协议不能成为解决国际竞争问题的最终办法。

　　欧盟承认合作与协调的作用，它可以为竞争当局提供在调查和执法方面密切联系的机会，还可以提高透明度，避免各方冲突。但是，欧盟也承认合作与协调具有局限性。程序规则的差异使合作与协调难以进行；另外，与几个竞争当局逐一解决问题将会拖延时间，甚至可能导致相互冲突或额外的义务。每个国家的竞争法仅仅处理反竞争行为在国内市场所产生的危害，比如当在欧盟境内发生的行为损害了美国的利益，而该行为在欧盟境内没有产生效果时，

　　[1]　Sharon E. Foster. While America Slept: The Harmonization of Competition Laws Based upon The European Union Model [J]. Emory International Law Review, 2001 (15): 487.

欧盟当局无权协助美国当局。信息交换也受到保密规则的限制。

　　欧盟内部支持竞争法融合的人认为，目前缺乏统一的国际竞争法的局面不应持续下去。虽然合作可以减少竞争当局的冲突，但趋同和融合仍是有必要的。因为只要成员方保留独立的分析和决策机构，竞争法的冲突就无法避免。由于各国都有关于机密信息的保密规定，因此关于机密信息交换的问题仍然难以解决，试图通过适用于国内或区域层面的法律来处理国际商业是有问题的。另外，如果企业受制于不同标准的规则，则违反了同等原则。为了解决这些问题，欧盟力图调整合作与协调以促进趋同和融合。欧盟的竞争当局充分认识到在全球经济中其监控跨国公司的能力是有限的。欧盟赞成美国的这一观点，即建立一个设有全球反垄断当局的多边机制实施该机制本身的规则，并审查大量的市场状况和消费者利益，这在目前情况下还难以实现。国家主权考虑和不同的经济与法律传统使人难以预测竞争规则的融合态势。但是，欧盟当局相信探寻建立一套融合的竞争法的可能性是非常重要的。

　　在欧盟，有些政治家建议采用渐进的方式，即首先建立一个关于竞争法的有限框架，然后再逐渐扩展。这一阶段的目标并非竞争法的完全统一，而是鼓励各国在国内层面上实施竞争规则。第二阶段将确定某些共同的领域以制定某些统一的规则，即第二阶段将为制定统一的规则确定共同点，该阶段将包含国内竞争法的融合。一旦这些统一的规则被采用，竞争合作的多边实施框架就将产生。该框架可以使用现存的双边协议作为模本，包括积极礼让。该框架的目标是向机密信息的自由交换迈进。最后，这种渐进的方式将建立争端解决机制以处理因成员国不实施规则或不对实施的请求作出反应而引起的申诉。争端解决机制的目的不是审查竞争当局的决定，而是审查成员国是否遵守已达成的规则、原则和承诺。该多边框架并不要求国内关于竞争问题的司法裁决受制于 WTO 争端解决专家小组的审查。欧盟的计划不是建议用国际规则取代国内规则，而是寻求建立一个国际框架，通过该框架，每一成员国的规则都可以得到适用。[1]

为了实现这种渐进的方式，各国必须解决如何分享机密商业信息这一敏感问题。信息分享无疑有利于竞争当局，但也会引起一些风险。特别是，一商业组织将信息给予 A 当局，A 当局的制裁不太严重，而该当局又将信息与 B 当局分享，B 当局的制裁更严重或对该行为不允许，这时风险就会产生。现在，欧盟建议将信息分享纳入自愿承担的范畴，并与国内立法相一致。但是，这种权宜之计既不能解决机密信息的分享问题，也不能解决争端解决机构能否强制各国进行此种披露的问题。

欧盟当局认为 WTO 是谈判和制定多边竞争协议的最佳场所，这是由于 WTO 的成员具有普遍性，并且贸易政策与竞争政策关系密切。此外，乌拉圭回合所签订的 GATT 协议包含与竞争有关的规则。欧盟反对美国将 OECD 作为谈判和制定多边竞争协议的场所的建议，它认为 OECD 没有将许多发展中国家吸收为成员国，而且缺乏像 WTO 那样的争端解决机制。尽管 UNCTAD 是另一个可能的场所，但是该组织偏向发展中国家，因而无法得到发达国家的信任。

二、美国的立场

与欧盟相反，美国反对竞争法的融合，其背后的一个原因可能是美国相信，在没有竞争法融合的情况下，它可以更好地行使政治霸权和经济霸权。事实上，在国际贸易组织的《哈瓦那宪章》签订之时，美国国会就秉持这种信念。但自从 1947 年后，世界已发生了巨大变化，美国的政治和经济权力已被全球经济市场的扩展和欧盟政治联系的发展所削弱；另外，由于 1947 年以来的全球经济和政治环境的变化，其他国家在没有美国的参与下也对竞争法进行了融合。美国不仅拒绝承认竞争法融合这一事实，并且其政策制定

[1] Sharon E. Foster. While America Slept: The Harmonization of Competition Laws Based upon The European Union Model [J]. Emory International Law Review, 2001 (15): 495.

者还错误地主张以建立多边条约的方式对竞争法进行融合的时机尚未成熟。

美国关注的一个重要问题是应由哪个国际组织负责谈判和制定有关竞争政策的多边协议。美国不赞成欧盟提出的在 WTO 体制下谈判和制定竞争政策多边协议的建议。美国认为，WTO 不适宜作为谈判和制定竞争政策多边协议的场所，因为 WTO 的成员太多，而且其半数成员目前还没有竞争法，WTO 又如何认定对多边协议的违反并采取补救措施呢？美国还对 WTO 的制裁权力和司法裁决权表示关注。反垄断案件涉及复杂的经济问题，由 WTO 专家小组来审查成员国竞争当局对反垄断案件的裁决是否恰当呢？政府会同意将机密信息移交 WTO 吗？WTO 如何获得证据？美国认为 WTO 强有力的裁决权将导致它对证据的可信度和高度机密的商业信息进行不适当的审查。最后，美国不能确信 WTO 是否有能力认定对多边协议的违反行为，更不必说对这些违反行为采取补救措施了。[1]

美国所提出 WTO 不适宜作为谈判和制定多边竞争协议的场所的观点缺乏足够的依据。WTO 的主要功能是发展完整、可行和持久的多边贸易体系。由于竞争问题影响国际贸易体系，因此竞争法属于 WTO 的目的和功能范畴。至于 WTO 的多样性，恰恰是这一特点使其成为谈判和制定多边竞争协议的适当场所。美国担心各国作出太多的让步以求订立一个共同的最低标准忽视了 WTO 某些成员尚未制定竞争法这一事实。实际上，鼓励 WTO 解决这个问题并要求其成员采用某些形式的竞争法将可以改进目前的状态。

此外，美国所关注的在说服政府同意移交机密信息、获得证据和监督司法方面的困难是任何具有争端解决机制的多边协议（如 TRIPS 协议）都必须解决的共同问题。目前 WTO 管理 TRIPS 协议

〔1〕 Sharon E. Foster. While America Slept: The Harmonization of Competition Laws Based upon The European Union Model [J]. Emory International Law Review, 2001（15）: 500.

的争端解决机制，因此，WTO 在收集证据、处理机密信息和监督司法方面具有一定的经验。最后，为了成为 WTO 成员，申请者必须提供有关其竞争法的信息，因此，WTO 在审查竞争法方面也同样具备经验，并且其成员也承认贸易政策与竞争政策之间是相互联系的。

美国关注的另一个问题是，为了制定共同的最低标准，必须取得国际协商一致，但要达到这一点非常困难。它担心共同的最低标准将产生一个无效的模本，这既不利于贸易自由化，也不利于实施反垄断。美国认为，达成统一的规则存在困难，这在一定程度上是由国家利益造成的。比如，有些国家更关注竞争法对经济增长所起的作用，而非它对消费者福利所产生的作用。发展中国家也有不同的政治和经济关注，而且它们可能需要一个转型期。美国还担心竞争法的融合将干涉国家有关制裁和司法裁决的主权问题。美国认为，其他国家的竞争当局可能不愿放弃它们的权力，而且大多数国家可能不准备在竞争法领域让渡主权。但是，美国所担忧的这些问题并不是竞争法领域所特有的，它们在任何多边协议中都会被涉及。事实上，欧盟在融合竞争法方面已经取得成功。因此，美国对主权丧失的担忧被夸大了。

尽管美国承认国际竞争问题对国际贸易法具有一些影响，但并不提倡以竞争法融合来消除这些问题。美国也不提倡采取任何旨在取得竞争法融合的措施。相反，美国赞成以三种途径来解决国际竞争问题，即域外适用、合作与协调、积极礼让。[1]

域外适用的问题是很多的。从政治层面上看，它会导致行为发生地国或当事方居住国当局的不满。为了对抗外国法律的域外适用，有些国家制定相关法律，允许采取国内机构行动以弥补外国法庭判决的多倍赔偿金或惩罚性赔偿金；还有些国家进行立法以阻止

〔1〕 Sharon E. Foster. While America Slept: The Harmonization of Competition Laws Based upon The European Union Model〔J〕. Emory International Law Review, 2001 (15): 506.

外国法院要求不属于该外国法院管辖范围的当事方披露信息的行为。另外，对有关外国政策和礼让的政治考虑也可能阻碍域外适用。作为一个现实问题，即使一国企图域外适用本国法，恐怕也难以有效进行，比如，它在外国取得证据、进行临时救济和保证实施方面都可能出现问题。考虑到域外适用所引起的政治问题和现实问题，美国试图将解决问题的策略集中在合作与协调上便不足为奇了。

当反竞争行为在多个管辖领域产生影响时，每个管辖领域的执法机构可以通过平行调查和实施行动建立紧密的工作关系。各国可以开展自己的调查，并且在法律可能的程度内与其他管辖领域的当局分享信息。另外，它们也有可能进行合作与协调，在其他管辖领域内开展反垄断执法活动。目前，相互法律协助条约是美国司法部关于反垄断进行合作与协调政策的一部分。这些双边条约有助于竞争当局在海外获得证据和会见证人。理论上，条约允许有关国家在保护机密信息的同时以互惠为基础交换证据。《国际反垄断实施法案》允许司法部和联邦贸易委员会就民事和刑事问题进行谈判以达成相互法律协助条约。这种类型的双边协议是司法部进行对外合作与协调时的优先选择。另外，OECD 支持各国签订相互协助协议以及在竞争法领域进行合作与协调。

合作对各国竞争当局是有利的，它提高了当局的效率，使它们获得更多信息，并且通过更快捷的程序和增加确定性来便利商业的发展。正如在美国和欧盟之间，合作与协调已经成为现实。但是，合作与协调的潜力是有限的。在波音—麦道兼并案中，美国和欧盟的竞争当局作出了不同的结论，虽然最后关于兼并的不同观点得到了解决，但该争端的确体现了合作与协调的缺点，即它受到政府解决冲突意愿的制约。

至于相互法律协助条约，它们对提高繁琐的兼并过程的效率无所裨益，而且在范围上也很有限。例如，竞争当局关注的一个主要方面是分享机密信息。贸易秘密、商业计划以及其他的所有权益经常受到法律保护，被视为敏感信息。大多数相互法律协助条约都为当局分享在兼并审查中获得的机密信息规定了例外。例如，美国和欧盟签订的反垄断法实施协助协议第7条特别声明：如果拥有信息的一方向另一方披露信息，a. 为拥有信息的一方的国内法所禁止；b. 不符合拥有信息的一方的重要利益，则拥有信息的一方不得被要求向另一方提供信息。由于无法解决机密信息分享的问题，有些人认为相互法律协助条约仅对反卡特尔行动有效。最后，有些国家没有制定有关相互协助的法律，还有些国家由于不满美国的域外适用政策而根本不愿执行有关相互协助的法律。美国的政策限制了相互法律协助条约在全球范围的有效性，这一点被这一事实所证实：80多个国家制定了竞争法，但与美国签订了相互法律协助条约的国家只有8个。[1]

积极礼让在1967年OECD《成员国间就影响国际贸易的限制性商业行为进行合作的推荐意见》中就有所涉及。美国签订了几个与竞争问题有关的双边协议，其中也包括积极礼让。积极礼让的作用有四个方面：第一，它便于当地的竞争当局开展调查，而当地的竞争当局了解当地的市场效果。第二，它减少了证据收集和管辖权的局限性问题。第三，它提高了竞争法和竞争当局的可信度，因为这种方式通过收集证据、报告和竞争当局之间的磋商等方法至少处理了某些市场准入问题。第四，它将有关主权和文化问题的争端最小化，因为这种方式不会引起法律的变化。

但是，为了便利积极礼让的运作，国家必须首先就何种行为属于反竞争行为达成一致。例如，A国动用积极礼让并要求B国调查对A国产生影响，但主要在B国发生的非法行为，如果B国法律认为该行为是合法的，B国就不可能予以协助。因此，使积极礼让能够应美国的请求运作起来的前提是执法当局必须具备与美国反垄断法相似的法律。即使反竞争行为属于行为地国反垄断法所规制的

---

〔1〕　Sharon E. Foster. While America Slept: The Harmonization of Competition Laws Based upon the European Union Model ［J］. Emory International Law Review, 2001（15）: 511-512.

范畴，积极礼让也是有限的，因为当反竞争行为发生在某一管辖领域内而该管辖领域的竞争当局可以进行补救时，积极礼让会更有效；如果执法当局无法获得信息或没有足够的权力阻止反竞争行为，积极礼让就不是有效的。另外，如果行为地国的法律没有制定足够的惩罚措施，积极礼让也缺乏效果。

积极礼让也不是解决市场准入问题的最有效方法，甚至其推崇者也认识到积极礼让本身不足以解决市场准入问题。竞争当局必须享有足够的自主权以便它们的决策过程免受保护主义倾向的影响。各国之间实体竞争法的差异会影响他们的合作。被请求国必须适用其实体法，而该实体法可能与请求国的实体法存在重大差异。被请求国基于法律、政治或经济考虑可能不会继续调查该市场准入问题。竞争当局的权力也因国而异，而积极礼让无法解决这种差异。最后，积极礼让也没有解决美国对最低的共同标准的关注，因为它适用的是行为地国家的法律。总之，为了使积极礼让更加有效，需要各国竞争法更多的趋同。

从上述分析，我们不难发现，欧盟关于解决国际竞争问题的途径较美国更为客观。欧盟充分认识到目前解决国际竞争问题的各种途径的局限性，从而大力支持进行国际竞争立法。事实上，欧盟也确实是WTO"贸易与竞争"议题的主导者，而美国由于不能顺应时代的发展趋势，已经远远落在了欧盟的后面。有人认为，美国不积极参与竞争法融合的探讨将导致事实上竞争法的融合遵循欧盟竞争法的模式发展下去，这种融合将形成以欧盟竞争法为基础的国际习惯法，而它反过来又会以与美国的目标不一致的方式影响国际法庭的决定。例如，国际法院规约第38条允许国际法院法官将国际习惯法作为国际法的一种渊源来考虑。如果一贸易协议的成员方A没有以与其条约义务相一致的方式善意地提供市场准入，成员方A则违反了条约必须信守原则，成员方B有可能指控成员方A通过允许保留贸易的私人壁垒而违反了贸易协议。在确定这些私人贸易壁垒是否应归咎于成员方A时，国际法庭（如WTO争端解决专家小组）就会参考国际习惯法。因此，如果以欧盟为模型的竞争法成为国际习惯法，它将变成国际社会的法律。即使美国对国际法庭作出的与美国目标不一致的裁决置若罔闻，这些行为也会影响到美国谈判订立其他多边条约的能力。例如，美国一直拒绝批准有关国际版权保护的伯尔尼公约，伯尔尼公约只反映极少（如果有的话）的美国意志。同样地，当美国在乌拉圭回合中力图将知识产权利益纳入 GATT 时，其谈判地位因其关于伯尔尼公约的立场而受到削弱。结果美国只得同意签署伯尔尼公约，以作为将知识产权纳入 GATT 的交换。[1]

三、其他国家的立场

日本主张建立多边竞争规则。尽管日本属于发达国家，却也同许多发展中成员一样深受反倾销等进口保护措施之害，因此，它极为主张将竞争政策议题谈判的重点放在反倾销问题上。日本认为，反倾销协定制定的初衷是维护公平竞争的市场环境，但是在实践中，反倾销措施却常常变为进口国为保护本国产业而限制进口产品进入的工具，这完全违背了公平竞争原则，因此，在新回合谈判中，应该建立行之有效的多边竞争规则来限制此类现象。日本还提出了多边竞争规则的基本原则和主要内容。其基本原则为，最惠国待遇原则、国民待遇原则、透明度原则和竞争导向原则。主要内容包括应予禁止的反竞争行为、执行程序、合作方式、争端解决。加拿大也支持建立全球统一的多边竞争规则，但认为应以渐进、小步的方式进行。澳大利亚对建立多边竞争规则表示支持，并就未来的多边竞争规则应包含的要素提出了建议。[2]

在发展中国家方面，已经具有一定工业化基础和初步出口能力

---

〔1〕　Sharon E. Foster. While America Slept: The Harmonization of Competition Laws Based upon the European Union Model〔J〕. Emory International Law Review, 2001（15）: 515-517.

〔2〕　张幼文等. 多哈发展议程：议题与对策〔M〕. 上海：上海人民出版社，2004：85.

的发展中国家，目前基本上同意建立竞争政策的国际合作和通过国际合作制裁国际卡特尔。但是，大多数发展中国家都坚持认为，卡特尔主要是发达国家的现象，其主要危害是源自发达国家的卡特尔对发展中国家造成的有害影响，并主张对源自发达国家的卡特尔适用"本身违法"法则严格禁止，而对发展中国家的卡特尔则采取比较灵活的豁免，例如对中小企业的卡特尔以及从事研发的卡特尔，由于它们有益于经济发展，不能一刀切。持这种观点的代表国家是印度、泰国和印度尼西亚。马来西亚和巴基斯坦也基本持这种观点。但拉美的发展中国家则比较中立一点，他们同意国际卡特尔对发展中国家的危害更大，希望通过国际合作来解决，但是没有过于强调为发展中国家的卡特尔豁免。这些国家包括墨西哥、阿根廷、巴西、委内瑞拉等。

在新兴工业国家和地区中，对多边竞争规则谈判的立场也不尽相同，这是因为各国国情不同。韩国是积极推动竞争规则多边谈判的国家之一。韩国认为，在竞争政策的双边、区域及多边三种合作方式中，多边合作方式是最佳的，因而主张在 WTO 框架内建立一套全球统一的多边合作方式。其主要原因是，在经受了 20 世纪 90 年代末的亚洲金融风暴后，韩国国内高度垄断的工业和经济体制的弊端开始成为经济进一步发展的桎梏，由此引发韩国对国内经济结构的全面改革，并修改了竞争法和竞争政策，从而与国际规范趋于一致。所以，竞争政策的多边合作正符合韩国进一步加深国内改革的需要；同时，向第三世界国家推广竞争法，也将更有利于韩国的对外贸易发展。当然，韩国也呼吁给予发展中国家特殊和差别待遇。但是韩国并不主张以多边合作取代双边及区域合作，而是认为三者可相辅相成。

一些非洲成员反对启动竞争政策谈判，而认为应在工作小组中继续进行解释。这种立场是南非及东非贸易学会于 2003 年 4 月 2 日至 5 日在坦桑尼亚召开的 WTO 研讨会上确定的。该研讨会与会者包括来自坦桑尼亚、赞比亚、肯尼亚、纳米比亚、乌干达、毛里求斯、莫桑比克、安哥拉等 10 个国家的贸易官员。这些非洲国家概括了它们持这种立场的五个原因：第一，它们不具备就这些复杂而重要的问题开始谈判的能力，因为它们缺乏财政、人力和技术专家，尤其是因为多哈工作计划的沉重担子正在占用它们的决策者和谈判人员比以前任何时候都要多的时间。第二，它们对议题仍然没有足够的了解，因此应继续对议题进行解释。第三，WTO 成员之间对议题谈判的模式仍然没有达成一致。第四，谈判将导致新协议产生，让非洲成员承诺一系列沉重的义务。这些义务将给它们当前发展政策的灵活性和选择权带来不利影响。事实上这些义务还会阻碍它们当前的经济和社会结构，以及进一步发展的前景。第五，技术执行计划不够，因为这些计划不是发展中成员自己制定的。事实上，执行这些计划的专家都是由发达成员或从发达成员中选出的。与会者认为："我们对竞争政策的理解从发展的角度看，是政府协助并促进本地公司的需要，以便本地公司在目前相对较弱的情况下能生存和发展，能成功地与外国公司及其产品竞争。而发达成员提倡的相反解释却是市场准入方法，即外资公司应被给予权利和平等有效的机会与本地公司在当地市场公平竞争，而政府应禁止给予本地公司特权或帮助。如果开始进行谈判，发达成员的市场准入方法可能会最终胜出，因为它们的谈判能力和影响更大。然后 WTO 会有一个竞争协议，迫使我们的政府给予外资公司及其产品和服务最大的自由和市场准入权利，同时本地公司将不能再接受帮助和补贴，大多数本地公司可能将无法生存。"[1]

四、中国的立场

2003 年 7 月，中国代表团向 WTO 贸易与竞争工作组提交了《核心卡特尔与自愿合作》的报告，主要观点是：[2]

〔1〕 刘光溪. 坎昆会议与 WTO 首轮谈判 [M]. 上海：上海人民出版社，2004：406-408.

〔2〕 WTO Working Group on the Interaction between Trade and Competition Policy. Communication from China [R]. WT/WGTCP/W/241，1998.

　　1. 核心卡特尔。中国认为，只有当核心卡特尔所涵盖的反竞争行为被清晰地界定时，才能够设计出一个有效的多边途径。某些发展中国家，如中国，还没有反垄断法，尽管某些反竞争行为由不同的现行立法规制，但对核心卡特尔还没有统一的界定。因此，中国认为，一方面在成员决定是否将诸如 OECD 关于核心卡特尔的推荐意见中的定义纳入未来的多边竞争框架之前，成员还需要用更多的时间进行进一步的研究，并澄清核心卡特尔的定义。另一方面，对于发展中国家而言，在一定的发展期间，特定领域的过度竞争可能具有负面效果。因此在未来的多边竞争框架内关于卡特尔的任何规制应为发展中国家纳入足够的灵活性。例如，为产业发展的目的，应将豁免适用于中小企业。只有当所有的成员充分地认识到核心卡特尔的危害性、已建立足够的国内管制体系和积累起来的足够的行政经验时，多边层面的有效合作才是有可能的。发达国家和发展中国家在这些方面的巨大差距是有效的多边合作的最大障碍。因此中国认为未来的多边竞争框架应考虑发展中国家的当前情况。多边竞争框架一个主要的任务是通过能力建设帮助促进成员之间的信息交换和经验分享，便利协商一致的形成以及为进一步的合作奠定良好的基础。能力建设不仅是一项重要的手段，而且是未来框架中不可或缺的一部分。

　　中国愿意就几个问题进行接触。对于出口卡特尔，发展中国家因它们在市场准入中的不利地位和妨碍它们有效参与经济全球化的国际技术转让而遭受损害。如果发达国家继续维持它们的出口卡特尔，这将置发展中国家于国际贸易中更不利的地位。因此，中国支持泰国提出的观点，即未来的竞争框架应在发达国家维持出口卡特尔方面做出限制。国际卡特尔方面，中国同意国际卡特尔对发展中成员和发达成员均产生不利影响。同时，中国还同意其他发展中成员的观点，即国际卡特尔主要是发达国家的现象，因为小组讨论的国际卡特尔没有一个设在低收入国家和最不发达国家。因此中国相信既然发展中成员没有足够的国内立法和执法经验，发达成员应在与国际卡特尔作斗争的过程中作出更多的努力。在这个领域中分享成功的经验和技术援助的条款将有利于发展中成员在抵制国际卡特尔中的能力建设。中国还认为，对于以限制竞争为目的，通过国际卡特尔安排滥用知识产权的问题，小组应给予特别关注。TRIPS 协议原则上要求对滥用知识产权的权利持有人予以控制，未来的多边竞争框架应对此种滥用进行充分的控制。这将有利于对知识产权更好的保护、对社会公共利益的实现以及对有关知识产权的权利和义务的平衡。

2. 自愿合作。随着经济全球化的发展，跨国反竞争行为对 WTO 成员，特别是发展中成员的经济和贸易的不利影响越来越明显。WTO 成员应考虑加强合作以处理这种局面，而且这种需要已被大多数成员认识到。贸易和竞争政策的国际合作有两个主要的方面，一个是竞争法执法的合作，另一个是有关竞争政策能力建设以及构建竞争文化方面的合作。只有当参与国际合作的成员已建立他们的竞争法和执法体系时，竞争法执法合作才能有效地进行。实际上，一些成员已经在双边层面和区域层面上开始了这种合作。毫无疑问，这种合作的经验和教训将对多边框架下的合作有益。但是，不能忽视不同的成员之间，特别是发达成员和发展中成员之间存在的立法和执法的巨大差异，这一点应被 WTO 的合作所考虑。例如，在竞争法的执法合作中，实施积极礼让原则存在一个严重的困难，一方面，积极礼让并不总是执行得很好，而且也不总是导致令人满意的结果。小组应对这一现象予以充分的关注；另一方面，积极礼让一个非常重要的体系基础是双方都应制定有充分成熟的竞争法，但是，大多数发展中成员的竞争立法和执法体系尚未得到很好的发展，这使他们难以满足实施积极礼让的前提条件。因此，当成员在 WTO 框架下讨论贸易与竞争政策的国际合作时，成员应将发展中成员的能力建设作为基础，而且应通过信息交换和技术援助促进发展中成员的竞争文化和法律的构建。中国正在构建《反垄断法》方面努力工作，而且需要竞争政策的国际合作。实际上，中国已经与某些成员开展了双边合作。合作的主要部分是能力建设和信息交换，例如，就起草《反垄断法》和其他的竞争政策立法方面的联合研究以及专家咨询。

中国建议将自愿合作纳入未来的 WTO 多边竞争政策框架。自愿合作的主要方面是能力建设的合作以及构建竞争文化的合作。在实施自愿合作中成员应关注如下几点：第一，国际合作应渐进地进行，以不对发展中成员加重负担为前提。随着发展中成员能力的提高，国际合作的领域可以逐步扩展。第二，成员不需要为了实现国际合作而等待单一的竞争当局的建立，尽管建立单一的竞争当局是方向。不同的成员拥有不同的法律文化，因此有关合作的未来安排应足够灵活地反映这种多样性。考虑到成员之间在经济发展水平和市场竞争情况的差异，我们应允许发展中成员在建立其竞争当局方面拥有灵活性。第三，作为合作的一部分，成员应在多边层面上以自愿为主，并通过相互信任，交换与反垄断政策有关的法律、法规和文件。第四，讨论更紧密的国际合作是有价值的，例如，具体案件的合作。但是，我们必须充分考虑发展中成员的情况，而且这种合作不应是强制性的，例如，如果一成员已经不准备与其他的成员合作，其他的成员不得以任何理由强迫其合作。

2003 年 8 月 25 日 WTO 公布了中国与 77 国集团有关 2003 年 9 月 10—14 日墨西哥坎昆世界贸易组织第五次部长会议的《立场声明》，其中，第 15 段涉及新加坡问题，即：虽然对新加坡问题仍存在巨大分歧，我们相信每个问题都应该根据具体情况分别对待。任何模式想要明确一致被通过，都需要有特定结构和正确内容的谈判，并且充分考虑发展中成员的需要及对其的影响。许多发展中成员需要对实施反垄断法进行进一步分析，以使它们更好地评价为了其发展政策和目标进行紧密多边合作的含义，因此，技术援助是必不可少的。[1]

---

〔1〕 中国与 77 国集团有关 WTO 坎昆会议立场声明 [J]. WTO 快讯，第 54 期.

第二节 具有代表性的几种方案

国际社会对于进行国际竞争立法的具体方案，早已开始了热烈探讨。不同的方案有不同的角度和特点，本节选择几个具有代表性的方案加以阐述和分析，以探寻进行国际竞争立法的可行途径。

一、1993 年慕尼黑《国际反垄断法法典草案》

1993 年，国际知名的反垄断法专家在德国慕尼黑开展会议，起草了《国际反垄断法法典草案》。学者们强调了关贸总协定所追求的自由贸易的重要性，指出各国都应采取行动，完成贸易自由化的承诺，其中在关贸总协定框架下制定并实施反垄断法是重要的措施，它可以使全球市场免受政府和私人的限制竞争行为的损害。起草者相信，虽然就这种详细的反垄断规定取得政治上的协商一致在当时还是乌托邦式的，但学术性的示范协议可以激发对国际竞争规则需要的全球反响和探讨。《国际反垄断法法典草案》本来计划作为关贸总协定"诸边贸易协定"的一部分，但关贸总协定最终未能通过该法典草案。尽管该法典草案未能生效，没有达到预期的目的，但它是一种有益的尝试，对今后制定国际竞争法具有重要的借鉴意义。

《国际反垄断法法典草案》包括八个部分，共计 21 条。第二、三、四部分规定了草案的实体内容。第二部分规定的是横向限制和纵向限制；第三部分规定的是对集中和重组的控制；第四部分规定的是滥用优势地位；第五部分和第七部分分别是程序性规定和草案的解释的规定。现将其主要内容介绍如下：[1]

（一）基本原则

第一，国内法原则。即缔约国应把国际反垄断法作为国内法进

---

[1] 王晓晔. 竞争法研究 [M]. 北京：中国法制出版社，1999：480-484.

行颁布和实施，而不是像 1931 年日内瓦统一汇票和统一支票法公约那样，作为缔约国各国的统一法。这就允许缔约国对国际反垄断法典的条款进行修改，在立法上保留一定的自主权。

第二，最低标准原则。即缔约国虽然在立法上有一定的自主权，但不得放弃竞争法上被视为本质的内容，即法典草案中的实体法规则。按照这个原则，缔约国除了执行最低标准外，还可执行更严格的竞争政策。执行宽松竞争政策的国家，则必须接受这个最低标准的约束。这从而就保证缔约国对国际竞争能给予相同的和最低标准的保护。可见，国际反垄断法不是各国反垄断政策的协调，而是要保证执行反垄断法最本质的原则和规则。

第三，国民待遇原则。即缔约国对单纯国内卡特尔所适用的规则和原则得立即且无条件地适用于所有的跨国案件，从而使其国内反垄断法国际化。这个原则的结果是，缔约国就同一限制竞争的行为，不得对外国竞争者采取较国内企业更严厉的制裁；国内企业的某些行为若被视为有利于竞争，外国竞争者的相同行为就不得被视为限制竞争。因此，缔约国不得因出口卡特尔是限制外国市场的竞争而使之不受反垄断法的制裁。

（二）实体法规范

法典草案的重点是实体法规范。这里主要借鉴了德国、美国和欧共体的反垄断法，对横向和垂直限制竞争、企业合并和滥用市场优势地位作了规定。

1. 横向和垂直限制竞争

草案第 4 条第 1 款规定，竞争者之间为固定价格、分割市场和分配生产数量而达成的协议或协调的行为方式是违法的。根据该条第 2 款，不适用第 1 款的卡特尔可适用合理法则，即仅当它们不合理地限制竞争时，方被禁止。一个协议是否不合理地限制了竞争，可依其目的和效果进行判断。如果一个卡特尔因为限制竞争而被视为违法，但它同时又具有推动竞争的作用，或者有利于提高企业的效率，或者有利于消费者，作为被告的企业可以申请豁免。工作小组的评论指出，出口卡特尔适用本身违法法则被予以禁止。由此所确立的国际竞争秩序是，如果一个限制竞争行为明显损害行为地以外国家的利益，不必考虑行为地的利己主义，就应当将这个行为视为违法。

第 5 条以销售策略为题，规范了三种不同程度的限制竞争。第一种是本身违法的限制竞争，它们是为执行生产或销售卡特尔而使用的销售策略。第二种是适用合理法则的垂直限制竞争。它们虽然因限制竞争可被推断为违法，但是如果这些限制竞争对改善生产或者销售条件是必要的，而且消费者可以由此受益时，可被视为合理得到豁免。依第 4 条第 2 款的规定，申请豁免的企业必须提出豁免的前提条件，并在有争议时负举证责任。第三种是独家销售协议。这种协议被推断是合法的，但它们若被指控能够加强市场势力，也可被视为违法，但原告须负举证责任。

第 6 条是关于知识产权方面的限制竞争。它规定，在法律规定的范围内行使知识产权不构成限制竞争。但是，利用知识产权滥用支配地位得被予以禁止。

2. 控制企业合并

草案第 3 部分是控制企业合并，规定了合并的概念、适用范围、申报义务以及禁止集中的实体法标准等。

第 8 条第 1 款规定，若企业通过购买股份、购买财产、订立合同或者其他方式，可直接或者间接控制另一企业的全部或者实质部分，则可认为这两个企业发生了合并。依第 9 条，国际反垄断法只是控制具有国际意义的合并，即至少对两个缔约国产生影响且参与合并的企业的全球销售额至少达到一定的规模。第 9 条第 2 款指出，如果这个全球销售总额不足受合并影响的缔约国的国民生产总值的 1%，或者这个销售总额的 90% 以上是在缔约国境外取得的，该合并不得被视为具有国际意义。

草案所规定的合并控制是预防性的。参与合并的企业必须在合并前向有关国家的卡特尔局进行申报。国家卡特尔局接着向国际卡特尔局通报。企业合并的审查至少要 3 个月的期限。必要时，审查期限可再延长 3 个月。

企业合并是两级审理程序。第一级是由国内卡特尔局依竞争政策作出裁决。卡特尔局在审查时要考虑所有有关的情况，例如进入市场的障碍、合并企业的经济实力、被合并企业在市场上生存的可能性等。如果合并不会妨碍市场竞争，合并可以得到批准。如果仅在某些方面限制竞争，可得到附条件的批准。如果几个缔约国对一个合并事件均有管辖权，它们应当对该合并事件达成一致协议。否则，由国际卡特尔局作出最后批准或不批准的决定。在这种情况下，需要使用第二级审理程序。第二级审理程序仅是在国内卡特尔局不批准合并的情况下投入使用。如同德国《反对限制竞争法》第 24 条第 3 款的规定，它要求缔约国建立一个官方机构如经济部长，由此使遭禁止的合并打算在例外的情况下获得批准。例如，因重大的社会公共利益证明一个限制竞争为合理时，合并可以获得批准。因此，第二级审查不是竞争政策的审查，而是出于政治或产业政策的考虑。然而，由于任何决定都得考虑其他有关国家的利益，所以，批准这样的合并并非是一件轻而易举的事情。

3. 禁止滥用市场支配地位

草案第 14 条规定，如果企业因滥用市场支配地位引起限制竞争，得禁止这种滥用。该草案没有规定市场支配地位的概念，因为立法者认为这是一个实践的问题。草案以罗马条约第 86 条为样板，以列举的方式指出了三种滥用行为：（1）限制生产、销售或者开发新技术，从而损害消费者利益；（2）就性质相同的交易采取不同的交易条件，从而使某些竞争者处于不利的竞争地位；（3）订立合同时，强迫对方购买从性质或交易习惯上与合同标的无关的产品。罗马条约第 86 条还禁止企业在价格方面滥用市场支配地位，即强迫对方接受不公平的购买或者销售价格。然而，草案制定者认为，对占市场支配地位的企业进行价格管制是很容易的事情，但这不是反垄断法的目的。反垄断法应当直接针对占市场支配地位企业的反竞争和排他性的实践，而不是针对它们一般的市场活动。所以，草案没有将垄断高价列为占市场支配地位企业的滥用行为。

（三）执行机构和程序

国际反垄断法的执行机构是国内反垄断局（或称为国内卡特尔局）、国内法院、国际反垄断局（或称为国际卡特尔局）和国际反垄断专家小组。

草案第 17 条规定，缔约国得在其境内建立一个国内反垄断局，缔约国的国内法得保证该局在政治上的独立性，特别得保证它在适用这个国际公约方面的专有权和在选用人员方面的自主权。国内反垄断局有权向企业进行调查和取证，要求提供会计账簿以及其他必要的材料。

国内反垄断局虽然是贯彻执行国际反垄断法的主要机构，但若完全依靠这个机构，还不能保证国际反垄断法典草案提出的最低标准原则和国民待遇原则能够全面地得到贯彻和执行。因此，草案第 19 条规定，建立国际反垄断局，以监督缔约国对法典的执行。例如，当国内反垄断局对明显的限制竞争行为无动于衷，国际反垄断局可以诉诸缔约国国内法院，强迫国内反垄断局干预该限制竞争行为。它还可以在缔约国的国内法院对企业提起诉讼，请求法律制裁。但是，它不能对缔约国的企业直接采取行动，因此，它只是在缔约国的反垄断局和法院的配合下行使职权。

草案第 20 条是对国际反垄断专家小组的规定。专家小组的作用是解决国际反垄断局与缔约国在适用公约时所产生的争议。该小组成员均为有经验的反垄断法专家，由缔约国选任，不代表任何国家的利益。根据第 20 条第 2 款，除国际反垄断局有权利向国际反垄断专家小组对违反公约的缔约国提起诉讼外，各缔约国也均有权利向该小组对其他缔约国违反公约的行为提起诉讼。国际反垄断专家小组在审理案件时不是进行政策调解，而是依法作出裁决，且裁决具有法律的约束力。这样，通过国际反垄断局和国际反垄断专家小组的配合，国际反垄断法典就克服了作为国内法单纯由国内机构贯彻执行的缺陷。这一方面使缔约国保留一定的司法和行政主权，另一方面也能够保证国际公约的贯彻和执行。

对于《国际反垄断法法典草案》，国际社会提出了不少批评。

其中一个主要的缺点是草案对相关术语缺少足够的界定。例如，草案对反垄断法中一个非常重要的概念"市场力量"没有加以界定。对于各国而言，特别是对于没有相关的反垄断法传统的国家而言，缺少对术语的界定的确是一个很大的缺陷，因为没有关于基本概念和定义的了解，正确地适用竞争规则是非常困难的。[1]另外，有人担心草案中的最低标准将来难以提高，而且最低标准没有将不同国家竞争法的多样性的益处考虑进去。[2]草案对国际反垄断局和国际反垄断专家小组赋予了较大的权利，但是草案没有对如何行使这些权利作出明确的规定，显然不利于国际反垄断局和国际反垄断专家小组恰当地履行其职责。[3]还有人认为，在国际机构的职能上，草案显得过于激进，因为国家不太可能允许国际机构审查国内反垄断方面的决议，而且反垄断案件一般都比较复杂，国际机构是否具备足够的能力审查这些案件也是有疑义的。[4]

二、1995 年欧盟"新贸易秩序中的竞争政策——加强国际合作及规范"

1995 年欧盟委员会邀请了一个专家组专门研究在竞争法领域促进国际合作的方案问题，专家组提出了"新贸易秩序中的竞争政策——加强国际合作及规范"这份报告。在这份报告中，欧盟第一次解释了贸易自由化和全球化要求强化国内竞争法和竞争当局之间合作的原因，例如：（1）一国没有竞争法或虽有竞争法但其执行不力，那么，100 多个国家将会出现市场准入壁垒，影响互

〔1〕 Phillips. Comments on the Draft International Antitrust Code [J]. Aussenwirtschaft, Heft Ⅱ/Ⅲ, 1994 (49): 327-328.

〔2〕 Anu Piilola. Is There a Need for Multilateral Competition Rules? 5 Finish Yearbook of International Law, 1999.

〔3〕 黄勇. 国际竞争法研究——竞争法实施中的国际冲突与国际协调[D]. 北京：对外经济贸易大学法学院，2003.

〔4〕 Anu Piilola. Is There a Need for Multilateral Competition Rules? 5 Finish Yearbook of International Law, 1999.

惠、造成贸易争端及报复性贸易制裁；（2）越来越多的竞争问题
具有跨国性，如国际卡特尔、出口卡特尔、具有国际性（如空中、
海上运输）的限制性协议以及世界规模的合并，或在几个主要市
场上的滥用优势地位等；（3）国内竞争法的差异和冲突产生不确
定性和交易成本；（4）美国反垄断法和贸易法的单边域外适用导
致国际冲突和实施问题（如海外信息收集和外国"阻却立法"的
场合）；（5）发展中国家特别容易遭受反竞争行为（如价格歧视，
滥用知识产权限制发展中国家的竞争）以及某些国家竞争法的域
外适用的侵害。[1]

　　出于以上忧虑，欧盟提出了大胆的设想，即将贸易政策与竞争
政策合二为一，将竞争法原则融入到贸易协议中，使之成为各国贸
易协议中的一部分。报告认为，欧盟法中贸易规则与竞争规则的一
体化以及将欧盟竞争法原则纳入与欧盟20多个欧洲国家之间的自
由贸易协议的做法，为在其他区域自由贸易协议中将贸易规则和竞
争规则合为一体提供了借鉴。

　　专家组集中于未来三个可能的发展：（1）建立一个国际机构
以确保世界范围的竞争法典的执行；（2）加强双边合作；（3）逐
步构建有关竞争与贸易的复边协议（PACT）。对于第一个建议，
专家组强调它是一个长期目标。为了实现构建竞争法典的目标，应
首先使现行的国内竞争法更加趋同，并将竞争法引入尚未建立相关
立法的国家。专家组认为达到这一目标的唯一途径是通过国内竞争
当局的更密切合作。因为国内竞争当局的密切合作可以鼓励他们保
持充分的国内主权，并逐步创造相互理解和信任的气氛。对于第二
个建议，专家组承认通过欧盟和美国的协议以及其他的双边协议所
取得的利益，并强调应深化合作。专家组还强调建立更广泛的双边
协议群的重要性。尽管专家组认为双边合作是必要的和积极的，但

---

　　[1] Ernst-Ulrich Petersmann Competition-oriented Reforms of the WTO
World Trade System-Proposals and Policy options [G] // Roger Zaech. Toward WTO
Competition Rules. Kluwer Law International, 1999: 14-15.

他们也发现双边合作在范围上的局限性，因而其也是不充分的。专家组主要的建议是逐步建立一个向所有国家开放的有关竞争与贸易的复边协议（PACT），在起初阶段，它应至少包括 OECD 国家、中东欧国家和亚洲的主要贸易国家。PACT 应具有 WTO 附件四"复边协议"之地位，这样才能使贸易规则和竞争规则相互支持。PACT 的主要内容包括最低标准的竞争规则、有效的争端解决机制以及具有约束力的积极礼让工具。专家组承认在第一阶段更现实的做法是只纳入核心纪律和核心国家，而非建立一套全面的有约束力的竞争规则。专家组认为应逐步取得更广泛的参与，并逐步扩展协议的范围。协议应包括一组最低原则，而这些最低标准应纳入成员国的国内法。每个国家有义务达到特定的目标，但可以自由选择将共同原则纳入其国内法的方式。共同原则可能包括诸如禁止有关固定价格、限制产量、瓜分市场等横向卡特尔的原则。对于非核心卡特尔的案件，应适用合理法则，加以详细分析。专家组认识到对纵向限制要找到一个共同的立场是很困难的。就他们看来，一个解决方式是当纵向协议对竞争的消极影响超过其对消费者的益处或构成市场准入壁垒时，则应对该纵向协议予以禁止。在市场优势方面，专家组发现罗马条约的第 86 条是复边协议的适当模式。对于合并，程序上的协调是关键性的。复边协议应集中于案件审查的时间限制以确保国内竞争当局相互磋商的可能性。国家垄断应与其他从事商业活动的企业一样受到相同规则的约束。专家组强调，其三个建议是互补的和相互强化的，因此，在向复边协议发展的过程中，平行发展是可能的，也是给予鼓励的。[1]

欧盟的这份报告与《国际反垄断法法典草案》相比，最大的特点在于它充分认识到构建全球性的、具备超国家的竞争当局的竞争法典是一个长期的过程，只能渐进地进行。另外，它关于 PACT 的建议也具有一定的合理性。PACT 涵盖了对贸易产生影响的国家

---

〔1〕 Anu Piilola. Is There a Need for Multilateral Competition Rules? 5 Finish Yearbook of International Law, 1999.

垄断和私人限制竞争行为，并给予成员国相应的自主权。如果说
《国际反垄断法法典草案》过于激进的话，欧盟的这种做法显然要
缓和、现实得多。

三、1998 年中国香港提出"WTO 方式"

香港强调有必要将"竞争政策"广泛地界定为包括政府限制
和私人限制或对竞争的扭曲。就香港看来，比起成员内竞争法所解
决的私人限制性商业行为，政府的市场准入壁垒和市场扭曲（如
在农产品、纺织品和钢铁领域的贸易）对许多 WTO 成员而言造成
了更重要的问题。GATT 和 WTO 也应优先考虑政府市场准入壁垒
和市场扭曲的自由化问题。WTO 的大量条款已经涉及有关竞争的
政府扭曲和私人扭曲之间的相互关系，但这些条款尚不成熟。
WTO 应集中于这些有关竞争的政府限制和私人限制的相互作用问
题。作为贸易规则和竞争规则在功能上互补的例子，香港建议，如
果出口成员对已出口的产品接受了"自由贸易和竞争"的承诺
（该承诺使市场分割和掠夺性定价不可能，而且在不公平贸易的诉
讼中，为出口成员和进口成员的贸易当局和竞争当局之间提供合
作），就可免除对出口成员的反倾销调查。尽管没有排斥 WTO 关
于私人限制性措施、成员内竞争法和成员内竞争当局合作的规则，
香港建议优先考虑对现行 WTO 规则以及常见的"生产者偏见"
（即为保护与竞争产品相竞争的生产者，而不充分考虑成员内竞争
和消费者福利）进行以竞争为导向的改革。应通过将 WTO 有关非
歧视性市场准入和保障措施的规则与相应的竞争法原则联系起来，
使成员内的和国际的贸易规则及竞争规则更加协调，以便贸易规则
和竞争规则更加有效，并深化自由化和 WTO 成员之间市场的一体
化。例如：（1）与 1948 年《哈瓦纳宪章》第 46 条所规定的义务
相似，GATT 和 GATS 的市场准入承诺应扩展到倾向于排斥或歧视
进口或扭曲出口的私人市场准入壁垒；（2）WTO 的国民待遇承诺
应扩展到要求以非歧视的方式适用反对进口卡特尔和出口卡特尔的
国内竞争法；（3）应将 WTO 关于公共企业和垄断的纪律与竞争规

则相联系，从而使这些纪律更精确；（4）应通过对消费者福利和竞争法原则予以考虑的方式，平衡 WTO 保障规则中的"生产者偏向"；（5）TRIPS 协议中阻止"滥用知识产权"和"许可协议中的反竞争措施"的条款应参考竞争法原则予以更准确的界定。[1]

香港提出的"WTO 方式"寻求运用和加强 WTO 基本原则和竞争政策基本目标（包括非歧视、经济效率和消费者福利）的作用。该方式主要从法律、经济和政治三个角度来进行论证。从法律角度而言，它认为 WTO 协议传统上集中于政府措施以保护竞争条件上的合法预期。尽管这并不意味着将对纯粹的私人反竞争措施的关注搁置一边，但优先选择是有必要的。从经济角度而言，它认为相比起引入新的 WTO 规则、与国内竞争法有关的标准和国际合作，贸易自由化和对 WTO 规则进行以竞争为导向的改革更能促进竞争。贸易和竞争对与原产地规则、政府采购、反倾销、国营贸易等问题有关的政府行动所引起的歧视更加脆弱。从政治角度而言，它认为在 WTO 框架下详细探讨竞争法融合的时间尚未成熟。WTO 条款中所采用关于企业反竞争措施的分散而灵活的做法，实际上反映了国际社会对最佳的竞争规则还没有达成共识。[2] 总之，"WTO 方式"认为对 WTO 现行规则进行改革是解决贸易与竞争政策不一致问题的主要工具。可见，"WTO 方式"对私人反竞争措施所引起的危害认识不足，因此片面地以为对 WTO 现行规则进行改革，基本上就可以解决问题。实际上，私人反竞争措施造成的危害已经引起了国际社会的广泛关注，而 WTO 中涉及竞争的规定十分有限，为了保障贸易自由化所需要的公平竞争，应制定专门的竞争

---

〔1〕 Ernst-Ulrich Petersmann. Competition-oriented Reforms of the WTO World Trade System-Proposals and Policy options〔G〕// Roger Zaech. Toward WTO Competition Rules, Kluwer Law International, 1999: 14-15.

〔2〕 WTO Working Group on the Interaction between Trade and Competition Policy. Report on the Meeting of 11-13 March 1998〔R〕. WT/WGTCP/M/4, 1998.

规则来补充 WTO 的现行规定。

四、2000 年欧盟"竞争政策的多边框架协议"

竞争政策的多边框架协议方案是由欧盟提出的、在 WTO 贸易与竞争政策关系工作组召开的工作会议中被集中讨论的一种方案，该方案的特点是：第一，内容"框架"化。即不对成员方的国内竞争法提出具体的立法标准，不为成员方的国内竞争法提供细节性的条款，但是，当成员方进行竞争立法时，必须遵守核心原则框架协议所规定的基本原则，并建立独立的、有适当人员和资金充足的国内竞争执法机构。第二，没有超国家的争端解决机制。该方案只涉及成员之间就有关争议的磋商制度，而对超国家的争端解决机制持保留态度。[1]

该多边框架协议的主要内容包括:[2]

1. 竞争政策和竞争法的核心原则

欧盟认为核心原则的多边协议有利于强化成员国竞争当局的作用，并树立成员国对国际合作的信任。核心原则的多边框架并不意味着国内竞争法的趋同，而是将国内法律体系和体制性能力的差异考虑进去。同时，对核心原则的界定应反映发展中国家，特别是最不发达国家关于履行承诺的渐进性和灵活性的需要。

（1）建立一个被赋予充分执法权的竞争当局

欧盟认为，竞争政策的国际合作要求成员国存在享有调查和消除反竞争行为的具体执法权的国内机构。尽管竞争政策的概念远远宽于竞争法的概念，但是，如果缺乏法律上的执行机制以处理反竞

---

[1] 盛杰民，吴韬. 争论与分歧——关于 WTO 竞争政策谈判的分析与预测 [G] //王艳林. 竞争法评论：第 1 卷. 北京：中国政法大学出版社，2005：13-14.

[2] WTO Working Group on the Interaction between Trade and Competition Policy. Communication from the European Community and its Member States [R]. WT/WGTCP/W/152, 2000.

争行为，很难想见有效的竞争政策如何得以运作。在界定该核心原则时，考虑到不同国家的实际情况，渐进性和灵活性应是其中的重要因素。就此，应注意到如下因素：

——不需要对国内竞争法的实体范围作一个详细的界定。欧盟认为，竞争法应涵盖反竞争协议、滥用优势地位或垄断化，但没有必要制定关于合并控制的规定。

——在最不发达国家和一些小国家，缺乏国内竞争法体系可能是由于它们能力上的限制。因此，它们建立国内竞争当局的承诺也应是渐进性的。同时，对这些承诺有必要予以灵活的界定，以便不同的国家可以使其行政体制适应不同的环境。另外，有些国家建立了区域性的竞争体制，这些区域性竞争体制的成员国可能认为没有必要建立独立的国内竞争体制。

——鉴于法律传统的差异，欧盟认为，不应对竞争当局执法权予以界定，多边竞争框架只需要制定关于国内竞争当局的调查权和惩罚权的一般性规定以构成有效的威慑即可。

（2）竞争法应规定以企业国籍为基准的非歧视原则

非歧视原则对多边贸易体系和国内竞争体制的重要性几乎不用强调了。事实上，很难想象在竞争法中规定依据企业国籍进行区别的情形。欧盟认为，为了不发生误解，应强调在国内竞争法框架中对该核心原则予以界定以避免法律上的歧视。欧盟不建议在多边竞争框架中适用事实上的歧视这一概念，因为，事实上的歧视这一概念将会给竞争当局的执法政策带来复杂的问题，包括如何将竞争法适用于个案。

欧盟的意图是仅仅在国内竞争法中对法律上的歧视予以界定。欧盟认为多边竞争框架不应试图对任何形式的政府法律、法规适用绝对的国民待遇标准。同样，部门除外也应通过单独的条文予以规定，而非通过简单的非歧视原则的适用来确立。

（3）立法框架的透明度，包括部门除外规定的透明度

透明度对多边贸易体系和力图树立竞争文化的竞争当局而言是一个中心原则，透明度对从事国际贸易的企业消费者也非常重要。

但是，透明度的某些方面会产生行政成本，因而具有能力建设的意义。同时，新建立的竞争当局往往声明，为了确保对法律的尊重和建立执法的可信度，发展透明的程序是关键性前提。因此，尽管欧盟承认透明度中的某些要素应作为技术合作计划的优先目标被确认下来，并渐进性地引入国内竞争法，但多边竞争框架应纳入高标准的透明度原则。

无论从贸易还是从竞争角度而言，将部门除外豁免适用竞争法都是很重要的。但是，这个问题具有高度的敏感性和复杂性。有些国家指出，为了在引入竞争立法方面达成共识，规定某些部门豁免是必要的，但部门豁免应限制在一定的时间内。事实上，近年来的发展趋势是消除豁免或者对其进行狭义的界定。欧盟建议在现阶段比较灵活的方式是对部门除外规定透明度义务。

（4）对程序公正的保证

与其他 WTO 协议一样，竞争政策多边框架协议中的透明度应包括了程序公正以及获得有效的国内救济的含义。这包括私人当事方诉诸竞争当局的程序、对竞争调查和执法过程中程序公正的保障、对机密信息保护的基本标准、不服行政裁决的上诉权利以及在执法过程中司法机关的作用等。在透明度的其他方面，也应制定关于渐进性和能力建设的规定。同时，在行政性的竞争当局和司法机关之间进行平衡还要求对法律传统的差异有所认识。例如，确保当事人向行政性竞争当局提出请求的权利对那些当事人直接向司法机关起诉受到较大限制的国家特别重要。

（5）将核心卡特尔作为对竞争法的严重违反行为予以惩处

各国一般都认为，核心卡特尔是实际的或潜在的竞争者之间达成的涉及价格固定、串通投标、产量限制或客户分配以及市场划分的协议。这些横向协议有明显的贸易扭曲效果，往往被视为对竞争法的严重违反。对核心卡特尔的共同原则也有利于促进国际合作以抵制国际卡特尔，而国际卡特尔是国际反垄断执法的最重要目标。

2. 合作模式

欧盟认为，关于加强国际合作的规定应成为竞争政策多边框架

协议的中心。合作模式应具有充分的灵活性以解决竞争法发展程度
不同的国家的需要（合作模式包括从涉及起草法律的技术援助或
强化竞争体制的技术援助到一般性的经验交换和个案合作）。

（1）个案合作

欧盟建议，多边框架协议应包括便利个案合作的规定，这种规
定应适用于三类反竞争行为，即影响国际市场的行为（如国际卡
特尔）；影响市场准入的行为（如进口卡特尔，滥用市场优势行
为）；对不同的市场有不同影响的行为（如出口卡特尔，外国公司
的滥用市场优势行为）。

合作规定应包括如下内容：

①与个案有关的信息和证据交换

竞争当局在处理国际案件时面临的一个主要困难是发现位于其
管辖范围之外的必要证据，因此，与其他国家竞争当局合作以交换
与个案有关的信息和证据是非常有价值的。此种交换的主要障碍是
这些信息的机密性以及限制这些信息使用和披露的规则。欧盟认
为，在多边框架中不应要求成员国交换机密信息。

但是在多边框架中不要求成员国交换机密信息不应被视为对任
何有用的非公开信息的交换的禁止。一方面，竞争当局并不遵循这
一原则，即不属于机密性质的信息就必须在网站上公开。当外国当
局处理处于公开信息与机密信息之间的这类信息时，有价值的事实
和法律信息是非常关键的。另一方面，即使遇到了此类机密信息，
各国竞争法中也存在未被保密规则所覆盖或不再为保密规则所覆盖
的信息的特定要素。另外，在某些情况下（如信息的所有者对信
息的机密性作出了特别弃权），限制性的信息或机密信息也可以被
分享。一旦竞争当局（在外国竞争当局的协助下）获得了它从海
外难以收集到的证据，它就能够在调查中取得进展或更好地确定方
向。

②对影响 WTO 其他成员国重要利益的案件进行磋商和交换意
见

为了采取有益的、令人满意的措施以抵制具有国际影响的反竞

争行为，WTO 成员国应准备参加磋商。为了便利磋商，WTO 成员国应通报那些因反垄断调查而受到影响的国家。同样，WTO 成员国应提醒另一成员国注意对其贸易或投资产生影响的反竞争行为的证据，并收寻任何关于该反竞争行为的竞争调查的信息。在磋商中，WTO 成员国还可以就正在进行的竞争调查向外国跨国公司的母国寻求协助，或收集对关于国际卡特尔、进口卡特尔或出口卡特尔的执法活动有价值的信息。

磋商还可以为成员国进行市场分析或采取救济措施提供交换观点的机会。当反竞争行为对几个市场产生影响，并受到平行调查时，WTO 成员应努力协调他们的行动。

为了避免潜在的管辖权冲突，WTO 竞争协议应包括消极礼让（如 WTO 成员国在采取行动之前应考虑其他国家重要的和已经明确说明的利益）。

（2）一般性的信息和经验交换以及联合分析：竞争委员会的作用

许多 WTO 成员国，包括发展中国家都强调建立多边论坛以便利对共同关注的问题进行信息和经验交换。除了制定核心原则和便利个案合作的规定之外，WTO 还可以在加强政策对话和联合分析方面发挥重要作用。政策对话和联合分析将强化 WTO 成员国竞争当局的作用，特别是，促进发展中国家在国际反垄断合作中的一体化。欧盟认为这方面可考虑的内容包括如下：

——便利国内法、国内措施及其发展方面的信息交换。这可以通过在 WTO 成员国竞争当局中建立"联系点"（contact points）来进行，一旦 WTO 其他成员国提出请求，联系点就可以便利它们获得相关信息。应指出的是，这些信息目前一般都置于竞争当局的网站上，如果有必要，应向发展中国家的竞争当局提供协助以发展存放这些信息的电子网络。

——对影响国际贸易的竞争政策问题交换经验和进行探讨。这包括，如对竞争当局处理不同类型的、影响国际贸易的反竞争行为的方法进行进一步的分析和经验交换，还可以包括对竞争当局的竞争倡导作用或对部门除外规定的审查交换经验。这些分析和观点交换可以促进竞争当局在处理反竞争行为的方法方面的趋同，也有助于竞争当局从其他国家的经验中获益。

——对成员国竞争政策的自愿性"同行审议"。这可以为成员国提供机会，使他们发表关于将竞争法适用于具有国际影响的反竞争行为的经验，并使他们从其他国家的评论中获益。同行审议还允许对成员国的执法政策进行讨论，而且它还是确定技术援助计划中的能力限制和审查进展的重要场合。

——对影响世界经济的全球竞争问题进行联合分析与探讨。为了便利联合分析，一个可能的途径是对影响世界经济的竞争政策的主要发展情况进行定期报告。该报告可以基于各国竞争当局公布的年度报告分析未来的趋势。

欧盟建议，上述功能可在多边框架协议达成后由 WTO 建立的竞争政策委员会来承担。

（3）对发展中国家竞争体制的具体支持

尽管合作条款对所有的竞争当局都有利，但考虑对发展中国家和经济转型国家的竞争当局提供更具体的、有明确目标的支持是适当的。欧盟认为，这些具体的规定可以包括：

——强化和协调关于能力建设的技术援助途径；

——给予发展中国家的竞争调查以执法协助。

与关于渐进性和灵活性的规定一起，上述目标明确的对发展中国家竞争体制的支持可以反映多边竞争协议中的特殊和差别待遇原则。

①对发展中国家的技术援助

欧盟确信 WTO 在竞争领域发展更有力、更协调的技术援助具有重要作用。但是，很明显这种作用应在与其他国际组织的合作下承担，而且只对 WTO 在建立有约束力的规则和多边合作模式的主要作用方面进行补充。事实上，在未决定由 WTO 发展这些规则的情况下，没有什么理由来为 WTO 设计超越其目前被授权的关于技术援助的职能。但是，这并不意味着更协调的技术援助必须在

WTO 竞争协议达成后才能被考虑。乌拉圭回合的实施经验已表明关于能力建设的问题需要提前考虑。正是基于这个原因，欧盟建议，在履行新协议需要发展国内能力的情况下，关于技术援助的协调的途径也应与新规则的谈判平行发展。这可以确保一旦协议达成，更高层次的技术援助可以立即运行。

欧盟认为，更高层次的技术援助应包括以下关键原则：

——发展中国家承诺对竞争领域的技术援助以及将此种援助作为国内发展计划的主流给予更大的支持。在把竞争更好地融入发展合作活动的努力持续进行之时，关键性的推动因素只可能是启动多边协议谈判的决定。

——综合性的技术援助可以确保对竞争法处于不同发展阶段的发展中国家和经济转型国家提供持续而协调的支持。技术援助应包括对起草法律、建立竞争当局、积累执法领域的经验、培训人员的支持以及对一般的信息政策的支持等，它们可以提高这些国家处理复杂的国际问题的能力。传递机制应根据提高国内能力的中心目标而不断调整。

——履行 WTO 竞争协议的要求应纳入综合性的技术援助计划之中，而该技术援助计划涉及胜任的国际组织和其他的捐赠者。但是，应指出，技术援助不应严格限制在履行协议所要求的范围内，技术援助的一个重要目标应是以"最佳措施"为目标促进趋同化，并提高国内当局从国际合作中充分获益的能力。

——在 WTO 框架内，与所有胜任的国际组织一道合作，发展为竞争领域的能力建设提供技术援助的示范性的工作计划。这一工作计划的关键要素可以包括持续的技术援助、高要求的需求评估、协调而完整的监控和评估程序。

欧盟认为，只有在成员国承诺优先考虑竞争领域的合作与促进协调的情况下，更高层次的技术援助才可以运行。WTO 竞争协议在这方面应发挥推动作用。为此，WTO 秘书处需要与 UNCTAD、世界银行和其他的在竞争领域有经验的组织密切合作。

②对发展中国家的执法援助

　　发展中国家的竞争当局最需要从更有经验的国家的竞争当局获得执法援助。除与具体的反垄断案件无关的方面之外，竞争调查中的最初训练和信息收集技巧、程序公正和获得文件，等等，这些都可以在技术援助的广泛框架中得以解决。欧盟认为，与个案有关的执法援助可以用于如下两种基本情形：一是为发展中国家提供信息，使它们获悉反竞争行为的存在，并帮助它们发起调查。这种援助是非常有用的，但应符合拥有这些信息的国家的保密规定。二是对于那些成为海外反竞争行为的目标的发展中国家，应使它们能够对反竞争行为的起源国或从事反竞争行为的企业的总部所在国提出请求，要求它们采取救济措施，或对请求国的关注作出回应。

　　欧盟认为，执法责任主要应由对反竞争行为享有主要管辖权的国家承担。执法援助应是自愿性的，而且应考虑被请求国的执法优先目标、重要利益和可获资源。成员国有义务进行磋商，并对这些请求给予同情考虑。原则上 WTO 所有国家都能获得执法援助，尽管执法援助可能对发展中国家特别有利。

　　与前面的几种方案相比，竞争政策的多边框架协议方案具有明显的优点。《国际反垄断法法典草案》的最大问题是难以界定反竞争行为的最低标准。不可否认，最低标准原则可以在尊重世界各国竞争制度多样化的同时为打击反竞争行为提供基准，但是由于各国经济发展水平、法律文化传统的不同，各国竞争法制度仍然存在诸多差异，甚至在某些问题上分歧很大，要通过谈判来达成各国都能够接受的最低标准是非常困难的。另外，草案建议建立国际机构审查国内反垄断方面的决议，这直接涉及国家的管辖权问题，是对国家主权的一种挑战，很可能遭到某些国家的反对，阻力很大。香港提出的"WTO 方式"认为政府的贸易保护主义措施仍然是国际竞争和自由贸易的主要威胁，因此只赞成对现有 WTO 规则进行竞争取向的改革来加强 WTO 的原则和目标，而不赞成在 WTO 框架下制定新的专门处理反竞争行为的规则，从性质上而言，这种方案仍然局限在贸易法的基本范畴内，它低估了反竞争行为对国际贸易和经济秩序的危害。欧盟在"新贸易秩序中的竞争政策——加强国际合作及规范"报告与竞争政策的多边框架方案之间的主要差异在于，前者提出应逐步建立一个向所有国家开放的有关竞争与贸易的复边协议（PACT），而后者是力图建立以核心原则为中心的框架性协议；后者约束的国家比前者约束的国家要广泛得多，因而也更能发挥实际效果。同时，竞争政策的多边框架协议方案也比较具有现实性，而且体现了对发展中国家利益的关切。因此，在诸种方案中，竞争政策的多边框架协议方案最可能为大多数国家所接受。

第三节　WTO 竞争政策的发展现状

1996 年 WTO 新加坡部长会议宣言第 20 条规定："我们还同意：建立一个工作组，研究成员提出的有关贸易与竞争相互作用的问题，包括反竞争行为，以便确认值得在 WTO 框架内进一步考虑的领域。在工作组进行工作中，我们鼓励与上列组织合作，以最佳地利用可得到的资源，以及确保充分考虑发展规模……可以清楚地认为，将来的谈判，如果有的话，只有 WTO 成员就此进行谈判，达到一致时，才能进行。"WTO 贸易与竞争政策关系工作组就此成立，负责研究贸易与竞争政策的关系，探讨在该领域制定国际规则的可能性。

WTO 贸易与竞争政策关系工作组于 1997 年 7 月开列了下列需要研究的问题清单：第一，贸易和竞争政策的目标、原则、概念、范围和方法之间的关系，它们对发展和经济增长的关系。第二，搜集和分析有关贸易和竞争政策现行的方法、标准和活动，包括其实施经验、与贸易有关的国家的竞争政策、法律和方法；现行的 WTO 规范；双边的、地区的与多边的协议和行动。第三，贸易和竞争政策的相互作用：企业和协会的反竞争行为对国际贸易的影响；国家垄断、排他性权利和管制政策的关系；投资和竞争政策之间的关系；贸易政策对竞争的影响。第四，确认值得在 WTO 框架内进一步考虑的领域。

1998 年总理事会决定 WTO 贸易与竞争政策关系工作组继续开

展工作，并认为就下述内容进行研究是有益的：国民待遇、透明度、最惠国待遇等 WTO 基本原则与竞争政策之间的关系；促进技术合作等成员方之间的合作及信息交换；为实现促进国际贸易发展等 WTO 的目标，竞争政策应当作出什么样的贡献。

　　2001 年 11 月 WTO 多哈部长会议通过的宣言，有 3 节内容涉及将来有关竞争政策的谈判内容，即第 23、24、25 节。第 23 节规定：会议承认建立一个有益于促进国际贸易和发展竞争政策的多边框架协议，承认加强第 24 节提及的向发展中国家竞争主管部门提供技术援助和提高执法水平的必要性。在此基础上，我们一致同意，在多哈会议后两年内即将召开的第 5 次部长级会议上举行谈判，谈判将根据该会上成员方明确认可的谈判模式进行。第 24 节规定：我们承认发展中国家和最不发达国家在该领域对技术援助和加强执法能力建设方面的需求，其中包括政策分析和经济发展，这样可以使这些国家更好地评价加强多边合作对其发展政策和发展目标以及人力资源和制度建设发展的重要意义。因此，我们将努力与其他相关政府间的组织展开合作，包括 UNCTAD；同时，通过合理的区域性和双边渠道加强资源和技术的支持，以便对该种需要作出反应。第 25 节规定：在召开第 5 次会议之前，工作组织应当将工作重点放在说明核心原则的方面，包括透明度、非歧视原则、程序公正原则、关于核心卡特尔的规则、自愿合作的模式以及通过能力建设加强对发展中国家竞争主管机构的技术支持以提高其执法能力。要充分考虑到发展中国家和最不发达国家的需要，针对它们的问题提供合理的灵活性。

　　令人遗憾的是，坎昆会议没有就竞争政策的谈判方式达成一致意见，甚至没有将这个问题按照议事日程提上来，但会议宣言还是规定了工作组应集中澄清以下问题：（1）核心原则包括透明度、非歧视和程序公正原则及关于核心卡特尔的规定；（2）处理 WTO 成员政府之间竞争政策自愿合作的途径；（3）通过增强竞争能力在发展中国家支持进一步加强竞争。宣言表明必须充分考虑发展中国家的需要，包括技术合作和增强竞争能力。

下面根据贸易与竞争政策关系工作组就已经进行的谈判情况提交的文件，结合历次会议的议题，介绍 WTO 成员方对竞争政策多边框架谈判要点的不同意见。

（一）关于核心原则

1. 在多边竞争框架中引入 WTO 核心原则的重要性：有成员方认为核心原则对于多边竞争框架的可信度和有效性是至关重要的，[1]没有核心原则，竞争框架将缺乏可信度、权威性以及成员国的尊重，并因而导致无效性；同时，引入核心原则可以帮助国内竞争执法机关适用这些原则，并抵御来自国内，特别是国内企业界和政府其他部门的压力，而这个问题不管是在发达国家还是在发展中国家都同样存在。[2]核心原则对于建立竞争文化也是很关键的。[3]引入核心原则，对于贸易商和投资者来说也是一种极有价

---

[1] Working Group on the Interaction between Trade and Competition Policy. Report on the Meeting of 26 - 27 September 2002 [R]. WT/WGTCP/M/19, 2002, para. 5, 6, 7, 10, 39, 42, 43, 49, 82. WTO Working Group on the Interaction between Trade and Competition Policy. Report (2002) of the Working Group on the Interaction between Trade and Competition Policy to the General Council, Geneva [R]. WT/WGTCP/6, 2002, para. 13.

[2] WTO Working Group on the Interaction between Trade and Competition Policy. Report (2002) of the Working Group on the Interaction between Trade and Competition Policy to the General Council Geneva [R]. WT/WGTCP/6, 2002, para. 13.

[3] Working Group on the Interaction between Trade and Competition Policy. Report on the Meeting of 26 - 27 September 2002 [R]. WT/WGTCP/M/19, 2002, para. 14, 39. WTO Working Group on the Interaction between Trade and Competition Policy. Report (2002) of the Working Group on the Interaction between Trade and Competition Policy to the General Council, Geneva [R]. WT/WGTCP/6, 2002, para. 13.

值的保证，一定程度上可以提高贸易量和投资量。〔1〕有成员方指
出，这三个原则是相互关联和相互强化的，缺乏任何一个都将削弱
其他原则以及整个多边竞争框架的作用。〔2〕还有成员方强调，由
于竞争政策的独特性以及其本身与传统贸易问题的区别，有必要考
虑并明确规定核心原则在多边竞争框架内的适用。〔3〕这种方式在
WTO 中是有先例的，在现存 WTO 的各类协议中，就针对不同的主
题（如服务贸易、知识产权、卫生和植物检疫措施等）的特性对
核心原则进行了调整。〔4〕有成员方认为，将核心原则纳入 WTO

　　〔1〕　Working Group on the Interaction between Trade and Competition Poli-
cy. Report on the Meeting of 26 - 27 September 2002 〔R〕. WT/WGTCP/M/19,
2002, para. 10, 39. WTO Working Group on the Interaction between Trade and
Competition Policy. Report (2002) of the Working Group on the Interaction between
Trade and Competition Policy to the General Council, Geneva 〔R〕. WT/WGTCP/
6, 2002, para. 13.

　　〔2〕　Working Group on the Interaction between Trade and Competition Poli-
cy. Report on the Meeting of 26 - 27 September 2002 〔R〕. WT/WGTCP/M/19,
2002, para. 14. WTO Working Group on the Interaction between Trade and Competi-
tion Policy. Report (2002) of the Working Group on the Interaction between Trade
and Competition Policy to the General Council, Geneva 〔R〕. WT/WGTCP/6,
2002, para. 13.

　　〔3〕　Working Group on the Interaction between Trade and Competition Poli-
cy. Report on the Meeting of 26 - 27 September 2002 〔R〕. WT/WGTCP/M/19,
2002, para. 7. WTO Working Group on the Interaction between Trade and Competi-
tion Policy. Report (2002) of the Working Group on the Interaction between Trade
and Competition Policy to the General Council, Geneva 〔R〕. WT/WGTCP/6,
2002, para. 14.

　　〔4〕　Working Group on the Interaction between Trade and Competition Poli-
cy. Report on the Meeting of 26 - 27 September 2002 〔R〕. WT/WGTCP/M/19,
2002, para. 7, 13. WTO Working Group on the Interaction between Trade and Com-
petition Policy. Report (2002) of the Working Group on the Interaction between
Trade and Competition Policy to the General Council, Geneva 〔R〕. WT/WGTCP/
6, 2002, para. 14.

竞争政策协议并不涉及竞争法和竞争政策的趋同。〔1〕

  2. 非歧视原则：多边贸易体制中的非歧视原则包括两个方面，即国民待遇原则和最惠国待遇原则。国民待遇原则要求一个 WTO 成员国不能将其他 WTO 成员国的货物、服务和人员置于与其自己的货物、服务和人员不平等的竞争优势上。国民待遇原则的宗旨是使国内产品和企业与其他成员方的同类产品和企业在市场竞争中处于平等的地位。国民待遇原则规定在三个主要的 WTO 协议中，即 GATT 第 3 条、GATS 第 17 条和 TRIPS 协议第 3 条。GATT 第 3 条第 4 款规定："在征收国内税和有关国内销售、购买、运输、分配所适用的法律法规方面，缔约国应给予来自其他缔约国的产品不低于本国产品的待遇。"GATS 将同样的"不低于"标准适用于"在影响服务提供的所有措施方面，其他任何缔约国的服务和服务提供者"。（在作出特殊承诺的部门）TRIPS 协议将其适用于"在知识产权保护方面，其他成员的国民"。

  最惠国原则要求一成员国给予另一成员国的货物、服务或人员应自动地给予其他成员国。最惠国待遇的宗旨是保证不同的外国成员方在货物和服务贸易中享有平等的待遇。GATT1994 第 1 条、GATS 第 2 条和 TRIPS 协议第 4 条规定了最惠国待遇原则。

  在适用国内竞争法方面，最惠国待遇不构成一个严重的问题。很难设想，一个竞争当局一方面接受来自某个国家的企业的反竞争

---

〔1〕 Working Group on the Interaction between Trade and Competition Policy. Report on the Meeting of 26 - 27 September 2002 [R]. WT/WGTCP/M/19, 2002, para. 33. WTO Working Group on the Interaction between Trade and Competition Policy. Report (2002) of the Working Group on the Interaction between Trade and Competition Policy to the General Council, Geneva [R]. WT/WGTCP/6, 2002, para. 14.

行为，另一方面又禁止来自其他国家的企业的类似行为。[1] 但需要澄清的是，在双边和地区安排中出现的待遇不能自动适用于其他成员方。

对于非歧视原则的范围和适用，支持建立多边竞争框架的成员方提出，非歧视原则应当只适用于法律上的歧视，例如法律、规章以及指南中体现出的歧视，而不适用事实上的歧视，[2] 这并不意味着与事实上的歧视不相关，而是目前很难将事实上的歧视与合理法则在特定市场状况中的适用以及基于客观因素的对制裁权的合理行使区分开来。[3] 还有成员方建议，应确保多边竞争框架中的原则不涉及其他领域，例如产业政策等，尽管这些政策可能已受到现

---

[1] Working Group on the Interaction between Trade and Competition Policy. Report on the Meeting of 26 - 27 September 2002 [R]. WT/WGTCP/M/19, 2002, para . 13. WTO Working Group on the Interaction between Trade and Competition Policy. Report (2002) of the Working Group on the Interaction between Trade and Competition Policy to the General Council, Geneva [R]. WT/WGTCP/6, 2002, para. 21.

[2] Working Group on the Interaction between Trade and Competition Policy. Report on the Meeting of 26 - 27 September 2002 [R]. WT/WGTCP/M/19, 2002, para. 8, 36, 44. WTO Working Group on the Interaction between Trade and Competition Policy. Report (2002) of the Working Group on the Interaction between Trade and Competition Policy to the General Council, Geneva [R]. WT/WGTCP/6, 2002, para. 22.

[3] Working Group on the Interaction between Trade and Competition Policy. Report on the Meeting of 26 - 27 September 2002 [R]. WT/WGTCP/M/19, 2002, para. 7, 36, 44, 65. WTO Working Group on the Interaction between Trade and Competition Policy. Report (2002) of the Working Group on the Interaction between Trade and Competition Policy to the General Council, Geneva [R]. WT/WGTCP/6, 2002, para. 22.

存的 WTO 有关纪律的规制。[1]

对于引入非歧视原则，一些成员方存有问题、关切和保留意见。针对非歧视原则可能对双边和多边合作安排产生的影响，有成员方指出，继续保留这些多、双边安排是非常重要的，特别是国际合作、自愿协助和信息交换的层次和形式，它们因不同成员方的法律体系、执行体系和在竞争法实践经验的不同而有所差异，[2]因此非歧视原则不应当要求不同成员方的竞争当局以同样的条件提供执法方面的协助或交换信息。多边竞争框架应针对这一点制定明确的保障性规定。[3]另外，有成员方指出，由于合作是自愿的，不

　　[1]　Working Group on the Interaction between Trade and Competition Policy. Report on the Meeting of 26 - 27 September 2002 [R]. WT/WGTCP/M/19, 2002, para. 36. WTO Working Group on the Interaction between Trade and Competition Policy. Report (2002) of the Working Group on the Interaction between Trade and Competition Policy to the General Council, Geneva [R]. WT/WGTCP/6, 2002, para. 22.

　　[2]　Working Group on the Interaction between Trade and Competition Policy. Report on the Meeting of 26 - 27 September 2002 [R]. WT/WGTCP/M/19, 2002, para. 11. WTO Working Group on the Interaction between Trade and Competition Policy. Report (2002) of the Working Group on the Interaction between Trade and Competition Policy to the General Council, Geneva [R]. WT/WGTCP/6, 2002, para. 23.

　　[3]　Working Group on the Interaction between Trade and Competition Policy. Report on the Meeting of 26 - 27 September 2002 [R]. WT/WGTCP/M/19, 2002, para. 6. WTO Working Group on the Interaction between Trade and Competition Policy. Report (2002) of the Working Group on the Interaction between Trade and Competition Policy to the General Council, Geneva [R]. WT/WGTCP/6, 2002, para. 23.

是多边竞争框架的强制义务，因此似乎不需要明确规定这方面的豁免。[1]有成员方指出，应当采取措施使得某些国家不会得不到合作，例如应当规定成员方有义务对于其他成员方就具体案件请求合作的要求给予回应，否则应当说明不给予合作的理由。[2]还有成员方指出，根据透明度原则，双边和区域性的合作协议应当向世界贸易组织通报。[3]

在非歧视原则的适用范围方面，有成员方指出非歧视原则一般应适用于"相似的"产品和服务；但是，由于竞争案件的分析和执行都是基于个案的，不存在完全类似或具有可比性的场合，因此实践中难以判断事实上歧视的存在与否；即使非歧视原则只适用于法律上的歧视，问题也仍旧存在。例如，如何对待竞争规则中的豁免？大多数国家（即便不是所有国家）将某些部门豁免适用竞争法或通过部门法规而非竞争法来规制这些部门。在 GATT 中，第

〔1〕 Working Group on the Interaction between Trade and Competition Policy. Report on the Meeting of 26 - 27 September 2002 〔R〕. WT/WGTCP/M/19, 2002, para. 37, 44. WTO Working Group on the Interaction between Trade and Competition Policy. Report (2002) of the Working Group on the Interaction between Trade and Competition Policy to the General Council, Geneva 〔R〕. WT/WGTCP/6, 2002, para. 23.

〔2〕 Working Group on the Interaction between Trade and Competition Policy. Report on the Meeting of 26 - 27 September 2002 〔R〕. WT/WGTCP/M/19, 2002, para. 13. WTO Working Group on the Interaction between Trade and Competition Policy. Report (2002) of the Working Group on the Interaction between Trade and Competition Policy to the General Council, Geneva 〔R〕. WT/WGTCP/6, 2002, para. 23.

〔3〕 Working Group on the Interaction between Trade and Competition Policy. Report on the Meeting of 26 - 27 September 2002 〔R〕. WT/WGTCP/M/19, 2002, para. 15. WTO Working Group on the Interaction between Trade and Competition Policy. Report (2002) of the Working Group on the Interaction between Trade and Competition Policy to the General Council, Geneva 〔R〕. WT/WGTCP/6, 2002, para. 23.

20 条规定的例外，如保护公共道德或人类健康以及法律实施，都可以成为国内竞争法的豁免以及除外规定的依据。但是，未来的WTO 多边竞争框架是否应解决这些问题？如果应解决这些问题，那么是否应解决竞争环境中某些具体的因素，如国内经济的自由化状况，或是否存在针对这些除外规定的有效的国内管制措施？[1]

　　关于非歧视原则对发展中国家的影响，有成员方指出，应考虑到发展中国家为了自身发展，而采取或者容忍某些限制竞争行为或者合并以达到长期目标的必要性；因此，应当在多边竞争协议中豁免发展中国家的国民待遇义务，[2] 或者最低程度上应当为发展中成员方保留适当的灵活性。[3] 由于其他的原因，灵活性也是有必要的，因为在许多发展中国家，中小企业占大多数，它们对市场的影响无足轻重，在适用非歧视原则时，发展中国家的小企业应如何保持竞争力以至不会被那些企图进行垄断和采取反竞争行为的跨国

　　[1]　Working Group on the Interaction between Trade and Competition Policy. Report on the Meeting of 26 - 27 September 2002 [R]. WT/WGTCP/M/19, 2002, para. 22. WTO Working Group on the Interaction between Trade and Competition Policy. Report (2002) of the Working Group on the Interaction between Trade and Competition Policy to the General Council, Geneva [R]. WT/WGTCP/6, 2002, para. 24.

　　[2]　Working Group on the Interaction between Trade and Competition Policy. Report on the Meeting of 26 - 27 September 2002 [R]. WT/WGTCP/M/19, 2002, para. 26. WTO Working Group on the Interaction between Trade and Competition Policy. Report (2002) of the Working Group on the Interaction between Trade and Competition Policy to the General Council, Geneva [R]. WT/WGTCP/6, 2002, para. 25.

　　[3]　Working Group on the Interaction between Trade and Competition Policy. Report on the Meeting of 26 - 27 September 2002 [R]. WT/WGTCP/M/19, 2002, para. 29, 58, 61. WTO Working Group on the Interaction between Trade and Competition Policy. Report (2002) of the Working Group on the Interaction between Trade and Competition Policy to the General Council, Geneva [R]. WT/WGTCP/6, 2002, para. 25.

公司所掀起的合并浪潮排除出市场。非歧视原则也有可能被滥用，因此，非歧视原则应基于个案适用，以防止非歧视原则与成员国的发展目标相冲突。[1] 由于全球化的影响，当地企业面临着来自外国的激烈竞争，发展中国家的产业应当被给予足够的时间以提高自身能力，应对国际竞争。[2]

有成员方指出，通常所提出的认为国民待遇是非歧视原则一个重要方面的理由在竞争政策领域并不适用，为了满足发展中国家的需要，应从这样的角度来适用非歧视原则，即需要对不同能力的国家以区别对待，并有责任对发展中国家的企业和机构提供帮助、采取积极的措施和切实行动，使他们更有效率和具备竞争力。[3]

有成员方认为，并非所有的差别待遇都是歧视性的，实际情况中也存在很多原因促使政府希望以不同的方式对待不同的经营者。对此，支持在多边竞争框架中引入非歧视原则的成员方指出，作为

---

〔1〕 Working Group on the Interaction between Trade and Competition Policy. Report on the Meeting of 26 - 27 September 2002 [R]. WT/WGTCP/M/19, 2002, para. 29. WTO Working Group on the Interaction between Trade and Competition Policy. Report (2002) of the Working Group on the Interaction between Trade and Competition Policy to the General Council, Geneva [R]. WT/WGTCP/6, 2002, para. 25.

〔2〕 Working Group on the Interaction between Trade and Competition Policy. Report on the Meeting of 26 - 27 September 2002 [R]. WT/WGTCP/M/19, 2002, para. 25, 53. WTO Working Group on the Interaction between Trade and Competition Policy. Report (2002) of the Working Group on the Interaction between Trade and Competition Policy to the General Council, Geneva [R]. WT/WGTCP/6, 2002, para. 25.

〔3〕 Working Group on the Interaction between Trade and Competition Policy. Report on the Meeting of 26 - 27 September 2002 [R]. WT/WGTCP/M/19, 2002, para. 17. WTO Working Group on the Interaction between Trade and Competition Policy. Report (2002) of the Working Group on the Interaction between Trade and Competition Policy to the General Council, Geneva [R]. WT/WGTCP/6, 2002, para. 26.

一个原则来看，非歧视原则至少应禁止政府以国籍为理由采取差别待遇。大多数的成员国是赞同这一观点的，而且这一观点确实是源自 WTO 的基本原则。实际中也有可能存在这种情形，即政府以某种方式对待的经营者均是外国人。比如，正像某些发展中国家指出的那样，一国的经济结构不是多元性的或没有获得充分发展，在该国的某些领域，具有一定特征的企业都是外国企业，这种情形本身可能并不构成歧视。但是，差别待遇的背后原因应是客观的政策因素。[1]

3. 透明度原则：多边贸易体制中的透明度原则有两个方面，一是公布或至少使公众能够获得所有有关的法律法规和决议，二是向 WTO 及其成员通报各种形式的政府措施。

WTO 协议第 10 条是关于透明度的核心条款，它要求成员国公布"与影响货物贸易的各种要求和程序有关的法律、规章、司法裁决和行政裁决"。这些文件必须"以能够使政府和贸易商了解它们的方式立即公布"。TRIPS 协议第 63 条也使用了同样的文字。GATS 第 3 条第 1 款要求成员国"除非在紧急情况下，否则应在不迟于生效之前立即公布与该协议有关或影响该协议运行的所有相关措施"。

有成员方提出，透明度原则对于"边界后"的措施，如竞争法和竞争政策，可能特别重要，因为它是确保这些措施不被用作贸易限制性措施的手段。同时，对透明机制的依赖有助于确保协议中实体纪律的规制范围不具有不必要的侵犯性，并因而确保适当的平衡。透明度的某些方面，包括公布普遍适用的法律、法规和指南可

---

[1] Working Group on the Interaction between Trade and Competition Policy. Report on the Meeting of 26 - 27 September 2002 [R]. WT/WGTCP/M/19, 2002, para. 66. WTO Working Group on the Interaction between Trade and Competition Policy. Report (2002) of the Working Group on the Interaction between Trade and Competition Policy to the General Council, Geneva [R]. WT/WGTCP/6, 2002, para. 28.

能导致行政成本，并因而对能力建设提出了要求。但是，发展透明
的程序，形成透明的法律框架对促进法律的遵守和建立可信的执行
体制是非常关键的。在多边竞争框架中设计适当的透明度义务有利
于实现多边贸易体制以及可信而有效的竞争法的实施目标。[1]

　　在竞争政策领域，透明度应适用于普适性的法律、法规和指
南，WTO 的成员有义务确保全面而及时地公布这些法律、法规和
指南；公布可以在官方的文件、期刊或公共的网站上进行。[2] 对
外的透明度要求不仅适用于法律、法规和指南的公开，还应包括部
门除外和豁免的公开，因为这对于商业决策很重要。因此，这些事
项的公开是促进外国直接投资流动增加的因素之一。透明度的进一
步要求是 WTO 成员国有义务将法律、法规、指南、部门除外和豁
免规定向 WTO 通报。通报应向以后建立的 WTO 竞争政策委员会
作出。也有成员方认为，透明度原则上应渗透到一国竞争体制的各
个方面，包括立法、政策、机制结构、决策过程、执行、政策与程
序指南、判例选择标准、豁免标准、上诉过程以及所有相关的结果

---

〔1〕 Working Group on the Interaction between Trade and Competition Poli-
cy. Report on the Meeting of 26 - 27 September 2002 〔R〕. WT/WGTCP/M/19,
2002, para. 39. WTO Working Group on the Interaction between Trade and Competi-
tion Policy. Report (2002) of the Working Group on the Interaction between Trade
and Competition Policy to the General Council, Geneva 〔R〕. WT/WGTCP/6,
2002, para. 16.

〔2〕 Working Group on the Interaction between Trade and Competition Poli-
cy. Report on the Meeting of 26 - 27 September 2002 〔R〕. WT/WGTCP/M/19,
2002, para . 40. WTO Working Group on the Interaction between Trade and Compe-
tition Policy. Report (2002) of the Working Group on the Interaction between Trade
and Competition Policy to the General Council, Geneva 〔R〕. WT/WGTCP/6,
2002, para. 17.

和裁决的细节等。[1] 同时，透明度义务应当通过一种不构成过度
负担的方式来界定，这时就产生了具有约束力的竞争法裁决的公众
获知问题，对此的建议是成员国必须以某种方式使它们为公众所
知。有成员方建议，应当给发展中国家充分的时间与灵活性以逐步
履行其在管理和执行竞争法律中的透明度义务，例如通过过渡措施
等。最终的透明度条款中的某些内容应成为技术援助和能力建设的
优先发展领域。[2]

　　有成员方认为，对保密信息的保护应豁免适用多边竞争框架下
的透明度原则。[3] 事实上，现有的 WTO 透明度原则已经包括了
对于保密信息的豁免规定，WTO 成员方对此也是按照自己的法律

---

〔1〕 Working Group on the Interaction between Trade and Competition Poli-
cy. Report on the Meeting of 26 - 27 September 2002 〔R〕. WT/WGTCP/M/19,
2002, para. 5, 9, 18. WTO Working Group on the Interaction between Trade and
Competition Policy. Report (2002) of the Working Group on the Interaction between
Trade and Competition Policy to the General Council, Geneva 〔R〕. WT/WGTCP/
6, 2002, para. 17.

　　〔2〕 Working Group on the Interaction between Trade and Competition Poli-
cy. Report on the Meeting of 26 - 27 September 2002 〔R〕. WT/WGTCP/M/19,
2002, para. 39. WTO Working Group on the Interaction between Trade and Competi-
tion Policy. Report (2002) of the Working Group on the Interaction between Trade
and Competition Policy to the General Council, Geneva 〔R〕. WT/WGTCP/6,
2002, para. 17.

　　〔3〕 Working Group on the Interaction between Trade and Competition Poli-
cy. Report on the Meeting of 26 - 27 September 2002 〔R〕. WT/WGTCP/M/19,
2002, para. 5, 11, 12, 45, 48, 50, 51, 58. WTO Working Group on the Inter-
action between Trade and Competition Policy. Report (2002) of the Working Group
on the Interaction between Trade and Competition Policy to the General Council, Ge-
neva 〔R〕. WT/WGTCP/6, 2002, para. 18.

和法制传统来操作的。[1]

　　不过，对于将透明度原则纳入多边竞争框架，一些成员方仍有问题、关切和保留意见。例如有成员方建议对透明度原则的范围和内涵问题进行详细研究。对于判断某个裁决是否具有先例效力的标准问题，至少在普通法系国家，这将是非常宽泛的，因为所有的法院和机关裁决——至少是已公布的裁决——可能都具有先例效力。因此，根据这一标准，美国法院作出的任一裁决都可能必须予以通报。[2]有成员方认为，在决定谈判模式之前应进行进一步的研究和探讨，以促使发展中国家对透明度条款的成本及收益问题进行更现实的评估。[3]但是，在小组对透明度义务酝酿出一个好的想法

〔1〕 Working Group on the Interaction between Trade and Competition Policy. Report on the Meeting of 26 - 27 September 2002 [R]. WT/WGTCP/M/19, 2002, para. 23. WTO Working Group on the Interaction between Trade and Competition Policy. Report (2002) of the Working Group on the Interaction between Trade and Competition Policy to the General Council, Geneva [R]. WT/WGTCP/6, 2002, para. 18.

〔2〕 Working Group on the Interaction between Trade and Competition Policy. Report on the Meeting of 26 - 27 September 2002 [R]. WT/WGTCP/M/19, 2002, para. 62. WTO Working Group on the Interaction between Trade and Competition Policy. Report (2002) of the Working Group on the Interaction between Trade and Competition Policy to the General Council, Geneva [R]. WT/WGTCP/6, 2002, para. 19.

〔3〕 Working Group on the Interaction between Trade and Competition Policy. Report on the Meeting of 26 - 27 September 2002 [R]. WT/WGTCP/M/19, 2002, para. 23, 27. WTO Working Group on the Interaction between Trade and Competition Policy. Report (2002) of the Working Group on the Interaction between Trade and Competition Policy to the General Council, Geneva [R]. WT/WGTCP/6, 2002, para. 19.

之前，成员国不可能对透明度影响进行现实的评估。[1] 对于保密信息问题，有成员方认为由于各成员方不同的法律、政治和体制环境，要在这个领域保持适当的平衡是困难的。[2]

4. 程序公正原则：WTO 协议包括与程序公正有关的条款，但是它们大部分与每个协议的特定主体有关——在 GATT 中是进口的关税和收费，GATS 中是服务提供者的资格和许可，TRIPS 中是知识产权的取得和实施。程序公正问题与竞争法实施是密切相关的。

有成员方指出任何有效的竞争体制的一个共同特点是它们都保证当事人对于不利的决定和制裁所享有的权利得到认可和尊重，这种保证从内容和形式上都有所不同，因为它们体现了不同国家法律体系和传统的差异。一般而言，保证分为四类：第一类保证是使用体系的保证。例如，当竞争当局准备对企业发起正式的调查时，企业有权获知，并了解原因。第二类保证与企业的抗辩有关。企业应有机会和时间，通过书面材料、参加听证、提供证据等向竞争当局表明自己的意见。第三类保证是参与竞争程序的企业有权要求独立的司法机关审查对企业有影响的裁决。最后，对机密信息的保护，包括对商业秘密的保护也应被确保。上述基本的保证应在未来的多

[1] Working Group on the Interaction between Trade and Competition Policy. Report on the Meeting of 26 - 27 September 2002 [R]. WT/WGTCP/M/19, 2002, para. 28, 62. WTO Working Group on the Interaction between Trade and Competition Policy. Report (2002) of the Working Group on the Interaction between Trade and Competition Policy to the General Council, Geneva [R]. WT/WGTCP/6, 2002, para. 19.

[2] Working Group on the Interaction between Trade and Competition Policy. Report on the Meeting of 26 - 27 September 2002 [R]. WT/WGTCP/M/19, 2002, para. 23. WTO Working Group on the Interaction between Trade and Competition Policy. Report (2002) of the Working Group on the Interaction between Trade and Competition Policy to the General Council, Geneva [R]. WT/WGTCP/6, 2002, para. 19.

边竞争协议中被明确规定下来。[1] 也有成员方认为应对可能促进程序公正的四类概念予以界定：（1）向竞争当局提出申诉的权利；（2）被调查的企业在竞争当局采取行动之前了解调查的原因以及作出回应的权利；（3）对有关机关的裁决进行上诉的权利；（4）时间限制。[2]

但有成员方对于引入程序公正原则存在问题、关切和保留意见。有成员方指出，目前还没有在竞争执法方面就程序公正问题达成广泛认识，这部分上是由于法律传统、政治和法律文化的影响，各国对公正的理解也有所不同。[3]

关于程序公正原则对发展中国家的影响，有成员方指出，程序公正原则要求成员方设立和维持审理上诉案件的司法体系；同样，向 WTO 和公众通报竞争法和相关信息需要大量资源。在确定谈判模式之前，有必要进行更多的研究和探讨，以便发展中国家对程序

---

[1] Working Group on the Interaction between Trade and Competition Policy. Report on the Meeting of 26 - 27 September 2002 [R]. WT/WGTCP/M/19, 2002, para. 41. WTO Working Group on the Interaction between Trade and Competition Policy. Report (2002) of the Working Group on the Interaction between Trade and Competition Policy to the General Council, Geneva [R]. WT/WGTCP/6, 2002, para. 30.

[2] Working Group on the Interaction between Trade and Competition Policy. Report on the Meeting of 26 - 27 September 2002 [R]. WT/WGTCP/M/19, 2002, para. 18. WTO Working Group on the Interaction between Trade and Competition Policy. Report (2002) of the Working Group on the Interaction between Trade and Competition Policy to the General Council, Geneva [R]. WT/WGTCP/6, 2002, para. 30.

[3] Working Group on the Interaction between Trade and Competition Policy. Report on the Meeting of 26 - 27 September 2002 [R]. WT/WGTCP/M/19, 2002, para. 18. WTO Working Group on the Interaction between Trade and Competition Policy. Report (2002) of the Working Group on the Interaction between Trade and Competition Policy to the General Council, Geneva [R]. WT/WGTCP/6, 2002, para. 31.

公正条款的成本和收益问题予以现实地评估。[1]有成员还指出，鉴于成员方法律体系的复杂性，是否需要在多边竞争框架内发展一个程序公正的含义，或者 GATT 第 10 条的含义是否可以作为参照都是需要研究和澄清的。[2]对于这些关切，有成员方指出无论各国竞争体制多么不同，都会遵循一定的公正标准，而且 WTO 其他领域的实践也表明在考虑不同成员国法律文化和法律体系的明显差异的同时，可以简单实际地解决程序公正问题。以司法审查为例，WTO 中许多条款都规定了司法审查，但没有干涉成员国内部的司法审查是如何运转的，或司法审查的范围如何。[3]

还有成员方指出，在多边竞争框架中设想的、即使是最基本的程序公正原则的要求在国内执行的实践中都会产生问题，以调查通知为例，如果是送达给被调查方的通知，则不会有问题，但如果是广泛的通报，如向 WTO 或成员国通报，情形就不同了。某些成员

------

〔1〕 Working Group on the Interaction between Trade and Competition Policy. Report on the Meeting of 26 - 27 September 2002 〔R〕. WT/WGTCP/M/19, 2002, para. 27, 28. WTO Working Group on the Interaction between Trade and Competition Policy. Report (2002) of the Working Group on the Interaction between Trade and Competition Policy to the General Council, Geneva 〔R〕. WT/WGTCP/6, 2002, para. 32.

〔2〕 Working Group on the Interaction between Trade and Competition Policy. Report on the Meeting of 26 - 27 September 2002 〔R〕. WT/WGTCP/M/19, 2002, para. 54. WTO Working Group on the Interaction between Trade and Competition Policy. Report (2002) of the Working Group on the Interaction between Trade and Competition Policy to the General Council, Geneva 〔R〕. WT/WGTCP/6, 2002, para. 32.

〔3〕 Working Group on the Interaction between Trade and Competition Policy. Report on the Meeting of 26 - 27 September 2002 〔R〕. WT/WGTCP/M/19, 2002, para. 41, 42, 68. WTO Working Group on the Interaction between Trade and Competition Policy. Report (2002) of the Working Group on the Interaction between Trade and Competition Policy to the General Council, Geneva 〔R〕. WT/WGTCP/6, 2002, para. 33.

国在确定被调查者的行为违法之前，出于对被调查者的尊重，不让
公众知道调查的存在。[1] 对此，成员国普遍认为需要明确区分向
当事人作出的调查通知和向 WTO 的通报。但是，程序公正的一个
基本要素是被调查者应获得通知。为了表明与 WTO 的程序公正义
务相一致，成员国仅仅只需证明在国内法中存在以适当方式通知被
调查方的条款即可。

5. 关于其他原则：有成员方指出特殊和差别待遇应当作为一
个核心原则。[2] 这个原则将会给予发展中国家和最不发达国家贸
易机会、发展利益的保障、承诺的灵活性和过渡期。[3] 有成员方
认为应当给予发展中国家执行多边竞争框架和承诺的时间，时间应

〔1〕 Working Group on the Interaction between Trade and Competition Poli-
cy. Report on the Meeting of 26 - 27 September 2002 [R]. WT/WGTCP/M/19,
2002, para. 69. WTO Working Group on the Interaction between Trade and Competi-
tion Policy. Report (2002) of the Working Group on the Interaction between Trade
and Competition Policy to the General Council, Geneva [R]. WT/WGTCP/6,
2002, para. 34.

〔2〕 Working Group on the Interaction between Trade and Competition Poli-
cy. Report on the Meeting of 26 - 27 September 2002 [R]. WT/WGTCP/M/19,
2002, para. 12, 15, 29, 32, 50, 52, 53, 55, 56, 61, 71. WTO Working
Group on the Interaction between Trade and Competition Policy. Report (2002) of
the Working Group on the Interaction between Trade and Competition Policy to the
General Council, Geneva [R]. WT/WGTCP/6, 2002, para. 35.

〔3〕 Working Group on the Interaction between Trade and Competition Poli-
cy. Report on the Meeting of 23 - 24 April 2002 [R]. WT/WGTCP/M/17, 2002,
para. 41. WTO Working Group on the Interaction between Trade and Competition
Policy. Report (2002) of the Working Group on the Interaction between Trade and
Competition Policy to the General Council, Geneva [R]. WT/WGTCP/6, 2002,
para. 35.

当依各国发展情况而定。[1]还有成员方指出，发展中国家应当被豁免国内和国际的出口卡特尔，因为发展中国家的出口商和进口商都很弱小，需要联合在一起以增强谈判实力；关于兼并收购，应当给予发展中国家以特殊和差别待遇，以便他们的企业能够达到一定规模，使他们能够与国际市场上的同等企业在同等条件下竞争。[2]

　　有成员方指出，赋予特殊和差别待遇以实际内容，可能会有助于在程序公正和其他原则的含义和范围方面达成一致。[3]同时有成员方指出特殊和差别待遇不应当只限于发展中国家，而是应当给予所有没有竞争法的国家灵活性，而无论其经济发展水平，应当考虑特殊和差别待遇如何与渐进性、灵活性、能力建设和区域性体制

〔1〕　Working Group on the Interaction between Trade and Competition Policy. Report on the Meeting of 26 - 27 September 2002 〔R〕. WT/WGTCP/M/19, 2002, para. 61. WTO Working Group on the Interaction between Trade and Competition Policy. Report (2002) of the Working Group on the Interaction between Trade and Competition Policy to the General Council, Geneva 〔R〕. WT/WGTCP/6, 2002, para. 35.

〔2〕　Working Group on the Interaction between Trade and Competition Policy. Report on the Meeting of 26 - 27 September 2002 〔R〕. WT/WGTCP/M/19, 2002, para. 50. WTO Working Group on the Interaction between Trade and Competition Policy. Report (2002) of the Working Group on the Interaction between Trade and Competition Policy to the General Council, Geneva 〔R〕. WT/WGTCP/6, 2002, para. 35.

〔3〕　Working Group on the Interaction between Trade and Competition Policy. Report on the Meeting of 26 - 27 September 2002 〔R〕. WT/WGTCP/M/19, 2002, para. 32. WTO Working Group on the Interaction between Trade and Competition Policy. Report (2002) of the Working Group on the Interaction between Trade and Competition Policy to the General Council, Geneva 〔R〕. WT/WGTCP/6, 2002, para. 36.

等相联系。[1] 有成员方指出，对特殊和差别待遇的需要已超出了
渐进性这一要素。关于核心原则的工作重心应是促进所有国家，特
别是发展中国家的发展需要和利益。[2] 但是，也有成员方指出，
如果在协议总框架内有豁免和除外规定，那么在这个基础上就没有
必要规定特殊和差别待遇了。[3]

　　有成员方指出应当增加综合性原则，透明度、非歧视原则和程
序公正原则主要是源自目前 WTO 的纪律，它们为竞争政策提供了
必要的，但非充分的条件。特别是，这些原则不足以处理豁免和除
外规定的问题。综合性原则是 APEC 在提高竞争和管制改革方面提
出的一个原则，能够解决透明度、非歧视和程序公正不能解决的除
外和豁免的问题。考虑到任何国家在其竞争法中都需要规定豁免和
除外，根据综合性原则，这些豁免和除外规定可以定期接受整个多

　　[1] Working Group on the Interaction between Trade and Competition Poli-
cy. Report on the Meeting of 26 - 27 September 2002 [R]. WT/WGTCP/M/19,
2002, para. 15. WTO Working Group on the Interaction between Trade and Competi-
tion Policy. Report (2002) of the Working Group on the Interaction between Trade
and Competition Policy to the General Council, Geneva [R]. WT/WGTCP/6,
2002, para. 36.

　　[2] Working Group on the Interaction between Trade and Competition Poli-
cy. Report on the Meeting of 26 - 27 September 2002 [R]. WT/WGTCP/M/19,
2002, para. 55. WTO Working Group on the Interaction between Trade and Competi-
tion Policy. Report (2002) of the Working Group on the Interaction between Trade
and Competition Policy to the General Council, Geneva [R]. WT/WGTCP/6,
2002, para. 36.

　　[3] Working Group on the Interaction between Trade and Competition Poli-
cy. Report on the Meeting of 26 - 27 September 2002 [R]. WT/WGTCP/M/19,
2002, para. 71. WTO Working Group on the Interaction between Trade and Competi-
tion Policy. Report (2002) of the Working Group on the Interaction between Trade
and Competition Policy to the General Council, Geneva [R]. WT/WGTCP/6,
2002, para. 36.

边框架的审查。[1] 综合性原则并非 WTO 的核心原则,但是竞争政策的核心原则。将综合性原则纳入竞争政策的多边框架有助于避免该协议的价值因豁免的过度渗透而被减损。[2]

6. 关于在多边竞争框架中引入核心原则对于国家产业政策和其他经济政策的影响,有成员方指出发展中国家需要灵活性以寻求发展的途径,包括采取产业政策。不管怎样,发展政策和竞争政策的矛盾需要留给成员方自己解决,并受透明度的约束。[3]

不过,支持建立多边竞争框架的成员指出,认为竞争政策与发展政策相冲突的观点在一定程度上是错误的,竞争政策的广泛适用可以与发展目标相一致或有助于实现发展目标,经验也已经证明市场竞争可以提高经济效率,促进持续发展,保证所有的市场参与者,包括中小企业和消费者的利益。当然,受制于国际卡特尔之类的协议对于发展中国家是不利的,而这可以通过竞争法的有效适用

---

〔1〕 Working Group on the Interaction between Trade and Competition Policy. Report on the Meeting of 26 - 27 September 2002 〔R〕. WT/WGTCP/M/19, 2002, para. 4. WTO Working Group on the Interaction between Trade and Competition Policy. Report (2002) of the Working Group on the Interaction between Trade and Competition Policy to the General Council, Geneva 〔R〕. WT/WGTCP/6, 2002, para. 38.

〔2〕 Working Group on the Interaction between Trade and Competition Policy. Report on the Meeting of 26 - 27 September 2002 〔R〕. WT/WGTCP/M/19, 2002, para. 72. WTO Working Group on the Interaction between Trade and Competition Policy. Report (2002) of the Working Group on the Interaction between Trade and Competition Policy to the General Council, Geneva 〔R〕. WT/WGTCP/6, 2002, para. 38.

〔3〕 Working Group on the Interaction between Trade and Competition Policy. Report on the Meeting of 26 - 27 September 2002 〔R〕. WT/WGTCP/M/19, 2002, para. 75. WTO Working Group on the Interaction between Trade and Competition Policy. Report (2002) of the Working Group on the Interaction between Trade and Competition Policy to the General Council, Geneva 〔R〕. WT/WGTCP/6, 2002, para. 39.

来予以抵制。因此，将国家经济的整个产业豁免适用竞争法很可能阻碍竞争法所促进的最终目标的实现。[1] 但是，支持建立多边竞争体系的成员也确认，应当为发展中国家保持一定的"政策空间"，以便他们追求他们认为为促进其发展所必要的目标。

7. 关于在国内竞争法中和多边竞争框架中存在的、为解决与国内产业政策的冲突而规定的豁免和例外规定，有成员方认为鉴于成员方不同的发展层次，应当给成员方足够的灵活性，以便整个多边框架在各个国家都具有可行性。[2] 豁免和例外规定将会给成员方更大的灵活性以实现经济和产业发展，[3] 不过豁免和除外规定应当受制于一定的透明度程序，以便为企业所知悉。还有建议指出

---

〔1〕 Working Group on the Interaction between Trade and Competition Policy. Report on the Meeting of 26 - 27 September 2002 〔R〕. WT/WGTCP/M/19, 2002, para. 76, 83. WTO Working Group on the Interaction between Trade and Competition Policy. Report (2002) of the Working Group on the Interaction between Trade and Competition Policy to the General Council, Geneva 〔R〕. WT/WGTCP/6, 2002, para. 40.

〔2〕 Working Group on the Interaction between Trade and Competition Policy. Report on the Meeting of 26 - 27 September 2002 〔R〕. WT/WGTCP/M/19, 2002, para. 9, 27, 28, 29, 49. WTO Working Group on the Interaction between Trade and Competition Policy. Report (2002) of the Working Group on the Interaction between Trade and Competition Policy to the General Council, Geneva 〔R〕. WT/WGTCP/6, 2002, para. 42.

〔3〕 Working Group on the Interaction between Trade and Competition Policy. Report on the Meeting of 26 - 27 September 2002 〔R〕. WT/WGTCP/M/19, 2002, para. 78. WTO Working Group on the Interaction between Trade and Competition Policy. Report (2002) of the Working Group on the Interaction between Trade and Competition Policy to the General Council, Geneva 〔R〕. WT/WGTCP/6, 2002, para. 42.

豁免不应当是没有时间段的，或者应当接受定期审查。[1]

　　但是，一些国家的经验表明，符合非歧视原则的国内竞争政策可以与旨在解决特殊问题和达到特殊目的的产业政策以及其他经济社会政策共同存在。例如，澳大利亚在竞争法方面维持了非歧视原则，同时，还有其他的政府政策与竞争政策共存，以便政府达到其他的目标，如对澳大利亚媒体的外国所有权予以限制。另外，尽管澳大利亚的竞争法是非歧视性的，同时该国也通过立法方式制定了豁免条款，条件是豁免满足公共利益要求，并通过竞争当局的行政授权。[2] 南非宪法规定了透明度、非歧视和程序公正原则，但是南非竞争法也包含了保护和促进中小企业与黑人所有的企业之利益的规定。宪法规定并没有阻止南非政府采取产业和社会政策，即使这样的政策旨在提升某些特殊群体的利益。[3]

　　[1]　Working Group on the Interaction between Trade and Competition Policy. Report on the Meeting of 26 - 27 September 2002 [R]. WT/WGTCP/M/19, 2002, para. 78. WTO Working Group on the Interaction between Trade and Competition Policy. Report (2002) of the Working Group on the Interaction between Trade and Competition Policy to the General Council, Geneva [R]. WT/WGTCP/6, 2002, para. 42.

　　[2]　Working Group on the Interaction between Trade and Competition Policy. Report on the Meeting of 26 - 27 September 2002 [R]. WT/WGTCP/M/19, 2002, para. 6. WTO Working Group on the Interaction between Trade and Competition Policy. Report (2002) of the Working Group on the Interaction between Trade and Competition Policy to the General Council, Geneva [R]. WT/WGTCP/6, 2002, para. 43.

　　[3]　Working Group on the Interaction between Trade and Competition Policy. Report on the Meeting of 26 - 27 September 2002 [R]. WT/WGTCP/M/19, 2002, para. 31. WTO Working Group on the Interaction between Trade and Competition Policy. Report (2002) of the Working Group on the Interaction between Trade and Competition Policy to the General Council, Geneva [R]. WT/WGTCP/6, 2002, para. 44.

（二）关于核心卡特尔

1. 关于核心卡特尔的危害：有成员方认为核心卡特尔抵消了贸易自由化的潜在利益，为穷国的发展前景增加了成本。[1] 小组发现的证据以及世界银行的研究也显示国际核心卡特尔对发展中国家有重大的损害，而且这种影响比以前想象的更为严重。[2] 也有成员方认为，国际卡特尔主要是发达国家的现象，因为低收入国家和最不发达国家没有一个是这些国际卡特尔的母国，但是这些卡特尔却对世界各地的成员方造成了重大损失。[3] 还有成员方认为，卡特尔一般倾向于在那些没有竞争法或者执法很弱的国家进行活动；在过去，只有那些影响发达国家，特别是影响美国和欧盟等国家经济的卡特尔受到了系统的查处和制裁。尽管对这些卡特尔的制裁在一些情况下也削弱了它们在发展中国家的活动，但是其他的一些只在发展中国家活动的卡特尔却从没有受到查处和制裁。国际钢铁卡特尔就是存在了十余年，对发展中国家产生了损害，但却从未

〔1〕 Working Group on the Interaction between Trade and Competition Policy. Report on the Meeting of 1 - 2 July 2002 〔R〕. WT/WGTCP/M/18, 2002, para. 4, 5, 6, 7, 8, 9, 10, 11, 12, 13, 14, 15, 16, 47. WTO Working Group on the Interaction between Trade and Competition Policy. Report (2002) of the Working Group on the Interaction between Trade and Competition Policy to the General Council, Geneva 〔R〕. WT/WGTCP/6, 2002, para. 49.

〔2〕 WTO Working Group on the Interaction between Trade and Competition Policy. Report (2002) of the Working Group on the Interaction between Trade and Competition Policy to the General Council, Geneva 〔R〕. WT/WGTCP/6, 2002, para. 49.

〔3〕 Working Group on the Interaction between Trade and Competition Policy. Report on the Meeting of 1 - 2 July 2002 〔R〕. WT/WGTCP/M/18, 2002, para. 33. WTO Working Group on the Interaction between Trade and Competition Policy. Report (2002) of the Working Group on the Interaction between Trade and Competition Policy to the General Council, Geneva 〔R〕. WT/WGTCP/6, 2002, para. 50.

受到制裁的例子。〔1〕

对于国际卡特尔，还有成员方认为国内法对于某些合谋行为的规定可以根据各国自己的发展需要来决定，但是国际卡特尔并不是为了发展的目的，因此不应当得到豁免、例外或者与发展有关的概念保护。有成员方指出，许多国际卡特尔的国际影响与纯粹的国内安排是不同的，因此需要采取国际行动来解决，〔2〕靠单纯的一个竞争法执行机构来有效解决跨境卡特尔是困难的，特别是在竞争法制定不久或国内竞争当局资源较少的情况下。因此，国家在制裁非常有害的反竞争行为时需要国际协作。〔3〕在许多案件中开展的双边合作被证明是有益的，〔4〕但是这种双边合作的谈判往往很耗费

〔1〕 Working Group on the Interaction between Trade and Competition Policy. Report on the Meeting of 1 - 2 July 2002 [R]. WT/WGTCP/M/18, 2002, para. 9. WTO Working Group on the Interaction between Trade and Competition Policy. Report (2002) of the Working Group on the Interaction between Trade and Competition Policy to the General Council, Geneva[R]. WT/WGTCP/6,2002, para. 50.

〔2〕 Working Group on the Interaction between Trade and Competition Policy. Report on the Meeting of 1 - 2 July 2002 [R]. WT/WGTCP/M/18,2002, para. 22. WTO Working Group on the Interaction between Trade and Competition Policy. Report (2002) of the Working Group on the Interaction between Trade and Competition Policy to the General Council,Geneva[R]. WT/WGTCP/6,2002, para. 52.

〔3〕 Working Group on the Interaction between Trade and Competition Policy. Report on the Meeting of 1 - 2 July 2002 [R]. WT/WGTCP/M/18, 2002, para. 8, 9, 11, 17, 19, 22, 25, 26, 27, 28, 29, 32, 33. WTO Working Group on the Interaction between Trade and Competition Policy. Report (2002) of the Working Group on the Interaction between Trade and Competition Policy to the General Council, Geneva [R]. WT/WGTCP/6, 2002, para. 52.

〔4〕 Working Group on the Interaction between Trade and Competition Policy. Report on the Meeting of 1 - 2 July 2002 [R]. WT/WGTCP/M/18, 2002, para. 8, 9, 11. WTO Working Group on the Interaction between Trade and Competition Policy. Report (2002) of the Working Group on the Interaction between Trade and Competition Policy to the General Council, Geneva [R]. WT/WGTCP/6, 2002, para. 52.

时间,〔1〕而且国际卡特尔的范围往往超过达成双边合作协议的国家的范围；另外，具备先进的竞争法体制的国家往往没有足够的积极性与竞争法执法不充分的国家合作;〔2〕最后，许多国家被排除在双边协议之外。〔3〕因此有成员国建议在竞争政策的多边框架中纳入关于核心卡特尔的规定。〔4〕

2. 关于与核心卡特尔有关的竞争政策多边框架可能包含的内容：有成员方建议包括至少两方面因素，首先是对核心卡特尔的明确禁止，其次是 WTO 成员之间增强关于核心卡特尔方面信息交换

---

〔1〕 Working Group on the Interaction between Trade and Competition Policy. Report on the Meeting of 1 - 2 July 2002 〔R〕. WT/WGTCP/M/18, 2002, para. 8. WTO Working Group on the Interaction between Trade and Competition Policy. Report (2002) of the Working Group on the Interaction between Trade and Competition Policy to the General Council, Geneva 〔R〕. WT/WGTCP/6, 2002, para. 52.

〔2〕 Working Group on the Interaction between Trade and Competition Policy. Report on the Meeting of 1 - 2 July 2002 〔R〕. WT/WGTCP/M/18, 2002, para. 9. WTO Working Group on the Interaction between Trade and Competition Policy. Report (2002) of the Working Group on the Interaction between Trade and Competition Policy to the General Council, Geneva 〔R〕. WT/WGTCP/6, 2002, para. 52.

〔3〕 Working Group on the Interaction between Trade and Competition Policy. Report on the Meeting of 1 - 2 July 2002 〔R〕. WT/WGTCP/M/18, 2002, para. 8. WTO Working Group on the Interaction between Trade and Competition Policy. Report (2002) of the Working Group on the Interaction between Trade and Competition Policy to the General Council, Geneva 〔R〕. WT/WGTCP/6, 2002, para. 52.

〔4〕 Working Group on the Interaction between Trade and Competition Policy. Report on the Meeting of 1 - 2 July 2002 〔R〕. WT/WGTCP/M/18, 2002, para. 8, 9, 10, 11, 16, 17, 29, 32. WTO Working Group on the Interaction between Trade and Competition Policy. Report (2002) of the Working Group on the Interaction between Trade and Competition Policy to the General Council, Geneva 〔R〕. WT/WGTCP/6, 2002, para. 52.

的措施。[1]

3. 在核心卡特尔方面存在的问题、关切和保留意见：有成员提出，迄今为止并无广泛接受的关于核心卡特尔的定义。OECD 推荐意见所指的核心卡特尔主要是企业行为，而并不是已经为 WTO 协议所涵盖的对于贸易有影响的政府行为，[2] 成员国对卡特尔有不同的界定、禁止和豁免，从这方面而言，核心卡特尔这一概念是有限的。核心卡特尔是否如 OECD 推荐意见指出的那样只限于固定价格、串通投标、市场分配以及产量限制？OECD 推荐意见是否只应是一个起点，而小组应 OECD 推荐意见补充更多的内容？还有成员方指出，用多边竞争框架来规范核心卡特尔还涉及各国对于卡特尔的豁免规定。实际上每个国家都有这种豁免，或者是通过针对具体产业的规范性文件规定下来，或者是直接将某些行为或某些部门豁免适用竞争法。[3] 还有一个问题，就是核心卡特尔定义本身是否就包含了本身违法或合理法则的认定方法，对于这个问题的不同

────────────

　〔1〕　WTO Working Group on the Interaction between Trade and Competition Policy. Report (2002) of the Working Group on the Interaction between Trade and Competition Policy to the General Council, Geneva [R]. WT/WGTCP/6, 2002, para. 53.

　〔2〕　Working Group on the Interaction between Trade and Competition Policy. Report on the Meeting of 1 - 2 July 2002 [R]. WT/WGTCP/M/18, 2002, para. 33, 39. WTO Working Group on the Interaction between Trade and Competition Policy. Report (2002) of the Working Group on the Interaction between Trade and Competition Policy to the General Council, Geneva [R]. WT/WGTCP/6, 2002, para. 55.

　〔3〕　Working Group on the Interaction between Trade and Competition Policy. Report on the Meeting of 1 - 2 July 2002 [R]. WT/WGTCP/M/18, 2002, para. 18. WTO Working Group on the Interaction between Trade and Competition Policy. Report (2002) of the Working Group on the Interaction between Trade and Competition Policy to the General Council, Geneva [R]. WT/WGTCP/6, 2002, para. 55.

答案也会产生不同的结果。[1]

　　另一个相关的问题是出口卡特尔的问题——出口卡特尔是否可以基于效率原因给予豁免？有成员指出，出口卡特尔尽管以这样或者那样的名义或者名字出现，实际上都是包含着一系列的产生不确定影响的安排。例如，美国的一些出口卡特尔是为了便利那些没有出口能力的企业进行出口，此种情况下这种安排很明显具有促进竞争的作用。因此需要仔细研究出口卡特尔的特征，以判断其是否具有一般所说的核心卡特尔的限制竞争的效果。[2]

　　4. 有成员方对 WTO 是否合适就核心卡特尔采取国际措施的问题提出了质疑，因为一些双边和地区性协议已经开始解决有关国际核心卡特尔的问题，而且国际竞争网络是一个正在迅速发展的、可供国内竞争当局解决竞争问题的场所，有人认为它将是关于国际合作与促进"最佳措施"的场所。强制 WTO 成员方接受禁止核心卡特尔的义务是不合适的，因为还有 50 多个或更多的国家没有制定竞争法，况且它们能否满足 OECD 推荐意见中关于有效的制裁、执行程序和机制的标准还是不确定的；发展中国家更需要的是技术援助而非负担沉重的履行义务；如果 WTO 争端解决机制不适用于多边竞争框架，那么多边竞争框架中剩下的不过是一些尽最大努力的承诺、技术合作和同行审议机制了，与其这样，还不如由国际竞争

---

　　〔1〕　Working Group on the Interaction between Trade and Competition Policy. Report on the Meeting of 1 - 2 July 2002 〔R〕. WT/WGTCP/M/18, 2002, para. 22, 23. WTO Working Group on the Interaction between Trade and Competition Policy. Report (2002) of the Working Group on the Interaction between Trade and Competition Policy to the General Council, Geneva 〔R〕. WT/WGTCP/6, 2002, para. 56.

　　〔2〕　Working Group on the Interaction between Trade and Competition Policy. Report on the Meeting of 1 - 2 July 2002 〔R〕. WT/WGTCP/M/18, para. 44. WTO Working Group on the Interaction between Trade and Competition Policy. Report (2002) of the Working Group on the Interaction between Trade and Competition Policy to the General Council, Geneva 〔R〕. WT/WGTCP/6, 2002, para. 57.

网络来发展多边框架。[1]

5. 有关核心卡特尔的其他因素：有成员方认为，工作组还应当探讨成员方除了承诺制定法律之外，还可能承担的其他承诺的性质是什么。特别是，WTO 关于核心卡特尔的规定是否会含有处罚的规定，这些规定的内容是什么；如果成员方制定了竞争法而不执行怎么办；协议应如何制定以便在缺乏支持性证据或采取行动将违反公正时给予执法当局必要的自由裁量权。对此，有成员方指出，需要对多边竞争框架内的核心卡特尔的定义、豁免和其他有关核心卡特尔的规定作进一步的考虑。[2]

（三）关于自愿合作

1. 关于合作的必要性：有成员方认为随着经济活动的全球化，限制竞争行为越来越跨越国界甚至是全球性的，政府难以正确评判这些行为的危害，也不能有效地阻止或者采取补救措施。[3] 如果

---

〔1〕 Working Group on the Interaction between Trade and Competition Policy. Report on the Meeting of 1 - 2 July 2002 〔R〕. WT/WGTCP/M/18, 2002, para. 36. WTO Working Group on the Interaction between Trade and Competition Policy. Report (2002) of the Working Group on the Interaction between Trade and Competition Policy to the General Council, Geneva 〔R〕. WT/WGTCP/6, 2002, para. 60.

〔2〕 Working Group on the Interaction between Trade and Competition Policy. Report on the Meeting of 1 - 2 July 2002 〔R〕. WT/WGTCP/M/18, 2002, para. 42. WTO Working Group on the Interaction between Trade and Competition Policy. Report (2002) of the Working Group on the Interaction between Trade and Competition Policy to the General Council, Geneva 〔R〕. WT/WGTCP/6, 2002, para. 64.

〔3〕 Working Group on the Interaction between Trade and Competition Policy. Report on the Meeting of 1 - 2 July 2002 〔R〕. WT/WGTCP/M/18, 2002, para. 50, 53, 54, 56, 57, 70, 74, 81. WTO Working Group on the Interaction between Trade and Competition Policy. Report (2002) of the Working Group on the Interaction between Trade and Competition Policy to the General Council, Geneva 〔R〕. WT/WGTCP/6, 2002, para. 67.

能充分并及时地获取信息（这些信息往往位于国外），国家就可以在发现、调查跨境反竞争行为以及进行市场分析时提高效率，[1]合作还可以使那些缺少经验的国家获得其他国家处理具体情况的信息。[2]最后，不同的国内竞争规则增加了潜在的贸易与投资扭曲，并对政府和公司增加了成本和不确定性。[3]在这些情况下，通过合作可以预测并降低兼并的成本。

2.关于自愿合作的可能模式：第一种模式是竞争主管机构和其官员进行经验和观点的交流，具体可采取四种方法，一是交流国内竞争法、实践和发展方面的信息，二是对国际贸易有影响的具体竞争政策问题进行经验的交流和研讨，三是由 WTO 竞争政策委员会对 WTO 成员国的竞争法、政策甚至是执法记录进行自愿的同行审议，四是对影响国际贸易和全球经济的全球竞争问题进行共同分析和讨论；第二种模式为竞争主管机构基于个案进行更具体的合

---

〔1〕 Working Group on the Interaction between Trade and Competition Policy. Report on the Meeting of 1 - 2 July 2002 [R]. WT/WGTCP/M/18, 2002, para. 57, 60, 61, 70. WTO Working Group on the Interaction between Trade and Competition Policy. Report (2002) of the Working Group on the Interaction between Trade and Competition Policy to the General Council, Geneva [R]. WT/WGTCP/6, 2002, para. 67.

〔2〕 Working Group on the Interaction between Trade and Competition Policy. Report on the Meeting of 1 - 2 July 2002 [R]. WT/WGTCP/M/18, 2002, para. 67, 72, 76. WTO Working Group on the Interaction between Trade and Competition Policy. Report (2002) of the Working Group on the Interaction between Trade and Competition Policy to the General Council, Geneva [R]. WT/WGTCP/6, 2002, para. 67.

〔3〕 Working Group on the Interaction between Trade and Competition Policy. Report on the Meeting of 1 - 2 July 2002 [R]. WT/WGTCP/M/18, 2002, para. 57. WTO Working Group on the Interaction between Trade and Competition Policy. Report (2002) of the Working Group on the Interaction between Trade and Competition Policy to the General Council, Geneva [R]. WT/WGTCP/6, 2002, para. 67.

作，方法有两种，一是在具体案件上交流信息和证据，二是对于影响 WTO 成员重要贸易利益的案件，进行磋商和观点交流。基于个案的合作不必局限于对核心卡特尔的调查，而可以运用于所有的涉及反竞争行为的案件。合作模式在性质上应是自愿的或无约束力的，因为无论什么原因，如果国家不准备进行合作，其他国家都不得强迫它们进行合作。[1]

3. 对自愿合作存在的问题、关切和保留意见：有成员方指出，需要首先澄清多边竞争框架下自愿合作模式可以采取的具体办法，另外还需要澄清"自愿"这个概念。[2] 也有成员方指出，发展中国家没有从多边贸易体制中获得充分的利益；[3] 在没有确定的合作利益的情况下，发展中国家可能对在多边层次上促进竞争法和竞

〔1〕 Working Group on the Interaction between Trade and Competition Policy. Report on the Meeting of 1 - 2 July 2002 [R]. WT/WGTCP/M/18, 2002, para. 51. WTO Working Group on the Interaction between Trade and Competition Policy. Report (2002) of the Working Group on the Interaction between Trade and Competition Policy to the General Council, Geneva [R]. WT/WGTCP/6, 2002, para. 68.

〔2〕 WTO Working Group on the Interaction between Trade and Competition Policy. Report (2002) of the Working Group on the Interaction between Trade and Competition Policy to the General Council, Geneva [R]. WT/WGTCP/6, 2002, para. 71.

〔3〕 Working Group on the Interaction between Trade and Competition Policy. Report on the Meeting of 1 - 2 July 2002 [R]. WT/WGTCP/M/18, 2002, para. 60. WTO Working Group on the Interaction between Trade and Competition Policy. Report (2002) of the Working Group on the Interaction between Trade and Competition Policy to the General Council, Geneva [R]. WT/WGTCP/6, 2002, para. 72.

争政策没有什么兴趣。〔1〕

4. 关于在 WTO 框架内进行强制合作的提议：有成员方认为，将自愿合作作为一项义务将产生"自愿义务"，这没有什么意义。〔2〕强制合作的义务将会给发达国家和发展中国家带来资源方面的难题；〔3〕而且，这种义务将会间接地迫使成员方建立一个竞争当局，但考虑到不同成员的发展水平，由成员方自己决定是否需要以及在什么阶段构建竞争政策或设立竞争机构是非常重要的。〔4〕进行合作的最佳动机不是出于法律上的约束，而是因为执

---

〔1〕 Working Group on the Interaction between Trade and Competition Policy. Report on the Meeting of 1 - 2 July 2002 [R]. WT/WGTCP/M/18, 2002, para. 70. WTO Working Group on the Interaction between Trade and Competition Policy. Report (2002) of the Working Group on the Interaction between Trade and Competition Policy to the General Council, Geneva [R]. WT/WGTCP/6, 2002, para. 72.

〔2〕 Working Group on the Interaction between Trade and Competition Policy. Report on the Meeting of 1 - 2 July 2002 [R]. WT/WGTCP/M/18, 2002, para. 68. WTO Working Group on the Interaction between Trade and Competition Policy. Report (2002) of the Working Group on the Interaction between Trade and Competition Policy to the General Council, Geneva [R]. WT/WGTCP/6, 2002, para. 73.

〔3〕 Working Group on the Interaction between Trade and Competition Policy. Report on the Meeting of 1 - 2 July 2002 [R]. WT/WGTCP/M/18, 2002, para. 66, 67, 71, 72. WTO Working Group on the Interaction between Trade and Competition Policy. Report (2002) of the Working Group on the Interaction between Trade and Competition Policy to the General Council, Geneva [R]. WT/WGTCP/ 6, 2002, para. 73.

〔4〕 Working Group on the Interaction between Trade and Competition Policy. Report on the Meeting of 1 - 2 July 2002 [R]. WT/WGTCP/M/18, 2002, para. 62. WTO Working Group on the Interaction between Trade and Competition Policy. Report (2002) of the Working Group on the Interaction between Trade and Competition Policy to the General Council, Geneva [R]. WT/WGTCP/6, 2002, para. 73.

法机关之间相互协助对双方都有利。[1] 合作是一个双向的过程，如果其中一个当局没有什么可贡献的，很难想象合作义务将如何实际运转。[2] 还有成员方指出，在某些情况下，例如竞争当局由于担心在卡特尔的调查中妥协而认为不适宜进行广泛通报，这时竞争当局有权拒绝合作的要求。[3]

　　但对于这些意见，有成员方认为，自愿合作在发展水平具有可比性的国家间进行可能是可行的，但在多边环境下，因为既有发达国家又有最不发达国家，预期的合作利益就不是相互的了。[4] 最

---

　　[1]　Working Group on the Interaction between Trade and Competition Policy. Report on the Meeting of 1 - 2 July 2002 [R]. WT/WGTCP/M/18, 2002, para. 74. WTO Working Group on the Interaction between Trade and Competition Policy. Report (2002) of the Working Group on the Interaction between Trade and Competition Policy to the General Council, Geneva [R]. WT/WGTCP/6, 2002, para. 73.

　　[2]　Working Group on the Interaction between Trade and Competition Policy. Report on the Meeting of 1 - 2 July 2002 [R]. WT/WGTCP/M/18, 2002, para. 68. WTO Working Group on the Interaction between Trade and Competition Policy. Report (2002) of the Working Group on the Interaction between Trade and Competition Policy to the General Council, Geneva [R]. WT/WGTCP/6, 2002, para. 73.

　　[3]　Working Group on the Interaction between Trade and Competition Policy. Report on the Meeting of 1 - 2 July 2002 [R]. WT/WGTCP/M/18, 2002, para. 67. WTO Working Group on the Interaction between Trade and Competition Policy. Report (2002) of the Working Group on the Interaction between Trade and Competition Policy to the General Council, Geneva [R]. WT/WGTCP/6, 2002, para. 73.

　　[4]　Working Group on the Interaction between Trade and Competition Policy. Report on the Meeting of 1 - 2 July 2002 [R]. WT/WGTCP/M/18, 2002, para. 55. WTO Working Group on the Interaction between Trade and Competition Policy. Report (2002) of the Working Group on the Interaction between Trade and Competition Policy to the General Council, Geneva [R]. WT/WGTCP/6, 2002, para. 73.

大努力条款对发展中国家不能起到什么作用,[1]特别是被请求方可以行使拒绝权，这无法保证寻求合作的请求一定会得到回应,[2]因此自愿合作不能保证发展中国家免于国际卡特尔的损害。[3]进一步说，由于在自愿合作的情况下，发达国家所分享的信息发展中国家并不能强制获得，考虑到发达国家和发展中国家之间能力和权利的不对称，发展中国家之间的自愿合作实际上成为了必须的。[4]

　　对于合作是自愿还是强制性的问题，还有成员认为，一些发达

〔1〕 Working Group on the Interaction between Trade and Competition Policy. Report on the Meeting of 1 - 2 July 2002〔R〕. WT/WGTCP/M/18, 2002, para. 70, 54. WTO Working Group on the Interaction between Trade and Competition Policy. Report (2002) of the Working Group on the Interaction between Trade and Competition Policy to the General Council, Geneva〔R〕. WT/WGTCP/6, 2002, para. 74.

〔2〕 Working Group on the Interaction between Trade and Competition Policy. Report on the Meeting of 1 - 2 July 2002〔R〕. WT/WGTCP/M/18, 2002, para. 63. WTO Working Group on the Interaction between Trade and Competition Policy. Report (2002) of the Working Group on the Interaction between Trade and Competition Policy to the General Council, Geneva〔R〕. WT/WGTCP/6, 2002, para. 74.

〔3〕 Working Group on the Interaction between Trade and Competition Policy. Report on the Meeting of 1 - 2 July 2002〔R〕. WT/WGTCP/M/18, 2002, para. 70. WTO Working Group on the Interaction between Trade and Competition Policy. Report (2002) of the Working Group on the Interaction between Trade and Competition Policy to the General Council, Geneva〔R〕. WT/WGTCP/6, 2002, para. 74.

〔4〕 Working Group on the Interaction between Trade and Competition Policy. Report on the Meeting of 1 - 2 July 2002〔R〕. WT/WGTCP/M/18, 2002, para. 63. WTO Working Group on the Interaction between Trade and Competition Policy. Report (2002) of the Working Group on the Interaction between Trade and Competition Policy to the General Council, Geneva〔R〕. WT/WGTCP/6, 2002, para. 74.

国家和发展中国家成员方之间进行合作的实际经验可以作为参照，虽然正式的合作协议可以带来紧密的合作关系和合作态度，[1]但在很大程度上合作是在非正式的过程中进行的，而且很多情况下这种非正式的合作（包括调查讨论、互换非保密文件、分享相关信息等）也是非常有价值和有成效的，[2]有成员提出，将这些合作变成强制性的合作不知是否能带来实际的好处。[3]北欧地区竞争法合作的发展就是从非正式的合作逐渐演进为正式合作的典范。[4]

---

[1] Working Group on the Interaction between Trade and Competition Policy. Report on the Meeting of 1 - 2 July 2002 [R]. WT/WGTCP/M/18, 2002, para. 55. WTO Working Group on the Interaction between Trade and Competition Policy. Report (2002) of the Working Group on the Interaction between Trade and Competition Policy to the General Council, Geneva [R]. WT/WGTCP/6, 2002, para. 75.

[2] Working Group on the Interaction between Trade and Competition Policy. Report on the Meeting of 1 - 2 July 2002 [R]. WT/WGTCP/M/18, 2002, para. 57. WTO Working Group on the Interaction between Trade and Competition Policy. Report (2002) of the Working Group on the Interaction between Trade and Competition Policy to the General Council, Geneva [R]. WT/WGTCP/6, 2002, para. 75.

[3] Working Group on the Interaction between Trade and Competition Policy. Report on the Meeting of 1 - 2 July 2002 [R]. WT/WGTCP/M/18, 2002, para. 72. WTO Working Group on the Interaction between Trade and Competition Policy. Report (2002) of the Working Group on the Interaction between Trade and Competition Policy to the General Council, Geneva [R]. WT/WGTCP/6, 2002, para. 75.

[4] Working Group on the Interaction between Trade and Competition Policy. Report on the Meeting of 1 - 2 July 2002 [R]. WT/WGTCP/M/18, 2002, para. 58. WTO Working Group on the Interaction between Trade and Competition Policy. Report (2002) of the Working Group on the Interaction between Trade and Competition Policy to the General Council, Geneva [R]. WT/WGTCP/6, 2002, para. 75.

5. 关于在个案合作过程中可以分享的信息的种类：有成员方认为机密信息不应该要求共享，不过在符合国内立法和执法措施的情况下，成员方也可共享这些信息；[1] 特别是，希望进行合作的国家必须满足程序和处理机密信息的质量等方面的最低要求。[2] 考虑到为保护机密信息而构建适当的框架所必要的时间，有成员方认为机密信息的交换可能仅仅是一个长期目标，[3] 在起步阶段，非机密信息的交换则是更可能达到的目标，而且能得到有用的结果。[4] 也有成员方认为，机密信息的交换不应成为多边竞争框架

---

[1]　Working Group on the Interaction between Trade and Competition Policy. Report on the Meeting of 1 - 2 July 2002 [R]. WT/WGTCP/M/18, 2002, para. 54. WTO Working Group on the Interaction between Trade and Competition Policy. Report (2002) of the Working Group on the Interaction between Trade and Competition Policy to the General Council, Geneva [R]. WT/WGTCP/6, 2002, para. 76.

[2]　Working Group on the Interaction between Trade and Competition Policy. Report on the Meeting of 1 - 2 July 2002 [R]. WT/WGTCP/M/18, 2002, para. 54. WTO Working Group on the Interaction between Trade and Competition Policy. Report (2002) of the Working Group on the Interaction between Trade and Competition Policy to the General Council, Geneva [R]. WT/WGTCP/6, 2002, para. 76.

[3]　Working Group on the Interaction between Trade and Competition Policy. Report on the Meeting of 1 - 2 July 2002 [R]. WT/WGTCP/M/18, 2002, para. 54, 57. WTO Working Group on the Interaction between Trade and Competition Policy. Report (2002) of the Working Group on the Interaction between Trade and Competition Policy to the General Council, Geneva [R]. WT/WGTCP/6, 2002, para. 76.

[4]　Working Group on the Interaction between Trade and Competition Policy. Report on the Meeting of 1 - 2 July 2002 [R]. WT/WGTCP/M/18, 2002, para. 57, 70. WTO Working Group on the Interaction between Trade and Competition Policy. Report (2002) of the Working Group on the Interaction between Trade and Competition Policy to the General Council, Geneva [R]. WT/WGTCP/6, 2002, para. 76.

的一部分,〔1〕双边协定更符合此种目的。〔2〕有成员方提出, 机密信息可能泄露, 而这可能对执法机构开展的卡特尔调查造成麻烦。〔3〕还有成员方指出, 对于机密信息的概念也不能过于夸大和延伸其范围, 因为这样将使调查过程中任何信息的交换都成为不可能。尽管在没有得到有关方面明确同意的情况下, 商业秘密不得被交换, 但是在适当的场合下, 主要包含当局工作成果的信息可以被交换。另外, 在适当的场合下, 如果当局之间有明显的相互利益, 它们有可能对调查进行协调, 从而使调查获得成功结果的几率最大化。〔4〕最后有成员方提出, 应研究共享机密信息的可能性, 因为

〔1〕 Working Group on the Interaction between Trade and Competition Policy. Report on the Meeting of 1 - 2 July 2002 [R]. WT/WGTCP/M/18, 2002, para. 67, 70, 81. WTO Working Group on the Interaction between Trade and Competition Policy. Report (2002) of the Working Group on the Interaction between Trade and Competition Policy to the General Council, Geneva [R]. WT/WGTCP/6, 2002, para. 76.

〔2〕 Working Group on the Interaction between Trade and Competition Policy. Report on the Meeting of 1-2 July24 2002 [R]. WT/WGTCP/M/18, 2002, para. 67. WTO Working Group on the Interaction between Trade and Competition Policy. Report (2002) of the Working Group on the Interaction between Trade and Competition Policy to the General Council, Geneva[R]. WT/WGTCP/6,2002, para. 76.

〔3〕 Working Group on the Interaction between Trade and Competition Policy. Report on the Meeting of 1 - 2 July 2002 [R]. WT/WGTCP/M/18, 2002, para. 69. WTO Working Group on the Interaction between Trade and Competition Policy. Report (2002) of the Working Group on the Interaction between Trade and Competition Policy to the General Council, Geneva [R]. WT/WGTCP/6, 2002, para. 76.

〔4〕 Working Group on the Interaction between Trade and Competition Policy. Report on the Meeting of 1 - 2 July 2002 [R]. WT/WGTCP/M/18, 2002, para. 74. WTO Working Group on the Interaction between Trade and Competition Policy. Report (2002) of the Working Group on the Interaction between Trade and Competition Policy to the General Council, Geneva [R]. WT/WGTCP/6, 2002, para. 76.

只有这样才能保证发展中国家的具体利益。[1]

　　6. 关于建立 WTO 竞争政策委员会的问题:有成员方认为根据北美自由贸易协定第十五章建立的关于贸易和竞争政策问题的工作组提供了 WTO 类似的委员会应如何运转的模板,[2]其能够便利观点和经验的交流,[3]为有关国内竞争法律实施和发展等信息的交换提供平台和研究机会,也可以作为自愿同行审议的场所,促进长期合作的发展、协调和管理技术支持。

　　7. 关于在多边竞争框架内自愿合作的前提条件:有成员方指出,国内竞争执法体系的存在对于进行有意义的合作是必不可少的。[4]没有执法能力的国家不可能进行个案合作,期待一个没有

---

　　[1]　Working Group on the Interaction between Trade and Competition Policy. Report on the Meeting of 1 - 2 July 2002[R]. WT/WGTCP/M/18, 2002, para. 54, 70. WTO Working Group on the Interaction between Trade and Competition Policy. Report (2002) of the Working Group on the Interaction between Trade and Competition Policy to the General Council,Geneva[R]. WT/WGTCP/6,2002, para. 73.

　　[2]　Working Group on the Interaction between Trade and Competition Policy. Report on the Meeting of 1 - 2 July 2002[R]. WT/WGTCP/M/18,2002, para. 53. WTO Working Group on the Interaction between Trade and Competition Policy. Report (2002) of the Working Group on the Interaction between Trade and Competition Policy to the General Council,Geneva[R]. WT/WGTCP/6,2002, para. 77.

　　[3]　Working Group on the Interaction between Trade and Competition Policy. Report on the Meeting of 1 - 2 July 2002 [R]. WT/WGTCP/M/18, 2002, para. 51, 67. WTO Working Group on the Interaction between Trade and Competition Policy. Report (2002) of the Working Group on the Interaction between Trade and Competition Policy to the General Council, Geneva [R]. WT/WGTCP/6, 2002, para. 77.

　　[4]　Working Group on the Interaction between Trade and Competition Policy. Report on the Meeting of 1 - 2 July 2002 [R]. WT/WGTCP/M/18, 2002, para. 59, 72. WTO Working Group on the Interaction between Trade and Competition Policy. Report (2002) of the Working Group on the Interaction between Trade and Competition Policy to the General Council, Geneva [R]. WT/WGTCP/6, 2002, para. 78.

制定国内竞争法、没有建立国内竞争当局的国家制裁另一国家的企业行为是不现实的。但是，也有成员方指出，即使成员方的竞争法律体系互不相同，或者没有综合性的竞争法或者没有在国内立法中引入 WTO 的核心原则，合作也是可能的，[1]在任何情况下，强制要求成员国引入竞争立法和竞争政策都是既不合理也不公平的，[2]合作应当基于自愿，并给予成员方充分的灵活性来评估是否应制定竞争政策或建立竞争当局，以及应在什么阶段制定竞争政策或者建立竞争当局。[3]竞争政策的多边框架即使没有为成员国规定制定国内竞争法的义务，它也仍然是成员国在发展或执行竞争法并便于他国与已经有竞争体制的成员国进行协助的有益工具。[4]

---

〔1〕　Working Group on the Interaction between Trade and Competition Policy. Report on the Meeting of 1 - 2 July 2002 WT/WGTCP/M/18, 2002, para. 66. WTO Working Group on the Interaction between Trade and Competition Policy. Report (2002) of the Working Group on the Interaction between Trade and Competition Policy to the General Council, Geneva〔R〕. WT/WGTCP/6, 2002, para. 78.

〔2〕　Working Group on the Interaction between Trade and Competition Policy. Report on the Meeting of 1 - 2 July 2002〔R〕. WT/WGTCP/M/18,2002, para. 50. WTO Working Group on the Interaction between Trade and Competition Policy. Report (2002) of the Working Group on the Interaction between Trade and Competition Policy to the General Council,Geneva〔R〕.WT/WGTCP/6,2002, para. 78.

〔3〕　Working Group on the Interaction between Trade and Competition Policy. Report on the Meeting of 1 - 2 July 2002 〔R〕. WT/WGTCP/M/18, 2002, para. 62, 66. WTO Working Group on the Interaction between Trade and Competition Policy. Report (2002) of the Working Group on the Interaction between Trade and Competition Policy to the General Council, Geneva 〔R〕. WT/WGTCP/6, 2002, para. 78.

〔4〕　Working Group on the Interaction between Trade and Competition Policy. Report on the Meeting of 1 - 2 July 2002 〔R〕. WT/WGTCP/M/18, 2002, para. 81, 82. WTO Working Group on the Interaction between Trade and Competition Policy. Report (2002) of the Working Group on the Interaction between Trade and Competition Policy to the General Council, Geneva 〔R〕. WT/WGTCP/6, 2002, para. 78.

8. 关于在没有制定全面的竞争法以及建立竞争当局的情况下，是否存在替代方式的问题，也有一些观点被提了出来。例如，由于竞争的合作协议一般是政府对政府的，理论上讲，可以由某一机构或者某一部门而不一定由竞争当局来进行合作；另外，也可能不需要每一个成员方都有竞争法和竞争当局，有些区域性的机构和法律规则，比如 COMESA,[1] 就可以承担多边竞争框架的任务。[2]不管在什么情况下，建议 WTO 的成员制定竞争法并不意味着该法应当涵盖所有类型的限制性竞争行为，国内竞争法唯一必须通过某种具体方式予以解决的就是核心卡特尔（最好是既包括国内卡特尔，也包括国际卡特尔[3]）;[4] 也不必定建立一个被称为竞争

〔1〕 Working Group on the Interaction between Trade and Competition Policy. Report on the Meeting of 1 - 2 July 2002 〔R〕. WT/WGTCP/M/18, 2002, para. 60. WTO Working Group on the Interaction between Trade and Competition Policy. Report (2002) of the Working Group on the Interaction between Trade and Competition Policy to the General Council, Geneva 〔R〕. WT/WGTCP/6, 2002, para. 79.

〔2〕 Working Group on the Interaction between Trade and Competition Policy. Report on the Meeting of 1 - 2 July 2002 〔R〕. WT/WGTCP/M/18, 2002, para. 67. WTO Working Group on the Interaction between Trade and Competition Policy. Report (2002) of the Working Group on the Interaction between Trade and Competition Policy to the General Council, Geneva, WT/WGTCP/6, 2002, para. 79.

〔3〕 Working Group on the Interaction between Trade and Competition Policy. Report on the Meeting of 1 - 2 July 2002〔R〕. WT/WGTCP/M/18,2002, para. 80. WTO Working Group on the Interaction between Trade and Competition Policy. Report (2002) of the Working Group on the Interaction between Trade and Competition Policy to the General Council,Geneva〔R〕. WT/WGTCP/6,2002, para. 79.

〔4〕 Working Group on the Interaction between Trade and Competition Policy. Report on the Meeting of 1 - 2 July 2002〔R〕. WT/WGTCP/M/18,2002, para. 74. WTO Working Group on the Interaction between Trade and Competition Policy. Report (2002) of the Working Group on the Interaction between Trade and Competition Policy to the General Council,Geneva〔R〕. WT/WGTCP/6,2002, para. 79.

当局的行政机构，只需要存在一个可以确定的、有充分执行能力的机构就可以了。[1] 也有成员方指出，技术援助不仅是一个要素，而且是合作成功的前提，特别是当合作是在一个有竞争当局的国家和一个没有这种机构的国家之间进行的时候。对没有竞争法和竞争当局的发展中国家提供技术援助可以促使它们评估合作的意义，如，评估国家之间可以交换的信息的种类。[2] 能力建设对于这些国家选择最适宜的法律体系也是必不可少的，因为能力建设可以使国家有效地抵制核心卡特尔以及进行竞争倡导活动。[3]

9. 关于双边的、地区性的和多边的合作协议的关系问题：有成员方认为，任何一种协议都不是排他性的，而是互补性的。[4]

----

〔1〕 Working Group on the Interaction between Trade and Competition Policy. Report on the Meeting of 1 - 2 July 2002[R]. WT/WGTCP/M/18,2002, para. 67. WTO Working Group on the Interaction between Trade and Competition Policy. Report (2002) of the Working Group on the Interaction between Trade and Competition Policy to the General Council,Geneva[R]. WT/WGTCP/6,2002, para. 79.

〔2〕 Working Group on the Interaction between Trade and Competition Policy. Report on the Meeting of 1 - 2 July 2002 [R]. WT/WGTCP/M/18, 2002, para. 65. WTO Working Group on the Interaction between Trade and Competition Policy. Report (2002) of the Working Group on the Interaction between Trade and Competition Policy to the General Council,Geneva[R]. WT/WGTCP/6,2002, para. 80.

〔3〕 Working Group on the Interaction between Trade and Competition Policy. Report on the Meeting of 1 - 2 July 2002 [R]. WT/WGTCP/M/18, 2002, para. 73. WTO Working Group on the Interaction between Trade and Competition Policy. Report (2002) of the Working Group on the Interaction between Trade and Competition Policy to the General Council, Geneva [R]. WT/WGTCP/6, 2002, para. 80.

〔4〕 Working Group on the Interaction between Trade and Competition Policy. Report on the Meeting of 1 - 2 July 2002 [R]. WT/WGTCP/M/18), 2002, para. 50, 51, 53, 61. WTO Working Group on the Interaction between Trade and Competition Policy. Report (2002) of the Working Group on the Interaction between Trade and Competition Policy to the General Council, Geneva [R]. WT/WGTCP/6, 2002, para. 81.

双边协议和区域性协议可以作为多边框架协议的起点。[1]虽然整体合作、讨论和共同研究等可以在双边、地区和多边的层面上进行,[2]但是双边和地区的合作总是更具体,而不像多边框架还是一个发展的体系。[3]有成员方指出,现有的双边和地区性合作安排多限于发达国家,因此,如果没有多边安排,发展中国家仍会被排除在合作之外。[4]

10. 有成员指出,在 WTO 内存在着发达国家和发展中国家之间的权力和利益的不平衡,这关系到 WTO 框架内竞争政策合作的

〔1〕 Working Group on the Interaction between Trade and Competition Policy. Report on the Meeting of 1 - 2 July 2002 [R]. WT/WGTCP/M/18, 2002, para. 52. WTO Working Group on the Interaction between Trade and Competition Policy. Report (2002) of the Working Group on the Interaction between Trade and Competition Policy to the General Council, Geneva [R]. WT/WGTCP/6, 2002, para. 81.

〔2〕 Working Group on the Interaction between Trade and Competition Policy. Report on the Meeting of 1 - 2 July 2002 [R]. WT/WGTCP/M/18, 2002, para. 67. WTO Working Group on the Interaction between Trade and Competition Policy. Report (2002) of the Working Group on the Interaction between Trade and Competition Policy to the General Council, Geneva [R]. WT/WGTCP/6, 2002, para. 81.

〔3〕 Working Group on the Interaction between Trade and Competition Policy. Report on the Meeting of 1 - 2 July 2002 [R]. WT/WGTCP/M/18, 2002, para. 50, 67, 68. WTO Working Group on the Interaction between Trade and Competition Policy. Report (2002) of the Working Group on the Interaction between Trade and Competition Policy to the General Council, Geneva [R]. WT/WGTCP/6, 2002, para. 81.

〔4〕 Working Group on the Interaction between Trade and Competition Policy. Report on the Meeting of 1 - 2 July 2002 [R]. WT/WGTCP/M/18, 2002, para. 52. WTO Working Group on the Interaction between Trade and Competition Policy. Report (2002) of the Working Group on the Interaction between Trade and Competition Policy to the General Council, Geneva [R]. WT/WGTCP/6, 2002, para. 81.

前景问题，至少应该提供一定的保障。[1] 有成员指出，这种不平衡不仅仅是南北问题，在发达国家之间和发展中国家之间也存在着不平衡，[2] 由于核心卡特尔对其所处的国家都产生损害，因此发展中国家和发达国家在解决这些问题的利益上具有鲜明的均衡性。[3]

（四）关于能力建设和技术支持

1. 关于发展中国家和转型国家的能力建设以及执行竞争政策遇到的挑战和困难：有成员方指出，建立对市场力量的信任以及促进对竞争政策有利于持续发展的理解是最重要的挑战。同时，成员还就一些比较具体的需求和挑战进行了讨论，例如，很多发展中国家和最不发达国家在起草法律时，缺少合格人员；[4] 建立执法的

---

〔1〕 Working Group on the Interaction between Trade and Competition Policy. Report on the Meeting of 1 - 2 July 2002 〔R〕. WT/WGTCP/M/18, 2002, para. 63, 75. WTO Working Group on the Interaction between Trade and Competition Policy. Report (2002) of the Working Group on the Interaction between Trade and Competition Policy to the General Council, Geneva 〔R〕. WT/WGTCP/6, 2002, para. 83.

〔2〕 Working Group on the Interaction between Trade and Competition Policy. Report on the Meeting of 1 - 2 July 2002, WT/WGTCP/M/18, 2002, para. 71. WTO Working Group on the Interaction between Trade and Competition Policy. Report (2002) of the Working Group on the Interaction between Trade and Competition Policy to the General Council, Geneva 〔R〕. WT/WGTCP/6, 2002, para. 83.

〔3〕 Working Group on the Interaction between Trade and Competition Policy. Report on the Meeting of 1 - 2 July 2002〔R〕. WT/WGTCP/M/18,2002, para. 80. WTO Working Group on the Interaction between Trade and Competition Policy. Report (2002) of the Working Group on the Interaction between Trade and Competition Policy to the General Council,Geneva〔R〕. WT/WGTCP/6,2002, para. 83.

〔4〕 Working Group on the Interaction between Trade and Competition Policy. Report on the Meeting of 1 - 2 July 2002 〔R〕. WT/WGTCP/M/17, 2002, para. 6,7, 12. WTO Working Group on the Interaction between Trade and Competition Policy. Report (2002) of the Working Group on the Interaction between Trade and Competition Policy to the General Council, Geneva 〔R〕. WT/WGTCP/6, 2002, para. 88.

竞争当局时，它们面临资源、专业人员、基础设施的欠缺；[1]执行国内法的成本高于收益；[2]许多发展中国家缺少竞争文化等。[3]为了解决这些困难，能力建设涵盖立法、建立竞争当局、培训人员以及实施和执行法律的各个阶段，发展中国家应有权参与这些活动，从而提升人员素质以便进行国内竞争立法与执法活动。国际组织和发达国家的技术建议、培训以及合作是有益的资源。特别是，国家之间应以交换国内竞争法以及确定国内竞争法涵盖的内容的形式进行技术援助，同时还应探索使执法的收益大于成本的方式。在支持通过能力建设逐步加强发展中国家的竞争机制过程中，两个原则应当注意：一是"模式统一的方法"是不合适的，因为每一个国家有权自由选择竞争法模式以反映自己的经济状况和发展目标；二是要让发展中国家在讨论、引入和实施竞争法方面有阶段

[1] Working Group on the Interaction between Trade and Competition Policy. Report on the Meeting of 1 - 2 July 2002 [R]. WT/WGTCP/M/17, 2002, para. 6, 7, 10, 12. WTO Working Group on the Interaction between Trade and Competition Policy. Report (2002) of the Working Group on the Interaction between Trade and Competition Policy to the General Council, Geneva [R]. WT/WGTCP/6, 2002, para. 89.

[2] Working Group on the Interaction between Trade and Competition Policy. Report on the Meeting of 1 - 2 July 2002 [R]. WT/WGTCP/M/17, 2002, para. 7. WTO Working Group on the Interaction between Trade and Competition Policy. Report (2002) of the Working Group on the Interaction between Trade and Competition Policy to the General Council, Geneva [R]. WT/WGTCP/6, 2002, para. 89.

[3] Working Group on the Interaction between Trade and Competition Policy. Report on the Meeting of 1 - 2 July 2002 [R]. WT/WGTCP/M/17, para. 7, 8, 10. WTO Working Group on the Interaction between Trade and Competition Policy. Report (2002) of the Working Group on the Interaction between Trade and Competition Policy to the General Council, Geneva [R]. WT/WGTCP/6, 2002, para. 89.

性，也就是渐进性，[1] 真正有意义的技术援助是长期专注于为发展中国家培养当地人才。[2]

2. 发展中国家就技术援助和能力建设问题向多边竞争政策体系的倡议者提出一系列的问题，包括：第一，发展中国家的体制性能力能够在多大程度上得到提高；第二，这种能力建设是只限于与贸易有关的竞争政策还是涉及竞争政策本身，以及两者之间有何区别；第三，进行技术援助的资源是否充足，是否能够及时和充分地提供以便处于不同发展阶段的国家能够获得充足的经验和创造足够的能力；第四，这些资源是否可以被量化；第五，为了避免技术援助过程完全被援助国所控制，应在多大程度上考虑发展中国家以及最不发达国家的需求和发展目标；第六，是否需要在这个过程中设立一个组织来协调日常的能力建设和技术援助，但是同时又与受援国保持一定的距离；第六，应提供何种形式的技术援助和能力建设

---

〔1〕 Working Group on the Interaction between Trade and Competition Policy. Report on the Meeting of 1 - 2 July 2002 〔R〕. WT/WGTCP/M/17, 2002, para. 7, 13, 30. WTO Working Group on the Interaction between Trade and Competition Policy. Report (2002) of the Working Group on the Interaction between Trade and Competition Policy to the General Council, Geneva 〔R〕. WT/WGTCP/6, 2002, para. 89.

〔2〕 Working Group on the Interaction between Trade and Competition Policy. Report on the Meeting of 1 - 2 July 2002 〔R〕. WT/WGTCP/M/17, 2002, para. 8, 9. WTO Working Group on the Interaction between Trade and Competition Policy. Report (2002) of the Working Group on the Interaction between Trade and Competition Policy to the General Council, Geneva 〔R〕. WT/WGTCP/6, 2002, para. 89.

以使发展中国家获得技能和知识，并发现获得必要资源的方式，等等。[1]

第四节　国际竞争立法的可行途径

国际贸易法的主要目的是消除国际贸易壁垒，因此，国际贸易法通常通过消除政府施加的经济壁垒来解决市场准入问题。传统上，竞争政策和竞争法关注国内市场和国内消费者，它通过消除私人施加的竞争壁垒来促进市场准入，因此，贸易政策和竞争政策之间的界限原本比较清晰。然而如今我们面对的是日益全球化的经济市场，私人企业可能利用反竞争措施获得有利的竞争优势，阻碍市场准入，破坏国际贸易体制。政府也可能默许或容忍私人反竞争措施来隐蔽地支持私人的贸易壁垒。当一个国家签订了贸易协定，并通过消除政府施加的贸易壁垒以遵守该协定，但另一方面却拒绝采取行动以抵消因私人对贸易施加的限制而造成的壁垒，这可能被视为对该贸易协定的恶意违反。伴随着这种恶意贸易战略观的是因私人贸易限制而造成的被减损的市场准入。因此，如果对反竞争行为不能予以有效地抵制，全球自由贸易的充分潜力将无法实现。国内竞争法在规制对贸易具有消极作用的反竞争行为上存在缺陷；竞争法的域外适用、双边合作、区域合作和多边合作也不能完满地规制跨国反竞争行为。由此看来，制定国际竞争法对于确保贸易自由化的顺利实现是有必要的。

另一方面，贸易措施也对竞争产生影响，这些贸易措施涉及面

---

〔1〕 Working Group on the Interaction between Trade and Competition Policy. Report on the Meeting of 1 - 2 July 2002 〔R〕. WT/WGTCP/M/17, 2002, para. 31. WTO Working Group on the Interaction between Trade and Competition Policy. Report (2002) of the Working Group on the Interaction between Trade and Competition Policy to the General Council, Geneva 〔R〕. WT/WGTCP/6, 2002, para. 99.

相当广泛，包括高关税、数量限制、有利于国内产品的管制、国营贸易企业对市场准入的限制、公共采购的歧视以及贸易救济措施，等等。WTO 为了促进贸易自由化，防止关税和非关税壁垒对成员国之间自由、公平贸易产生的消极影响，通过多轮谈判回合制定了大量的协议来规范贸易措施，并随着形势的发展不断地加以改进和完善。其中许多规范不仅可以对贸易产生积极作用，而且有利于促进竞争。但是，WTO 关于贸易措施的纪律并不足以规制这个领域的竞争问题，特别是在以私人反竞争限制替代贸易措施或利用贸易措施进行反竞争行为的场合下。因此，制定国际竞争法有利于促进竞争纪律在该领域的充分适用。

从可行性来看，制定国际竞争法具有一定的现实基础。国际竞争法必须建立在各国竞争法趋同的基础上。事实上，随着竞争法理论和实践的发展，许多国家的竞争法，甚至一些国际组织的有关建议都已经在反竞争方面包括了某些共同点：首先，卡特尔行为（诸如竞争者之间的价格固定、市场分配、产量限制行为）是反竞争的；其次，处于垄断地位或市场优势地位的企业不得滥用其市场力量，该企业也不得采取具有加强其市场优势力量效果的行动；再次，当兼并与收购具有便利明示的或默示的共谋的效果或将导致垄断或优势地位的产生或扩展时，这些兼并与收购是反竞争的。这些实体法上的趋同并不是偶然的，而是各国就卡特尔、滥用优势地位和反竞争合并对消费者福利和社会资源分配的影响已形成了比较一致的意见。很少有人质疑规制这三类行为对保证竞争性的市场经济成功运作的必要性。各国的竞争法不仅在规制范围的大框架上有所趋同，而且在细节上也有所趋同。例如，在兼并审查方面，为分析被指控的兼并的潜在经济效果，必须对"市场"加以界定，而目前"市场"的定义已越来越标准化。因此，制定国际竞争法并非截然是"空中楼阁"，关键在于如何构建国际竞争法。

WTO 作为权威性的国际经济组织，成员范围广泛，既包括发达国家，也包括发展中国家，并且有平衡发达国家和发展中国家利益的多边谈判的长期经验，在其框架下达成的协议容易得到大多数国家的认同和接受；另外，WTO 具备有法律拘束力的规则和有效的争端解决机制，在其框架下达成的协议更容易被成员所遵守和执行。因此，如果需要一个机构框架来建立国际竞争法，WTO 似乎是唯一具有现实性和可能性的组织。同时，鉴于贸易与竞争的互补互动关系，只有建立一套有效的多边竞争协议，WTO 多边贸易体制才是完整的。从模式上来看，完全没有法律约束力的竞争政策多边协议意义不大，为了使国际贸易体系更稳定，必须尽量减少政治方面的影响，因此，竞争政策必须从随意性转化为法律。但建立一套全面的、有约束力的 WTO 竞争政策多边协议在现阶段还太理想化，尽管目前各国竞争法已有趋同的迹象，但在许多方面仍然差异很大，短时间内不可能就竞争法的各个方面进行谈判和规则制定。考虑到种种情况，比较现实的做法是建立一个关于竞争政策的多边框架协议，以对具有反竞争效果的贸易措施和具有消极贸易影响的反竞争行为加以规制。鉴于多边框架协议是第一步，在各国国内竞争法尚未取得相当程度的趋同的情况下，应将多边框架协议制定得比较原则和概括，而且应把重点放在建立核心原则、确保成员在国内严格适用竞争法和加强国际合作方面。待时机成熟时，再就内容进行细化和扩展。在谈判和制定可能的多边竞争协议时，只有本着循序渐进的原则才能获得最大多数国家的认同和接受。因此，可以预见，订立内容完备的、有约束力的 WTO 多边竞争协议必定是一个长期的、艰苦的过程。

第五节　多边竞争协议主要内容的构想

多边竞争协议既要将各国已达成共识的部分规定下来，以促使成员国更好地解决在贸易自由化进程中出现的主要跨境竞争问题；同时，考虑到成员国竞争法的多样性和复杂性，多边竞争协议也应体现一定的灵活性，使成员国有足够的自主权来维护本国的重要利益。笔者认为，多边竞争协议应包括如下主要内容：

一、多边竞争协议的核心原则

在多边竞争协议中规定核心原则是有必要的。鉴于多边竞争协议是一个框架性协议，内容不可能非常全面和细致，因此，制定核心原则可以为成员国的国内竞争法设置一个最低标准，也可以为多边竞争协议的进一步发展奠定基础。

1. 非歧视原则

尽管各国竞争法仍然存在显著的实体差异，但非歧视原则是它们共同的内容。竞争法实施中有一句时常引用的包含非歧视原则的短语："竞争法保护竞争，而非竞争者。"因此，竞争政策的多边框架应将非歧视原则纳入其中，这样就为成员国规定了一个义务，即国内竞争法应牢固地确立非歧视原则，也就是说，成员国应依据国内竞争法（普适性的法律、法规和指南等）的条文而授予企业非歧视待遇，而不是依据一系列其他的政策来授予企业非歧视待遇。但是，多边竞争协议对非歧视原则的规定也应为成员国保留一定的政策空间，因为成员国，特别是发展中成员国在将来可能需要政策工具，而这些政策工具对新的发展领域是关键性的，尽管它们的作用在目前可能还不明显。[1]

对国民待遇的违反可以分为法律上的违反和事实上的违反。当竞争法或其附属法律（如那些制定豁免条款的法律）基于国别对企业进行明确的区分时，就是法律上的歧视，这将置外国企业于竞争上的不利地位。当法律或法律实施政策虽然在表面上是中立的，但在适用时却歧视外国企业，则存在事实上的歧视。事实上的歧视是个案的歧视。在一个具体的案件中，竞争实施当局可能对国内企业和外国企业适用不同的标准。例如，当局可能批准两个国内企业的合并，但却禁止涉及两个外国企业的合并（对国内市场产生影响）。但是，在个案场合下，发现歧视的困难在于每个案件以及每

---

〔1〕　Working Group on the Interaction between Trade and Competition Policy. Communication from Venezuela〔R〕. WT/WGTCP/W/245, 2003.

个当事方的具体情况都是独特的。

但是，还存在另一种类型的歧视，既有事实上的歧视的特征，也有法律上的歧视的特征。某一法律或法规在表面上是中立的，但却以这种方式制定下来，即旨在适用时对国内企业和外国企业产生不同的影响。这包括阐明不同形式的产业政策的条文，它们潜在地有利于国内企业，而对外国企业不利。某些关于企业合并中效率辩护的法律法规可能表明，只有在国内实现的效率才能在执法机构的合理法则分析中被给予考虑，这种法律法规也对外国企业不利。有利于中小企业（往往是国内企业而非外国企业）或追求其他社会性目标的法律就是范例。

竞争法的豁免、例外和除外条款也产生歧视问题。从非歧视角度而言，与豁免、除外条款有关的问题并不是从竞争法角度出发来判断它们是有利还是有害的，而是它们是否对外国企业产生歧视。与竞争法本身的实施一样，豁免的授予既是事实歧视，也是法律歧视。

在多边竞争协议的框架中纳入非歧视原则意味着必须解决这些国民待遇问题。法律上的歧视应被纳入该原则，也就是说，多边竞争协议的框架至少应明确规定不应以国籍为理由对外国企业予以歧视。竞争法、法规和指南以及制定除外/豁免的附属法律，如果条文上是歧视性的，则违反该原则。多边框架中的非歧视原则不应适用于事实歧视，因为个案中的事实歧视很难被发现，而且将非歧视原则适用于事实歧视将引起成员国在执法政策、竞争当局的优先目标和处罚裁量权方面的复杂问题。双重性的歧视，如执行产业政策或其他类型的公共政策的法律，反映出成员国追求的产业、社会、发展和其他的政策目标，它们已被 WTO 的其他纪律所覆盖，多边竞争协议的框架应将这种双重歧视排除在非歧视原则的适用之外。

相比较国民待遇而言，最惠国待遇在竞争法多边框架中所提出的问题较少。但是，多边竞争协议的框架在明确地将法律歧视纳入最惠国待遇原则的同时，应将双边协议和区域性组织的优惠待遇排除在外。

双边合作协议是成员国竞争当局之间在适用和执行竞争方面发展长期关系的结果，对这些国家而言，它们之间相互信任和密切合作的关系是逐步发展起来的，而且它们之间的合作还可能涉及机密信息交换，这要求双方彼此相信交换过的信息不会被披露。如果将双边协议的规定适用最惠国待遇，这不仅将破坏双边协议的基础（长期发展的关系），而且还将对发展中国家造成巨大的行政和财政负担。某些区域性组织的成员国之间也会互相给予一定的优惠待遇，考虑到区域性组织的特殊性，这种内部的优惠待遇也不应适用最惠国待遇。

2. 透明度原则

透明度是任何法律实施的基本要求，但它对竞争法格外重要，因为竞争法往往是以原则性的框架形式制定的，并在个案的基础上以技术的方式予以适用，因此竞争法必须以明确和透明的方式予以执行。透明度原则还可以在建立可预见的、以规则为导向的贸易体制和确保 WTO 纪律的外延与范围不具有不必要的侵犯性之间保持一种平衡。此外，透明度对消费者和从事国际贸易的企业来说也是非常重要的，公众需要了解竞争市场对有效的市场经济运作的基础性作用以及竞争对消费者福利的作用。

笔者认为，在透明度原则的具体内容方面，多边竞争协议应涵盖以下内容：

（1）各成员国有义务公布国内的竞争法律、法规、规章、指南。竞争法律、法规和各种规章具有正式的法律效力，构成了各国竞争法的主要内容，当然应予以公布。指南虽不具有正式的法律效力，但对竞争当局的执法有重大影响，因此也应予以公布。

（2）成员国有义务公布竞争当局和法院对竞争案件的裁决。一般而言，国内的有权机构对竞争案件的处理主要有两种：一是国内竞争当局根据竞争法，裁决某行为违法，对该行为发布禁令或采取救济措施，或裁决要求法院这样做。但是由于各国程序不同，在这方面还未形成普遍可被接受的规则。例如，在某些国家，竞争当局对所有的最终裁决提供理由，包括对那些不采取执法行动的裁决。而在其他国家，对不采取行动的裁决，当局则不提供正式的解释。二是国内竞争当局或个人提起，并由审理案件的最高法院或法庭作出的最终裁决。笔者认为，竞争当局和法院不仅应披露其裁决（包括采取执法行动和不采取执法行动的裁决）的实体性理由，还应披露其形成这些裁决的程序。

（3）成员国有义务公布竞争法中的除外与豁免规定。竞争法的除外与豁免规定对透明度提出了特殊的问题。无论除外与豁免规定是否受非歧视原则的约束，它们也应受透明度原则的约束，这是已形成的共识。但是，制定将透明度原则公平地适用于该框架的规则存在一些问题，因为在许多国家，除外/豁免规定是大量存在的，而且可以几种形式存在。最普遍的是法定的除外/豁免——它们在法律中，包括在竞争法中被明确地规定下来；其他的则由法规、规章或由行政行为创造出来，还有一些则是竞争当局执法政策事实上的结果；最后还有一些是普通法国家司法创造出来的。多边竞争协议中的透明度原则应适用于成员国正式的除外与豁免规定，如法定的除外与豁免规定以及在法规、规章或行政途径中正式确立的除外与豁免规定。透明度原则不应包括公布不是很正式的除外/豁免规定，如司法创造的除外/豁免规定，因为它们具有主观性和不确定性。

（4）公布义务不应要求披露机密信息，这一点已成为各国的共识。GATT、GATS 和 TRIPS 协议在这方面的做法一致。因此，多边竞争协议不应要求国家披露"会阻碍法律实施或违反公共利益或歧视个别企业（无论公共企业或私人企业）的合法商业利益的机密信息"。

（5）公布应及时地且以适当的形式（如固定的官方刊物、因特网等）进行，以使所有的利害关系方及公众获得并有所了解。

（6）WTO 协议中的通报义务是大量存在的，而且很分散。GATT 第 3 条第 3 款规定："成员国应立即并至少每年向服务贸易理事会通报显著影响服务贸易的任何新的或现存的法律、规章或行政指南的变化。"TRIPS 第 63 条第 1 款也有相似的规定。类似的通报义务也应适用于多边竞争框架，因此，多边竞争协议应要求成员国每年向 WTO 机构通报竞争法律、法规、规章、实施指南及其变化的信息、除外与豁免规定及其变化的信息以及竞争法领域的行政和司法裁决。

（7）将公布义务适用于多边竞争框架还存在一个问题，即应考虑该义务对发展中国家所施加的负担。因此，多边竞争框架在规定高标准的透明度的同时，还应确认有必要将透明度的某些要素作为技术援助计划的优先发展目标，渐进性地引入成员国国内竞争法。

3. 程序公正原则

与透明度一样，竞争法实施的不同主体对程序公正也有不同的利益。反竞争行为的受害者和私人申诉者应有权向竞争当局提出请求，要求它们对指控的反竞争行为开展调查；有权提交支持其请求的证据，并通过竞争当局或独立地向法院寻求对非法行为的救济。与之相对应，被告或调查及程序中的客体因违反法律面临可能的处罚，他们对"程序公正"有强烈的需要。在调查阶段，他们要求获得调查通知、可能的执法行动的法律依据和事实基础，并要求享有为自己的利益向执法当局提交抗辩的权利；如果存在执法程序，他们应有权了解支持指控的信息、辩护的证据，并有权了解国内诉讼程序中的证据标准以及包含了相关法律依据和事实依据的书面最终裁决；被告还应有权向独立的机构提起上诉。其他有利害关系的第三方，包括第三方证人以及公共利益的主体和消费者群体，则有权向竞争当局提交保密的请求，有权获得调查和有关程序中的公共记录。

形成程序公正标准的困难在于不同国家在行政和司法程序上是不同的。多边竞争协议中程序公正规则的基本问题是所需要的细节的程度。例如，如果对裁决的及时审查是程序公正的一个必要因素，那么，如何界定"及时"？如果被告有权获得竞争当局对其行为的信息，那么，他必须获得多少信息？对机密信息的保护是程序公正的一个基本部分。商人对保护商业秘密或其他的财产信息有明显的利益，如果将这些信息披露给竞争者，可能对信息的所有者造成损害。在竞争调查中向调查者秘密提供信息的人，如果其身份被披露，他也有可能受到损害。

对于程序公正原则的内容，多边竞争协议应规定成员国必须保证私人当事方诉诸竞争当局的权利、受调查方抗辩的权利、当事人不服行政裁决的上诉权利以及司法机关对竞争当局行政裁决的审查权、对机密信息的合理保护等方面。这里需特别注意的是制定关于机密信息的规则的问题。评估某一信息是否属于机密信息的标准是如果该信息被披露，将可能对信息的提供者或信息的来源产生重大的不利影响。[1]尽管在不同的国家保密规则基本相同——例如，商业机密信息在各地均受到保护——但对某些灰色领域的信息的处理是不同的。与透明度一样，多边竞争协议中的程序公正原则在规定保护机密信息时最实际的方法是使用 WTO 其他协议中已经存在的用语和概念，即不应要求国家披露"会阻碍法律实施或违反公共利益或歧视个别企业（无论公共企业或私人企业）的合法商业利益的机密信息"。

至于程序公正原则中基本问题的细节，多边竞争协议没有必要作出具体规定，留待成员国国内解决即可。WTO 的其他协议就有这种做法的先例。它们使用了与程序公正有关的概念，如立即审查、独立的审判庭、适当的救济、公正的程序，等等，但对于成员国内部在这些问题上的具体制度不予干涉。多边竞争协议就可采用这种做法。同时，鉴于不同国家竞争法发育程度的不同，特别是发展中国家目前竞争法发育程度较低的状况，多边竞争协议也应制定关于渐进性和能力建设的规定。

〔1〕　Dr. Robert M. Maclean and Bettina Volpi. EU Trade Barrier Regulation: Tackling Unfair Foreign Trade Practices ［M］. Palladian Law Publishing Ltd. , 2000.

二、多边竞争协议对贸易措施的规制

前面我们已分析过，在贸易措施对国际贸易促进竞争的效应起到限制作用时，它们与竞争政策和竞争法有直接的关联。WTO 体制内存在大量的规制贸易措施的规范，它们不仅可以促使成员国严格适用这些贸易措施，而且有利于促进竞争。因此，WTO 成员必须首先保证严格遵守 WTO 的现有纪律，进一步开放贸易领域，努力避免或减少对竞争的负面影响。

鉴于贸易措施可能对竞争产生不利影响，WTO 的多边竞争协议应考虑对贸易措施加以规制。这里应尤其注意 WTO 多边竞争协议关于贸易措施的规范与 WTO 协议群关于贸易措施的规范之间的关系问题。WTO 多边竞争协议关于贸易措施的规范是特别针对贸易措施领域中可能出现的损害竞争的问题而制定的，它是对 WTO 协议群有关贸易措施的原有纪律的补充和支持，而非对 WTO 协议群规制贸易措施的原有规范的重复。

从内容上说，WTO 多边竞争协议关于贸易措施的规范至少应包括如下几个方面：

1. 成员国应承诺，国内和外国生产商之间的贸易限制协议应受到竞争法纪律的充分规制，即使该协议是作为贸易措施的替代物或为避免贸易措施的可能适用而订立的。在这些情况下适用竞争法非常重要，因为这不仅可以限制国内生产商依据国内贸易救济法律以发起行动对外国生产商进行威胁或游说国内保护的风险，还可以保证贸易措施仅仅为公共机构依据国内程序并以与 WTO 义务相一致的方式所适用。

2. 成员国应承诺，如果采用贸易措施，国内和（或）外国生产商将从事反竞争行为，该行为会进一步限制贸易或对消费者有消极影响，这时竞争法应充分适用。这些反竞争行为包括竞争者（无论国内和国外）之间的协议和协同行为以及对支配地位可能的滥用行为。在这些场合下，竞争法的适用对于防止贸易措施强化市场中的反竞争结构，或产生对贸易流向造成非透明和永久性的限制的风险是一个重要的保证。

3. 成员国应承诺，贸易措施的存在是国内竞争当局在竞争分析中，特别是在界定相关市场中予以考虑的因素。如果由于贸易措施或其他的管制障碍，实际的或潜在的进口竞争是有限的，竞争当局应用国内术语界定市场，因为这会更容易导致市场支配地位的确立，国内企业受竞争法救济的约束或兼并被竞争当局所禁止的风险就更大。管制障碍还可以导致更狭窄的产品定义，或提高诸如某些类型的垂直限制（例如，当政府管制使建立可供选择的销售渠道更困难时）等企业之间协议的限制效果。

4. 除竞争法适用的这些情况外，成员国还应承诺，努力促使竞争当局通过竞争倡导在贸易政策领域发挥作用。这些倡导可以采用不同的形式，其具体模式取决于成员国国内的法律和机构框架。例如，在某些场合中，为了支持整体的开放贸易政策，竞争当局可以通过突出自由化对消费者福利的作用和提高市场中的竞争结构来发挥一般性的竞争倡导作用。在适用贸易救济法时，如果产生有关市场竞争结构的问题，贸易当局也可以与竞争当局磋商，适当听取竞争当局的意见。

总之，多边竞争协议应考虑如何促进竞争政策和竞争法在贸易政策领域中的严格实施的问题。另外，该多边框架还应有助于贸易当局和竞争当局之间进行更密切合作，这对于促使竞争当局有效地发挥倡导作用是一个重要的条件。

三、多边竞争协议对反竞争行为的规制

WTO 对于具有显著的贸易影响的反竞争行为应给予特别关注。这主要反映在当反竞争行为明显地对进入某一市场产生障碍（封锁效果）或主要针对出口贸易时。这些反竞争行为与 WTO 确保竞争机会的平等和避免贸易扭曲的目标有直接的联系，它们会对有关国家的消费者福利产生不利影响，并损害那些被剥夺了平等竞争机会的生产者母国的合法利益。这既是市场准入问题，也是竞争法问题。如果对贸易产生影响的反竞争行为属于国家的管辖范围，那么

国家将主要依靠国内竞争法加以处理，但是国内竞争法在处理对贸易具有影响的反竞争行为方面存在缺陷；同时，对于跨国性质的反竞争行为，目前各个层面的竞争政策和竞争法也不能根本地解决问题。因此，WTO 框架下的多边竞争协议对具有贸易影响的反竞争措施进行规制是有必要的，无论是从贸易政策角度还是从竞争政策角度来看，这都具有重大意义。

从内容上看，多边竞争协议对具有国际贸易影响的反竞争措施规制应包括如下几个方面：

首先，多边竞争协议应要求成员国承诺充分有效地实施其国内竞争法。许多纯粹国内性质的反竞争行为会对国际贸易产生影响，因此，要求成员国确保国内竞争法充分有效地实施是规制具有国际贸易影响的反竞争措施的重要手段。

其次，多边竞争协议应对不同类型的反竞争行为加以规制：

（1）对横向限制协议的规制：核心卡特尔对国际贸易可以产生严重的消极影响，而且各国的国内竞争法对核心卡特尔基本上采取禁止态度，因此，在制定多边竞争协议时各国在这一方面最可能达成一致。多边竞争协议应明确界定核心卡特尔，并优先关注在核心卡特尔方面建立共同的原则或规则，以便成员国能够将核心卡特尔作为对竞争法的严重违法行为加以惩处，并与其他国家合作以确保竞争法的有效实施。对于核心卡特尔之外的横向限制协议，各国的国内竞争法一般采用合理法则，对多种因素予以综合考虑来评价横向限制协议的反竞争效果。由于这些横向限制协议也可能对市场准入产生阻碍作用，因此，多边竞争协议应要求成员国竞争当局在适用合理法则时，适当考虑横向限制协议对外国竞争者所产生的封锁效果。至于出口卡特尔，其对贸易的负面影响也是很明显的，如果多边竞争协议以全球利益为标准，理应要求成员国对出口卡特尔予以禁止。然而考虑到目前出口卡特尔为国内竞争法所许可，多边竞争协议可能不适宜要求出口卡特尔的母国承担惩处的义务，但至少可授权受到损害的成员国采取行动，以抵制出口卡特尔。这实际上类似于 GATT／WTO 框架下的反倾销协议处理倾销行为的方式。

（2）对纵向限制协议的规制：纵向限制协议产生复杂的促进竞争和反竞争的效果，它们还可以促进或阻碍外国竞争者的市场准入。只有当纵向协议具有封锁效果，对进入市场明显地产生障碍时，它们才应受到多边竞争协议的关注。各国对纵向限制协议（除固定转售价格、固定转售的最低价格外）一般都适用合理法则，评估其正负效应，最后再认定其是否违法。多边竞争协议应要求成员国竞争当局在适用合理法则以判断是否对纵向限制协议予以禁止时，适当考虑纵向限制协议对外国竞争者所产生的封锁效果。多边竞争协议还可以借鉴各国反垄断法的执法经验，进一步确定竞争当局在判断纵向协议是否具有封锁效果时应考虑的因素，如上游市场或下游市场的市场力量的存在、上游企业之间或下游企业之间的共谋、限制的累积效果、限制的持续时间、政府进入壁垒的作用和市场的总体结构（包括对外国贸易和投资的开放性），等等。确定这些因素将有利于竞争当局之间的国际合作以及减少竞争当局在处理具有国际影响的案件时就纵向协议的贸易影响作出决定所产生的不一致。

（3）对滥用市场优势地位行为的规制：占据市场优势地位的企业的某些措施可以排挤其他企业（包括外国企业）参与市场竞争，因而具有封锁市场的效果。这些企业能够从事有关的反竞争行为并取得市场封锁效果的根本前提是它们占据市场优势地位。因此，多边竞争协议不仅应考虑在借鉴各国实施竞争法的经验的基础上，对这些滥用行为加以列举，而且还应考虑列举各国竞争当局在确定某一企业是否具有市场优势地位时所运用的标准和参考因素。

（4）对企业合并的规制：多边竞争协议首先应确保成员国竞争当局在审查跨国合并时适用非歧视原则和透明度原则，以防止成员国竞争当局人为地影响市场准入。其次，对于跨国合并受到几个竞争当局的审查而可能发生竞争当局作出相冲突的裁决的风险，由于目前建立国际反垄断当局的设想还太超前，因此，多边竞争协议应要求成员国承诺对跨国合并的审查时间予以限制，并确保国内竞争当局相互磋商，从而促使竞争当局之间进行适当的协调与合作，以解决跨国合并所引起的各种冲突。多边竞争协议还应考虑列举竞争当局评价合并的竞争效果所运用的标准及参考因素，这也有利于减少竞争当局对跨国合并的影响作出决定时所产生的不一致性。

四、多边竞争协议关于自愿合作的条款

多边竞争协议中还应订立成员竞争当局之间的合作条款。具有跨国效果的反竞争措施经常发生，而且可能对多个国家的利益产生影响。为了便利规制具有跨国效果的反竞争行为，并且照顾到其他国家的利益，国际合作是有必要的，例如，如果某个国家开展竞争调查，而且该调查影响其他国家的利益，则需要以某种程序通知对方调查的开始，如果其他国家提出与该调查有关的任何特别关注，则需要建立一个关于磋商的框架。因此，有关国际合作的条款应是多边竞争协议的重要内容，成员国的合作承诺可以为深化国际反垄断关系提供必要的凝聚力和稳定性。但是，考虑到各国竞争法的差异和成本，合作应是自愿性的。

同时，多边竞争协议中合作模式应足够灵活，以便能够解决处于不同的竞争法发展阶段的国家的需要。为了有效地满足国家的需要，多边竞争协议应规定两种形式的合作条款：便利就具有国际影响的反竞争措施进行个案合作的条款以及有关一般性地交换信息和经验的合作条款。

1. 进行个案合作的条款：（1）交换与案件有关的信息和证据。对于任何竞争当局，它们在处理国际案件时所面临的一个主要困难是查找必要的证据（如果证据位于其管辖领域之外），因此，具有合作关系的竞争当局交换具体案件的信息或证据具有很重要的意义。交换信息的主要障碍是这些信息的机密性以及限制其使用和披露的规则。很显然，多边竞争协议不应要求交换机密信息。但是，这并不能意味着对交换任何有用的非公共信息的绝对禁止。因为对于外国当局处理具体案件非常关键的、有用的事实信息和法律信息可能介于机密信息和公共信息之间；即使是机密信息，在任何竞争制度体系中都存在这种情况，即信息的某些具体要素还没有或不再

被保密规则所覆盖；而且，在某些情况下（例如，信息的拥有者
已准予了特别"弃权"），甚至被限制的信息或机密信息也可以被
共享。一旦竞争当局在外国当局的协助下获得了它从海外难以收集
到的事实，它就可以在调查过程中取得进展和进行更好的调整。
（2）就影响其他成员国重要利益的案件进行磋商和交换意见。为
了采取彼此满意和有益的措施以处理具有国际影响的反竞争措施，
多边竞争协议的成员国应准备进行磋商。为了便利这些磋商，多边
竞争协议的成员国应通知那些可能因正在进行的调查和程序而受到
影响的其他成员国。同样，成员国应关注其他成员国管辖领域内的
有关反竞争行为的证据，并搜集针对反竞争行为所进行的任何调查
的信息。在磋商的框架下，对于正在进行的竞争调查，成员国还可
以从母国寻求援助或搜集对执法活动有价值的信息。磋商还可以为
成员国就有关市场分析或可能采取的救济措施提供交流机会。当反
竞争行为对几个成员国的市场产生影响且受到平行的竞争调查时，
成员国应努力协调他们的行动。为了避免潜在的管辖冲突，多边竞
争协议还应包含消极礼让原则（例如，成员国在采取行动前应考
虑其他有关成员国的重要的和已清楚声明的利益）。

　　2. 一般地交换信息、经验及共同分析的条款：多边竞争协议
可考虑设立一个多边论坛。许多国家，包括发展中国家都强调建立
多边论坛的作用，该论坛可以便利就成员国共同关注的有关对国际
交易适用竞争法的问题一般性地交换信息和经验（包括进一步分
析和交换竞争当局在处理对国际贸易具有影响的反竞争行为方面的
经验，也包括交换竞争当局在竞争倡导作用或审查部门豁免方面的
经验）。通过多边论坛所进行的一般性地交换信息和经验，可以推
动各成员国国内竞争当局在竞争法理论与实践上的逐步趋同，且有
助于国内竞争当局从其他竞争当局的经验中获益。因此，多边论坛
的建立将极大地有益于所有的竞争当局，包括发展中国家的竞争当
局。只有通过这种方式才能确保发展中国家有效地参与国际反垄断
合作。

五、多边竞争协议对特殊和差别待遇的适用

特殊和差别待遇的实施是发展中国家关注的主要问题。在WTO多边竞争协议中适用特殊和差别待遇的目的在于灵活地、渐进地促进发展目标，使发展中国家更有能力履行协议，更充分地参与贸易自由化。特殊和差别待遇在 GATT/WTO 体制中经历了一段发展历程，其作用和缺陷都已得到了一定程度的体现。发展中国家认为特殊和差别待遇或者太广泛、太原则性，或者仅仅是劝告性，不产生法律上可实施的义务；另外，过渡期和技术援助没有充分考虑到发展中国家的特殊需要等。在 WTO 多边竞争协议中适用特殊和差别待遇必然要以 GATT/WTO 体制中原有的特殊和差别待遇为基础，借鉴其经验，并尽可能避免其缺陷。因此，多边竞争协议中采用特殊和差别待遇首先应以足够精确的语言起草条文，选择具有实质意义的特殊与差别待遇模式，并制定监控程序或后继程序以便成员国更好地履行特殊和差别待遇。

多边竞争协议应允许成员国在其国内竞争法中规定豁免和除外制度。竞争法的豁免和除外对象一般是对维护本国整体经济利益和社会公共利益有重大意义的行业或领域以及那些对市场竞争影响不大，但对整体利益有益的限制竞争行为。因此，发展中国家可以根据其市场结构、发展程度、具体特征等确定竞争法的豁免与除外对象，以实现其优先政策目标，促进本国经济发展。但是，为了防止对豁免和除外制度的滥用，多边竞争协议应要求成员国承诺对豁免和除外制度的设置和实施予以严格控制，确保豁免和除外制度设置的合理性、实施的透明性以及豁免和除外制度的实际效果能够得到定期审查。由于各国的政治体制不同，关于控制豁免和除外制度设置和实施的具体做法，多边竞争协议应留给成员国自主决定。这样，既可以灵活、渐进地促进发展目标，又可以避免豁免和除外制度对竞争可能产生的扭曲作用。

多边竞争协议还应通过规定技术援助和能力建设来适用特殊和差别待遇。由于发展中国家竞争法发育程度较低，执行能力有限，

因此，帮助其进行能力建设，对于促使其切实履行多边竞争协议是非常关键的。但是，技术援助应有针对性，应符合发展中国家的具体需要，以使发展中国家能真正地从中获益。技术援助的形式可以多种多样，包括帮助发展中国家制定和完善国内竞争法、支持发展中国家建立国内竞争当局、培训发展中国家竞争当局的人员、与发展中国家竞争当局交换经验等。技术援助还应重视协调一致性，给予方、接受方和组织者三方面的协调是确保技术援助取得效益的关键因素，这能够避免技术援助和能力建设的重复以及地区失衡。另外，技术援助还应具有连贯性，不能仅考虑发展中国家临时性的需要，而是应从其长期效益着手，这样才能取得良好效果。为了保证技术援助计划的落实，多边竞争协议可考虑建立一个专门的委员会，以监督技术援助计划的执行，便利成员国竞争当局之间信息和经验的交换，并最终促进发展中国家履行多边竞争协议的能力的提高。

第七章　中国的对策

第一节　中国竞争法的现状

　　我国制定专门的《反垄断法》的过程可谓漫长而曲折。在2007年8月30日全国人大常委会通过《反垄断法》之前，有关规制反竞争行为的规定散布在若干部法律中。1980年国务院颁布的《关于开展和保护社会主义竞争的暂行规定》是中国关于保护市场竞争的最早的行政性法规。随着经济体制改革的深入，全国人大常委会逐步颁布了一些涉及反垄断的法律，其中最重要的是1993年9月颁布的《反不正当竞争法》和1997年颁布的《价格法》。

　　《反不正当竞争法》以列举的方式规定了十一种不正当竞争行为。在这十一种被列举的行为中，有六种是属于违反基本商业道德的不正当竞争行为，即假冒行为（第5条）、商业贿赂（第8条）、虚假广告（第9条）、侵犯商业秘密（第10条）、不正当有奖销售（第13条）、损害竞争对手商业信誉（第14条）；而另外五种则是具有垄断或限制竞争性质的行为：公用企业以及其他法定垄断企业滥用优势力量行为（第6条）、政府限制竞争行为（第7条）、低于成本销售行为（第11条）、搭售以及在销售时施加不合理的交易条件（第12条）、串通投标行为（第13条）。

　　《反不正当竞争法》所规定的垄断或限制竞争行为非常有限。滥用优势力量的行为仅限于依法享有垄断地位的企业；政府限制竞争行为的主体是政府机构。真正涉及市场中企业的条文只有关于低价销售、搭售以及施加不合理条件和串通投标行为等三个条文。该法没有规定合并等产业集中化行为，也没有对横向的价格固定行为作出一般性的规定，仅仅是涉及招投标串通行为。

《价格法》第14条第（1）项对价格卡特尔行为进行了规定：经营者不得"相互串通，操纵市场价格，损害其他经营者或者消费者的合法权益"。另外第14条还对低价销售行为再次进行了规定。

1999年8月颁布的《招标投标法》除了在第52条对串通行为再次予以规定外，第51条规定了招标人对投标人的纵向限制行为，包括招标人以不合理条件限制或者排斥潜在投标人、对潜在投标人进行歧视待遇、强制要求投标人组成联合体共同投标、限制投标人之间竞争等行为。

此外，国务院及其部委发布过很多涉及反垄断的行政法规，特别是反对地方保护主义方面的法规，例如国务院1990年11月发布的《关于打破地区间市场封锁进一步搞活商品流通的通知》中指出，生产企业在完成国家指令性计划产品调拨任务和购销合同后，有权在全国范围内销售产品，工业、商业、物资等部门的企业，有权在全国范围内自行选购所需产品，任何地区和部门都不得设置障碍，加以干涉。20多个地方立法机构出台了实施《反不正当竞争法》的条例或办法。这些地方性法规除了对《反不正当竞争法》进行细化解释外，还增加了一些新的规定，主要是有关固定价格、划分市场等卡特尔行为的规定。[1]

我国以前虽然在反垄断方面制定了上述制度，但它们存在着很大的问题，主要表现在尚未形成一个系统和完整的反垄断体系，有

─────────

〔1〕　孔祥俊.中国现行反垄断法理解与适用［M］.北京：人民法院出版社，2001：15.

关规定过于分散，而且极不完善〔1〕。这种情况的出现与我国制定反垄断法规范的历史背景有关。前些年我国制定系统的反垄断法尚缺乏成熟的实践基础，而个别的垄断行为在我国确已出现，并对竞争秩序造成了危害，有必要通过立法予以制止。因此，当时选定的立法方案是，制定《反不正当竞争法》，但其并不纯粹以不正当竞争行为为调整对象，而对具有实践基础的个别垄断行为也予以规范。根据这种思路，在全国人大常委会审议《反不正当竞争法》草案过程中，从整体上删除了关于限制竞争协议和滥用市场优势的内容，留待将来制定《反垄断法》时解决，但保留了部分条款。因此，最后通过的《反不正当竞争法》并非一部单纯的禁止不正当竞争行为的法律，而实际上是制止不正当竞争行为和部分垄断行为的混合性法律。随着近年来市场经济的发展，垄断行为不断出现并对竞争秩序造成越来越大的危害，所以又通过了一些法律，如《价格法》、《招标投标法》等，它们对一些垄断行为也作出了规定。《反不正当竞争法》中的反垄断内容和其他单行法律中的反垄断条款构成了我国在《反垄断法》通过之前反垄断规范的基本框架。〔2〕

　　随着我国经济建设的加快和正式成为 WTO 的成员，这种反垄断法体系不完整、不完善的局面急需得以改变，我国出台《反垄断法》的时机已经成熟：

　　1. 从内部来说，《反垄断法》具有促进经济转轨、塑造市场机制的作用。一般而言，反垄断法所制止的是限制竞争行为，所维护的是竞争自由，所完善的是竞争的市场结构，因此，反垄断法被西

----

〔1〕　根据美国、德国、日本、欧盟等国家和地区的立法经验，反垄断法在反对私人垄断方面至少应当规定三个方面的任务：禁止限制竞争协议，禁止滥用市场支配地位，控制企业合并。这三个方面也被称为反垄断法实体法的三大支柱。但是，我国以前的这些制度在这三个方面都没有完善的规定。

〔2〕　孔祥俊. 反垄断法原理 [M]. 北京：中国法制出版社，2001：48-49.

方市场经济国家称为"经济宪法"、"自由企业的宪章",具有举足轻重的地位。出台《反垄断法》,有助于我国确立和巩固基本的市场竞争规则,加快市场机制的形成,维护公平和自由的市场竞争。

2. 从外部来说,一方面,《反垄断法》有助于建立平等的竞争平台,维护国家经济安全。我国已经正式成为 WTO 的成员,这意味着国内市场将逐步全面开放,外国企业将大量涌入国内市场,目前国内市场仍然存在着不少的壁垒和障碍,其中许多壁垒和障碍需要通过反垄断法加以清除,因此,出台《反垄断法》可以为外国企业提供公平的竞争环境。另一方面,许多外国企业具有强劲的市场竞争力,它们在某些情况下可能对我国造成危害,如跨国公司在某些行业集中兼并国内企业,削弱市场的竞争性,滥用其市场优势地位,从事反竞争行为,如果没有合适的反垄断法,则难以进行有效规制。

3. 颁行《反垄断法》还可以为我国与其他国家开展竞争法合作提供对等的平台。20 世纪 50 年代以来,各国纷纷制定或修改竞争法,同时,美国、欧盟、加拿大、澳大利亚、日本等发达国家或国际组织之间已签署和实施竞争法合作协议,一些发达国家和发展中国家之间以及发展中国家相互之间也已签订了竞争法合作协议,以有效规制跨国反竞争行为。如果我国的《反垄断法》对限制竞争行为有完善的规定,同时又确定了独立和权威的反垄断执法机构,这无疑有利于我国与其他国家开展竞争法的执法合作。

1994 年 5 月我国成立了《反垄断法》起草小组,在草案几易其稿的过程中,起草小组不仅征求过国内反垄断法专家的意见,而且也得到了 OECD、世界银行、联合国贸发会议、亚太经合组织等国际组织以及德国、美国、日本、澳大利亚、韩国等国家的支持和帮助。在广泛征求意见和反复修改的基础上,《中华人民共和国反垄断法(草案)》在 2006 年 6 月由国务院常务会议通过,并由国务院提请全国人大常委会审议。2007 年 8 月 30 日全国人大常委会通过《反垄断法》,并决定于 2008 年 8 月 1 日起正式施行。

第二节　中国的对策

2001 年 WTO 多哈部长级会议宣言表明，在多哈会议后两年内即将召开的第 5 次部长级会议上举行谈判，谈判将根据该会上成员方明确认可的谈判模式进行。2003 年 9 月的坎昆会议虽然失败了，但是只要贸易自由化的趋势不逆转，多边竞争协议的谈判和制定迟早将拉开序幕。那么，中国应采取什么样的态度和应对措施呢?

一、切实执行并继续完善《反垄断法》

整体而言，《反垄断法》的制定是比较成功的，既借鉴了大多数国家的先进做法，以充分地发挥"后起之益"；同时也根据本国的发展目标和发展水平，对本国的实际问题给予了适当处理，使《反垄断法》既具有竞争法的"共性"，又体现出对中国具体国情的充分考虑。但是法律制定得再好，也必须得到切实执行才能发挥其应有功效，因此，《反垄断法》还需得以真正落实。

另外，由于种种原因，《反垄断法》仍存在不完善之处，而且随着经济的发展和改革的深入，将会有更多的问题显现出来。为了应对国际竞争法的发展态势，我国不能满足并止步于目前的《反垄断法》，而应适时对其加以完善。只有具备先进的国内竞争法的国家才可能在未来的国际竞争法的谈判和制定过程中抢得话语权和主导权。

（一）总体方面的完善

1. 应体现 WTO 的基本原则和相关的竞争规则

我国已经正式加入 WTO，因此，遵守 WTO 的基本原则有关规定是我国政府必须承担的国际义务。WTO 的基本原则即非歧视原则、透明度原则和程序公正原则，与竞争政策和竞争法保护和促进公平自由的竞争的目标相一致，因此，我国《反垄断法》在具体规定中应予以体现，并在实践中得以切实遵守。鉴于这三个原则的重要性，笔者建议将来《反垄断法》修订时将这三大原则明确规定下来，在《反垄断法》实施条例中还应对这三大原则的内容和适用范围进行明确的界定。对于非歧视原则，应明确规定该原则只适用于法律上的歧视，而不适用于事实上的歧视；另外，我国与其他国家之间的双边协议和区域性协议中的有关规定也不能适用非歧视原则。对于透明度原则，应规定其适用于普适性的法律、法规、规章、指南，也适用于反垄断执法当局和法院对反垄断案件的裁决等；同时，对上述事项的公布应以适当的方式及时地进行；但是，透明度不应适用于机密信息，除非我国与其他国家之间的协议中规定有此要求或按照对等原则我国有此义务。

另外，WTO 中的 GATS、TRIMS、TRIPS 等协议也包含与竞争有关的条款，这些具体的竞争规则也必须在《反垄断法》的配套法律中得以体现。

2. 规制方式问题

结构主义遵从市场结构——市场行为——市场绩效的分析模式，其规制的重点是垄断状态，主要表现为对市场集中度的控制，力求通过对市场结构的调整创造一个平等、自由的竞争环境。对市场结构问题所采取的规制手段主要有两种：第一，积极介入式规制——即以占据市场支配地位的企业为对象，对其进行分割，以维持一个处于竞争状态的市场结构。这也就是通过分割市场上拥有市场支配力的既有企业，来使市场恢复到原有的竞争性的结构状态。第二，消极防御式规制——即对企业的集中行为进行规制，也就是通过禁止市场主体利用企业集中的方式拥有市场支配力，以防止出现垄断或寡占的市场结构状态。〔1〕行为主义认为市场行为对于市场结构有反作用，市场绩效对市场行为进而对市场结构也会产生反作用，其规制的重点是垄断行为，主要表现为对滥用市场优势地位的禁止和限制，力求通过对各种限制竞争行为的禁止来维护公平竞争的市场秩序。相比之下，行为主义较为温和，结构主义则更为

〔1〕 王为农. 中国反垄断立法的若干基本问题 [M] // 王晓晔，伊从宽 [日]. 竞争法与经济发展. 北京：社会科学文献出版社，2003：138-139.

严厉。

在制定《反垄断法》过程中，对其应采用结构主义还是行为主义，一直存在不同的观点。从许多发达国家竞争法的发展趋势来看，它们正逐步从结构主义转向行为主义。这一方面是因为随着经济理论研究的深入，人们开始认识到，竞争不是在任何情况下、任何程度上都是积极的，过度的竞争可能导致资源浪费，在某些领域，竞争的市场结构的效率可能低于垄断的市场结构的效率。这种认识上的深化自然就促使人们对垄断本身采取了较宽容的态度，从结构主义转向行为主义。另一方面，这种转变也是世界经济一体化的反映。随着经济一体化的推进，国际竞争日益激烈，规模经济的优势使各国政府认识到了大企业的重要性。为了提高本国企业的竞争力，许多国家放松了反垄断法的控制，对国内企业之间的兼并采取默认或支持的态度。经济一体化还推动了科技的进步和资本市场的日益发达，进入壁垒有所弱化，市场容量拓宽，集中度下降，这种客观现实也使得政府重点打击垄断状态的局面有所改变。〔1〕

但是，发达国家竞争法的规制方式从结构主义向行为主义的转变并不意味着它们完全放弃结构主义。结构主义和行为主义不是相互排斥，而是相互配合、相辅相成的。一个国家或地区的反垄断法是属于结构主义还是行为主义，实际上是相对而言的。任何国家、任何时期的反垄断都离不开结构规制。绝大多数采用行为主义的国家，在其反垄断法中有关企业集中规制方面的相应规定上，基本上采用了本属于结构规制主义的消极防御式的规制方式。〔2〕如果完全放弃结构规制，反垄断法就不是完整的，只剩下"卡特尔行为控制法"。断言结构主义的反垄断立法模式已遭到各国的淘汰，既在理论上讲不通，也与各国反垄断立法和执法的实际不相吻合。

〔1〕 段红涛，丁秀英.西方国家反垄断法规制方式及对我国的启示[J].山东财政学院学报，2002（4）.

〔2〕 王为农.中国反垄断立法的若干基本问题［M］∥王晓晔，伊从宽［日］.竞争法与经济发展.北京：社会科学文献出版社，2003：139.

1974 年美国司法部起诉垄断美国电信业 70 年之久的美国电话电报公司（AT&T），指控其滥用了市场支配地位，经过长达 10 年的诉讼，美国政府采取了结构规制的方法，将美国电话电报公司拆分为 8 个公司。在"微软垄断案"中，司法部也曾一度要拆分微软，其理由是拆分微软对整个软件产业都有利。尽管微软败诉不会动摇其在全球电脑操作系统领域的霸主地位，但会使该公司在继续运用其现有优势进入新市场方面受到制约，这将给软件产业的其他公司以喘息机会和更大的发展空间，这样一来，将有更多的公司脱颖而出。

可见，结构主义和行为主义本身没有优劣之分，一国的竞争法采取何种规制方式都是阶段性的，取决于特定时期的形势和反垄断的要求。我国《反垄断法》基本上采用的是行为主义，符合国际立法潮流，这从第 17 条禁止具有市场支配地位的经营者从事滥用市场支配地位的行为的规定以及第 28 条"经营者集中具有或者可能具有排除、限制竞争效果的，国务院反垄断执法机构应当作出禁止经营者集中的决定"的规定中可以判断出来。但是，前面已提到，即使采取行为主义的国家也不排斥在适当的时候采用结构规制方式。因此，我国反垄断执法机构在《反垄断法》实施后，在具体的反垄断案件中，为了惩处实行反竞争行为的垄断企业，防止其继续对市场造成不良影响，也有可能采取拆分企业、强制解散等结构规制的措施。《反垄断法》在"法律责任"一章中具体规定了国务院反垄断执法机构可以采取的救济措施，如罚款、停止违法行为、没收违法所得、停止实施集中、限期处分股份或者资产、限期转让营业等，但没有规定拆分企业、强制解散这些措施，因而笔者建议将来在《反垄断法》修订时予以补充规定，或在《反垄断法》实施条例中予以补充规定。但是，由于拆分企业、强制解散的救济措施比较极端，有可能带来负面影响，所以在规定这些救济措施之时，也要非常严格地限定其条件，[1] 既发挥它们的威慑作用，又

---

〔1〕 王先林."入世"背景下制定我国反垄断法的两个问题［J］. 法学评论，2003（5）.

防止它们在反垄断执法实践中被滥用。

3. 合理法则与本身违法法则

合理法则与本身违法法则各有优缺点。本身违法法则着眼于从性质上进行概括性的评价，之所以认定某些行为是本身违法的，是因为从其性质上可以推定，其所产生的积极效果不可能弥补其产生的消极效果，因而不必结合具体案情进行细致的利弊比较；而合理法则则着眼于具体的案情和实际的效果。适用本身违法法则有利于提高效率，减少司法资源的浪费，具有较强的确定性和稳定性；而适用合理法则则要全面了解案情，调查事项繁多，各种因素的相对重要性也无法做到法定化、规范化，因此具有明显的不确定性和不稳定性。但是，本身违法法则的确定性和稳定性同时也导致其僵硬性，只着眼于行为的性质，而无法灵活地适应案情，可能会产生不公正的判决结果；合理法则强调对行为的积极效果和消极效果进行详细地分析比较，能够充分地考虑到案情，因而具有足够的灵活性。[1]

在美国的反垄断实践早期，本身违法法则是主要的司法原则，合理法则仅在个案中适用。然而随着芝加哥学派观点的影响不断扩大，这种局面开始改变。在经济学领域，芝加哥学派认为，经济效率应当是反托拉斯法关注的唯一目标。而从效益角度看，不是产业结构决定企业行为和经营绩效，而是企业经营绩效决定其行为，并最终改变市场结构。换言之，绩效好的企业有多种经营选择，这种优势必然使其不断壮大，绩效差的企业则被淘汰，从而使市场结构趋于集中。这种优胜劣汰，正是竞争过程本身的表现和结果，最终会使资源配置效率和生产效率都得以提高，并因此使消费者整体受益。在政策主张上，芝加哥学派认为保护中小企业是与保护竞争的效率目标自相矛盾的，执法机关不应过多限制大企业，企业的经营行为是否限制竞争，也不应根据其是否改变市场结构或是否对竞争

---

〔1〕　许光耀．"合理原则"及其立法模式比较〔J〕．法学评论，2005（2）．

者有消极影响来认定，而只能根据其对经济效率的影响来认定。受芝加哥学派的影响，美国等西方国家的反垄断执法机构也意识到现实市场中垄断和竞争现象的复杂性，并逐渐放弃了将垄断与竞争完全对立的态度，它们分析垄断问题时的立场开始趋向于中立，在执法过程中更加注意分析垄断对市场竞争和经济效率的效果。从此，本身违法法则的适用范围逐步缩小，合理法则的适用范围逐步扩大。[1] 1958 年，在"北太平洋铁路公司案"中，美国联邦最高法院指出，除价格固定协议（包括横向协议和纵向协议）、联合抵制协议、搭售协议、划分市场协议（包括限额分配、限制生产或控制供应的协议以及划分客户或生产区域的协议）适用本身违法法则之外，其余的限制竞争协议均适用合理法则。[2]

　　目前世界各国反垄断法的发展趋势与美国一样，即更多地采取合理法则进行个案审查，刚性的本身违法法则的作用正在逐渐减弱。我国《反垄断法》不仅要借鉴其他国家反垄断法的发展趋势，也要充分考虑到本国的国情。本身违法法则具有法律与商业上可预期、执法与司法费用低等优点，而我国的司法资源非常有限，为了用有限的资源去维护市场经济核心的自由公平的竞争机制，在反垄断法中确立本身违法法则的适用范围是十分必要的，但是，其前提是，反垄断法必须对本身违法法则所适用的行为，如固定价格、划分市场、联合抵制等作出精确的界定，以防止在具体的执法和司法过程中发生分歧，[3] 从而更好地实现本身违法法则的优点。而我国《反垄断法》没有对上述反竞争行为加以明确界定，这可能导致在将来的反垄断执法过程中有关人员对某些行为的性质不能迅速

〔1〕 喻勤娅. 反垄断的效率标准及其对我国反垄断立法的启示 [J]. 经济问题，2006（4）.

〔2〕 许光耀. "合理原则"及其立法模式比较 [J]. 法学评论，2005（2）.

〔3〕 郑鹏程. 论"本身违法"与"合理法则"——缘起、适用范围、发展趋势与性质探究 [M] ∥王艳林. 竞争法评论：第 1 卷. 北京：中国政法大学出版社，2005：78.

地进行判断，从而影响执法的准确性和及时性，因此有必要在
《反垄断法》实施条例中予以补充规定。合理法则是经济效率的集
中体现，能够对变动不居的经济世界与不断更新的经济理念作出及
时的回应。[1]随着经济形势的变化，某些以前被视为不合法的行
为在今天也可能给社会带来福利，因此，只有经过分析特定的案件
事实，权衡行为的正负效果，才能对行为的合法与否作出公正的判
断，也只有这样，才能使案件双方当事人心服口服，从而有利于反
垄断裁决的执行。由于合理法则的主要目的是分析某一行为对市场
竞争和经济效率所产生的效果，而市场经济是具有共性的，经过长
期的司法实践，各国在运用合理法则进行判断时所考虑的因素已出
现了趋同化的趋势，因此，我国《反垄断法》实施条例也应适当
借鉴国外法院适用合理法则的经验，补充规定判断某类行为合法与
否的具体标准（如判断不同类型的纵向限制协议合法与否的具体
标准），以使《反垄断法》具有更强的可操作性。

（二）《反垄断法》主要内容的完善

1. 实体制度

（1）限制竞争协议

限制竞争协议是各国竞争法规制的重要内容之一。而且，从现
实发生的反竞争行为来看，限制竞争协议是居第一位的，其实际发
生的数量和执法机关查处的数量都远远高于其他反竞争行为。需要
注意的是，由于时代的发展，一般国家反垄断法所规制的限制竞争
协议早已超出了简单的限制竞争性质的协议，而扩大到了限制竞争
性质的决议和协同行为，因此有学者提出应使用"联合限制竞争
行为"、"联合行为"等以替代"限制竞争协议"的表述。[2]

〔1〕　郑鹏程．论"本身违法"与"合理法则"——缘起、适用范围、
发展趋势与性质探究［M］∥王艳林．竞争法评论：第1卷．北京：中国政
法大学出版社，2005：78.

〔2〕　孔祥俊．反垄断法原理［M］．北京：中国法制出版社，2001：
305.

　　竞争法并非对所有的限制竞争协议都采取禁止的原则。对于横向限制协议中的固定价格、限制产量、划分市场、串通投标等，无论其具体情况如何，各国一般均适用本身违法法则，予以禁止，这是因为它们对市场竞争具有严重的消极影响。横向限制协议中的其他部分则适用合理法则，由有关当局结合具体情况进行综合判断。对于纵向限制协议，各国均认识到它们对经济产生的影响是复杂的，有积极的一面，也有消极的一面，因此需要有关当局适用合理法则，考虑多种因素予以判断。但是由于价格竞争是市场竞争中最重要的因素，因此绝大多数国家将纵向限制协议中的转售价格维持规定为违法。我国《反垄断法》第13条明确规定："禁止具有竞争关系的经营者达成下列垄断协议：（1）固定或者变更商品价格；（2）限制商品的生产数量或者销售数量；（3）分割销售市场或者原材料采购市场；（4）限制购买新技术、新设备或者限制开发新技术、新产品；（5）联合抵制交易；（6）国务院反垄断执法机构认定的其他垄断协议。本法所称垄断协议，是指排除、限制竞争的协议、决定或者其他协同行为。"第14条规定："禁止经营者与交易相对人达成下列垄断协议：（1）固定向第三人转售商品的价格；（2）限定向第三人转售商品的最低价格；（3）国务院反垄断执法机构认定的其他垄断协议。"我国《反垄断法》参考了世界各国的普遍立法，将横向限制中固定价格协议、限制商品产量销量协议、划分市场协议、联合抵制协议以及纵向限制中固定转售价格协议、固定转售的最低价格协议纳入本身违法法则的适用范围之中，这是合理的。

　　但是，在对限制竞争协议的豁免方面，我国《反垄断法》仍存在需改进之处。反垄断法的豁免制度是反垄断法的重要组成部分，它与作为反垄断法主体的禁止制度相互配合，共同担当着维护经济自由和民主、促进社会公益的重任。反垄断法的豁免对象比较广泛，而且由于情势的不同，各国和地区的制度安排也存在差异。依照所涉及的范围的不同，豁免对象可分为行业豁免和行为豁免。行业豁免是对行业的固有业务行为都予以豁免，而行为豁免仅涉及行业主体的部分行为，如对条件卡特尔、专门化卡特尔、中小企业卡特尔等行为的豁免。依据豁免性质不同，可分为自然垄断豁免和政策性豁免。前者指法律基于豁免行为的自然垄断性质而给予的豁免，如对输电、输水、输气等行为的豁免；后者是指基于对国家的经济、政治政策的衡量而由法律赋予的豁免。依据反垄断法的构成，可分为使用市场支配地位行为的豁免和限制竞争协议的豁免。前者如对自然垄断企业行为的豁免，后者如对专业化协议、研究和开发协议等的豁免。

　　反垄断法豁免制度的形成主要有三个原因：第一，垄断的直接经济效率性。提高经济效率有两个途径，一是通过遏制滥用市场支配地位、不当限制竞争和低效合并的行为，促进有效竞争，二是依赖合理垄断，减少资源消耗，直接增进经济效益。后者就是建立反垄断法豁免制度的重要依据之一。垄断产生直接经济效率的情形存在于自然垄断行业。自然垄断行业不宜进行竞争，否则会导致资源的浪费。因此，在自然垄断领域限制竞争，进而在反垄断法中对这些行为予以豁免具有合理基础。第二，垄断的竞争效果。有些垄断阻碍竞争，但有些垄断也能促进竞争，所以垄断可导致竞争效果也是反垄断法规定豁免制度的原因之一。垄断能够聚集资源，形成规模优势，增强企业实力，为企业提升效率、进行技术开发提供物质基础。德国、日本对合理化卡特尔予以豁免正是基于这个原因。反垄断法还可通过扶持弱势市场主体为竞争创造条件。有效市场竞争的前提条件之一是，必须存在多个市场主体，竞争者过少必然会导致竞争的不充分，阻碍经济良性运转。经济发达国家对中小企业、特别是规模较小的朝阳企业，提供多种不同于大型企业的优惠政策，即出于此原因。对弱小主体的援助是为潜在竞争者提供发展壮大的条件，只有多个市场主体参与竞争，才可能有效地遏制大企业的不当行为，维护正常的市场秩序。第三，公共利益的要求。公共利益包括两个方面，一是宏观经济利益，二是政治利益。一个国家的经济发展不仅需要良好的微观经济秩序，以使市场主体能在公平、有序的条件下开展竞争，还需要宏观经济的平衡，从而为个体竞争者提供一个协调、稳定的环境。因此，宏观经济部门中的行业的过度竞争容易造成国民经济的大起大落，制约经济发展。所以，限制这些经济部门的竞争，允许其存在适当垄断，有利于维护国家的整体经济利益。维护国家的安全和稳定是影响反垄断法豁免制度构建的另一重要因素。在任何政权和政治体制下，国家的安全和社会的稳定高于一切，在经济领域也是如此。所以，任何国家都不会把国防产品的生产和销售完全放开，由充分竞争的市场来决定。〔1〕

随着科技、经济和社会的发展，人们对垄断的认识更加深刻和全面，传统的反垄断法豁免制度的弊端也开始凸现，许多国家开始调整其豁免制度。整体而言，最突出的趋势是由行业豁免向行为豁免转变。古典经济理论认为，给予规模成本递减的自然垄断行业以垄断地位是合理的，还有些行业关系到国计民生，引入竞争不利于维护公共利益。因此，形成了诸多垄断豁免的行业。然而，现代理论认为，自然垄断行业内既有可竞争性业务，也有非竞争性业务，不能全行业限制竞争，而应对其业务进行分类，对那些实施竞争性业务的行为应适用反垄断法的禁止性条款，对实施非竞争性业务的行为可予以豁免。金融、农业等行业引入适当的竞争，则更有助于增进公共福利。因此，许多国家开始对传统的竞争行业进行以引入竞争机制为重点的改革，减少行业性垄断豁免，增强对垄断行为的关注，以转变主体的行为模式，遏制不当竞争限制，推动这些行业的有序发展。〔2〕

我国《反垄断法》对豁免的规定主要体现在第15条中。第15条规定："经营者能够证明所达成的协议属于下列情形之一的，不适用本法第13条、第14条的规定：（1）为改进技术、研究开发

〔1〕 董溯战.论反垄断法的适用豁免制度［J］.南京大学学报：哲学、人文科学、社会科学版，2004（4）.

〔2〕 董溯战.论反垄断法的适用豁免制度［J］.南京大学学报：哲学、人文科学、社会科学版，2004（4）.

新产品的；（2）为提高产品质量、降低成本、增进效率，统一产品规格、标准或者实行专业化分工的；（3）为提高中小经营者经营效率，增强中小经营者竞争力的；（4）为实现节约能源、保护环境、救灾救助等社会公共利益的；（5）因经济不景气，为缓解销售量严重下降或者生产明显过剩的；（6）为保障对外贸易和对外经济合作中的正当利益的；（7）法律和国务院规定的其他情形。属于前款第 1 项至第 5 项情形，不适用本法第 13 条、第 14 条规定的，经营者还应当证明所达成的协议不会严重限制相关市场的竞争，并且能够使消费者分享由此产生的利益。"可见，鉴于行业豁免的局限性及行为豁免的优势，我国在《反垄断法》中避免了行业豁免的制度安排，对具有自然垄断属性和涉及公共利益的部门，应以具体行为的性质决定其限制竞争的正当与否。这种规定是合理的，也符合国际立法发展趋势。但是，笔者认为在第 15 条第 (4) 项还应增加"保障国家安全"的规定，前面已提到，任何国家都不会把国防产品的生产和销售完全放开，由充分竞争的市场来决定，因此将"保障国家安全"纳入豁免规定是必不可少的。

　　在豁免的适用方式上，我国《反垄断法》也有需改进之处。欧盟对限制竞争协议豁免的适用方式比较有特色。在欧盟理事会颁布第 1/2003 号条例之前，欧盟实行的是"个别豁免"（individual exemption）和"成批豁免"（block exemption）相结合的制度。个别豁免是指如果限制竞争协议满足罗马条约第 85 条第 3 款所规定的四个条件，即有利于改善商品的生产或销售，或有利于促进技术或经济的发展；使消费者能够从由此获得的利益中分享公平的份额；不对有关企业施加并非为达到上述目的所必不可少的限制；不向有关企业提供在所涉及产品的相当范围内的领域内消除竞争的机会，经当事人向欧盟委员会申请，由欧盟委员会授予的豁免。而成批豁免是指如果某种特定类型的限制竞争协议，其促进竞争的效果超过其限制竞争的效果，由欧盟理事会或欧盟委员会通过条例的形式，将该特定类型的限制竞争协议豁免适用罗马条约第 85 条第 1 款的制度。[1] 欧盟的成批豁免主要涉及独家购买协议、独家销售协议、汽车销售及服务协议、技术转让协议、特许协议、专业化协议、研发协议等。[2] 符合成批豁免的协议无须经过事先申报、审查即可豁免。2002 年欧盟理事会颁布了第 1/2003 号条例，规定符合欧盟条约第 81 条第 3 款（即罗马条约第 85 条第 3 款）条件的协议、决议和协同行为豁免适用欧盟条约第 81 条第 1 款（即罗马条约第 85 条第 1 款）时，无须获得委员会的许可，只要企业、企业间组织认为符合法律规定的条件即可自行实施，这样，对限制竞争协议的豁免则由竞争当局审查确认制转变为了直接适用制。我国《反垄断法》在限制竞争协议的豁免方面目前采用的是竞争当局审查确认制，这主要是考虑到我国社会主义市场经济尚处于初级阶段的现状，政府需要对经济实行广泛的管制，但竞争当局审查确认制也具有低效率和高成本的弊端，[3] 因此，在我国的《反垄断法》没有规定对限制竞争协议豁免的直接适用制之前，笔者建议也可考虑借鉴欧盟的经验，在反垄断法实施条例中规定成批豁免的做法，对于具有明显的经济合理性的行为，没有必要对每个案件进行分别的审批，可以采用集中的明确规定形式的成批豁免制度。这样既可以节省执法成本，提高执法效率，又可以提高豁免制度的明确性，使企业形成稳定的预期，增强了法律的可信性。[4]

(2) 滥用市场优势地位

对滥用市场优势地位进行规制，是各国竞争法的另一项重要内容。竞争法首先要对如何认定市场优势地位加以规定，同时，市场

---

〔1〕　Doris Hildebrand. The Role of Economic Analysis in the EC Competition Rules〔M〕. Kluwer Law International, 1998：48.

〔2〕　Doris Hildebrand. The Role of Economic Analysis in the EC Competition Rules〔M〕. Kluwer Law International, 1998：48.

〔3〕　徐士英. 欧盟竞争法的新发展及对我国的启示〔J〕. 法学，2004 (8).

〔4〕　唐要家. 反垄断法豁免制度的比较分析〔J〕. 中南财经政法大学学报，2006 (1).

优势地位本身并不违法，只有占据市场优势地位的企业滥用这种市场优势地位的行为才是违法的，因此竞争法还应对滥用行为作出规定。

在认定市场优势地位方面，存在两种做法，有些国家（以德国、日本等为代表）明文规定在认定市场优势地位时所采用的标准，还有些国家（以美国为代表）对市场优势地位的认定不是来自于立法中的明文规定，而是在有关判例中确立规则，因而这种规则就不是连贯一致的。考虑到我国是一个成文法国家，因此在《反垄断法》中对市场优势地位的认定作出明文规定是有必要的。这不仅有利于增强法律的可操作性，便于法律的适用，防止执法人员和司法人员滥用自由裁量权，而且有利于增强有关企业对自己行为后果的可预见性。在确认对市场优势地位的滥用行为方面，各国竞争法一般只是根据本国的情况列举出滥用市场优势地位的若干典型表现，而没有关于"滥用"的一般性定义。但是，任何列举都是有限的，不可能穷尽，为了防止法律无法规制现实中出现的属于滥用性质而法律没有列举的行为的现象，各国竞争法在列举具体行为之后还会规定一个兜底条款。我国《反垄断法》第 17 条明确规定："禁止具有市场支配地位的经营者从事下列滥用市场支配地位的行为：（1）以不公平的高价销售商品或者以不公平的低价购买商品；（2）没有正当理由，以低于成本的价格销售商品；（3）没有正当理由，拒绝与交易相对人进行交易；（4）没有正当理由，限定交易相对人只能与其进行交易或者只能与其指定的经营者进行交易；（5）没有正当理由搭售商品，或者在交易时附加其他不合理的交易条件；（6）没有正当理由，对条件相同的交易相对人在交易价格等交易条件上实行差别待遇；（7）国务院反垄断执法机构认定的其他滥用市场支配地位的行为。本法所称市场支配地位，是指经营者在相关市场内具有能够控制商品价格、数量或者其他交易条件，或者能够阻碍、影响其他经营者进入相关市场能力的市场地位。"《反垄断法》在对市场优势地位进行界定时，对市场优势地位的实质含义加以集中概括，使人们从总体上把握市场优势地位，并可以避免将市场优势地位与市场份额完全等同的情况。[1]
在对滥用市场优势地位行为的列举和兜底条款方面也规定得比较合
理。

　　在认定市场优势地位的具体标准上，人们讨论过市场绩效标
准、市场行为标准和市场结构标准，但从目前情况来看，大多数国
家都以市场份额作为企业具有市场优势地位的法定推断。但是，市
场份额并不是认定市场优势地位的绝对和唯一的标准，许多国家还
规定其他的参考因素。我国《反垄断法》第18条规定："认定经
营者具有市场支配地位，应当依据下列因素：（1）该经营者在相
关市场的市场份额，以及相关市场的竞争状况；（2）该经营者控
制销售市场或者原材料采购市场的能力；（3）该经营者的财力和
技术条件；（4）其他经营者对该经营者在交易上的依赖程度；（5）
其他经营者进入相关市场的难易程度；（6）与认定该经营者市场
支配地位有关的其他因素。"《反垄断法》第19条规定："有下列
情形之一的，可以推定经营者具有市场支配地位：（1）一个经营
者在相关市场的市场份额达到二分之一的；（2）两个经营者在相
关市场的市场份额合计达到三分之二的；（3）三个经营者在相关
市场的市场份额合计达到四分之三的。有前款第2项、第3项规定
的情形，其中有的经营者市场份额不足十分之一的，不应当推定该
经营者具有市场支配地位。被推定具有市场支配地位的经营者，有
证据证明不具有市场支配地位的，不应当认定其具有市场支配地
位。"《反垄断法》在认定市场优势地位时应考虑的相关因素方面
与世界各国立法基本一致，但在以市场份额作为企业具有市场支配
地位的法定推断方面，笔者认为门槛似乎过高，因为不同的行业市
场集中度是不同的，在一些市场集中度低的行业，一个企业占据
35%的市场份额也许即可形成市场支配地位。德国《反对限制竞

　　〔1〕　王先林．对滥用市场支配地位的法律规制——关于中国反垄断立
法中相关问题的思考［M］∥季晓南．中国反垄断法研究．北京：人民法院
出版社，2001：288．

争法》推断市场支配企业的标准为，一个占有三分之一以上市场份额的企业，三个以下占有市场份额的累计二分之一以上的企业或者五个以下占有市场份额累计三分之二以上的企业为市场支配企业。考虑到我国市场广阔，如果将比例定得过高，则会放纵那些已占据市场优势地位的企业，使本应进行的规制无法进行，从而造成对国民经济和消费者利益的损害。因此建议将来在修订《反垄断法》时将推断企业具有市场支配地位的市场份额适当降低。

（3）企业合并

由于企业合并可能会产生或者加强市场优势地位，阻碍、限制或消灭竞争，因此，各国反垄断法均将企业合并纳入其调整范围。近年来，许多跨国公司积极并购我国的大中型企业，迅速扩大其在我国的市场份额，甚至占据了市场优势地位。比如德国西门子、日本夏普、美国杜邦等公司都有不同规模的收购我国龙头企业的行为。这些跨国公司通过企业合并形式规避了我国对外资准入的限制，可能形成并滥用市场优势地位，阻碍我国民族产业的发展，危害我国的经济安全，因此，《反垄断法》对企业合并予以规范显然也是必要的。

从其他国家的立法和实践来看，企业合并的申报有合并之前的申报与合并之后的申报两种制度。合并之前的申报与合并之后的申报相比，合并之后的申报有很大的缺陷。对于反垄断执法机构来说，禁止一个实施了的企业合并，要比禁止一个正在准备实施的企业合并要困难，因为这涉及企业的组织、人事、会计、税务等方面的问题。同时更重要的是，对于合并后的企业来说，禁止这个合并则意味着已经合并了的企业要被拆散，而拆散企业则意味着巨大的经济损失，这个损失与企业合并事前没有得到批准的损失相比，要大得多，后果也严重得多。与企业合并之前的申报相比，合并之后申报的好处主要是企业可以抓住时机及时地进行合并，特别是在企业濒临破产或存在其他危急的情况下，合并可以作为一种救济手段，及时挽救一些处于困境中的企业。但是这种情况一般发生在小企业身上。〔1〕综合权衡这两种申报制度的益处,我国《反垄断法》采用了合并前申报制度。《反垄断法》第 21 条规定:"经营者集中达到国务院规定的申报标准的,经营者应当事先向国务院反垄断执法机构申报,未申报的不得实施集中。"

第 28 条规定:"经营者集中具有或者可能具有排除、限制竞争效果的,国务院反垄断执法机构应当作出禁止经营者集中的决定。但是,经营者能够证明该集中对竞争产生的有利影响明显大于不利影响,或者符合社会公共利益的,国务院反垄断执法机构可以作出对经营者集中不予禁止的决定。"第 29 条规定:"对不予禁止的经营者集中,国务院反垄断执法机构可以决定附加减少集中对竞争产生不利影响的限制性条件。"从《反垄断法》的上述条文的规定不难看出,我国《反垄断法》对企业合并的监控与国家鼓励企业合并和发展规模经济的经济政策并不矛盾。因为反垄断执法机构只对那些将产生或加强市场支配地位而且严重限制竞争且无法定豁免事由的大企业的合并才予以禁止。对那些不会产生或加强市场支配地位的企业合并包括大企业之间的合并,以及那些虽会产生或加强市场支配地位但不会严重限制竞争,或者虽然会限制竞争但合并带来的益处大于合并限制竞争的弊处的企业合并,反垄断主管机构并不禁止。〔2〕

在审查企业合并时,《反垄断法》第 27 条规定我国反垄断执法机构应考虑参与集中的经营者在相关市场的市场份额及其对市场的控制力;相关市场的市场集中度;经营者集中对市场进入、技术进步的影响;经营者集中对消费者和其他有关经营者的影响;经营者集中对国民经济发展的影响以及国务院反垄断执法机构认为应当考虑的影响市场竞争的其他因素。该条与各国关于审查企业合并时

〔1〕 吴振国. 反垄断法对企业兼并的控制 [M] ∥季晓南. 中国反垄断法研究. 北京:人民法院出版社,2001:370-371.

〔2〕 周昀.《反垄断法》为企业公平竞争保驾护航 [N]. 中国证券报,2007-9-10.

予以考虑的因素的规定基本一致，符合国际立法潮流，是科学的。

《反垄断法》第 31 条规定："对外资并购境内企业或者以其他方式参与经营者集中，涉及国家安全的，除依照本法规定进行经营者集中审查外，还应当按照国家有关规定进行国家安全审查。"外资并购有可能对广泛的国家安全，包括国防安全构成威胁，因此对外资并购进行国家安全审查是有必要的。况且，对外资并购进行国家安全审查是世界上许多国家都有的制度。例如，美国对外国公司并购本国企业的安全审查就由来已久，外国投资委员会（CFIUS, Committee on Foreign Investment in the United States）是其负责国家安全审查的机构。在 2005 年 1 月中国联想集团收购美国 IBM 个人电脑事业部和同年 7 月中国海洋石油有限公司（中海油）收购美国优尼科石油公司的议案中，中国企业都遭遇了美国的国家安全审查，理由是根据美国的《埃克森－佛罗里奥法案》，这些收购可能会威胁美国国家安全。[1] 最终，在联想集团接受了一系列不合理的要求后，美国外国投资委员会通过了联想集团收购美国 IBM 个人电脑事业部的审查；而中海油对优尼科公司的收购则没有通过审查。但是，笔者认为，对外资并购的安全审查并不适宜于在《反垄断法》中规定，因为反垄断法并不是特别针对外资并购而设立的法律，其规范的是在我国境内发生的所有垄断行为；另一方面，对于外资并购的反垄断审查也不能等同于国家安全审查，反垄断法审查顶多涉及国家经济安全审查，而国家经济安全仅仅是国家安全中的一项内容。因此，笔者建议在《反垄断法》修订时将第 31 条删除，对外资并购的安全审查规定应放在专门的外资并购国家安全审查法中或统一的外资法中。

（4）行政垄断

行政垄断是与经济垄断相对而言的，经济垄断也就是一般意义上的垄断，是指企业或企业联合组织利用自身的经济优势或经济势

---

〔1〕 郝洁 . 我国外资并购中的国家安全审查［N］. 上海国资，2007-7-18.

力，限制市场竞争的行为。行政垄断则是指政府及所属部门滥用行政权力限制市场竞争的行为，因此，行政垄断所凭借的不是一种经济优势，而是一种行政力优势。行政垄断主要表现为地区垄断和部门垄断两大类。地区垄断是指某一地区的政府及其所属部门为保护本地企业和经济利益，滥用行政权力而实施的排除、限制外地企业参与本地市场竞争或本地企业参与外地市场竞争的违法行为。部门垄断是指政府所属部门为保护本部门的企业和经济利益，滥用行政权力而实施的排除、限制其他部门企业参与本部门市场竞争的违法行为。[1]

　　行政垄断比经济垄断的影响更广泛、更持久、更严重，这主要是因为行政垄断所导致的市场准入的限制比经济垄断所导致的市场准入的限制更加危险。根据芝加哥学派的定义，市场进入障碍是垄断企业和竞争者之间的成本差异。差异越大，对竞争者的阻止作用就越大。但是芝加哥学派认为长时期维持市场进入障碍的可能性不大，因为垄断企业的高利润会吸引竞争者进入市场。市场竞争机制对市场障碍的克服就是市场自我修复能力的表现。但是如果市场障碍的形成不是垄断企业本身的力量或行为所致，而是来自于市场之外的政府机构，那么该市场障碍就很难被克服。如果政府机构以法规、命令的方式限制进入，那么无论潜在竞争者有多大的实力，也无法进入市场与垄断企业竞争。受保护的企业由于外部竞争威胁的减少而丧失了提高效率的动力，有效率的企业却难以进入市场或被排挤出市场，这样，社会资源被严重浪费，社会经济效率得不到促进，消费者利益将最终受损。[2]

　　在《反垄断法》制定过程中，对于《反垄断法》是否应对行政垄断进行规制，存在不同的意见。一种意见认为，行政垄断的存

　　〔1〕　黄欣，周昀．行政垄断与反垄断立法研究〔J〕．中国法学，2001(3)．

　　〔2〕　王传辉．对我国反垄断立法的法律经济学分析〔M〕∥漆多俊．经济法论丛：第7卷．北京：中国方正出版社，2003：221-222．

在是计划经济的产物，其根源是体制问题，不是法律所能解决得了的，行政垄断归根到底是一种滥用行政权的行为，应主要通过推进经济体制和政治体制改革来解决。市场经济国家反垄断法所规范的垄断，都是指经济性垄断，没有行政垄断一说。因此，反垄断法不应对行政垄断进行规制。另一种意见认为，反垄断法应当将行政垄断作为规制的重点。虽然行政垄断是计划经济的产物，但同经济垄断一样对竞争和消费者利益的危害非常大。行政垄断扼杀新的市场经济体制，破坏经济发展活力，且容易导致腐败，直接影响了市场的公平竞争。当前我国市场经济活动中行政性垄断问题十分突出，反垄断法不能对此视而不见，应当对行政垄断作出禁止性规定。[1]

　　客观地说，行政垄断是经济体制改革和政治体制改革所要解决的问题，不是一部反垄断法所能解决得了的。但是，行政垄断与经济垄断一样，都是一种限制竞争的行为，破坏的是社会主义市场经济竞争机制，损害的是企业和消费者的合法权益，而且行政垄断具有转化为经济垄断的可能性和危险性。当前行政垄断现象极为严重，危害性极大，而现行的《反不正当竞争法》对行政垄断的规制又缺乏系统性、权威性和可操作性，因而反垄断法应当对行政垄断作出禁止性规定。由于历史和体制的原因，俄罗斯及东欧国家十分重视反行政垄断问题，俄罗斯、匈牙利、保加利亚等国的反垄断立法都对此作出了明确规定，如保加利亚《反垄断法》第4条规定，"凡国家行政机关和地方机构明示或默示作出可产生某种垄断地位的决定，或者该决定事实上可导致这种地位，从而严重损害自由竞争或自由定价，得予以禁止"。又如乌克兰《禁止垄断和企业活动中不正当竞争行为法》第6条对行政性歧视行为作出了列举性规定。这表明，以反垄断法规制行政垄断，已成为或正在成为经

---

　　[1] 陈丽洁. 中国反垄断立法的现状与问题 [J]. 环球法律评论，2003年春季号.

济体制转轨中的国家的通行做法。[1]另外，从政府改革与法制的关系来看，两者密不可分。法制是政府职能改革的重要组成部分，同时也是促进和保障职能改革顺利进行、巩固职能改革成果的重要外在力量。否定法律对行政性垄断的规制作用是片面的，法律应当成为规制行政垄断的主要手段。

因此，在反垄断法这一保护竞争的专门性、基础性法律中对禁止行政性限制竞争作出明确、具体的规定，既可以表明国家对行政性限制竞争的重视和坚决反对的态度，又能够进一步防止和制止行政性限制竞争的行为。《反垄断法》第 8 条规定："行政机关和法律、法规授权的具有管理公共事务职能的组织不得滥用行政权力，排除、限制竞争。"此外，《反垄断法》还专设一章即第五章明确禁止实践中较为典型的行政性限制竞争行为，包括限定或者变相限定单位或者个人经营、购买、使用其指定的经营者提供的商品；妨碍商品在地区之间的自由流通[2]；以设定歧视性资质要求、评审标准或者不依法发布信息等方式，排斥或者限制外地经营者参加本地的招标投标活动；采取与本地经营者不平等待遇等方式，排斥或者限制外地经营者在本地投资或者设立分支机构；强制经营者从事本法规定的垄断行为。

《反垄断法》还规定行政机关不得滥用行政权力，不得制定含有排除、限制竞争内容的规定，这是专门针对行政机关抽象行政垄断行为的。行政性垄断行为往往是根据地方法规、部门法规（即所谓合法状态下）实施的，行业主管部门还可以通过行业规章和

---

〔1〕 孙伟. 论反垄断法对行政垄断的规制 [EB/OL], http：//www.zh09.com.

〔2〕 对外地商品设定歧视性收费项目、实行歧视性收费标准，或者规定歧视性价格；对外地商品规定与本地同类商品不同的技术要求、检验标准，或者对外地商品采取重复检验、重复认证等歧视性技术措施，限制外地商品进入本地市场；采取专门针对外地商品的行政许可，限制外地商品进入本地市场；设置关卡或者采取其他手段，阻碍外地商品进入或者本地商品运出；妨碍商品在地区之间自由流通的其他行为。

红头文件，实行区别对待的"选择性立法"和"选择性执法"，以加强管理和规范发展为名，排斥公平竞争，维护行业和部门的垄断利益。[1] 然而《反垄断法》在"法律责任"一章中，只规定对行政机关和公共组织滥用行政权利，实施排除、限制竞争行为的，由上级机关责令改正；对直接负责的主管人员和其他直接责任人员，依法给予处分。反垄断执法机构可以向有关上级机关提出依法处理的建议。法律、行政法规对行政机关和公共组织滥用行政权利实施排除、限制竞争行为的处理另有规定，依照其规定。可见，反垄断机构只能建议实行行政垄断行为的行政机关的上级行政机关改变该行为，而无权直接责令实行行政垄断行为的行政机关改变该行为。即使反垄断执法机关可以援引行政诉讼程序对地方政府机关提起诉讼，由于我国现行《行政诉讼法》明确规定法院不得对抽象行政行为进行司法审查，反垄断执法机关反对行政垄断的各种努力也会无果而终，这显然不利于《反垄断法》抵制行政垄断。既然不能实现"事后控制"，笔者建议不妨尝试"事前控制"的方式，即借鉴俄罗斯、乌克兰等国家反垄断立法的经验，在《反垄断法》修订时，补充规定反垄断法执法机构有权对国家立法机关制定的涉及市场竞争的法律草案以及国务院及其部委制定的涉及市场竞争的行政法规提出自己的建议和意见。这样，就可以从源头上制止屡禁不止的行政性垄断行为，创建和维持我国市场上自由、公平和有效的竞争环境。

2. 实施制度

（1）反垄断执法机构

如何建立反垄断执法机构，这是我国反垄断立法过程中的一个难点，但同时也是一个最为关键的问题。没有一个高效率的执法机关，我国反垄断法即便颁布，也难以得到有效的执行。从世界各国的立法情况来看，有些国家采用的是以司法机关为主导的模式，有

〔1〕 朱家贤. 中国反垄断立法难点之一：行政垄断的规制 [N]. 中国经济时报，2006-8-24.

些国家采用的是以行政机关为主导的模式。

就反垄断行政执法来说，国际社会存在着两种选择：一种是一元的行政执行机构，另一种是几个行政机构共享执法权的多元模式。在世界上大多数国家，一般都是由一个机构承担行政执法任务，欧盟委员会是这方面的典型。欧盟委员会有 20 名委员，各自负责执行欧盟委员会的各项政策。负责竞争事务的委员下面有一个负责执行欧盟委员会竞争政策的办事机构，即竞争总局。除了局长，竞争总局还有 3 名副局长，分别负责执行欧盟条约第 81 条和第 82 条、企业合并控制和国家援助。竞争总局下设 10 个局：A 局负责竞争政策、立法以及各局之间的协调工作；B、C、D、E 局负责处理欧盟大部分的限制竞争案件包括企业合并控制；F 局专门负责卡特尔案件；G、H 和 I 局负责国家援助案件；R 局负责竞争总局的战略计划以及人力、财力和技术方面的资源。10 个局下面各自再设分支机构，如在负责信息、通讯和传媒市场竞争问题的 C 局下面设有 4 个分局：C-1 局负责电信、邮政和信息社会的协调；C-2 局负责传媒；C-3 局负责信息产业、因特网和娱乐电子产品；C-4 局负责这些行业中的企业并购活动。现在，欧盟委员会竞争总局的 10 个局下面共设有 36 个分局。作为一元化行政执法机构，欧盟委员会在处理市场竞争案件时享有很大的权力，集检察官和法官的功能于一体。这就是说，委员会不仅被授权对案件进行调查和检查，且被授权对案件作出决定，包括作出禁止企业从事违法行为的决定或者作出企业没有违法行为的决定。[1]

美国反托拉斯法有两个联邦行政执法机构：一是司法部反托拉斯局，二是联邦贸易委员会。反托拉斯局的工作范围包括：（1）反托拉斯民事执行；（2）反托拉斯刑事执行；（3）反托拉斯国际执行；（4）某些行业管制；（5）反托拉斯的经济分析。司法部反

---

〔1〕　王晓晔. 我国反垄断法行政执法机构多元化的难题［N］. 中国经济时报，2006-9-5.

托拉斯局下设 14 个处，在全国还设立了 7 个地方机构。[1]联邦贸易委员会是 1914 年随着《联邦贸易委员会法》的颁布而建立的。委员会有 5 名委员，他们经总统任命，并经国会批准。与司法部反托拉斯局的一个不同之处是，联邦委员会不附属于任何政府部门，但其工作受到众议院和参议院下设的商业委员会的监督。联邦贸易委员会下设 3 个局：竞争局、经济局和消费者保护局。其中的竞争局和经济局是执行反托拉斯法的主要机构。联邦贸易委员会在全国也有 7 个地方机构，其中 3 个机构参与反托拉斯法的执行。作为独立的市场监管机构，联邦贸易委员会在执行《谢尔曼法》和《克莱顿法》的过程中不仅与司法部反托拉斯局一样可以作为公诉人向法院提起反托拉斯诉讼，而且还有权作出行政裁决。[2]

　　司法部反托拉斯局和联邦贸易委员会的工作范围有不重合之处，也有重合之处，当管辖权发生冲突时，两个机构就必须进行协调。管辖权重合的两个联邦机构执行反托拉斯法与一个执法机构相比，肯定是成本高而效率低。而且世界各国反垄断行政执法机关承担着在反垄断领域进行国际合作的任务，包括与外国执法机关进行信息交流或者执法协助，此外还负责竞争事务的双边或者多边协定的谈判和订立。当前除经济合作与发展组织（OECD）、联合国贸发会（UNCTAD）等一些国际机构在推动竞争政策外，国际社会还在 2001 年建立了一个国际竞争网络（ICN）。这个网络已经在核心卡特尔、企业并购、占市场支配地位的企业以及对电信、电力、天然气等行业的管制和执法机构等方面进行了很多研究工作，发布了很多推荐意见。这个情况说明，随着频繁的国际合作和国际立法活动，这就要求反垄断执法机关在本国是一个有地位、有权威的机

---

　　〔1〕　王晓晔．我国反垄断法行政执法机构多元化的难题［N］．中国经济时报，2006-9-5.
　　〔2〕　王晓晔．我国反垄断法行政执法机构多元化的难题［N］．中国经济时报，2006-9-5.

构,否则它在国际舞台上的声音就很微弱,甚至无权代表本国政府。[1]

我国的行政机关有权威、有地位,在政治体制中处于核心的位置,对经济发展有广泛的影响力,因此,试图通过建立以法院为中心的司法主导模式并彻底地消除行政管制在政治上难度很大;另外,行政主导还能有效地发挥行政系统运作高效、便捷的特点,因此我国《反垄断法》采用了行政主导的模式。具体而言,我国采用的是反垄断委员会和反垄断执法机构的双层架构模式,反垄断委员会负责研究拟订有关竞争政策;组织调查、评估市场总体竞争状况,发布评估报告;制定、发布反垄断指南;协调反垄断行政执法工作以及国务院规定的其他职责。而国务院规定的承担反垄断执法职责的机构,则负责具体执法工作。但是,具体的反垄断执法机构没有在法条中予以规定。在我国现行执法框架下,国家工商行政管理局是反不正当竞争法的主管机关,其对部分限制竞争行为和垄断行为拥有管辖权;国家发改委通过制定《制止价格垄断行为暂行规定》从而拥有对价格垄断行为的管辖权;商务部通过制定《外商投资者并购境内企业暂行规定》而对外国投资者并购境内企业中所涉及的垄断行为拥有管辖权。由于《反垄断法》起草过程对确定具体的执法机关分歧太大,所以最后出台的《反垄断法》没有规定具体的行政执法机构。在《反垄断法》真正施行后,可能还是维持现有格局,由国家工商行政管理局、国家发改委和商务部分头执法,由国务院反垄断法委员会从中协调。

笔者认为,国家工商行政管理局、国家发改委和商务部在承担反垄断法执法权方面都有一定的局限性。从国家工商行政管理局方面来看,工商行政管理部门采取省政府垂直管理,其工作经费都是地方政府负担,人事任免权也由地方政府掌握,很容易受到地方政府的影响和制约。另外,反垄断案件专业性极强,而工商行政管理

---

〔1〕 王晓晔.我国反垄断法行政执法机构多元化的难题 [N]. 中国经济时报,2006-9-5.

部门主要是负责微观市场管理和执法的机构，担负着管理市场、企业登记、打击假冒伪劣商品等诸多职责，还不具备专门的反垄断执法机构应有的专业性要求；况且反不正当竞争法中的不正当竞争行为与真正意义上的垄断具有实质上的差别，工商行政管理部门的反不正当竞争行为的职能与典型的反垄断职能不可同日而语。工商行政管理部门之所以承担了部分反垄断行为的职能有一定的历史背景。前些年我国制定系统的反垄断法尚缺乏成熟的实践基础，而个别的垄断行为在我国确已出现，并对竞争秩序造成了危害，有必要通过立法予以制止。因此，最后通过的反不正当竞争法并非一部单纯的禁止不正当竞争行为的法律，而实际上是制止不正当竞争行为和部分垄断行为的混合性法律。从国家发改委方面来看，它是我国经济管理中的主要职能部门，是一系列产业政策的制定者。反垄断法是规范市场竞争的法律，其主要目的是促进市场竞争，强调的是保护市场机制以达到社会资源最优配置，而产业政策是国家在特定时期为发展和扶持某些产业而制定的，可能与反垄断法的主要目标存在一定的冲突，因此由国家发改委承担反垄断法的执法职能可能不能很好地处理反垄断法与产业政策之间的矛盾，从而影响反垄断法的执法效果。从商务部方面来看，其主要负责商业领域的管理职责，而反垄断法的管辖范围已远远超出了商业领域，涉及众多的产业甚至一些非赢利性组织，因此，由商务部担负反垄断法的执法职能也是不合适的。[1]

反垄断法案件的特点要求反垄断法执法机构具有高度的权威性，特别是我国的《反垄断法》不仅要监督经营者的市场行为，而且还要禁止来自行政机关和公共组织的限制竞争行为，考虑到非常强大的利益集团的存在，因此，笔者认为，如果能新成立一个独立的、强大的反垄断执法机构则是最佳的途径，这不仅可以解决目前多头管理的局面，提高效率，而且可以有效地规制限制竞争行

〔1〕 王健. 英国竞争主管机构的法律及其对我国的启示［J］. 中南大学学报：社会科学版，2005（6）.

为，还有利于国际交流与合作。当然，一步到位力度很大，涉及的问题也较多，不仅需要进行机构改革和职能调整，还涉及现有法律的修订、整合等，因此，难度也较大。考虑到我国目前的国情与现实可行性，可以先维持有关部门分别执法的现有格局，以保证《反垄断法》公布后的实施。至于反垄断委员会，可以经过实践经验的积累，逐步"由虚做实"。尽管关于《反垄断法》没有建立一个独立的反垄断执法机构，但以后可以根据实际情况逐步深入推进，最终实现反垄断执法机构的全新构建。当一个独立的反垄断执法机构建立之后，国务院反垄断委员会即可取消，并将其职能全部划归反垄断执法机构，由其统一行使。

《反垄断法》第 53 条规定："对反垄断执法机构依据本法第 28 条、第 29 条作出的决定不服的，可以先依法申请行政复议；对行政复议决定不服的，可以依法提起行政诉讼。对反垄断执法机构作出的前款规定以外的决定不服的，可以依法申请行政复议或者提起行政诉讼。"这一条处理的是执法机构和司法机关的衔接与制衡关系。《反垄断法》坚持司法最终解决原则，保证当事人进入司法程序的正当权利，明确规定对于反垄断法执法机关的裁决不服的，当事人可以向人民法院起诉。行政权力虽然有目标性强、效率高等优点，但容易受到各种影响，有鲜明的倾向性，同时行政体系内部层级上的服从性使行政体制的内部监督往往难以协调好行政与当事人及公共利益的关系，而司法审查制度的作用和意义就在于通过法院受理当事人的起诉，促进行政机关依法行政，从而保障和救济当事人的合法权益和公共利益。因此，《反垄断法》这一条规定得比较合理。

遗憾的是，《反垄断法》未规定反垄断执法机构与监管机构之间的关系。从世界各国的情况来看，处理反垄断执法机构与监管机构之间的关系的方式主要有三种：一是反垄断机构监管特殊行业，即把行业监管放在反垄断执法机构之内。例如在欧共体委员会，竞争总局除了负责执行条约第 81 条和第 82 条、企业合并控制以及国家援助政策外，还负责电信、能源、银行、保险、传媒等行业的监管任务。澳大利亚和新西兰也没有负责电信、电力等行业监管的专门机构，监管它们的权力被交给了反垄断执法机构。在澳大利亚，行业监管任务属于澳大利亚竞争与消费者委员会，委员会的下面设立了涉及电力、天然气、运输和电信等行业竞争问题的"监管事务局"。新西兰的商业委员会是一个独立的准司法机构，它除了执行竞争法，还执行新西兰 1998 年颁布的《电力改革法》、2001 年颁布的《电信法》和 2001 年颁布的《奶制品业重组法》，承担着对电力、电信和奶制品业的监管。[1] 这种方式的优点是减少政出多门的现象，减少不同行政部门之间的摩擦和纠纷，有利于提高执法效率，节约执法成本。二是由独立的行业监管机构处理竞争案件，即把行业监管任务授权给一个独立的机构，由这个机构处理被监管行业的竞争问题。如德国负责电信和邮政监管的机构（REGTP）有权处理电信和邮政市场上的滥用行为，但在界定相关市场以及认定企业的市场地位方面，这个机构则得征求联邦卡特尔局的意见。此外，联邦卡特尔局在处理电信和邮政市场上的企业并购以及卡特尔案件方面有专属管辖权。[2] 这种方式的优点是便于发现违反反垄断法的问题。行业监管机构在日常的监管活动中，一旦发现异常情况，可迅速查处。三是反垄断执法机构与行业监管机构共享被监管行业竞争案件的管辖权，这时两个机构应当通力合作。一方面，因为行业存在某些技术问题，反垄断执法机构处理竞争案件时应征求监管机构的意见；另一方面，监管机构处理竞争案件时，因为会涉及很多竞争法专业问题，如市场的界定或市场支配地位的认定，它们也应征求反垄断执法机构的意见。因为并行管辖权的存在往往会产生冲突，大多数国家如巴西在这方面的经验是，

---

〔1〕 王晓晔. 论反垄断执法机构与行业监管机构的关系 [N]. 中国经济时报，2007-8-14.

〔2〕 王晓晔. 论反垄断执法机构与行业监管机构的关系 [N]. 中国经济时报，2007-8-14.

案件最后的决定权得交给竞争执法机关。[1]

　　笔者认为这三种方式中，最佳方案是将竞争案件的管辖权交给反垄断法执法机构。完全将行业监管放在反垄断执法机构之内在我国是行不通的，阻力太大，因为一方面我国已经建立了很多行业监管机构，它们行使监管权已久，不会轻易放弃自己对被监管行业的管辖权；另一方面是因为我国经济规模大，如果行业监管放在反垄断执法机构之内，将导致反垄断法执法机构过于庞大，不便于管理。由独立的行业监管机构处理行业内部的竞争案件这种方式也不适合我国。竞争案件涉及复杂的经济分析和法律分析，因此行业监管机构的专业人员难以胜任；而且行业监管机构在被监管企业与其竞争对手或者消费者的争议中，往往站在被监管者的立场上，无法公正地裁决竞争案件，从而会损害处于弱势地位的经营者或消费者的利益，即监管者被"俘获"理论；此外，由行业监管机构各自处理本行业的竞争案件，实际上将导致反垄断执法权的支离破碎，而《反垄断法》在某些具体问题上给予了执法机构一定的自由裁量权，行业监管机构处理竞争案件时可能会做法不一致，因而引起法律适用上的混乱，对国家的法制统一极其不利。相比较而言，反垄断执法机构统一执法可以避免上述两种方式的缺陷，当然这需要在反垄断执法机构与行业监管机构之间建立起相应的协调机制。笔者认为，在将来《反垄断法》修订时，应规定反垄断执法机构统一执法的模式以及反垄断执法机构与行业监管机构之间的协调机制，具体而言，行业监管机构仍然负责典型的监管问题，如在市场准入限制、价格控制、普遍服务、网络开放及互联互通、安全保障、消费者的信息对称与权益维护等方面，行业监管机构具备相对专有管辖权，通过事前的规则和程序制定来达到社会公共利益目

〔1〕　王晓晔. 论反垄断执法机构与行业监管机构的关系 [N]. 中国经济时报，2007-8-14.

标;〔1〕当行业监管机构在日常监管中发现违反反垄断的情况时，应将案件移送反垄断执法机构。反垄断执法机构则负责查处市场上各种类型的反垄断案件，它在查处反垄断案件时，有权要求行业监管机构提供相关资料；在涉及行业技术问题时则应听取行业监管机构的意见。这样，既可以充分发挥行业监管机构和反垄断执法机构的优势与功效，又可以避免这两个机构在职能上的重叠与冲突。

（2）域外适用

域外适用是一个非常敏感的问题，一国反垄断法没有域外适用的效力肯定是行不通的，因为这样不能有效地防范境外反竞争行为的损害。但是，如果域外适用行使得不恰当，则可能导致国家之间的摩擦和冲突，影响国家之间的关系，也可能给企业带来不必要的经济负担。

从大多数国家的立法来看，它们主要是以效果原则作为竞争法域外适用的理论依据。对解决效果原则自身带来的冲突问题，有两种解决办法：一方面，国家可以对使用效果原则以保护自己利益的范围进行限制；另一方面，在考虑冲突的风险时，可以把外国的利益也一并考虑进去，以尽量缓解国内反垄断法域外适用所产生的影响。除了各国法律制度中有一些具体案例外，目前还没有形成通过法律方式来限制效果原则适用的制度。但是，无论是在法院的判决还是在双边协定中，我们发现，尊重外国的利益已成为一个日益增长的趋势。在美国 Timberlane 案中，法院在平衡冲突中的利益时就考虑了以下七个因素：与外国法律和政策冲突的程度；当事方的国籍、住址和主要营业场所；当事国各方遵守该原则的程度；与对其他国家产生的效果相比，对美国影响的重要性；损害和影响美国商业的故意程度；效果的可预见性；与其他国家相比，对美国影响的

〔1〕 许石慧.论竞争主管机构与产业监管部门的权力配置［J］.时代法学，2007（5）：74，76.

相对重要性。〔1〕

　　我国《反垄断法》第 2 条规定："中华人民共和国境内经济活动中的垄断行为，适用本法；中华人民共和国境外的垄断行为，对境内市场竞争产生排除、限制影响的，适用本法。"可见，《反垄断法》在域外适用方面采用的是效果原则，这不仅可以积极地防止对我国产生影响的域外反竞争行为，以维护国家经济安全，还可以消极地抵御其他国家不正当地域外适用其反垄断法于我国域内，从而达到进可"攻"，退可"守"的目的。事实上，我国在此之前的相关法律就已确立了域外适用制度。如《中华人民共和国刑法》第 8 条规定："外国人在中华人民共和国领域外对中华人民共和国国家或者公民犯罪，而按本法规定的最低刑期为三年以上有期徒刑的，可以适用本法，但是按照犯罪地的法律不受处罚的除外。"该条实质上是确立了我国刑法有条件的域外适用制度。外经贸部 2003 年《外国投资者并购境内企业暂行规定》第 21 条也规定，境外并购有下列情形之一的，并购方应在对外公布并购方案之前或者报所在国主管机构的同时，向外经贸部和国家工商管理总局报送并购方案：①境外并购一方当事人在我国境内拥有资产 30 亿元人民币以上；②境外并购一方当事人当年在中国市场上的营业额在 15 亿元人民币以上；③境外并购一方当事人及其关联企业在中国市场占有率已经达到 20%；④由于境外并购，境外并购一方当事人及其关联企业在中国的市场占有率达到 25%；⑤由于境外并购，境外并购一方当事人直接或者间接参股境内相关行业的外商投资企业将超过 15 家。

　　但是，《反垄断法》关于效果原则规定的缺陷是没有对效果原则的适用作出适当限制，而无限制的效果原则极易引起激烈的国际冲突和国际关系的紧张。考虑到域外适用的决定性因素是境外的垄

〔1〕　[德] U. 伊蒙伽. 竞争法的域外适用及其国际合作 [M] ∥王晓晔，伊从宽 [日]. 竞争法与经济发展. 北京：社会科学文献出版社，2003：286-287.

断行为对我国境内的市场竞争产生了不利影响，因此，笔者建议将来在《反垄断法》实施条例中应规定以外国企业在中国境外的反竞争行为对中国境内市场产生"直接的、实质性的和可合理预见的"的不利影响作为适用效果原则的基本条件，并以利益衡量原则作为补充，以适当考虑其他国家的利益。这样，既为我国域外适用提供了明确的理论依据，以有效地维护我国的主权和经济利益，又避免了适用上的僵化，使我国在具体案件中决定是否最终进行域外适用时，可以合理地权衡，灵活地处理，以防止其他国家的激烈对抗和国际经贸关系的恶化。

另外，笔者建议我国还可考虑借鉴英国、澳大利亚、加拿大、法国、南非、新西兰等国家的做法，在《反垄断法》实施条例中制定有关条款以阻却外国反垄断法的域外效力，即通过禁止或限制外国机关在我国境内调查取证及执行其裁决等活动来抵制外国反垄断法域外效力，以达到保护本国利益的目的。具体而言，《反垄断法》实施条例一方面应规定禁止外国机关未经我国主管机关的允许在我国境内调查取证，禁止任何单位或个人向未经我国主管机关允许而向在我国调查取证的外国机关提供证据、资料或给予帮助；另一方面应禁止本国主管机关和法院承认或执行外国机关作出的有损国家主权、安全和利益的反垄断裁决。

二、保持其他经济政策与竞争政策的协调一致

从我国目前的现状来看，由于面临产业结构调整、加速经济体制转轨和保护民族产业等种种问题，贸易政策、产业政策等其他国内经济政策将长期存在并发挥重要作用，政府应通过在这些国内经济政策中植入竞争理念等方式，以努力获取它们与竞争政策的协调一致。

（一）保持贸易政策与竞争政策的协调一致

加入 WTO 后，我国的贸易政策正在进行调整和改革，原有的贸易法规被清理和修订，新的贸易法规也在不断地出台，在此过程中，我们应以前瞻性和战略眼光贯彻竞争原则和精神，保持贸易政

策与竞争政策的协调一致。

1. 修改原有的贸易法律、法规，使其尽可能与竞争政策一致

对原有的贸易法律、法规我们应重新审视，及时修订其中与竞争理念不符的部分，使它们更能够与竞争政策一致以促进竞争。例如，1997 年国务院颁布的《中华人民共和国反倾销和反补贴条例》（以下简称原条例）在框架和内容方面大体与 WTO 新守则一致，但也存在一些不足之处，这主要表现在某些重要方面仍然欠缺，在某些方面即使有规定，也规定得不够合理或不够严密，不利于维护进口产品与国内产品间的公平竞争。2002 年实施的《中华人民共和国反倾销条例》（以下简称新条例）对原条例进行了修改，主要包括：

第一，正常价值的确定。原条例虽然规定应首先采用出口国国内市场的可比价格来确定正常价值，但 WTO 反倾销守则对出口国国内市场价格的承认是有条件的，即"正常贸易过程"中同类产品在出口国国内市场的可比价格，新条例引入了"正常贸易过程"术语，加强了限制。

第二，公平比较。原条例仅规定"对进口产品的出口价格和正常价值应当按照公平合理的方式进行比较，确定倾销幅度"，而不再有任何进一步的表述，这对于如此复杂问题的比较而言，其规制是远远不够的，一旦面临司法实践就难免捉襟见肘，同时也给执法不公以可乘之机。新条例进行了补正，规定对进口产品的出口价格和正常价值，应当考虑影响价格的各种可比性因素，按照公平、合理的方式比较。倾销幅度的确定，应主要采用"加权平均对加权平均"或"单个对单个"的方法；但如果出口价格在不同的购买人、地区、时期之间存在很大差异，按照上述方法难以比较的，可以将加权平均正常价值与单一出口交易的价格进行比较。这基本上与 WTO 守则一致。

第三，因果关系。在反倾销实践中，只有证明了进口产品的倾销与国内产业的损害之间有因果关系后，才可以采取反倾销措施。对于因果关系如此重要的问题，原条例未作正面规定，只能从有关

损害的定义中推断出来，这显然是立法上的缺陷。新条例在列举了确定倾销对国内产业造成的损害时应审查的事项后，继而规定，"在确定倾销对国内产业造成的损害时，应当依据肯定性证据，不得将造成损害的非倾销因素归因于倾销"，实际上将因果关系正式确定了下来。

第四，界定"同类产品"。对"同类产品"的界定直接影响到"国内产业"的范围和损害的确定，而且，被调查当局认定的"同类产品"往往就是最后被采取制裁措施的产品，界定"同类产品"可说是整个反倾销调查的出发点。原条例没有对该术语加以界定，缺乏可操作性，新条例进行了补充，即"同类产品，是指与倾销进口产品相同的产品；没有相同产品的，以与倾销进口产品的特性最相似的产品为同类产品"。

第五，"地区产业"例外。WTO守则在对"国内产业"定义的同时，还规定了"地区产业"例外。"地区产业"例外是指在能够将进口国领土划分成两个或两个以上的具有竞争性的市场的情况下，在调查损害时，可以将每个市场的生产商看作一个独立的国内产业，条件是：第一，该市场内的生产商所生产的全部或几乎全部产品都在该地区市场上销售；第二，该市场的需求主要由该地区的生产商而非该地区之外的生产商供应。对于"地区产业"例外，原条例没有任何规定。考虑到我国幅员辽阔，产业分布不均，经济发展极不平衡，"地区产业"确有存在的现实性，因此新条例依照守则，在"国内产业"的定义中增加了"地区产业"例外。

新条例的这些修改对增强反倾销法的可操作性和可预见性，防止主管当局自由裁量权的滥用，遏制主管当局贸易保护主义的倾向，尽可能地维护进口产品与国内产品间的公平竞争环境，取得了积极效应。

2. 充分发挥竞争当局在贸易政策制定与实施过程中的作用

在国际竞争加剧的情况下，许多贸易措施的制定初衷是给予受保护的产业部门以调整时间，使其更具竞争力，然而从长远来看，这些贸易措施却将降低产业部门在国内经济中的创新和生存能力以及国际竞争力。因此，政策制定者在酝酿某一项贸易措施时，应尽可能对该项措施的潜在效应作出全面和系统的评估，其中包括该项措施对相关市场的结构和功能的影响，以及对有关受影响部门结构性调整的长期影响。政策制定者应对上述每一因素进行权衡。同时，竞争政策主管当局也可以在这一政策评估中发挥重要的作用，特别是在有关贸易措施对相关市场的结构及其竞争过程的可能性影响等方面更要积极主动地发挥作用。[1]

这里我们不妨借鉴一下其他国家竞争当局和贸易当局在国内层面进行协调与合作的具体经验和做法。竞争当局和贸易当局在国内层面上的协调包括制定政策时的协调和法律实施时的协调。

（1）竞争当局在贸易政策制定过程中的参与[2]

在不同的国家，竞争当局和贸易当局进行合作与协调的模式和程序是不一样的，它要与该国本身的政府和公共行政的组织模式相适应。有些国家，如芬兰和荷兰完全不存在在采取贸易政策措施之

---

〔1〕 OECD 曾提出，贸易当局和竞争当局可使用一系列的标准来评估贸易措施可能产生的影响，这些标准包括：1. 贸易措施对国内部门、产业或有关企业预期产生的直接经济收益（技术上而言，即生产者剩余的增加）以及该措施预期产生或保护的就业机会。2. 对政府财政（如来自关税、进口许可）预期产生的直接收益以及（或）增加的政府成本（如出口促进、政府补贴、低税收收入）。3. 消费者因贸易措施所导致的价格提高而必须对有关产品支付的直接成本以及产品消费水平的降低（技术上而言，即消费者剩余的减少）。4. 贸易措施对相关市场结构和竞争过程的可能影响。5. 从中期和长期来看，贸易措施是否可以平衡、鼓励或允许国内产业一段时间内的结构调整以提高生产力和国际竞争力，是否可以进一步减轻或推迟结构调整的压力；受影响的国内企业、潜在的新的进入者以及外国投资者对投资的预期影响。6. 贸易措施对其他经济部门，特别是从受影响的产业购买产品和向该产业销售产品的企业的预期影响。7. 其他的政府和外国企业对贸易措施的反应以及这些反应对经济的预期影响。8. 贸易措施对其他国家可能产生的影响以及如何将对贸易伙伴的歧视最小化。OECD. Competition and Trade Policies: Their Interaction, 1984.

〔2〕 OECD. Competition and Trade Policies: Their Interaction, 1984.

前征求竞争当局意见的任何安排，因此竞争当局在贸易政策的制定中没有多大作用，甚至没有任何影响。而有些国家在制定贸易以及与贸易相关的政策方面则会考虑竞争当局的意见。一般而言，这些国家主要采用如下几种方式：

A. 由同一个政府部门处理与贸易和竞争政策有关的事务；

B. 竞争当局参与跨部门的委员会或参与与贸易有关的事务；

C. 竞争当局参与非正式的、友好的政策协调以及跨部门磋商；

D. 法律直接规定贸易当局在采取某些贸易措施或与贸易有关的措施之前与竞争当局磋商。

在有些国家，制定贸易政策和竞争政策的权力都集中在同一个政府部门。如在德国，联邦经济部（the Federal Ministry of Economics）内部负责贸易问题和竞争问题的部门之间保持着密切的合作。在法国，竞争当局和贸易当局都同属于经济事务和财政部（the Minister of Economic Affairs and Finance）。在西班牙，竞争政策和贸易政策则同属于国家秘书局（the same Ministry and State Secretariat）的管辖范围。在爱尔兰，由贸易、商业和旅游部（the Ministry of Trade, Commerce and Tourism）负责贸易和竞争问题。在瑞士，主要负责贸易政策和国际竞争问题的机构是外国经济事务联邦办公室（the Federal Office for Foreign Economic Affairs），该办公室与卡特尔委员会秘书处（Secretariat of the Cartels Commission）有长期合作的经验。这两个机构都同属于联邦公共经济部（the Federal Department of Public Economy），它们之间有定期接触。

在英国，由国家贸易和工业秘书处（the Secretariat of State for Trade and Industry）负责贸易和竞争问题。例如，它可以决定是否将兼并问题（在考虑公平贸易局局长 the Director General for Fair Trading 的建议下）提交垄断和兼并委员会（the Monopolies and Mergers Commission），而且可以否决公平贸易局局长向垄断和兼并委员会提交的任何有关垄断或反竞争行为的建议，它还可以就垄断和兼并委员会调查之后的行动作出决定。竞争政策的主要执行机构是公平贸易办公室（the Office of Fair Trading），它由公平贸易局局长主管。公平贸易局局长就与竞争有关的一般性政策问题向国家贸易和工业秘书处提出建议。垄断和兼并委员会承担对反竞争行为、垄断和兼并的调查任务，限制性行为法庭（The Restrictive Practices Court）裁决限制性贸易协议是否违反公共利益。除此之外，英国尚未建立由竞争当局影响贸易政策的正式机制。但是，处理竞争问题和处理贸易问题的官员之间在友好的基础上保持着接触，贸易和工业秘书处与公平贸易办公室之间还互换工作人员。[1]

在有些国家，竞争政策和竞争法的执行或者由一个独立的机构承担，或者由该机构和其他的政府部门共同承担，从而建立起确保机构之间进行协调的程序安排。在德国，联邦卡特尔局（the Federal Cartel Office）和联邦经济部就影响国际贸易的竞争问题进行密切接触。例如，当出口卡特尔的反竞争效果违反了联邦共和国所接受的与货物贸易和商业服务有关的条约的原则时，他们可以进行干预。如果出口卡特尔实质性地妨碍了联邦共和国的对外贸易和支付利益时，他们也可以进行干预。瑞典则要求竞争局对立法提案，包括那些对竞争产生影响的贸易问题的立法提案提出书面意见。相应地，贸易当局也被要求对有关竞争立法的提案作出评论。在挪威，由价格局局长（the Price Directorate）负责竞争政策，他也是贸易部贸易政策问题咨询委员会（the Advisory Committee on Trade policy questions of the Department of Trade）的成员之一。同时，其他部门还经常与价格局局长就特定问题，如外国企业在挪威的市场准入和建立机构问题进行磋商。

在新西兰，商务委员会（the Commerce Commission）可以在垄断的调查方面对贸易和工业部（the Minister of Trade and Industry）

---

[1]　英国《2002 年企业法》颁布后，公平贸易办公室被改造并取代了公平贸易局局长；竞争委员会（Competition Commission）则承担了垄断和兼并委员会的职能；有关合并和市场调查事务的决定，也最终由竞争委员会而非由国家贸易和工业秘书处作出。王健. 英国竞争主管机构的法律改革及其对我国的启示 [J]. 中南大学学报：社科版，2005（6）：754-758，747.

提出建议。在法国，政府应与竞争委员会（the Competition Commission）就立法提议进行磋商，竞争委员会可以提出竞争问题，其观点应由经济事务和财政部公布。

在日本，公平贸易委员会（the Fair Trade Commission）是执行反垄断法的机构，由其承担促进进出口贸易的自由和公平竞争的职责。当贸易当局将对进口卡特尔和出口卡特尔进行豁免时，必须与公平贸易委员会进行谈判，在某些场合下，还要向其进行通报。该程序对获得适用反垄断法的豁免是必需的。

在加拿大，几个跨部门的委员会，如低成本进口委员会（the Commission on Low Cost Imports）已经建立起来，而负责竞争政策的部门可以参与其中，但这些委员会不能参与贸易政策的制定。根据联合调查法，调查研究主任（the Director of Investigation and Research）负责竞争法的执行，他可以就竞争的维持问题向政府机构提交证据。调查研究主任已在多个场合下就调查与加拿大进口政策有关的问题提交了意见。

在美国，司法部（the Department of Justice）反垄断局（the Antitrust Division）的官员是处理贸易政策问题的跨部门委员会的固定参与者，这些委员会呈金字塔结构，最顶层是贸易政策委员会（the Trade Policy Committee）以及商业和贸易内阁理事会（the Cabinet Council on Commerce and Trade），下面是贸易政策评审小组（the Trade Policy Review Group）以及贸易政策人员委员会（the Trade Policy Staff Committee）。分组每个星期都召开几次会议，会议涉及所有的贸易政策问题。反垄断局都积极地参加这些会议，对经济和政策问题进行评论、提供法律观点和反垄断建议。公平贸易委员会则基于个案参加这些会议。

（2）竞争当局在贸易政策和贸易法的执行过程中的参与[1]

大多数国家或多或少都存在竞争当局参与贸易政策问题的正式安排。但是，这些程序一般仅限于竞争当局就起草法律和制定政策

---

[1] OECD. Competition and Trade Policies: Their Interaction, 1984.

发表意见，在许多场合下，他们都是基于友好而非系统的基础进行磋商。在许多国家，竞争当局无法实质性地介入贸易政策或与贸易有关的措施的执行过程，但加拿大和美国例外。根据不公平贸易法，这两个国家的竞争当局可以参与或出席有关的程序，或负责这些程序的当局被要求审查根据贸易法采取的措施对竞争可能产生的影响。

在加拿大，海关关税法的第 19 部分允许政府减少或免除用以提高价格的税收，这种价格高于竞争性市场上的价格。某些种类的产品还可豁免适用反倾销法。由于限制性贸易委员会（the Restrictive Practices Commission）作出的一个报告认为制药产业在 20 世纪 70 年代从事限制性商业措施，因此该豁免主要是用以防止制药产业从倾销中获得保护。

在美国，经过授权，竞争当局可以在商业部（the Commerce Department）和（或）国际贸易委员会（the International Trade Commission）作出关于反倾销和反补贴案件、"逃避条款"案件以及不公平进口竞争案件的损害裁决之前介入程序。竞争当局经常利用这种机会在特定的程序中发表竞争观点。例如，公平贸易委员会于 1982 年参与了商业部和国际贸易委员会对从不同的欧洲国家、巴西和南美进口的钢铁产品征收反倾销税和反补贴税的程序，在该程序中，公平贸易委员会向国际贸易委员会指出，征收这些反补贴税将对国内竞争产生影响。在从加拿大进口的软木材产品案件中，公平贸易委员会则向商业部陈述了其观点，认为征收反补贴税是不正当的，因为这将提高美国消费者支付的价格，而且将对其他产业，特别是对建筑产业产生负面影响。

可见，许多国家都已认识到将贸易政策与竞争政策的制定与执行完全分离开来的局限性，并采取了相应措施以避免这种情况的发生。我国以前没有制定专门的反垄断法，也没有统一的反垄断当局，更不存在反垄断当局参与贸易政策制定与实施的机制。2007 年我国《反垄断法》已经出台，并于 2008 年 8 月 1 日起施行。《反垄断法》第 10 条规定："国务院规定的承担反垄断执法职责的机构（以下统称国务院反垄断执法机构）依照本法规定，负责反垄断执法工作。国务院反垄断执法机构根据工作需要，可以授权省、自治区、直辖市人民政府相应的机构，依照本法规定负责有关反垄断执法工作。"因此，在未来贸易政策的制定与贸易措施的实施中，我国也可考虑发挥反垄断执法机构的作用，由其就贸易措施对市场结构所产生的短期与长期效果以及对竞争的可能影响方面提出专业性意见。在具体做法上，笔者建议可设立专门的机制，比如由法律直接规定要求反垄断执法机构就那些对竞争产生影响的贸易问题的立法提案提出书面意见；或者有关机构在制定某项贸易政策与实施贸易措施的过程中，可以邀请反垄断执法机构参与有关会议，听取其意见；或者成立有关委员会，将反垄断法执法机构纳为成员，在决定是否制定某项贸易政策或采取某项贸易措施时，反垄断法执法机构有权参与表决。只有设立了专门机制，反垄断执法机构的作用才能得到切实发挥。

3. 减少与 WTO 有明显冲突的保护措施，并采用符合 WTO 规定的贸易政策来对国内产业进行适度的保护

对国内企业的过度保护，将导致竞争不足，而竞争不足又将使过剩的资源滞留在衰退行业中，从而削弱整个国家的竞争力。反过来，如果对国内相关产业缺乏适度的保护，又会引发过度竞争，而过度竞争则会造成资源转移的无序状态。发展中国家不能简单地认为，只要开展了对外贸易就能够获得经济利益，获得发展经济的动力。在工业成长的过程中，以盈利为目的的企业需要政府提供保护，以便保证产品的市场并获得一定的利润，没有这样的一种机制就没有本国企业的生存和发展。但是，发展中国家对产业的保护也需要进行适当选择。一般而言，在一国经济发展的不同阶段应该选择不同的产业部门，基本的顺序是在经济发展的特定阶段选择那些能够带来丰厚利润的部门或行业，通过对外贸易政策减少进口产品的威胁。由于这种类型的部门会随着经济的发展而出现转化，所以对产业的选择，进而对产业的保护也应该是随着经济发展水平的提升而加以调整，因此对幼稚产业的保护只是一个暂时的政策。

　　因此，在减少与 WTO 有明显冲突的保护措施的同时，采用符合 WTO 规定的贸易政策来对国内产业进行适度的保护，仍是一个有待开拓的领域。比如说，出口补贴对贸易伙伴国利益造成的伤害比较明显，比较容易招致不满和报复，也被 WTO 所禁止；相比之下，对出口过程的某些补贴则要间接得多，还有一些不属于对出口的补贴但实际上可以有效地增强出口国产品际竞争力的方法，都能有效地促进出口生产，又不容易引起国际贸易摩擦。如果这些补贴运用得当，可以在达到其主要政策目标的同时，起到促进生产发展的作用。再比如说，技术性贸易壁垒也是对国内产业进行保护的适当形式。保证产品的质量、保护消费者的利益和环境保护都是各国所普遍重视的，也容易在消费者和生产者之间达成共识。而由于各国的经济技术发展水平不同，它们在技术规定和标准方面也当然会千差万别，因此，对技术标准的合理使用也可以有效地阻止外国商品的进入，同时又不违背 WTO 的有关规定。

　　（二）保持产业政策与竞争政策的协调一致

　　产业政策是政府为了实现一定的经济和社会目标而对产业的形成和发展进行干预的各种政策的总和。竞争政策通过维护竞争来实现社会整体利益的最大化，产业政策的实施是为了促进一个国家经济持续、稳定、协调地向前发展，两者追求的终极目标是一致的。但产业政策和竞争政策在实现最终目标的过程中所选择的具体目标是不同的，产业政策的主要目标是产业的发展，政府为了快速发展本国经济，往往根据自己的判断，确定本国重点扶持的产业，并采取某些措施对这些产业予以关照；而竞争政策则着重竞争机制的存在和整个市场的发展，因此两者在价值取向上就难免发生冲突，并直接导致竞争政策和产业政策在具体实施效果上的相互冲突。[1]当两者出现冲突时，究竟以何政策为优先呢？由于竞争政策对竞争的维护对经济的促进作用不言自明，而产业政策对经济的影响是需

----

〔1〕　孟雁北．论产业政策与反垄断法的冲突与协调［J］．社会科学研究，2005（2）．

要进行研究的，因此许多国家都选择竞争政策优先。例如，当欧共体的竞争政策和产业政策存在冲突和矛盾时，欧共体条约第3条提出的在共同体市场建立一个保护竞争不受扭曲的制度较该条提出的其他任务和措施有着优先适用的地位，即在欧共体其他政策与欧共体竞争政策发生冲突时，优先适用欧共体竞争政策。欧共体条约第157条还强调指出，欧共体产业的竞争力"不得成为共同体实施任何可能扭曲竞争的措施的基础"。[1]

　　有人可能引述日本及亚洲"四小龙"在经济恢复和起步阶段以成功的产业政策促进了这些国家经济快速发展的事实来说明在经济发展的特殊阶段产业政策可优先于竞争政策的做法。但实际情况是，当时日本实行市场经济已具备较完善的竞争法律制度，只是执行不力；而亚洲"四小龙"的经济腾飞是在当时特殊的国际经济环境下实现的——国际贸易组织作用有限，各国市场开放度不高，经济尚未全球化，美国基于冷战所给予的特殊贸易照顾以及顺应了美国产业升级提供的机遇等。然而，20世纪末亚洲金融危机的发生已经证明了不充分重视市场竞争机制所导致的危害，日本和韩国在金融危机后都加强了各自国家的竞争立法和执法。如今世界经济已经高度全球化，世贸组织对发展中国家政策的约束增大，发展中国家的市场开放度大为提高，产业也已由制造业转为高科技产业，发达国家对发展中国家在国际贸易中的反竞争行为提起的诉讼日益增多——而发展中国家对外贸的依存度极高，所以在这种环境下我国复制韩国、日本等国当时的做法已不太可能。实践也证明，由于产业政策的某些措施损害了市场竞争机制，降低了市场对资源的自发配置作用，长期受保护的行业除获得高额垄断利润外，其竞争能力仍十分低下，不具备国际竞争实力，消费者却为此付出了高昂代价。相反，那些政府完全开放的产业，在准入自由和充分的市场竞

〔1〕　孟雁北．论产业政策与反垄断法的冲突与协调［J］．社会科学研究，2005（2）．

争的压力下，其市场竞争力迅速提高，如中国的家电业就是典型例子。〔1〕因此，在产业政策与竞争政策的关系上，我国也应以竞争政策为优先，以保证长远的国民经济健康发展。

为了避免产业政策与竞争政策的冲突，我国应注意产业政策与竞争政策的协调一致。首先，一般国家在制定反垄断法时，都会根据国家的经济发展水平和产业发展目标，设置合理的豁免和适用除外，反垄断法的豁免和适用除外本身就是要体现、甚至实现国家的产业政策。我国《反垄断法》的豁免和适用除外规定基本上是合理的，能够反映目前国家产业政策。实施《反垄断法》之后，我国还应根据产业发展情况和整体经济状况，适时地调整反垄断法的豁免和适用除外规定，将不再需要保护的或不必保护的产业排除出去。其次，在反垄断法的实施过程中，应充分运用好合理法则。从各国的立法来看，除固定价格、限制产量、划分市场、联合抵制、固定最低转售价格等反竞争行为适用本身违法法则外，对于其他的限制竞争行为一般都适用合理法则来判断其违法性。反垄断执法机关在适用合理法则判断某一行为是否违法时，可适当地考虑或兼顾产业政策的实施。比如，对于企业合并，由于我国目前企业普遍规模不大，国际竞争力不强，为了鼓励它们提高竞争力，增强国家经济实力，反垄断执法当局在审查具体案件时可适当放松管制。

三、积极参与 WTO 竞争政策多边协议的探讨和制定

我们应密切关注 WTO "贸易与竞争" 议题的发展动态，积极参与 WTO 竞争政策多边协议的探讨和制定过程，坚持发展和渐进理念，最大程度地反映发展中国家的利益与要求。

1. 对未来的 WTO 竞争政策多边协议谈判采取积极的态度。由于种种原因，关于竞争政策多边协议的谈判没有列入坎昆回合，但只要贸易自由化的趋势不逆转，谈判迟早会进行。我国作为 WTO

---

〔1〕 王长秋. 竞争法与发展中国家经济发展 [J]. 河南社会科学，2006（1）.

的成员国之一，将有机会参加对 WTO 竞争政策多边协议的谈判和制定。毫无疑问，发达国家推进 WTO 竞争政策多边协议的谈判有市场准入的目的，一旦协议达成，必将对发展中国家的市场产生广泛的影响，但另一方面，我们也应看到该协议对我国的积极作用：

首先，WTO 竞争政策多边协议有利于遏制跨国反竞争行为对中国的不利影响。中国现在已经是世界上的贸易大国之一，然而，在中国与其他国家贸易往来日益频繁的同时，也越来越受到跨国反竞争行为的损害。国际卡特尔、国际技术转让中的限制性商业措施、跨国合并等都会对我国经济产生不利影响，因此，我国在竞争领域急需开拓有效的途径来打击跨国反竞争行为，维护国家的经济安全与利益。国内竞争法的域外适用是可能的途径之一，但域外适用易引起激烈的管辖权冲突和其他国家的对抗，在实践中有很大的难度。美国之所以可以成功地通过域外适用来打击跨国反竞争行为，其主要原因是美国拥有强大的经济实力，推行强国的霸权主义，而我国远未达到美国的经济水平，因此不可能仅仅依靠单边主义来解决问题。双边合作也是可能的途径之一，但由于我国《反垄断法》刚刚制定，执法经验不丰富，与我国签订双边合作协议的国家也很有限，如果完全靠签订双边合作协议来遏制跨国反竞争行为，则会耗费巨大的成本。相比之下，多边协议在理论上不存在障碍，谈判成本也相对较低，如果达成 WTO 竞争政策多边协议，将有利于我国与相关国家开展国际合作，从而有效地遏制跨国反竞争行为。

其次，WTO 竞争政策多边协议可以为中国企业走向国际市场创造公平的竞争环境。WTO 竞争政策多边协议的核心原则包括非歧视原则、透明度原则和程序公正原则，而这些原则也是建立和维护非歧视的、公开的和自由竞争的国际市场所必需的条件。因此，一旦达成这个多边协议，将有利于推进中国企业的国际化进程，促进中国企业在国际市场上与外国企业进行公平竞争，发展壮大。尽管从整体而言，中国企业的实力还及不上发达国家的企业，但保护政策并不是最终的解决办法。保护政策的庇护也许可以使国内企业一时地安然生存，但从长远来看，对它们的发展是极其不利的。而WTO竞争政策多边协议可以为国内放弃保护主义、推动企业更快地走上国际市场提供一个契机，使它们在更加公平、自由和开放的贸易环境中更广泛、更深地参与国际竞争，从而真正实现民族产业的振兴与腾飞。

再次，WTO竞争政策多边协议有利于中国《反垄断法》的发展和完善。目前我国《反垄断法》已出台，但尚不健全，需发展和完善。可以想见，WTO竞争政策多边协议的谈判将是各国利益斗争和妥协的艰苦过程，也是不同国家的竞争法制度和竞争文化相互较量和融合的复杂过程，因此，最终达成的WTO竞争政策多边协议必将体现出一些先进的竞争法制度和具体做法，而根据国际法优于国内法的规则，我国《反垄断法》不得违背国际协议，因此，《反垄断法》必须注意与该协议的接轨，这对促进我国《反垄断法》未来的发展与完善无疑是一种推动作用。

鉴于以上WTO竞争政策多边协议对我国的积极作用，我们应密切关注WTO"贸易与竞争"议题的发展动态，做好前期的研究和准备工作，以积极的态度参与多边协议的谈判和制定。

2. 在未来的谈判中充分考虑发展中国家的利益，争取发展中国家利益和本国利益的最大化。前面已提到，WTO竞争政策多边协议的制定过程往往是发达国家和发展中国家利益的斗争和妥协过程，在这个过程中，我们要在符合WTO的基本原则和目标的前提下，从发展中国家的角度出发，争取发展中国家利益和本国利益的最大化。

首先，在核心原则方面，我们可以支持WTO竞争政策多边协议确立的非歧视原则、透明度原则和程序公正原则，因为这些原则是WTO赖以生存的三大支柱，也是建立和维护企业的经营自由、实现企业竞争条件的平等以及市场的开放性所必要的条件，但是，我们也应当主张对这些原则的内容和范围进行清晰、合理地界定，以便为发展中国家保留足够的灵活性和渐进性来适应国内发展的具体需要。

其次，对发达国家的某些倾向要谨慎对待。发达国家无疑希望通过 WTO 竞争政策多边协议打开发展中国家市场，为其跨国公司进驻发展中国家扫清障碍，因此在提出方案和谈判中可能会表现出对市场准入目标过度强调的倾向。比如，要求协议不仅包括对核心卡特尔的禁止，还应全面规范其他的影响市场准入的行为；反对发展中国家的特殊和差别待遇，认为特殊和差别待遇会影响发展中国家的市场开放，要求发展中国家紧跟贸易自由化进程，等等。

诚然，促进市场准入有利于确保竞争者享有平等的竞争机会，但是，发展中国家和发达国家经济实力差距很大，如果市场准入推进得过快，显然不利于发展中国家的内部稳定。对于核心卡特尔，各国对其禁止原则基本一致，因此将其纳入竞争政策多边协议的规制范围是可以的。但是，由于发展中国家竞争法发育尚未完善，执行能力也有限，如果竞争政策多边协议的规制范围过宽，发展中国家难以履行协议，将会陷入非常被动的局面。因此，我国应强调在起步阶段竞争政策多边协议的实体性条款不宜过细，在范围上也要适当限制，并争取协议给予国内竞争当局尽可能多的自主权。

对于特殊和差别待遇，前面我们已经论述过，由于历史和现实的原因，发展中国家的经济发展水平还比较落后，坚持特殊和差别待遇的基点是为发展中国家争取更多的时间与空间来提高其参与国际竞争的能力，从而使发展中国家具备更适宜的条件参与贸易自由化。尽管目前 GATT/WTO 体制下的特殊和差别待遇尚存在种种缺陷，但不能以此否认特殊和差别待遇整个制度存在的必要性。我国应从发展中国家的立场出发，争取 WTO 竞争政策多边协议对原有的特殊和差别待遇条款的充分体现和改进，强调协议对发展中国家竞争体制的强化作用，坚持协议的整体制度设计应促进发展和全球经济福利。

四、培育竞争文化

不同的政治、文化和历史背景使每个国家对经济力量、合同自由、贸易自由、效率、公平、平等和福利有着不同的态度。尽管竞争文化是一个模糊的概念，但它对竞争政策和竞争法有决定性的影响。为了更好地理解一国的竞争政策，有必要审查该国所处的文化背景。整体而言，西方普遍认为竞争是有积极作用的，竞争环境的建立是人们所期盼的，它可以促使福利公平分配。虽然西方国家对竞争的态度相似，但文化上的差异却导致了西方国家竞争法的显著不同。例如，在欧盟，"竞争政策是强化共同体基本目标的众多方法中的一种。共同体的竞争政策不是在真空中运作的，而必须考虑其在委员会其他领域，如产业政策、地区政策、社会环境政策中的行动的效果……反过来，竞争政策在其他政策的准备和引入过程中发挥作用"。[1] 也就是说，欧盟竞争政策旨在达成一体化，竞争政策在欧盟自由的市场经济政策中发挥着中心作用。这与将竞争政策置于经济政策首要位置的其他国家（如美国）形成了鲜明的对比。经济理论的考虑在实施反垄断的过程中也发挥着重要作用。如果竞争政策仅仅以经济考虑为基础，它可以依据有关的经济理论来集中获取预期的结果。在这种情况下运用经济分析并不困难，至少从理论上说是这样。但是，如果竞争政策隐含了其他的政策目标（如欧盟那种情况），占主流的经济理论以用做进行反垄断法经济分析的背景则困难得多。竞争政策和竞争法制定出来后，其效力在很大程度上也取决于对竞争法的遵守和尊重，竞争文化的发展对此也有至关重要的影响。WTO 贸易与竞争工作组在 1998 年 12 月的报告中强调了发展竞争文化的重要性，即认为它能促使竞争政策的原则在政治上和国内商业社会中得到认同，是补充和增强竞争政策和竞争法实际效果的一种方式。[2]

培育竞争文化对发展中国家更为紧迫，因为发展中国家不像美国、加拿大等发达国家，它们一百多年来一直在其国内经济中实行

〔1〕　Doris Hildebrand. The Role of Economic Analysis in the EC Competition Rules〔M〕. Kluwer Law Press，1998：9.

〔2〕　彭涉刚，岳振宇. 反垄断立法的困境与反垄断法的未来出路〔J〕. 江西师范大学学报：哲学社会科学版，2006（10）.

竞争政策，而对于发展中国家中那些已经制定了竞争法的国家而言，其中许多也是在 20 世纪 90 年代后，在国际金融机构和经合组织的鼓励下，制定竞争法的。况且，为了使这些法律生效，通常需要建立新的机构，培训法官和律师，使公司、企业和个人理解和消化这些法律，所有这一切都需要时间。发展中国家也许需要几十年的时间才能发展起认同竞争和竞争政策的社会和法律文化，正如美国和欧洲的历史所显示的那样。

　　我国推行计划经济很多年，对市场经济作用的不了解和不信任使人们对竞争原则一直不够重视，因此在我国的文化中是没有竞争信仰的，这不利于开展竞争执法。因此，我国应积极开展竞争文化建设，使公众了解竞争，普及公平竞争的观念，使现代竞争文化渗透到社会经济生活的各个方面中去，这对我国的竞争执法将有重要的作用。最近我国制定了《反垄断法》，这是培育竞争文化的好时机，国家通过立法讨论、意见征集和舆论宣传等活动对公众进行了竞争文化的普及，使竞争的观念日益深入人心；随着《反垄断法》的实施，也会出现越来越多的反垄断案件，那么在未来的竞争法执法实践中，国家可以通过对违法案件的公正判决、对典型案例的广泛探讨等活动来增进人们的竞争信仰，促使人们自觉遵守竞争法，更好地推行竞争政策。

参 考 文 献

一、外文部分

（一）国际组织文件

1. WTO Secretariat. WTO Annual Report 1997 [R]. Dec. 1997.

2. WTO Working Group on the Interaction between Trade and Competition Policy. Report (1998) of the Working Group on the Interaction between Trade and Competition Policy to the General Council [R]. Geneva: WT/WGTCP/2, 1998.

3. WTO Working Group on the Interaction between Trade and Competition Policy. Report (1999) of the Working Group on the Interaction between Trade and Competition Policy to the General Council [R]. Geneva: WT/WGTCP/3, 1999.

4. WTO Working Group on the Interaction between Trade and Competition Policy. Report (2000) of the Working Group on the Interaction between Trade and Competition Policy to the General Council [R]. Geneva: WT/WGTCP/4, 2000.

5. WTO Working Group on the Interaction between Trade and Competition Policy. Report (2001) of the Working Group on the Interaction between Trade and Competition Policy to the General Council [R]. Geneva: WT/WGTCP/5, 2001.

6. WTO Working Group on the Interaction between Trade and Competition Policy. Report (2002) of the Working Group on the Interaction between Trade and Competition Policy to the General Council [R].

Geneva: WT/WGTCP/6, 2002.

7. WTO Working Group on the Interaction between Trade and Competition Policy. Report on the Meeting of 11-13 March 1998 [R]. WT/WGTCP/M/4, 1998.

8. WTO Working Group on the Interaction between Trade and Competition Policy. Report of the Meeting of 22-23 March 2001 [R]. WT/WGTCP/M/14, 2001.

9. WTO Working Group on the Interaction between Trade and Competition Policy. Report of the Meeting of 5-6 July 2001 [R]. WT/WGTCP/M/15, 2001.

10. WTO Working Group on the Interaction between Trade and Competition Policy. Report on the Meeting of 23-24 April 2002 [R]. WT/WGTCP/M/17, 2002.

11. WTO Working Group on the Interaction between Trade and Competition Policy. Report on the Meeting of 1-2 July 2002 [R]. WT/WGTCP/M/18, 2002.

12. WTO Working Group on the Interaction between Trade and Competition Policy. Report on the Meeting of 26-27 September 2002 [R]. WT/WGTCP/M/19, 2002.

13. WTO Working Group on the Interaction between Trade and Competition Policy. Communication from the United States [R]. WT/WGTCP/W/55, 1998.

14. WTO Working Group on the Interaction between Trade and Competition Policy. Submission from Korea [R]. WT/WGTCP/W/56, 1997.

15. WTO Working Group on the Interaction between Trade and Competition Policy. Communication by the European Community and its Member States [R]. WT/WGTCP/W/62, 1998.

16. WTO Working Group on the Interaction between Trade and Competition Policy. Communication from the European Community and

its Member States [R]. WT/WGTCP/W/78, 1998.

17. WTO Working Group on the Interaction between Trade and Competition Policy. Synthesis Report on the Relationship of Trade and Competition Policy to Development and Economic Growth [R]. WT/WGTCP/W/80, 1998.

18. WTO Working Group on the Interaction between Trade and Competition Policy. Communication from New Zealand [R]. WT/WGTCP/W/81, 1998.

19. WTO Working Group on the Interaction between Trade and Competition Policy. Communication from the United States [R]. WT/WGTCP/W/83, 1998.

20. WTO Working Group on the Interaction between Trade and Competition Policy. Communication from the United States [R]. WT/WGTCP/W/84, 1998.

21. WTO Working Group on the Interaction between Trade and Competition Policy. Communication from Venezuela [R]. WT/WGTCP/W/87, 1998.

22. WTO Working Group on the Interaction between Trade and Competition Policy. Communication from the European Community and its Member States [R]. WT/WGTCP/W/99, 1998.

23. WTO Working Group on the Interaction between Trade and Competition Policy. Communication from Uruguay [R]. WT/WGTCP/W/109, 2001.

24. WTO Working Group on the Interaction between Trade and Competition Policy. The Fundamental Principles of Competition Policy [R]. WT/WGTCP/W/127, 1999.

25. WTO Working Group on the Interaction between Trade and Competition Policy. Communication from the European Community and its Member States [R]. WT/WGTCP/W/152, 2000.

26. WTO Working Group on the Interaction between Trade and

Competition Policy. Communication from Canada [R]. WT/WGTCP/W/174, 2001.

27. WTO Working Group on the Interaction between Trade and Competition Policy. Communication from Japan, "Competition Policies and Exemption System" [R]. WT/WGTCP/W/177, 2001.

28. WTO Working Group on the Interaction between Trade and Competition Policy. Communication from China [R]. WT/WGTCP/W/241, 1998.

29. WTO Working Group on the Interaction between Trade and Competition Policy [R]. Communication from Venezuela, WT/WGTCP/W/245, 2003.

30. WTO General Council. Proposal for a Framework Agreement on Special and Differential Treatment [R]. WT/GC/W/442, 2002.

31. WTO. Developing Countries and the Multilateral Trading System: Past and Present [C]. Background Note by the Secretariat, 1999.

32. United Nations (1980). Part A. "Objectives".

33. OECD. Competition and Trade Policies, Their Interaction [R], 1984.

34. OECD. Antitrust and Market Access: The Scope and Coverage of Competition Laws and Implications for Trade [R]. Paris, 1996.

35. OECD. The OECD Report on Regulatory Reform: Synthesis [R], 1997.

36. OECD. Resale Price Maintenance [R]. CDE/GD (97) 229, 1997.

37. OECD. Consistencies and Inconsistencies between Trade and Competition Policies [R]. COM/TD/DAFFE/CLP (98) 25/FINAL.

38. OECD. Complementarities between Trade and Competition Policies [R]. COM/TD/DAFFE/CLP (98) 98/FINAL.

39. OECD & World Bank. A Framework for the Design and Imple-

mentation of Competition Law and Policy [R]. 1998.

40. OECD. International Options to Improve the Coherence between Trade and Competition Policies [R]. COM/TD/DAFFE/CLP (99) 102/FINAL.

41. OECD. Competition and Trade Effects of Vertical Restraints [R]. COM/DAFFE/CLP/TD (99) 54.

42. OECD. Report of the OECD Committee on Competition Law and Policy-Making International Markets More Efficient through "positive Comity" in Competition law Enforcement [R]. DAFFE/CLP (99) 19.

43. OECD. Merger Review and Market Access [R]. COM/DAFFE/CLP/TD (99) 14/FINAL.

44. OECD. Trade and Competition Policies, Exploring Ways Forward [R], 1999.

45. OECD. Competition and Trade Effects of Abuse of Dominance [R]. COM/DAFFE/CLP/TD (2000) 21/FINAL.

46. OECD. The Relationship between Regional Trade Agreements and the Multilateral Trading System: Competition [R]. TD/TC/WP (2002) 19/FINAL.

47. UNCTAD. World Investment Report1997: Transnational Corporations, Market Structure and Competition Policy [R], 1997.

48. UNCTAD. The Development Dimension of Competition Law and Policy [R], 1999.

49. UNCTAD. Competition and Competition Policy in Emerging Markets: International and Developmental Dimensions [R], 2002.

50. UNCTAD. Closer Multilateral Cooperation on Competition Policy: The Development Dimension [R], 2002.

51. UNCTAD. Recent Important Competition Cases in Developing Countries [R]. TD/B/COM. 2/CLP/26, 2002.

52. UNCTAD. Application of Competition Law: Exemptions and

Exceptions ［R］. UNCTAD/DITC/CLP/Misc. 25.

53. UNCTAD. Experiences Gained So Far on International Coopera-
tion on Competition Policy Issues and the Mechanism Used ［R］. TD/
B/COM. 2/CLP/21/Rev. 1.

54. UNCTAD. Empirical Evidence of the Benefits from Applying
Competition Law and Policy Principles to Economic Development in or-
der to Attain Greater Efficiency in International Trade and Development.

55. APEC. Competition Law of Developing Economies ［R］,
1999.

56. C. Michalopoulos. The Role of Special and Differential Treat-
ment for Developing Countries in the GATT and the World Trade Organi-
zation ［R］. Policy Research Working Paper No. 2388. World Bank,
2000.

（二）著作

1. Phillips. Comments on the Draft International Antitrust Code
［M］. 49 Aussenwirtschaft. Heft Ⅱ/Ⅲ, 1994.

2. Doris Hildebrand. The Role of Economic Analysis in the EC
Competition Rules ［M］. Kluwer Law International, 1998.

3. Paul M. Taylor. Vertlcal Agreements: the New Regulation in
Context ［M］. Monitor Press Ltd. , 2000.

4. Dr. Robert M Maclean and Bettina Volpi. EU Trade Barrier Reg-
ulation: Tackling Unfair Foreign Trade Practices ［M］. Palladian Law
Publishing Ltd. , 2000.

5. Michaela Drahos. Convergence of Competition Laws and Policies
in the European Community: Germany, Austria, and the Netherland
［M］. Kluwer Law International, 2001.

6. Valentine Korah. Cases and Materials on EC Competition Law
［M］. 2nd ed. Hart Publishing, 2001.

7. Kevin C. Kennedy. Competition Law and the World Trade Or-
ganization: The Limits of Multilateralism ［M］. Sweet & Maxwell,

2001.

8. Juergen Basedow, Harald Baum, Klaus J. Hopt, Hideki Kanda and Toshiyuki Kono. Economic Regulation and Competition: Regulation of Services in the EU, Germany and Japan [M]. Kluwer Law International, 2002.

9. Roland Weinrauch. Competition Law in the WTO: The Rational for a Framework Agreement [M]. BWV. Berliner Wissenschafts Verlag, 2004.

10. John H. Jackson. Dumping in International Trade: Its Meaning and Context [M]. Jackson&Vermust.

（三）期刊

1. Maier. Interest Balancing and Extraterritorial Jurisdiction [J]. American Journal of Company Law, 1983 (31).

2. P. M. Roth. Reasonable Extraterritoriality: Correcting the "Balance of Interest" [J]. International and Comparative Law Quarterly, 1992, 41 (2).

3. Cunningham and La Rocca. Harmonization of Competition Policies in a Regional Economic Integration [J]. Law and Policy in International Business, 1996, 27 (4).

4. Marco C. E. J. Bronckers. Rehabilitating Antidumping and other Trade Remedies through Cost-Benefit Analyses [J]. Journal of World Trade, 1996, 30 (2).

5. Gunnar Niels and Adriaan ten Kate. Trusting Antitrust to Dump Antidumping [J]. Journal of World Trade, 1997, 31 (6).

6. Sung-joon Cho. GATT Non-Violation Issues in the WTO Framework: Are They the Achilles'Heel of the Dispute Settlement Process? [J]. Harvard International Law Journal, 1998, 39 (2).

7. Anne-Marie Van Den Bossche. Liberalization, Globalization, and Competition Law and Policy [J]. Yearbook of European Law, 1998, 18.

8. Adrian T. L. Chua. Precedent and Principles of WTO Panel Jurisprudence [J]. Berkeley Journal of International Law, 1998, 16.

9. Joel P. Trachtman. The Domain of WTO Dispute Resolution [J]. Harvard International Law Journal, 1999, 40 (2).

10. Russell J. Weintraub. Globalization's Effect on Antitrust Law [J]. New England Law Review, 1999, 34.

11. Bernard Hoekman and Peter Holmes. Competition Policy. Developing Countries and the WTO [J]. The World Economy, 1999, 22 (6).

12. Anu Piilola. Is There a Need for Multilateral Competition Rules? [J]. Finnish Yearbook of International Law, 1999, 5.

13. Sally Van Siclen. Background Note: Abuse of Dominance and Monopolization [J]. OECD J. Competition Law & Policy. 1999, 1.

14. Contantine Michalopoulous. Developing Country Strategies for the Millennium Round [J]. Journal of World Trade , 1999, 33 (5).

15. Hyung Jung. A Comparative Study on the Question of Extraterritorial Application of the Competition Law [J]. Dickson Journal of International Law , 2000, 18.

16. Barry J. Rodger, Competition Policy. Liberalism and Globalization: A European Perspective [J]. Columbia Journal of European Law, 2000, 6.

17. Friedl Weiss. From World Trade Law to World Competition Law [J]. Fordham International Law Journal, 2000, 23.

18. Youngjin Jung. Modeling a WTO Dispute Settlement Mechanism in an International Antitrust Agreement-An Impossible Dream? [J]. Journal of World Trade, 2000, 34 (1).

19. Olivier Cadot, Jean-Marie Grether and Jaime De Melo. Trade and Competition Policy- Where Do We Stand? [J]. Journal of World Trade, 2000, 34 (3).

20. James L. Kenworthy. US Trade Policy and the World Trade Or-

ganization: The Unraveling of the Seattle Conference and the Future of the WTO [J]. GEO. PUB. POL'Y REV. , 2000, 5.

21. Frank J. Garcia. Trade and Inequality: Economic Justice and the Developing World [J]. MICH. J. INT'L L. , 2000, 21.

22. David A. Gantz. Failed Efforts to Initiate The "Millennium Round" in Seattle: Lessons for Future Globle Trade Negotiations [J]. ARIZ. J. INT'L&COMP. L. , 2000, 17.

23. Matthew Cooper. The Role of Positive Comity in U. S. Antitrust Enforcement against Japanese Firms: A Mixed Review [J]. Pacific Rim Law and Policy Journal, 2001 (3).

24. Ignacio Garcia Bercero and Stefan D. Amarasinha. Moving the Trade and Competition Debate forward [J]. Journal of International Economic Law, 2001, 4 (3).

25. T. Winslow. OECD Competition Law Recommendations, Developing Countries, and Possible WTO Competition Rules [J]. OECD Journal of Competition Law and Policy. 2001, 3 (1).

26. Gustavo Olivares. The Case for Giving Effectiveness to GATT/WTO Rules on Developing Countries and LDCs [J]. Journal of World Trade , 2001, 35 (3).

27. Rorden Wilkinson. The WTO in Crisis-Exploring the Dimension of Institutional Inertia [J]. Journal of World Trade, 2001, 35 (3).

28. Sharon E. Foster. While America Slept: The Harmonization of Competition Laws Based upon The European Union Model [J]. Emory International Law Review, 2001, 15.

29. William E. Kovacic. Institutional Foundations for Economic Legal Reform in Transition Economies: The Case of Competition Policy and Antitrust Enforcement [J]. Chicago-Kent Law Review, 2001, 77.

30. Lucio Lanucara. The Globalization of Antitrust Enforcement: Governance Issues and Legal Responses [J]. Indiana Journal of Global Legal Studies, Spring, 2002.

31. Aidan Robertson. Competition Law and World Trade Organization [J]. European Competition Review, 2002, 23 (2).

32. Christian Bjornskor and Kim Martin Lind. Where Do Developing Countries Go after Doha? ——Analysis of WTO Positions and Potential Alliances [J]. Journal of World Trade, 2002, 36 (3).

33. Julian Epstein. The Other Side of Harmony: Can Trade and Competition Laws Work together in the International Marketplace? [J]. American University of International Law Review, 2002, 17 (2).

34. Peter Lichtenbaum. "Special Treatment" VS. "Equal Participation": Striking A Balance in the Doha Negotiation [J]. American University of International Law Review, 2002, 17 (5).

35. Robert D. Anderson and Peter Holmes. Competition Policy and the Future of the Multilateral Trading System [J]. Journal of International Economic Law, 2002, 5 (2).

36. Hunter Nottage. Trade and Competition in the WTO: Pondering the Application of Special and Differential Treatment [J]. Journal of International Economic Law, 2003, 6 (1).

37. The Road from Doha: The Issues for the Development Round of the WTO and the Future of International Trade [J]. International and Comparative Law Quarterly, 2003, 52.

38. Gustavo Olivares. The Case for Giving Effectiveness to GATT/WTO Rules on Developing Countries and LDCs [J]. Journal of World Trade, 2003, 35 (3).

39. Toshiaki Takigawa. Harmonization of Competition Laws after Doha- Substantive and Procedural Harmonization [J]. Journal of World Trade, 2003, 36 (6).

40. Bernard Hoekman and Petros C. Mavroids. Economic Development, Competition Policy and the World Trade Organization [J]. Journal of World Trade, 2003, 37 (1).

41. Joel Davidow and Hal Shapiro. The Feasibility and Worth of A

WTO Competition Agreement [J]. Journal of World Trade, 2003, 37 (1).

42. Edward Iacobucci. The Interdependence of Trade and Competition Policies [J]. World Competition.

43. Eileen Sheehan. Unilateral Refusals to Deal and the Role of the Essential Facility Doctrine: A US/EC Comparative Analysis [J]. World Competition.

44. F. A. Immenga. Extraterritoriale Rechtsanwendung im "American-Style": Internationalen Kartellen drohen weitere Schadensersatzklagen [J]. Recht der Internationales Wirtschaft [RIW], 2003 (5).

45. P. Hay and T. Kraetzschmar. Neue Unsicherheiten um die extraterritoriale Anwendung US-amerikanischen Antitrust-Rechts [J]. Recht der Internationales Wirtschaft [RIW], 2003.

（四）论文集中的文献

1. Auke Haagsma. An International Competition Policy as A Means to Create An Open Global Marketplace [C] // Chia-Jiu Cheng, Lawrence S. Liu and Chih-Kang Wang. Internatioal Harmonization of Competition Laws. Martinus Nijhoff Publishers, 1995.

2. Andress Freytag. International Operierende Unternehmen und Nationale Wettbewerbspolitik [C] // Juergen B. Dongers & Andress Freytag. Die Rolle des Staates in der Globalisierten Wirtschaft, 1998.

3. Carlos M. Correa. Competition Law and Development Policies [C] // Roger Zaech. Towards WTO Competition Rules: Key Issues and Comments on the WTO Report on Trade and Competition. Kluwer Law International, 1999.

4. Ernst-Ulrich Petersmann. Competition-oriented Reforms of the WTO World Trade System-Proposals and Policy options [C] // Roger Zaech. Toward WTO Competition Rules: Key Issues and Comments on the WTO Report on Trade and Competition. Kluwer Law International, 1999.

（五）案例

1. United States v. U. S. Alkali Export Ass'n, 325 U. S. 196 (1945).

2. Cases 6 and 7/73, ICI& CSC v. Commission, (Commercial Solvents), 6. 3. 1974, (1974) ECR 223

3. Bulk Oil v. Sun International, [1986] E. C. R. 559, 589; [1986] 2 C. M. L. R. 732.

4. AA Poultry Farms, Inc. v. Rose Acre Farms, Inc. , 881 F. 2d (7th Cir. 1989).

5. Eastman Kodak Co. v. Image Technical Servs. , 504 U. S. 451 (1992).

6. Brooke Group, Ltd. v. Brown Williamson Tobacco Corp. , 509 U. S. (1993).

7. State Oil Co. v. Khan, 522U. S. 3 (1997).

（六）其他

1. Polaroid/SSI Europe, XIIIth Report on Competition Policy. 1984.

2. ABA Section of Antitrust Law, Report of the Special Committee on International Antitrust 8, 1991.

3. Karel Van Miert, Analysis and Guidelines on Competition Policy. Address at Royal Institute of Int'l Affairs, London, May 11, 1993, cited in Joseph P. Griffin, EC and U. S. Extraterritoriality: Activism and Co-operation, Fordham 1993.

4. Renato Ruggiero, Closing Address on Conference on Antitrust: Rules, Institutions and International Relations, Nov. 21, 1995.

5. Anwarul Hoda, Trade, Competition Policy and the World Trade Organization, Comments on Global Forum on Competition and Trade Policy Conference, Mar. 17-19, 1997.

6. Simon J. Evenett, Hard Core Cartels and Developing Economies, Presetation to a WTO Symposium on Trade and Competition Poli-

cy：Looking Ahead After Doha，22 April，2002.

7. Competition Act，s. 61（1）（a），Canada.

二、中文部分

（一）著作

1. ［英］詹宁斯，瓦茨修订．奥本海国际法：第1卷，第1分册［M］．王铁崖，陈公绰，汤宗舜，周仁，译．北京：中国大百科全书出版社，1995.

2. ［美］理查德·A. 波斯纳、法律的经济分析［M］．蒋兆康，译．北京：中国大百科全书出版社，1997.

3. 伯纳德·霍克曼，迈克尔·考斯泰基．世界贸易体制的政治经济学［M］．刘平，洪晓东，许明德，等译．北京：法律出版社，1999.

4. ［美］威廉·格·谢佩德．市场势力与经济福利导论［M］．易家详，译．北京：商务印书馆，1980.

5. ［美］E. 吉尔霍恩，W. E. 科瓦西克．反垄断法律与经济［M］．北京：中国人民大学出版社，2001.

6. 理查德·A. 波斯纳．反垄断法［M］．孙秋宁，译．北京：中国政法大学出版社，2003.

7. 戴维·J. 格伯尔．二十世纪欧洲的法律与竞争［M］．冯克利，魏志梅，译．北京：中国社会科学出版社，2004.

8. 保罗·杰罗斯基，理查得·J. 吉尔伯特，亚历克西斯·杰克明．进入壁垒和策略性竞争［M］．崔小刚，译．北京：北京大学出版社，2004.

9. 张克文．关税与贸易总协定及其最惠国待遇制度［M］．武汉：武汉大学出版社，1992.

10. 姚梅镇，余劲松．国际经济法成案研究［M］．武汉：武汉大学出版社，1995.

11. 赖源河．公平交易法新论［M］．台湾：月旦出版社股份有限公司，1995.

12. 王晓晔. 企业合并中的反垄断问题 [M]. 北京：法律出版社，1996.

13. 曹士兵. 反垄断法研究 [M]. 北京：法律出版社，1996.

14. 王晓晔. 反垄断法与市场经济——"中德反垄断法研究会"论文集 [C]. 北京：法律出版社，1998.

15. 朱慈蕴. 公司法人格否认法理研究 [M]. 北京：法律出版社，1998.

16. 阮方民. 欧盟竞争法 [M]. 北京：中国政法大学出版社，1998.

17. 漆多俊. 经济法学 [M]. 武汉：武汉大学出版社，1998.

18. 邵景春. 欧洲联盟的法律与制度 [M]. 北京：人民法院出版社，1999.

19. 王晓晔. 竞争法研究 [M]. 北京：中国法制出版社，1999.

20. 赵维田. 世贸组织的法律制度 [M]. 北京：法律出版社，2000.

21. 白树强. 全球竞争论——经济全球化下国际竞争理论与政策研究 [M]. 北京：中国社会科学出版社，2000.

22. 龚关. 国际贸易理论 [M]. 武汉：武汉大学出版社，2000.

23. 季晓南. 中国反垄断法研究 [M]. 北京：人民法院出版社，2001.

24. 王晓晔. 欧共体竞争法 [M]. 北京：中国法制出版社，2001.

25. 李金泽. 公司法律冲突研究 [M]. 北京：法律出版社，2001.

26. 孔祥俊. 反垄断法原理 [M]. 北京：中国法制出版社，2001.

27. 孔祥俊. 中国现行反垄断法理解与适用 [M]. 北京：人民法院出版社，2001.

28. 余劲松. 国际经济交往法律问题研究 [M]. 北京：人民法院出版社，2002.

29. 黄勇，董灵. 反垄断法经典判例解析 [M]. 北京：人民法院出版社，2002.

30. 许光耀. 欧共体竞争法研究 [M]. 北京：法律出版社，2002.

31. 罗昌发. 贸易与竞争之法律互动 [M]. 北京：中国政法大学出版社，2003.

32. 左海聪. 国际经济法的理论与实践 [M]. 武汉：武汉大学出版社，2003.

33. 文学国. 滥用与规制——反垄断法对企业滥用市场优势地位行为之规制 [M]. 北京：法律出版社，2003.

34. 王晓晔. 竞争法与经济发展 [M]. 北京：社会科学文献出版社，2003.

35. 李荣林，朱彤，郑昭阳. WTO 的理论基础与中国的市场建设 [M]. 天津：天津出版社，2003.

36. 刘光溪主编. 坎昆会议与 WTO 首轮谈判 [M]. 上海：上海人民出版社，2004.

37. 张幼文等. 多哈发展议程：议题与对策 [M]. 上海：上海人民出版社，2004.

38. 佟家栋. 发展中大国的贸易自由化与中国 [M]. 天津：天津教育出版社，2005.

39. 胡光志. 欧盟竞争法前沿研究 [M]. 北京：法律出版社，2005.

（二）学位论文

1. 陈燕. 世贸组织反补贴法律制度研究——兼论中国入世后的应对策略 [D]. 北京：外交学院法学院，1999.

2. 高菲. 美国反托拉斯法及其域外适用问题研究 [D]. 武汉：武汉大学法学院，1993.

3. 黄勇. 国际竞争法研究——竞争法实施中的国际冲突与国

际协调［D］．北京：中国对外经济贸易大学法学院，2003．

4．于鹏．反垄断法的域外适用及其国际协调与合作［D］．北京：对外经济贸易大学法学院，2002．

（三）期刊中的文献

1．［日］粟田诚．竞争法执行的有效性和透明性——关于国内外对日本实施反垄断法认识之差异的分析［J］．朱忠良，译．环球法律评论，2003（春季号）．

2．［德］乌尔里希·伊蒙伽．合并控制在欧洲和德国的新发展［J］．田泽，译．环球法律评论，2003（春季号）．

3．［德］乌尔夫·伯格．德国法中的滥用市场支配地位行为［J］．董文勇，译．环球法律评论，2003（春季号）．

4．［德］E.J.麦斯特麦克．全球化中的欧洲竞争法［J］．方小敏，译．环球法律评论，2003（春季号）．

5．［美］戴维·伯格．中国竞争法的制定：欧洲和美国的经验［J］．聂孝红，译．环球法律评论，2003（春季号）．

6．［日］松下满雄．世界贸易组织的基本原则和竞争政策的作用［J］．朱忠良，译．环球法律评论，2003（春季号）．

7．陈丽洁．中国反垄断立法的现状与问题［J］．环球法律评论，2003年（春季号）．

8．车丕照．政府控制所引致的国际经济冲突及其解决途径［J］．中国社会科学，1998（4）．

9．王晓晔．入世与中国反垄断法的制定［J］．法学研究，2003（2）．

10．黄欣，周昀．行政垄断与反垄断立法研究［J］．中国法学，2001（3）．

11．黄欣，周昀．行政垄断与反垄断立法研究［J］．中国法学，2001（3）．

12．盛杰民，袁祝杰．动态竞争观与我国竞争立法的路向［J］．中国法学，2002（2）．

13．盛杰民．论对跨国公司在华直接投资的反垄断对策［J］．

政法论坛，1997（4）.

　　14. 马克·威廉姆斯. 欧盟竞争法对中国竞争立法的启示
[J]. 林立新，谢军晖，纪文华，译. 法学评论，1999（6）.

　　15. 王先林. "入世"背景下制定我国反垄断法的两个问题
[J]. 法学评论，2003（5）.

　　16. 许光耀. "合理原则"及其立法模式比较 [J]. 法学评论，
2005（2）.

　　17. 徐士英. 欧盟竞争法的新发展及对我国的启示 [J]. 法
学，2004（8）.

　　18. 林燕平. 论入世后我国竞争政策与竞争立法的定位及基本
原则 [J]. 政治与法律，2003（1）.

　　19. 张圣翠. 从争端解决实践看 GATT1994 与竞争政策有关的
规则 [J]. 法律适用，2002（3）.

　　20. 许石慧. 论竞争主管机构与产业监管部门的权力配置
[J]. 时代法学，2007（5）.

　　21. 王晓晔. 效果原则——美国反垄断法的域外适用 [J]. 国
际贸易，2002（2）.

　　22. 王晓晔. 不可或缺的合作——竞争政策领域的国际协
[J]. 国际贸易，2003（7）.

　　23. 沈文娟，黄智虎. 《与贸易有关的反垄断措施协议》的现
状与前景 [J]. 国际贸易问题，2002（1）.

　　24. 朱孝新. 论世贸组织《反倾销协议》与竞争法的冲突与协
调 [J]. 国际贸易问题，2003（7）.

　　25. 王忠宏. 哈佛学派、芝加哥学派竞争理论比较及其对我国
反垄断法的启示 [J]. 经济评论，2003（1）.

　　26. 喻勤娅. 反垄断的效率标准及其对我国反垄断立法的启示
[J]. 经济问题，2006（4）.

　　27. 阮振宇. 反倾销法与竞争法的关系——从 WTO "美国
1916 年反倾销法案"谈起 [J]. 国际经贸探索，2001（2）.

　　28. 王中美. WTO 争端解决机制与国际竞争政策——柯达-富

士胶卷案之国际竞争法方面研究 [J]. 商业研究，2002（12）.

29. 程宗璋. 欧盟竞争法与成员国竞争法的关系 [J]. 黑龙江对外经贸，2001（1）.

30. 徐士英，邱加化. 加入 WTO：中国竞争法面临的挑战与发展 [J]. 学术季刊，2002（2）.

31. 孟雁北. 论产业政策与反垄断法的冲突与协调 [J]. 社会科学研究，2005（2）.

32. 王长秋. 竞争法与发展中国家经济发展 [J]. 河南社会科学，2006（1）.

33. 王恒. 论多边贸易体制与竞争政策的冲突与融合 [J]. 中州学刊，2002（4）.

34. 苗杰. 竞争理论与竞争情报研究 [J]. 图书情报工作，2001（11）.

35. 中国与 77 国集团有关 WTO 坎昆会议立场声明 [J]. WTO 快讯. 第 54 期.

36. 复彩霞. 新经济时代反垄断政策面临的挑战 [J]. 西北大学学报：哲学社会科学版，2001（4）.

37. 段红涛，丁秀英. 西方国家反垄断法规制方式及对我国的启示 [J]. 山东财政学院学报，2002（4）.

38. 林晓静. 跨国并购的反垄断规制——兼评《反垄断法（征求意见稿）》[J]. 华东政法学院学报，2003（1）.

39. 林燕平. 论 WTO 框架下贸易与竞争之互动关系 [J]. 华东政法学院学报，2003（3）.

40. 董溯战. 论反垄断法的适用豁免制度 [J]. 南京大学学报：哲学、人文科学、社会科学版，2004（4）.

41. 王健. 英国竞争主管机构的法律及其对我国的启示 [J]. 中南大学学报：社会科学版，2005（6）.

42. 唐要家. 反垄断法豁免制度的比较分析 [J]. 中南财经政法大学学报，2006（1）.

43. 彭涉刚，岳振宇. 反垄断立法的困境与反垄断法的未来出路［J］．江西师范大学学报：哲学社会科学版，2006（10）．

（四）论文集中的文献

1. 李彬．从柯达—富士案析"不违法之诉"［G］//梁慧星．民商法论丛：总第22卷．香港：金桥文化出版（香港）有限公司，2002.

2. 缪剑文，卢少杰．论多边贸易体系下竞争法的国际协调［G］//陈安．国际经济法论丛：第1卷．北京：法律出版社，1998.

3. 蔡俊锋．试析WTO争端解决机制中的非违反之诉［G］//陈安．国际经济法论丛：第7卷．北京：法律出版社，2003.

4. 王为农．中国反垄断立法的若干基本问题［G］//王晓晔，［日］伊从宽．竞争法与经济发展．北京：社会科学文献出版社，2003.

5. ［德］U.伊蒙伽．竞争法的域外适用及其国际合作［G］//王晓晔，［日］伊从宽．竞争法与经济发展．北京：社会科学文献出版社，2003.

6. P.贝伦斯．对于占市场支配地位企业的滥用监督［G］//王晓晔．反垄断法与市场经济．北京：法律出版社，1998.

7. 吴振国．反垄断法对企业兼并的控制［G］//季晓南．中国反垄断法研究．北京：人民法院出版社，2001.

8. 王先林．对滥用市场支配地位的法律规制——关于中国反垄断立法中相关问题的思考［G］//季晓南．中国反垄断法研究．北京：人民法院出版社，2001.

9. 马思涛．反垄断法如何控制市场支配地位的滥用［G］//季晓南．中国反垄断法研究．北京：人民法院出版社，2001.

10. 王晓晔．论限制性竞争协议［G］//季晓南．中国反垄断法研究．北京：人民法院出版社，2001.

11. 李双元．从中国"入世"再谈法律的趋同问题［G］//李双元．法律趋同化问题的哲学考察及其他．长沙：湖南人民出版社，2006：357-358.

12. 王传辉. 对我国反垄断立法的法律经济学分析 [G] ∥漆多俊. 经济法论丛：第7卷. 北京：中国方正出版社，2003.

13. 郑鹏程. 论"本身违法"与"合理法则"——缘起、适用范围、发展趋势与性质探究 [G] ∥王艳林. 竞争法评论：第1卷. 北京：中国政法大学出版社，2005.

14. 盛杰民，吴韬. 争论与分歧——关于WTO竞争政策谈判的分析与预测 [G] ∥王艳林. 竞争法评论：第1卷. 北京：中国政法大学出版社，2005.

15. 黄志雄. WTO"多哈发展议程"与国际发展法的新趋向 [G] ∥珞珈法学论坛：第3卷. 武汉：武汉大学出版社，2003.

（五）报纸

1. 朱家贤. 中国反垄断立法难点之一：行政垄断的规制 [N]. 中国经济时报，2006-8-24.

2. 王晓晔. 我国反垄断法行政执法机构多元化的难题 [N]. 中国经济时报，2006-9-5.

3. 郝洁. 我国外资并购中的国家安全审查 [N]. 上海国资，2007-7-18.

4. 周昀. 《反垄断法》为企业公平竞争保驾护航 [N]. 中国证券报，2007-9-10.

5. 王晓晔. 论反垄断执法机构与行业监管机构的关系 [N]. 中国经济时报，2007-8-14.

（六）电子文献

1. 丁茂中. 反垄断法宗旨研究 [EB/OL]. http：∥www. competitionlaw. cn.

2. 孙伟. 论反垄断法对行政垄断的规制 [EB/OL]. http：∥www. zh09. com.

后　记

　　本书是在博士论文的基础上修订而成的。在读博士研究生第一年选定论文题目时，就已做好了心理准备，但此后几年中真正付出的心血却远远超出了想象。在国内尚未有系统研究的情况下，挑战WTO的前沿问题，显然是有难度的。多少个夜晚辗转反侧，无数次提笔凝思，都是为了不辜负在珞珈山下所度过的整整十年。但是，对于博士论文，心中是有遗憾的。为了做好这篇论文，需要对贸易和竞争的经济分析与法律制度两个方面都有深层次的把握，然而由于时间的有限和理论上的不足，当时还不能达到这个境界，所以只有希望以后可以继续完善。幸运的是，毕业时我拿到了德国马克斯·普朗克知识产权、竞争法及税法研究所的奖学金，使我有机会去德国做访问学者，了解和研究各国竞争法和国际竞争法的最新发展。回国后，经整理和修改，终于完成了本书。可以说，出版本书，是我的夙愿。

　　深深地感谢我的博士生导师余劲松老师。他以严谨的治学态度和渊博的学识指导我的学业，并以正直、睿智的风格教我为人处事。本书从选题、篇章结构到具体观点都得到了他的悉心指点，仅仅是本书的提纲，就在他的指导下修改了多次。以前少不更事，曾窃以为他对我的要求未免过于严格，后来经历世事，才体会到老师对学生的一片苦心。师恩如海，终生铭记。师母邵沙平老师对我的学习和生活也给予了无私的关怀和照顾，在此唯有表以深深的谢意。真诚地感谢我的硕士生导师左海聪老师。自读硕士研究生以来，他始终关心我的成长，正是这种关心和扶助，使我无时不感到温暖，并有勇气继续前行。

非常感谢海牙国际私法会议秘书长 J. H. A. Van Loon 先生。在他的支持下，我获得了荷兰国际法学院暑期班的奖学金。在荷兰学习期间，我了解了竞争法在西方国家的重要性与先进性，并确定了以贸易自由化背景下的国际竞争立法作为博士论文选题。还要特别感谢我在德国马克斯·普朗克知识产权、竞争法及税法研究所的导师 Josef Drexl。他与我素昧平生，但在他的帮助下，我获得了该所的奖学金，从而能够在风景如画的伊莎河畔继续深入地研究竞争法。这段宝贵的留学经历极大地开阔了我的专业视野，提高了我的理论研究水平。

本书出版得到了武汉大学出版社张琼女士的大力支持，特此感谢。最后还要感谢我的家人和朋友。自本科以来，我的父母和姐姐始终给予我物质上和精神上的支持，使我能够心无旁骛地专注于学术。每当想起他们的付出，我都有一种深深的歉疚之情。另外，在论文的写作过程中，还曾与徐勤、宋蕾、宋连斌、张路、李文锋、李伟等同学和朋友进行了多次交流和探讨，在此一并表示感谢。

2004 年 4 月武汉大学初稿
2005 年 1 月德国慕尼黑修订
2007 年 10 月长沙定稿

彭兴华
2007 年 10 月

Postscript

This book is revised basing on my doctoral dissertation. When choosing the theme of the dissertation, I thought I was fully prepared for all the hardness it would cause. However, the painstaking efforts I really made in the past years were far beyond my imagination. Under the circumstances of lack of systematic research domestically, it is obviously difficult for me to challenge the cutting-edge issues of WTO. Many nights I lost in thought just for not to be unworthy of the whole ten years I had spent in the Luojia Mountain.

Still, there were regrets in the doctoral dissertation. To accomplish it, it would need full understanding of the economic analysis and legal systems of trade and competition. However, due to time limitation and theory limitation, I couldn't have reached the level and only wished to perfect it later.

Fortunately, I was awarded the scholarship of Max-Planck Institute for Intellectual Property, Competition and Tax law at the time of graduation from Wuhan University, which gave me the great chance to Germany as a visiting scholar, to study the latest development of the competition laws of different countries and international competition law. When returned back to China, I finished the revision of this book. To publish this book is a long cherished wish of mine.

I wish to acknowledge my special debt to Professor Jingsong Yu, my doctoral advisor. He had instructed my studies with rigorous approach, and had instructed my conducts with honest and wise scholarship. He gave me good instructions from the topic, structure and contents of the book. The outline part of this book was revised many times under his instructions. I had been too young then and had privately thought that was too strict to me. But after experienced so many things, I now understand his intentions well. I will always remember his kindness. I would like to express my deep thanks to Prof. Shao Shaping, wife of Prof. Yu, who had given me selfless cares to my study and life. Prof. Zuo Haicong, my master advisor, had concerned my shape all along since I entered Wuhan University. He gave me the courage to go on my study and life.

I wish to acknowledge my special thanks to Mr. J. H. A. Van Loon, General Secretariat of Hague Conference of Private International Law. Without his support, I couldn't have been awarded the scholarship of the summer courses of Hague Academy of International Law. During the period of study at Netherland, I studied the importance and advance of competition law in western countries, and decided to choose international competition law as the topic of my doctoral dissertation then. I also want to give my special thanks to Prof. Josef Drexl, my advisor at Max-Planck Institute of Intellectual Property, Competition and Tax Law in Germany. Although I had not met him before, he helped me to get the scholarship of the institute, which gave the chance to undertake the research of international competition law by the side of beautiful Isal River. The valuable experience of studying abroad widened my horizons vision greatly and enhanced my theoretic research level.

Special thanks to Madame Zhangqiong, the publisher from Wuhan University Press, who contributed substantially t to make my dream come true.

Thanks for my parents and sister for their unwavering support over the years both spiritually and materially. Without their selfless support, I couldn't have devoted all my time to studies of competition law.

I can not practically enumerate all my classmates and friends to whom I owe a debt of gratitude, but collectively they have all helped me in this work, Xu Qing, Song Lei, Song Lianbin, Zhang Lu, Li Wenfeng and Li Wei.

First draft at Wuhan University

Revised manuscript in Munich

Finalized text in Chang Sha

J. S. D. Peng Xinghua

October 2007